国家治理丛书
GUOJIAZHILICONGSHU

国家学
GUOJIAOXUE

（下卷）

王海明 著

中国社会科学出版社

目 录

下 卷
实现论：理想国家如何实现之条件

导言 ……………………………………………………………（899）

上篇 社会主义和共产主义实现条件

第十七章 实现社会主义和共产主义的客观条件 ………………（903）
    一 实现社会主义的直接必要条件 ………………………（904）
    二 生产力不发达的社会主义：违背历史必然性的惩罚与
       结局 ………………………………………………………（911）
    三 实现社会主义的根本必要条件 ………………………（921）

第十八章 实现社会主义和共产主义的主观条件 ………………（937）
    一 阶级与阶层的类型：实现社会主义力量的阶级分析 ………（938）
    二 夺取政权和实现社会主义的途径 ……………………（959）
    三 实现社会主义和共产主义的历程 ……………………（974）

第十九章 社会主义和共产主义实现条件的理论 ………………（998）
    导言 社会主义理论流派分类：暴力社会主义与和平社

主义 ……………………………………………………（998）
　　一　科学社会主义 ………………………………………（1002）
　　二　民主社会主义 ………………………………………（1013）
　　三　科学社会主义与民主社会主义：真理与谬误 ………（1033）

下篇　民主实现条件

第二十章　民主实现的客观条件 …………………………（1069）
　　一　民主的政治条件 ……………………………………（1070）
　　二　民主的社会条件：公民社会与社会资本 …………（1091）
　　三　民主的文化条件 ……………………………………（1103）
　　四　民主的经济条件 ……………………………………（1132）

第二十一章　民主实现的主观条件 ………………………（1175）
　　一　民主化的主观条件：民主化动力 …………………（1176）
　　二　民主化的主观条件：民主化过程 …………………（1186）
　　三　民主的运作：选举 …………………………………（1201）
　　四　民主的运作：政党 …………………………………（1224）
　　五　民主的运作：政府 …………………………………（1255）

本书所引证的主要书刊文献 ………………………………（1282）

索引 …………………………………………………………（1308）

下　卷

实现论：理想国家如何实现之条件

导　言

《价值论》的研究表明，一方面，任何一种政体，不论是民主制还是专制等非民主制，都绝对不具有历史必然性，都是绝对偶然的、绝对可能的、绝对可以自由选择的，都绝对能够实行于任何国家任何时代任何生产力和经济发展水平，都具有绝对的普世性。因此，民主制不但因其唯一符合国家制度价值标准体系，从而是唯一好的、理想的国家制度；而且是在任何历史条件下都有可能实行的理想的国家制度：民主制具有绝对的普世正价值，是具有普世性的理想国家制度。相反地，专制等非民主制不但因其都程度不同地违背国家制度价值标准体系，从而都是坏的、具有负价值的国家制度；而且在任何社会任何时代任何历史条件下都绝对是坏的、具有负价值的国家制度：专制等非民主制具有绝对的普世负价值。

另一方面，资本主义虽然是人类最好的阶级和剥削制度，却毕竟因其生产资料私有制而存在着经济权力垄断，因而存在阶级、剥削、经济不公、经济异化和经济不自由，违背国家制度价值标准体系，不是人类的理想国家制度。只有共产主义，才可能因其废除私有制而代之以公有制，从而消除经济权力垄断，消除阶级、剥削、经济不公、经济异化和经济强制，因而是符合经济自由和经济公正等国家制度价值标准体系的理想国家制度。但是，这种理想国家制度不具有普世性和普世价值，它的实现以生产力高度发达为最根本的必要条件。因为一个国家实行何种经济形态，具有历史必然性，取决于生产力发展水平：一种经济形态不论如何理想，只有当其适应和促进生产力发展，才是好的、应该的和具有正价值的；否则，如果阻碍和不适应生产力发展，就是坏的、不应该的和具有负价值的。

不难看出，任何理想国家制度，不但不具有普世价值的共产主义，而且具有普世价值的民主，它们的实现都不是无条件的；相反地，都需要一定的主客观条件。因为民主制虽然具有绝对的普世正价值，虽然是在任何条件下都应该实行的唯一好的国家制度，却显然不是在任何条件下都能够实现的。民主制和共产主义理想国家制度实现条件，构成本卷《实现论》的研究对象：《上篇》研究社会主义和共产主义实现条件；《下篇》研究民主的实现条件。

但是，民主和共产主义显然并非两种独立的理想国家制度，而可以是一种理想国家制度——共产主义民主共和国——的两种构成部分。因为一般存在于个别之中；普遍存在于特殊之中。民主具有普世性和普世价值，是普遍适用的国家制度，是理想国家的普遍性制度，说到底，是理想国家的政体或政治制度；共产主义不具有普世性和普世价值，是特殊的、具体的国家制度，是理想国家的特殊性制度，说到底，是理想国家的经济形态或经济制度。因此，只有对于共产主义实现条件的研究，才仅仅适用于共产主义社会，不具有普世价值；而对于民主实现条件的研究则普遍适用于任何社会，具有普世价值。

上　篇
社会主义和共产主义实现条件

第十七章

实现社会主义和共产主义的客观条件

本章提要

　　粗略看来，生产力高度发达——实现社会主义的必要条件——的标志是双重的：一方面是资本主义生产关系已经不再适合它的发展；另一方面是唯有社会主义生产关系适合它的发展。但是，细究起来，资本主义虽然因其私有制所导致的剥削、两极分化和经济危机而阻碍生产力发展，但整体说来，却能够适合、促进任何高级和发达的生产力的发展。因为资本主义生产关系具有促进任何生产力发展的永恒动力机制：市场经济与私有制。因此，废除资本主义而代之以社会主义，只能是因为生产力高度发达，从而能够满足社会全体成员物质需要和国民品德普遍提高，以致社会主义公有制生产关系能够适合生产力的发展。只要生产力高度发达因而社会主义能够适合其发展，那么，不论资本主义如何适合生产力发展，不论资本主义社会生产力如何迅猛发展，不论阶级矛盾如何缓和，都应该废除资本主义而代之以社会主义。因为这时实现社会主义，必定因国民政治觉悟、公民文化和思想品德普遍提高，既能够保障公有制经济高效率发展，又能够实行民主制，从而真正消除政治权力和经济权力垄断，消除阶级和剥削，而绝不会导致效率低下和全权垄断的奴役制社会主义。这时应该废除资本主义，因为资本主义私有制所必然导致的剥削、两极分化和经济危机，已经不再是一种能够防止更大恶——效率低下和全权垄断的奴役制社会主义——的必要恶，因而是一种不必要的恶，是一种纯粹恶，是纯粹不公平、不应该、具有负价值的东西。

实现社会主义的客观条件分为直接必要条件与根本必要条件。生产力高度发达，如前所述，是废除私有制、消灭阶级和剥削从而实现社会主义和共产主义的必要条件。然而，真正论证起来，我们将看到，只有资本主义与民主相结合，才能够创造实现社会主义所必需的高度发达的生产力。因此，生产力高度发达只是实现社会主义的直接必要条件，而资本主义与民主则是实现社会主义的根本必要条件。

一　实现社会主义的直接必要条件

1. 生产力高度发达：实现社会主义的直接必要条件

共产主义与社会主义关系研究表明，按需分配与计划经济违背公正与自由等国家制度价值标准，都是不应该的、具有负价值的、恶的经济制度，因而决不是理想国家或共产主义制度；按劳分配与市场经济是唯一符合公正与自由等国家制度价值标准的经济制度，因而不但应该实行于社会主义，而且应该实行于共产主义：按劳分配和市场经济决不是社会主义区别于共产主义的特征。这样一来，社会主义也就没有什么与共产主义根本不同的经济制度：社会主义与共产主义的区别仅仅在于完全与不完全。完全的共产主义国家是完全符合国家制度价值标准的理想国家，因而具有六大特征："生产资料公有制"、"高度发达的生产力"、"按劳分配"、"没有政府指挥的市场经济"、"只有一个主权和一个世界政府的全球国家"和"宪政民主"。不完全具备这些特征的共产主义国家，亦即不完全符合国家制度价值标准的共产主义国家，就是不完全的共产主义国家，也就是所谓社会主义国家：公有制是社会主义的充分且必要条件。因此，社会主义是共产主义的低级阶段，是不完全而求完全的共产主义，也就是不完全符合而求完全符合国家制度价值标准的共产主义；社会主义国家的根本特征，说到底，可以归结为公有制居于支配地位和不完全具备其他五大特征：具备这些特征越少，就越不完善越不发达，就是相对不完善不发达的社会主义；具备这些特征越多，就越完善越发达，就是相对完善发达的社会主义；完全具备这些特征，就超越社会主义国家而进入共产主义国家了。

因此，人类不可能越过社会主义而直接实现共产主义：社会主义是共产主义的低级且必经阶段。那么，怎样才能实现社会主义呢？公有制是社会主义的充分且必要条件，意味着：实现社会主义就是废除生产资料私有制而代之以公有制。然而，恩格斯指出，私有制并不可以随意废除，它的存在具有不以人的意志而转移到历史必然性，只有在生产力高度发达的条件下才可以废除："能不能一下子就把私有制废除呢？不，不能……只有在废除私有制所必需的大量生产资料创造出来之后才能废除私有制。"①所谓"大量"的生产资料究竟要"大量"到什么程度呢？恩格斯的回答是，要达到"给社会提供足够的产品以满足它的全体成员的需要"。② 这就是说，生产力高度发达——从而能够满足社会全体成员的物质需要——乃是废除私有制、实现社会主义的必要条件。

2. 生产关系高低与生产力高低正比例定律

生产力高度发达之为实现社会主义的必要条件，原本属于马克思所创立的历史唯物主义核心原理，亦即生产力产生和决定生产关系、生产关系高低与生产力高低正比例规律。马克思发现，生产关系或经济形态——二者是同一概念——具有不以人的意志为转移的历史必然性："人们在自己生活的社会生产中发生一定的、必然的、不以他们的意志为转移的关系，即同他们的物质生产力的一定发展阶段相适合的生产关系。"③ 确实，一个社会实行何种生产关系，具有不以人的意志为转移的历史必然性。因为，如果某种生产关系适合生产力，就会促进生产力发展，就会给人们带来巨大利益；那么，即使人们讨厌和不想实行这种生产关系，或迟或早也必定实行这种生产关系。相反地，如果某种生产关系不适合生产力，就会阻碍生产力发展，就会给人们带来巨大损失；那么，即使人们喜欢与渴望实行这种生产关系，或迟或早也必定改变和抛弃这种生产关系，而代之以与生产力相适合的生产关系：

> 为了不致丧失已经取得的成果，为了不失掉文明的果实，人们在他们的交往方式不再适合于既得的生产力时，就不得不改变他们继承

---

① 《马克思恩格斯选集》第1卷，人民出版社1972年版，第219页。
② 同上书，第222页。
③ 《马克思恩格斯选集》第2卷，人民出版社1995年版，第32页。

下来的一切社会形式。①

　　生产关系所具有的适合或不适合生产力的性质，不是生产关系的独自具有的属性，不是生产关系的固有属性；而是生产关系被生产力发展变化所决定的属性，是生产关系的关系属性。因此，任何生产关系，即使是惨绝人寰的奴隶制，在生产力发展的一定限度内——没有变成新的更高级的生产力的限度，都是适合、促进生产力发展的。但是，当生产力的发展超过一定限度，从而成为新的更高级的生产力的时候，原来的生产关系便由适合、促进生产力发展，变成不适合与阻碍生产力发展了；或迟或早，必定发生生产关系革命，转化为新的更高级的生产关系，从而能够适合、促进新的更高级的生产力：

　　　　社会的物质生产力发展到一定阶段，便同它们一直在其中运动的现存生产关系或财产关系（这只是生产关系的法律用语）发生矛盾，于是这些关系便由生产力的发展形式变成生产力的桎梏。那时社会革命的时代就到来了。随着经济基础的变更，全部庞大的上层建筑也或慢或快地发生变革。②

　　新的更高级的生产关系，只能适合且产生于新的更高级的生产力，而不适合或不可能产生于比较低级的生产力。奴隶制或封建制比原始共产主义更高级，因而只能适合比原始社会更高级的生产力，如金属工具生产力；而不适合原始社会生产力，不适合石器生产力。如果在生产力还处于石器水平因而没有剩余产品的时代，就实行奴隶制或封建制，奴隶或农奴必定饿死无疑。因此，不但比较低级的生产关系只能适合比较低级的生产力，不能适合比较高级的生产力；而且比较高级的生产关系也只能适合比较高级的生产力，而不能适合或不可能产生于比较低级的生产力。

　　因此，任何生产关系便都只能适合一定的生产力，而不能适合一切生产力；它对于生产力的适合或不适合都是暂时的、历史的，随着生产力的发展变化而变化："人们借以进行生产、消费和交换的经济形式是暂时的

---

① 《马克思恩格斯选集》第 4 卷，人民出版社 1995 年版，第 533 页。
② 《马克思恩格斯选集》第 2 卷，人民出版社 1995 年版，第 32 页。

和历史性的形式。随着新的生产力的获得，人们便改变自己的生产方式，而随着生产方式的改变，他们便改变所有不过是这一特定生产方式的必然关系的经济关系。"①

这样一来，一个社会究竟实行比较高级的生产关系，还是比较低级的生产关系，便决定于生产力的发展水平，因而具有不以人的意志为转移的历史必然性。这可以从两方面看。一方面，正如马克思所指出，比较高级的生产力，必定产生比较高级的生产关系。如果仍然是比较低级的不发达的生产关系，或迟或早，必定会发生生产关系的革命，从而产生比较高级的生产关系。② 因为只有比较高级的生产关系，才能适合、促进比较高级的生产力，给人们以巨大利益；而比较低级的生产关系则不适合、阻碍比较高级的生产力，给人们以巨大损害。

另一方面，正如马克思所断言，比较低级的生产力，必定产生比较低级的生产关系。如果产生了比较高级的生产关系，或迟或早，必定又回到比较低级的生产关系："当使资产阶级生产方式必然消灭、从而也使资产阶级的政治统治必然颠覆的物质条件尚未在历史进程中、尚未在历史的'运动'中形成以前，即使无产阶级推翻了资产阶级的政治统治，它的胜利也只能是暂时的，只能是资产阶级革命本身的辅助因素……他们在自己的发展进程中首先必须创造新社会的物质条件，任何强大的思想或意志力量都不能使他们摆脱这个命运。"③ 因为只有比较低级的生产关系才能适合与促进比较低级的生产力的发展，给人们以巨大利益；而比较高级的生产关系必定阻碍与不适合比较低级的生产力，给人们以巨大损害。

于是，无论哪一种生产关系，只要生产力还没有成为新的、比较高级的生产力，还适合生产力发展，是绝不会灭亡的；而新的比较高级的生产关系，是绝不会产生的。在新的比较高级的生产力还没有获得以前，如果比较低级的生产关系灭亡了，新的比较高级的生产关系产生了，那么，或迟或早，必定会发生生产关系的复辟，又回到原来比较低级的生产关系。因此，马克思说：

---

① 《马克思恩格斯选集》第4卷，人民出版社1995年版，第533页。
② 《马克思恩格斯选集》第2卷，人民出版社1995年版，第32页。
③ 《马克思恩格斯选集》第1卷，人民出版社1972年版，第171页。

无论哪一个社会形态，在它所能容纳的全部生产力发挥出来以前，是决不会灭亡的；而新的更高的生产关系，在它的物质存在条件在旧社会的胎胞里成熟以前，是决不会出现的。所以，人类始终只提出自己能够解决的任务，因为只要仔细考察就可以发现，任务本身，只有在解决它的物质条件已经存在或至少是在生成过程中的时候，才会产生。大体说来，亚细亚的、古代的、封建的和现代资产阶级的生产方式可以看作是经济的社会形态演进的几个时代。①

3. 生产关系高低与生产力高低微观正比例定律

马克思关于生产关系高低与生产力高低关系理论，无疑是历史唯物主义的核心原理，堪称 20 世纪人类所发现的最伟大的规律，可以名之为"生产关系高低与生产力高低正比例定律"；更确切些，毋宁名之为"生产关系高低与生产力高低宏观正比例定律"。因为只是宏观言之，生产力产生和决定生产关系，生产力较高，生产关系必较高；生产力较低，生产关系必较低：生产关系高低与生产力高低正比。倘若微观言之，则因为生产关系高低与生产力高低成正比，所以，较高与较低生产力的高低差异程度，必定与它们所产生的较高级与较低级生产关系重要属性的差异程度成正比。

较高级与较低级生产关系重要属性差异越多越大，它们所适合的较高与较低生产力的高低差异就越大越显著；较高级与较低级生产关系的重要属性差异越少越小，它们所适合的较高与较低生产力的高低差异就越小越不显著；较高级与较低级生产关系的重要属性接近完全相同，它们所适合的较高与较低生产力的高低差异就接近消失而归于零，它们就能够同样适合同一水平的生产力。

这就是生产关系高低与生产力高低微观正比例定律，它随着生产力和生产关系由低级到高级的发展而越来越彰显。举例说，奴隶制或封建制生产关系与原始共产主义生产关系，相同点极少，似乎只有自然经济；而不同属性较多且重要，如公有制与私有制之别、无阶级无剥削与有阶级有剥削之别等。因此，奴隶制或封建制生产关系所适合的生产力，高于原始共产主义生产力，二者截然不同。资本主义生产关系与奴隶制或封建制生产关系，共同

---

① 《马克思恩格斯选集》第 2 卷，人民出版社 1995 年版，第 33 页。

点极少，似乎只有私有制；而不同点较多且重要，如自然经济与市场经济之别，经济强制与超经济强制之别等。因此，资本主义所适合的生产力，远远高于奴隶制或封建制所适合的生产力，二者极为不同。

相反地，奴隶制与封建制生产关系虽有高低之分，但就其重要属性来说，几乎完全相同：都是私有制、都是自然经济、都是超经济强制。二者的不同点，只不过在于，奴隶制的超经济强制是人身占有，而封建制的超经济强制是人身依附罢了。封建制与奴隶制生产关系重要属性几乎完全相同，意味着，封建制与奴隶制生产关系所适合的生产力之间的高低差异极其微小，接近于零，因而能够与奴隶制一样适合同样低级的生产力，亦即一样适合原始社会末期生产力：铜器生产力。试想，奴隶与农奴，岂不同样能够使用铜器生产工具？岂不同样能够进行以铜器生产工具为基础的自然经济劳动？这就是为什么，封建制生产关系虽然比奴隶制生产关系高级，封建制生产力却未必高于奴隶制生产力。

可见，封建制生产力未必高于奴隶制生产力，不是别的，恰恰是"生产关系高低与生产力高低微观正比例定律"所能够解释的典型事实，完全符合这一定律，因而并没有否定"生产关系较高生产力必定较高、生产关系较低生产力必定较低"，并没有否定"生产关系高低与生产力高低成正比例定律"。① 那么，社会主义社会生产力普遍低于资本主义社会

---

① 王和等诸多学者不懂得生产关系高低与生产力高低微观正比例定律，因而质疑历史唯物主义理论："这一理论的实际内涵和必然导致的结论就是：对于任何一个民族、地域或国家的人类社会来说，当它处于五种社会形态序列之中的任一社会形态时，仅就其自身的纵向比较而言，其生产力水平都应高于其前一阶段的社会形态，而低于其后一阶段的社会形态。因此，倘若某一民族、地域或国家的人类社会真的经历了原始社会—奴隶社会—封建社会—资本主义社会—共产主义社会这样一个不断向更高阶段发展的过程，那么，当其处于奴隶社会初期的时候，其生产力一定要高于其自身的原始社会末期；当其处于封建社会初期的时候，其生产力一定要高于其自身的奴隶社会末期；当其处于资本主义社会初期的时候，其生产力一定要高于其自身的封建社会末期。——这一点应当是毫无疑义的，否则新的生产关系出现所具有的解放生产力的作用便无从谈起了。但人类历史所揭示的事实却清晰地告诉我们：实际情况并非如此。例如欧洲的情况就是这样：当其处于奴隶制社会阶段的时候，无论生产力、经济基础还是上层建筑，都远远高于其后取代了它的封建社会的初期乃至中期。西方封建社会早中期的社会发展程度无论是经济基础还是上层建筑均远逊于之前的古希腊罗马时期，这是举世公认的事实。这就是笔者在《再论历史规律》中所说的：人类历史规律告诉我们，奴隶社会的生产力不但未必低于封建社会，而且很多情况下可能恰恰相反！古希腊、古罗马的奴隶制和美国近代的奴隶制，都是人类历史上最典型的奴隶制，而它们的生产力水平都不低于封建社会。"（叶文宪等主编：《中国封建社会再认识》，中国社会科学出版社 2009 年版，第 10—11 页。）

的事实，否定了这一定律吗？也没有。

诚然，按照这一定律，社会主义生产力必定远远高于资本主义生产力。因为社会主义生产关系高于资本主义生产关系，二者不同属性多且重要，如公有制与私有制之别、有经济强制和经济权力垄断与没有经济权力垄断和经济强制之别、无阶级和剥削与有阶级和剥削之别等。更何况，社会主义与资本主义的不同，虽然跟原始共产主义与奴隶制或封建制的不同，极为相似；但是，一方面，原始共产主义与奴隶制或封建制是私有制取代公有制，而社会主义与资本主义是公有制取代私有制：公有制取代私有制无疑需要远为高级且复杂的条件；另一方面，原始共产主义与奴隶制或封建制是社会发展的低级阶段，而社会主义与资本主义是社会发展的高级阶段，因而二者生产力的高低差异必定更为巨大。

因此，社会主义生产关系所适合的生产力与资本主义生产关系所适合的生产力之间的差异必定极大：社会主义生产力必定远远高于资本主义生产力。如果说资本主义生产力是发达的生产力，那么，社会主义生产力必定是高度发达的生产力：高度发达的生产力是实现社会主义的必要条件。这是必然的、不以人的意志为转移的客观规律。然而，事实却是，几乎所有社会主义国家的生产力都低于资本主义生产力。这一事实岂不否定了社会主义生产力必定高于资本主义生产力的理论？岂不否定了生产关系较高、生产力必定较高的论断？岂不否定了生产关系高低与生产力高低正比例定律？不！决没有否定。

因为社会主义生产力低于资本主义生产力的事实，充其量，不过意味着对"生产关系高低与生产力高低正比例定律"的违背；而任何规律或必然性都决不会因其被违背而不成其为规律或必然性。违背规律或必然性的自由活动必定受到规律或必然性的惩罚，必定达不到目的而失败；只有遵循和利用规律或必然性的自由活动，才能够达到目的、获得成功。因此，违背规律或必然性的人们，或迟或早，必定会改正错误，遵循规律或必然性，最终达到目的、获得成功：违背规律不过是遵循规律的一段弯路而已。社会主义与资本主义重要属性极为不同，决定了社会主义所适合的生产力与资本主义所适合的生产力的高低差距必定极为巨大，决定了社会主义生产关系只可能适合高度发达的生产力，而不可能适合不发达的生产力。

如果违背这一定律和历史必然性，强行在不发达的生产力基础上建立社会主义，那么，必定要受到这一定律和历史必然性的惩罚，遭受极大的苦难。结果，或迟或早必定改正错误，抛弃较高的生产关系，抛弃社会主义；而回到较低的生产关系，复辟资本主义：或者是完全复辟，或者是不完全复辟。苏东九国违背这一定律和历史必然性，在不发达的生产力基础上建立社会主义，尽管长达半个多世纪之久，结果遭受了这一规律和历史必然性的严重惩罚，而无不改正错误，复辟资本主义。这岂不足以证明：生产力产生和决定生产关系，生产力较高生产关系必较高、生产力较低生产关系必较低？岂不足以证明：生产关系高低与生产力高低正比？岂不足以证明：社会主义只能适合高度发达的生产力，而不能适合不发达的生产力？岂不足以证明：生产力高度发达是实现社会主义的必要条件？

二 生产力不发达的社会主义：违背历史必然性的惩罚与结局

1. 生产力不发达的社会主义：苏联社会主义模式

生产力产生和决定生产关系，生产关系高低与生产力高低成正比，因而生产力高度发达是实现社会主义的必要条件，如上所述，乃是必然的不以人的意志为转移的客观规律；如果违背这一规律和历史必然性，强行在不发达的生产力基础上建立社会主义，必定要受到这一定律和历史必然性的惩罚，遭受极大苦难。那么，具体说来，究竟必定会遭受怎样的惩罚和苦难？

首先，必定遭受效率低下的惩罚和苦难。因为，如前所述，生产力高度发展——从而使每个人的物质需要得到相对满足——乃是国民思想品德和政治觉悟普遍提高的根本条件。如果生产力不够发达、产品还不能满足全体社会成员物质需要的时候，国民思想品德和政治觉悟决不可能普遍提高。这样一来，便唯有私有制才有效率，而公有制则注定无效率。苏联社会主义的实践证实了这一真理。

苏联社会主义模式是违背生产关系高低与生产力高低成正比规律，在不发达的生产力基础上废除私有制而代之以公有制、实现社会主义的典型。1913年俄国的工业总产值只占世界工业总产值的2.6%，相当于美国的6.9%，英国的22%，德国的17.2%，法国的40.3%。第一次世界大战又使俄国工业下降了36%。俄国资本主义——不但在生产总量上而且在技术水平上——远远落后于欧美各资本主义国家。俄国农业则是极其落后的小农经济，农民主要使用木犁和木耙，铁犁和铁耙严重匮乏，几乎没有什么农业机械。但到第一次世界大战前，俄国仍然是农业占优势。全国从事农业的人口占总人口的76%，从事工业的只有10%。在工农业总产值中，工业占42.1%，农业占57.9%。俄国虽然具有世界领先的文学艺术，但国民却有3/4是文盲。①

这种基于落后不发达生产力的社会主义效率究竟如何？有人以为苏联社会主义模式，就其效率来说，是成功的，显示了社会主义对资本主义的优越性。因为从苏联官方的数据来看——据李建民引证——苏联国民经济曾有过相当高的增长率："在战前几个五年计划期间，苏联整个国民经济特别是工业生产的增长率远高于西方国家。例如，从1917年至1940年，苏联国民收入增长了814%，年均增长率高达9.6%，而同期美国GNP只增长了68%，年均增长率只为2.3%。在西方国家中发展最快的德国，1925—1939年间相应指标也只增长了283%，年均增长率为7.8%。"②

姑且不说李建民也怀疑这种来自苏联官方的数据的真实性，就算这种相当高的增长率是真实的，也注定只能是短期的；而长久说来，必定是低效率和停滞不前。事实正是如此。李建民也承认："苏联这种独特的经济体制和经济发展战略，在取得成功的同时，也潜伏着许多深刻的矛盾。正如而后的实践所表明的，它难以保证国民经济持续高速、高效率和平衡发展。""在工业化时期和战后50—60年代，经济发展速度较快，年平均增长率为7%。从70年代起，其速度优势递减。年平均增长率为5%。到70年代中后期和80年代，苏联国民生产总值年平均增长速度已下降到2%的水平，依靠国家大量投入资金维持的经济增长的高速度已难以为继。到80年代后期，经济增长接近停止，1990年经济首次出现了负增长。"③

可见，长期说来，苏联社会主义模式只能导致缓慢、停滞和倒退。那么，它短期的迅速增长究竟靠什么？苏联经济的增长，主要来讲，一方面

---

① 周新城等：《苏联东欧国家的演变及其历史教训》，安徽人民出版社2000年版，第43页；黄宗良、孔寒冰主编：《世界社会主义史论》，北京大学出版社2004年版，第263页。
② 陆南泉等主编：《苏联剧变深层原因研究》，中国社会科学出版社1999年版，第243页。
③ 同上书，第271页。

是依靠提高积累率，积累率在原苏东国家一般高达25%左右。积累率的提高是以牺牲当前消费为代价的，结果消费品市场失衡，消费品严重短缺。另一方面，苏联经济的增长依靠的是典型的粗放型方式，是通过大量增加投入来维持的。合而言之，苏联经济的增长不但不是通过提高生产效率达到的，恰恰相反，与经济增长相伴随的是生产效率的下降：

> 从1951—1990年的投入产出指标对比，可以看出，战后各五年计划的国民收入、工业产值和农业产值的增长速度均低于相应的投资增长速度，这表明单位投资的产出率在不断降低。直接的效率统计指标显示，社会劳动生产率的年均增长速度，1951—1955年为9.6%，1971—1975年降至4.1%，1981—1985年又降至3.1%；与此同时，基金产值率在相应时期，从年均增长1.2%变为年均下降2.8%和年均下降2.9%……苏联不仅存在着自身不同时期相比的效率下降，而且存在着与西方发达国家相比的效率低下。苏联工业劳动率仅为美国的25%，农业劳动率仅为美国的9%。苏联单位产品的原材料消耗比发达国家高1—1.5倍，燃料和能源消耗高50%。[①]

在生产力不够发达的条件下，实现社会主义不但必定导致效率低下，而且——如前所述——通过废除私有制所消灭的只是地主和资本家，而不可能消灭阶级和剥削。因为官吏群体不但垄断了政治权力，而且通过垄断国有资源和公有制生产资料而垄断了经济权力，因而是全权垄断阶级；庶民群体不但没有政治权力，而且没有经济权力，是全权丧失阶级。这种全权垄断的阶级和剥削制度，不但远远恶劣和深重于资本主义，而且不逊于奴隶制，乃是人类历史上最恶的阶级和剥削制度。因为庶民阶级不但遭受人类历史上最严重的压迫与剥削——全权垄断的压迫和剥削——而且不服从政府和官吏就意味着没有工作，就意味着饿死，以致几乎丧失全部自由而与奴隶实无二致。因此，这种社会主义堪称奴役制社会主义，乃是一种政府官员拥有控制国民全权的新奴隶制度、准奴隶制度或马克思所谓的"普遍奴隶制"。

---

① 徐新等：《超级大国的崩溃》，社会科学文献出版社2001年版，第137—139页。

事实确实如此。苏联社会主义废除了生产资料私有制，消灭了资本家和地主。但是，苏联社会主义并没有消除剥削和剥削者。只不过，剥削者不是地主和资本家，而是更加可怕的各级党政官员。党政系统都实行等级授职制，工资待遇起初规定最高为每月 500 卢布，比工人最低者只高出 3 倍。可是，到 1921 年，党政官员就开始不断提高自己的工资。1922 年最高与最低差距是 8 倍；1934 年是 30 倍；1953 年是 56 倍；到勃列日涅夫时期已是上百倍了。据统计，还在 1939 年，苏联人口 11%—12% 的上层人的收入就已经占国民收入的 50% 左右，差距比美国的还大得多；因为当时美国 10% 的上层人的收入占国民收入的 35%。[①]

更何况，苏联党政官员还享有高薪以外的很多特权，如住房、别墅、汽车、游艇、特殊食堂、特供食品、特供商店、海滨休假等。连无产阶级作家高尔基也被当作贵族供养起来。在金碧辉煌的别墅里，为高尔基服务的有四五十人之多，他家里每天有亲戚朋友食客数十人。有鉴于此，高放感叹道：苏联社会主义革命已经消灭了贵族、地主、资本家等旧的剥削阶级；可是，党政官员自己却变成了新的贵族阶级。[②] 因此，苏联社会主义虽然废除了生产资料私有制，消灭了贵族、地主和资本家，但并没有消除剥削和剥削者。只不过，剥削者不是贵族、地主和资本家，而是各级官员；因而剥削不是公开地、受法律限制的，而是隐蔽的、变相的、不受法律限制的。这样一来，苏联的按劳分配——按劳分配以消灭剥削为根本特征——便徒有虚名而已：苏联的分配制度是名义按劳分配而实为按官分配。

这种"名义按劳分配而实为按官分配"的剥削制度，是整个统治阶级、官僚阶级的意志的体现，具有不以人的意志而转移的必然性，而绝不是哪一个或哪一些人可以随意改变的。赫鲁晓夫搞改革，降低领导干部和高级军官的工资，比原工资减少 2/3 左右。结果，一方面遭到高薪者的强烈反对，支持撤换赫鲁晓夫；另一方面，则形成了苏联历史上"贪污受贿的转折点"，使领导干部增加了通过以权谋私获取个人收入的方式，反

[①] 哈耶克：《通往奴役之路》，中国社会科学出版社 1997 年版，第 101 页。
[②] 高放：《苏联剧变宏观研究论纲》，载宫达非《苏联剧变新探》，世界知识出版社 1998 年版，第 66—67 页。

倒更加扩大了官员与群众的经济差距！取代赫鲁晓夫的勃列日涅夫时期，最高收入竟然是最低收入的上百倍，甚至更多。显然，苏联社会主义模式决定了："名义按劳分配而实为按官分配"的剥削制度乃是整个统治阶级的意志体现，具有不以人的意志而转移的必然性；因而不论是谁，只要他们敢于实行名副其实的按劳分配从而消除官员剥削制度，那么，他们就是与整个社会主义国家的统治阶级、官员阶级对立，因而他们的垮台是注定无疑的了。

这样一来，苏联人民不仅遭受比资产阶级的剥削更深重的剥削——官僚阶级的剥削——而且还遭受效率低下之苦。因此，苏联国民的生活水平远不如资本主义国民的生活水平："生活水平包括三项内容：消费的数量、消费的质量、自由时间的占有。根据保罗·R. 格雷戈里等人的计算，在 70 年代以前，资本主义国家的个人消费水平平均增长较快（4.7% 对 3.6%），而社会主义国家的投资增长率较高（6.4% 对 5.6%）。按照人均收入指标，苏联和东欧国家都比较明显地低于北美和西欧发达资本主义国家。根据美国中央情报局的估计，1960 年苏联的人均国民生产总值为 3532 美元，而美国、日本分别为 8799 美元和 2508 美元。到了 1985 年苏联人均国民生产总值增长到 6863 美元，美国、日本分别增长到 15511 美元和 11864 美元。70 年代，苏联已经成为世界军事和重工业超级大国，但人民群众的总体生活水平不仅不能与发达国家相比，甚至低于一些发展中国家。根据西方的计算，1979 年苏联职工的月收入只及美国的 30.5%、西德的 24.9%、法国的 28%，按人口平均水平计算的消费水平只为美国的 1/3；世界银行还用社会指标的恶化来证明计划经济体制出了问题：第二次世界大战之后，苏联的健康指标迅速改善，开始接近于工业化市场经济国家的水平。但从 60 年代中期开始出现停滞，继而出现逆转：1966—1980 年间，人口预期寿命减少了两岁，与工业化国家的趋势形成鲜明对照，同期内，工业化国家的人口寿命增加了 3—4 岁。"[1]

生产力不发达的社会主义不仅必定导致效率低下、全权垄断的阶级与剥削以及政府官员拥有控制国民全权的新奴隶制度，而且势必导致专制等

---

[1] 陆南泉等主编：《苏联剧变深层次原因研究》，中国社会科学出版社 1999 年版，第 273—274 页。

非民主制。究其原因，首先，生产力不发达的社会主义国家的建立，大都不可能通过民主的议会的道路，而势必通过非民主的、为民做主的武力征服、暴力革命道路：暴力革命似为生产力不发达的社会主义革命的普遍规律。暴力地、不民主地、为民做主地夺取的政权，势必成为一种暴力的、不民主的、为民做主的政权，势必继续为民做主执掌政权，从而导致专制等非民主制的社会主义

其次，官吏阶级的全权垄断必定导致双重的腐化堕落，亦即一方面孳生权力垄断者的主子文化；另一方面则孳生无权者的奴才文化。庶民阶级的全权丧尽、毫无权力的状态，决定了他们无力捍卫自己的权益，因而势必寻求官吏阶级——特别是明君和清官——的庇护，从而形成庇护—附庸型的等级制垂直社会关系和臣民文化，最终导致专制等非民主制。

再次，全权垄断的官吏阶级也不能不垄断建立社会组织的权力，使一切社会组织，如学生会、工会等，都成为官方控制的社会组织，从而消灭任何非官方控制的社会组织：公民社会。这样一来，就使民主制几乎不可能实现。因为公民社会的发达程度与民主制实现的几率成正比：公民社会越发达，庶民阶级便越团结，公民文化便越发达，庶民阶级的力量便越大，官吏阶级的力量便越小，民主制实现的几率便越大；公民社会越不发达，庶民阶级便越不团结，臣民文化便越发达，庶民阶级的力量便越小，官吏阶级的力量便越大，民主制实现的几率便越小。

最后，思想品德和政治觉悟的普遍提高不但是公有制社会有效率的必要条件，而且是公有制社会实现民主制的必要条件。试想，在公有制或社会主义社会，政治权力控制和垄断国有资源、公共资源，因而也就控制和垄断了主要的经济权力。因此，在公有制或社会主义社会，政治权力对每个人都具有莫大的价值、利益和意义：拥有和垄断政治权力就意味着拥有和垄断经济权力，就意味着拥有一切。因此，如果生产力不发达因而国民的政治觉悟和思想品德普遍不高，势必利用自己的各种优势，竞相争夺政治权力，因而几乎不可能做到每个人不论强弱而完全平等执掌最高权力，亦即几乎不可能实现民主制，而注定出现垄断政治权力的强势群体（官吏阶级或统治阶级）和没有政治权力的弱势群体（庶民阶级或被统治阶级）。

这就是为什么几乎所有生产力不发达的社会主义国家——中国除

外——都与苏联社会主义模式一样,实行名义民主而实为专制政体的缘故。苏联宪法明文规定,苏联最高苏维埃(全国苏维埃代表大会)执掌国家最高权力,各级地方苏维埃是地方国家权力机关。然而,这不过是装点门面而已。实际上,最高苏维埃不过是通过联共(布)中央政治局和书记处的决议、指示的橡皮图章,在国家政治生活中的地位微乎其微:"各级苏维埃从人民政权机关变成了党委会的一般附属品,变成了只知道俯首听命于按党的机关的指令办事的执行者。"① 苏共历届党章都明文规定:党的组织机构的指导原则是民主集中制,党的一切领导机关从下到上都由选举产生;党的代表大会执掌最高权力,代表大会定期举行,中央委员会是它闭会期间的领导机关,向它负责并报告工作;政治局、组织局和书记处则是中央委员会下设的日常工作机关。这更不过是个形式和装潢而已。实际上,自下而上的选举完全被自上而下的委任或变相的委任制所代替,从而使选举完全流于形式。结果,正如黄宗良教授所言,党章规定的权力体制被完全倒置,形成总书记→总书记办公室→书记处→政治局→中央委员会→党代表大会的金字塔;站在权力金字塔顶端的是号令一切、不受任何监督的总书记斯大林,他集党政军最高权力于一身,是真正独掌国家最高权力的专制君主;党的代表大会的实际职能只不过是在法律程序上确认斯大林以中央委员会和政治局名义提出的各种决定而已。② 因此,苏联社会主义模式的政体特征可以归结为:"名义民主而实为专制",亦即"形式民主制、实际专制君主制"的混合政体。

2. 生产力不发达的社会主义:实行市场经济的社会主义模式

诚然,生产力不发达的社会主义并非只有苏联社会主义模式;还有其他社会主义模式,如实行市场经济的社会主义模式。实行市场经济的社会主义模式无疑优越于苏联社会主义模式:苏联社会主义模式堪称最坏的社会主义。然而,生产力不发达的社会主义虽然有好坏之分,却同样属于生产力不发达社会主义,因而必定同样违背生产力产生和决定生产关系、生产关系高低与生产力高低成正比规律,同样具有生产力不发达的社会主义

---

① 罗伊·麦德维杰夫:《论社会主义民主》,商务印书馆1982年版,第156页。
② 黄宗良、孔寒冰主编:《世界社会主义史论》,北京大学出版社2004年版,第321页。

的普遍特征。效率低下、专制等非民主制、全权垄断的阶级与剥削和政府官员拥有控制国民全权的新奴隶制度,恰恰是一切生产力不发达的社会主义所共有的、普遍的特征,而绝不是苏联社会主义模式的独有特征;只不过,生产力不发达的社会主义类型不同,具有这些特征的程度也有所不同罢了。

首先,实行市场经济的社会主义虽然不是单一的公有制,但是,公有制必定处于支配地位,否则就不是社会主义市场经济了。问题的关键在于,在生产力不够发达从而思想品德和政治觉悟不可能普遍提高的条件下,唯有私有制才有效率;而公有制则必定无效率。因此,实行市场经济的社会主义只是与苏联社会主义模式或社会主义计划经济相比较,才是高效率经济;而与资本主义或私有制市场经济比较,则必定是低效率经济。

其次,在实行市场经济的社会主义社会,公有制既然处于支配地位,那么,在市场经济中因纯粹的生产资料垄断而形成的阶级——民营企业家等私有者阶级与其雇员阶级——就不可能是主要的阶级;主要的阶级仍然是垄断政治权力的官吏阶级与没有政治权力的庶民阶级。官吏阶级不但仍然与苏联社会主义模式一样,垄断了全部政治权力,而且因垄断国有资源而垄断了全国主要的生产资料和经济权力;而庶民阶级的绝大多数人则与在苏联社会主义模式那里一样,毫无经济权力,是人类历史上权力丧失最为干净的全权——政治权力与经济权力——丧尽的无权阶级。这样一来,在实行市场经济的社会主义社会,官吏阶级虽然不像苏联社会主义模式那样是庶民阶级所有成员无可选择的唯一雇主,却仍然是庶民阶级绝大多数成员无可选择的唯一雇主;庶民阶级绝大多数成员不但仍然与生活在苏联社会主义一样,遭受人类历史上最可怕的压迫和剥削——全权垄断的压迫和剥削——而且不服从政府和官吏就意味着没有工作,就意味着饿死,以致几乎丧失全部自由而与奴隶实无二致。只不过,几乎丧失全部自由而与奴隶实无二致者,在苏联社会主义模式那里是庶民阶级的所有成员,而在市场经济社会主义则是庶民阶级的绝大多数成员罢了。

最后,在实行生产力不发达的市场经济的社会主义社会,全权垄断的官吏阶级显然势必与苏联社会主义模式一样,不能不垄断建立社会组织的权力,使一切社会组织,如学生会、工会等,都成为官方控制的社会组织，以致几乎消灭任何非官方控制的社会组织：公民社会。这样一来，实行市场经济的生产力不发达的社会主义社会与苏联社会主义模式，势必一样孳生权力垄断者的主子文化和无权者的奴才文化，一样不可能普遍提高国民政治觉悟和思想品德，最终势必一样导致专制等非民主制。

可见，只要是生产力不发达的社会主义，即使实行市场经济，即使是最好的社会主义，也同样违背生产关系与生产力高低正比例定律，国民的政治觉悟、公民文化和思想品德同样不可能普遍提高，因而同样具有生产力不发达的社会主义所必然具有的共同特征：效率低下、专制等非民主制、全权垄断的阶级与剥削和政府官员拥有控制国民全权的新奴隶制度。只不过程度有所不同罢了。

3. 生产力高度发达的社会主义：阶级与剥削之消除

只有在生产力高度发达的条件下实行社会主义，才符合生产关系高低与生产力高低正比例定律，国民政治觉悟、公民文化和思想品德才可能普遍提高，才既能够保障公有制经济高效率发展，又能够实行民主制，从而消除政治权力和经济权力垄断，消除阶级和剥削。首先，生产力高度发达的社会主义国家的建立，能够且应该通过民主的议会的道路，而避免通过不民主的武力征服、暴力革命道路：民主的议会的道路堪称生产力高度发达的社会主义革命的普遍法则。民主地取得的政权，势必成为一种民主的政权：只有民主地缔结最高权力契约，才可能导致民主的最高权力契约。

其次，生产力高度发达的社会主义实行民主制，意味着，每个人完全平等地执掌最高权力，从而不存在政治权力垄断。这样一来，社会主义便因为实行公有制和民主制而消除了权力——经济权力与政治权力——垄断，从而消除了阶级和阶级剥削：既因民主制而消除了政治权力垄断，从而消除了官吏阶级与庶民阶级；又因废除私有制而消除了经济权力垄断，消除了一切因经济权力垄断所形成的阶级。

再次，生产力高度发达的社会主义，消除了权力垄断，也就意味着：一方面消除了建立社会组织的权力垄断，因而公民社会和公民文化——民主制的至关重要的基础——必定高度发达；另一方面则消除了权力垄断者的主子文化和无权者的奴才文化，从而消除了专制等非民主制的至关重要的基础：臣民文化。

最后，生产力高度发达可以保障公有制经济高效率发展。因为如前所述，国民思想品德普遍提高是保障公有制经济有效率的根本条件。而国民思想品德的高低，直接说来，取决于国民做一个好人的道德需要的强烈程度；根本说来，则取决于国民的物质需要相对满足的程度：国民的物质需要满足得越充分，做一个好人的道德需要便越多越强烈，国民的品德便越高尚。因此，生产力高度发达——从而使每个人的物质需要得到相对满足——乃是国民思想品德普遍提高的根本条件，说到底，是公有制经济高效率发展的根本条件。

综上可知，在生产力不发达条件下，国民思想品德和政治觉悟不可能普遍提高。这时如果废除私有制实行社会主义，便违背生产力决定生产关系原理，违背生产关系高低与生产力高低成正比规律，必定导致效率低下、专制等非民主制、全权垄断的阶级与剥削以及政府官员拥有控制国民全权的奴役制社会主义，最终必定如苏东九国社会主义那样，又回到资本主义。因为在生产力不发达条件下，资本主义私有制虽然是剥削的根源，是恶的、不公平、不应该、具有负价值的，却能够避免更大的损害和不公，能够避免更大的恶——效率低下、全权垄断的阶级与剥削、政府官员拥有控制国民全权的新奴隶制度和专制等非民主制等——其净余额是利和善，符合"两害相权取其轻"的价值标准，因而是一种必要恶，是应该的、善的、具有正价值。只有到生产力高度发达——从而国民思想品德和政治觉悟普遍提高——的时候，私有制才是有害无益的纯粹恶，才是纯粹不公平、不应该、具有负价值的东西。只有在这时，才应该废除私有制和实行社会主义。只有在这时实行社会主义，才符合生产力决定生产关系原理，才能因国民政治觉悟、公民文化和思想品德普遍提高，而既能够保障公有制经济高效率发展，又能够实行完全民主制，从而消除政治权力和经济权力垄断，消除阶级和剥削。因此，马克思恩格斯一再说，生产力高度发达是实现社会主义的必要条件；如果在这一条件还不具备的时候就实行社会主义，即使胜利了，也必定是暂时的，是一种唐·吉诃德式的荒唐行为：

"当使资产阶级生产方式必然消灭、从而也使资产阶级的政治统治必然颠覆的物质条件尚未在历史进程中、尚未在历史的'运动'中形成以前，即使无产阶级推翻了资产阶级的政治统治，它的胜利也只能是暂时的，只能是资产阶级革命本身的辅助因素……他们在自己的发展进程中首先必须创造新社会的物质条件，任何强大的思想或意志力量都不能使他们摆脱这个命运。"[1] "如果我们在现在这样的社会中没有发现隐蔽地存在着无阶级社会所必需的物质生产条件和与之相适应的交往关系，那么，一切炸毁的尝试都是唐·吉诃德的荒唐行为。"[2]

三 实现社会主义的根本必要条件

1. 民主：实现社会主义的根本必要条件

生产力高度发展是实现社会主义的必要条件。那么，究竟如何才能达到生产力高度发展呢？换言之，达成生产力高度发展的手段和途径究竟是什么？最重要的手段和途径就是民主。因为能够造成生产或生产力高度发达的经济制度，无疑是没有政府指挥——但有政府适当干预——的市场经济制度。这种经济制度，如前所述，乃是唯一符合国家制度价值标准和可以导致资源配置效率最佳状态的经济制度；而其他一切经济制度（计划经济和自然经济以及存在政府指挥的市场经济或混合经济）都程度不同地违背国家制度价值标准，都程度不同地属于不自由、非人道、不公正和低效率的经济制度。

这种唯一符合国家制度价值标准和可以导致资源配置效率最佳状态的经济制度，只有民主才能够达成。因为，如前所述，没有政府指挥——但有政府适当干预——的市场经济制度，恒久说来，只可能实现于民主制国家，而不可能实现于非民主制国家。因为非民主制——君主专制和有限君主制以及寡头共和制——国家最高权力执掌者不过是一人加上寡头，因而只有一人加上寡头才是主人、主子；而绝大多数人都是奴才、奴仆。一人加上寡头将绝大多数人都变成奴才而服从其统治的诀窍，只能是等级制。因为等级制的本质，说到底，就在于赋予每个官员都享有他在民主制中不可能得到的巨大特权和权益。

等级制显然意味着经济不自由与经济不公正或经济不平等，因为等级

---

[1] 《马克思恩格斯选集》第 1 卷，人民出版社 1972 年版，第 171 页。
[2] 《马克思恩格斯全集》第 46 卷（上），人民出版社 1979 年版，第 106 页。

制赋予统治阶级或政治权力垄断群体多少经济特权，就意味着被统治阶级或平民百姓被剥夺和丧失多少经济权利，就意味着被统治阶级或平民百姓被强加多少不公正的经济义务。因此，专制等非民主制国家不可能实行经济自由与经济平等或经济公正标准，因而不可能实行没有政府指挥的市场经济制度。这就是专制等非民主制国家的经济发展不可能恒久繁荣进步的根本原因。只有民主制才能因每个公民完全平等地共同执掌最高权力而消除了政治权力垄断和等级制，消除了政治权力垄断群体与没有政治权力群体之分以及人与人之间的主奴之分，消除了政治权力垄断群体和等级制对没有政治权力群体的压迫和剥削，从而能够实现经济自由与经济平等或经济公正标准，实行没有政府指挥的市场经济制度。这就是民主制国家的经济必定恒久繁荣进步的根本原因。

达成生产力高度发达的因素不仅仅是经济制度，还有其他众多因素，如科学文化繁荣和国民品德良好等。民主制是达成生产力高度发达的最重要的手段，不仅因为只有民主，才能实现没有政府指挥的市场经济制度；而且因为只有民主，才能达成国家繁荣进步。只有民主制才能——专制等非民主制则不能——达成国家繁荣进步。因为，如前所述，民主制及其治理活动，恒久说来，完全符合国家制度根本价值标准"公正与平等"。相反地，专制等非民主制及其治理活动，恒久说来，极端违背度根本价值标准"公正与平等"。国家制度与国家治理活动越符合公正标准，每个人的贡献与所得便越一致，每个人为国家和他人劳动的积极性便越高，从而效率也就越高，国家的繁荣进步便越快；国家制度与国家治理活动越违背公正标准，每个人的贡献与所得便越背离，每个人为国家和他人劳动的积极性便越低，从而效率也就越低，国家的繁荣进步便越慢。因此，民主和公正与国家的繁荣进步完全一致而成正相关变化：民主和公正主要通过作用于效率的动力因素，即调动人的劳动积极性而提高效率，促进国家的繁荣进步。反之，专制和不公正与国家的繁荣进步完全相斥而成负相关变化：专制和不公正主要通过削弱效率的动力因素，即降低人的劳动积极性而降低效率，阻碍国家的繁荣进步。

诚然，平等与效率的关系，跟公正与效率的关系根本不同。但是，平等标准——基本权利完全平等和非基本权利比例平等——与效率的关系，跟公正与效率的关系却完全相同。因为平等标准是一种特殊的公正，亦即最重要的公正标准，因而从属于公正范畴。因此，平等标准与效率，跟公正与效率一样，具有正相关关系；而平等与效率的关系，则完全取决于平等是否符合平等标准，亦即完全取决于平等是否公正：如果符合平等标准因而是公正的平等，与效率便是正相关关系；如果违背平等标准因而是不公正的平等，与效率便是负相关关系。这样一来，民主制便因其完全符合平等标准而极大地提高效率，从而极大地促进国家的繁荣进步；专制等非民主制则因其极端违背平等标准而极大地降低效率，从而极大地阻碍国家的繁荣进步。

民主制必定极大地促进效率和国家繁荣进步，不仅因其完全符合公正和平等标准；更主要地，乃是因其完全符合国家制度最高价值标准"人道与自由"；相应地，专制等非民主制极大地降低效率和阻碍国家繁荣进步，不仅因其极端违背公正和平等标准；更主要地，是因其极端违背人道与自由标准。因为自由是最根本的人道，是每个人实现自己创造性潜能——从而成为可能成为的最有价值的人——的根本条件，二者成正相关变化：一个人越自由，他的个性发挥得便越充分，他的创造潜能便越能得到实现，他的自我实现的程度便越高；一个人越不自由，他的个性发挥便越不充分，他的创造潜能便越得不到实现，他的自我实现程度便越低。

自由是每个人自我实现、发挥创造潜能的根本条件，同时也就是国家和社会繁荣进步的根本条件。因为社会和国家不过是每个人之总和。每个人的创造潜能实现得越多，国家和社会岂不就越富有创造性？每个人的能力发挥得越充分，国家和社会岂不就越繁荣昌盛？每个人的自我实现越完善，国家和社会岂不就越进步？诚然，自由不是国家和社会进步的唯一要素。科学的发展、技术的发明、生产工具的改进、政治的民主化、道德的优良化等都是国家和社会进步的要素。但是，所有国家和社会进步的要素，统统不过是人的活动的产物，不过是人的能力发挥之结果，因而说到底，无不以自由——潜能发挥的根本条件——为根本条件。因此，自由虽不是国家和社会进步的唯一要素，却是国家和社会进步的最根本的要素、最根本的条件。这样一来，民主制及其治理活动，恒久说来，岂不就必定因其实现每个公民的政治自由、经济自由和思想自由而成为每个人实现自己的创造性潜能和国家繁荣进步的最根本的必要条件？相反地，专制及其治理活动，恒久说来，岂不就必定因其剥夺每个公民的政治自由、经济自由和思想自由而成为每个人实现自己的创造性潜能和国家繁荣进步的极大障碍?

因此,托克维尔一再说,民主制总是使整个国家都洋溢持久的积极性,从而最能促进国家繁荣进步:"民主并不给予人民以最精明能干的政府,但能提供最精明能干的政府往往不能创造出来的东西:使整个社会洋溢持久的积极性,具有充沛的活力,充满离开它就不能存在和不论环境如何不利都能创造出奇迹的精力。"① "民主政府尽管还有许多缺点,但它仍然是最能使社会繁荣的政府。"②

民主制是达成生产力高度发达的最重要的手段,不仅因为只有民主,才能实现没有政府指挥的市场经济制度;也不仅因为只有民主,才能达成国家繁荣进步;而且还因为只有民主,才能导致国民总体品德良好。只有民主才能——而专制等非民主制则不能——导致国民总体品德良好。因为,如前所述,国民总体品德之高低变化,固然直接取决于该国经济发展速度及财富分配的公平程度、政治清明抑或腐败、科教文化繁荣与否和所奉行的道德之优劣四大因素,进而取决于该国是否实现经济自由制度、政治民主制度、言论出版自由制度和优良道德制度四大制度;但是,归根结底,则只取决于该国的政治制度究竟如何,只取决于是否实现民主制度。

一个国家如果实行民主制,恒久说来,该国家的政治必定清明、经济发展必定迅速、财富分配必定公平、科教文化必定繁荣、所奉行的道德必定优良;这样一来,国民的德福必定一致、物质需要的相对满足的程度必定充分、做一个有美德的人的道德欲望和道德认识以及道德意志必定强烈,从而国民的总体品德必定高尚:民主制是国民总体品德良好的直接且终极原因。反之,一个国家如果实行专制等非民主制,恒久说来,该国家的政治必定腐败、经济发展必定缓慢、财富的分配必定不公平、科教文化必定萧条、所奉行的道德必定恶劣;这样一来,国民的德福必定不一致、物质需要的相对满足必定不充分、做一个好人的道德欲望和道德认识以及道德意志必定淡薄,从而国民总体品德必定恶劣:专制等非民主制是国民总体品德败坏的直接且终极原因。

---

① 托克维尔:《论美国的民主》上卷,商务印书馆1996年版,第280页。
② 同上书,第265页。

民主制是国民总体品德良好的直接且终极原因；而专制等非民主制是国民总体品德败坏的直接且终极原因。这意味着，只有民主制才能够——而专制等非民主制则不能够——达成实现社会主义所必需的生产力高度发达。因为，一方面，国民品德状况无疑是决定国家能否繁荣进步的一个极其重要的全局性因素。如果国民品德良好，国民必定积极谋求国家和他人利益，从而必定极大地促进国家繁荣进步。相反地，如果国民品德败坏，国民绝不会积极谋求国家和他人利益，从而必定极大地阻碍国家繁荣进步。另一方面，国民品德良好本身直接就是实现社会主义的必要条件。因为社会主义就是公有制处于支配地位的社会；而国民品德普遍良好，乃是公有制有效率的根本条件。如果国民品德普遍低下，那就唯有私有制才有效率；而公有制则注定无效率。因此，只有民主制才能够达成国民总体品德良好，便意味着，只有民主才能保障公有制有效率：民主是实现社会主义的必要条件。

综上可知，民主是达成社会主义所必需的生产力高度发达的必要条件：直接说来，因为只有民主才能达成没有政府指挥的市场经济制度；全面说来，因为只有民主才能促进国家迅速繁荣进步；根本说来，只有民主才能使国民总体品德良好。这样一来，生产力高度发达岂不就是实现社会主义的直接必要条件，而民主则是实现社会主义的根本必要条件？

然而，民主是实现社会主义的根本必要条件，真正讲来，还有一个十分独特且至关重要的理由，那就是，资本主义国家的普选制民主是社会主义政党通过民主的方式夺取政权和实现民主的社会主义的根本条件。因为，如果实现了普选制民主，那么，是否夺取政权和实行社会主义便完全由人民自己决定，社会主义便可以通过民主方式实现，从而所建立的社会主义势必是民主的社会主义；相反地，如果没有实现民主，那么，社会主义势必通过非民主的、为民做主的暴力革命的方式实现。暴力地、不民主地、为民做主地夺取的政权，势必成为一种暴力的、不民主的、为民做主的政权，势必继续为民做主执掌政权，从而导致专制等非民主制的社会主义。

问题的关键恰恰在于，社会主义是否民主，乃是社会主义是否存在阶级和剥削——从而是否比资本主义优越——的主要原因。因为，如前所述，如果社会主义实行民主制，那么，一方面，每个人便平等地执掌最高权力，不存在政治权力垄断，从而不存在因政治权力垄断而分成的阶级：政治权力垄断群体或官吏阶级与没有政治权力群体或庶民阶级。另一方面，每个人便因平等执掌最高权力而平等执掌公有制生产资料。因此，就社会主义社会居于支配地位的主要的生产资料和经济权力来说，公有制和民主制便使每个人完全平等地拥有经济权力，不存在经济权力垄断，从而不存在因经济权力垄断而分成的阶级：经济权力垄断群体与没有经济权力群体。这种消除了政治权力垄断和经济权力垄断——从而消除了阶级和剥削——的社会主义无疑远远优越于资本主义。

伯恩斯坦的《社会主义的前提和社会民主党的任务》通过详尽论述最后这样写道："结论是这个非常平凡的原理，即争取民主和造成政治的话经济的民主机关，是实现社会主义的不可缺少的先决条件。……造成一种真正的民主——我确信，这是我们当前的最最紧急最重大的任务。这是最近十年来的社会主义战斗给予我们的教训。这是从我对于政治的全部知识和经验得出来的学说。在社会主义成为可能以前，我们必须建设一个民主主义者的国家。"[1]

马克思、恩格斯也一再教导我们，民主乃是实现社会主义的根本必要条件："《共产党宣言》早已宣布，争取普选权、争取民主，是战斗的无产阶级的首要任务之一。"[2] "如果说有什么是无可置疑的，那就是：我们的党和工人阶级只有在民主共和国这种形式下，才能取得统治。"[3] "马克思和我在40年间反复不断地说过，在我们看来，民主共和国是唯一的这样的统治形式，在这种形式下，工人阶级和资本家之间的斗争能够先具有普遍的形式，然后以无产阶级的决定性胜利告终。"[4] "在目前条件下，共产主义者根本不想同民主主义者进行无益的争论；相反，目前在党的一切实际问题上，他们都是以民主主义者的身份出现的。在所有的文明国家，民主主义的必然结果都是无产阶级的政治统治，而无产阶级的政治统治又

---

[1] 爱德华·伯恩斯坦：《社会主义的前提和社会民主党的任务》，生活·读书·新知三联书店1965年版，第208—209页。
[2] 《马克思恩格斯选集》第4卷，人民出版社1995年版，第516页。
[3] 同上书，第412页。
[4] 《马克思恩格斯全集》第22卷，人民出版社1965年版，第327页。

是实行一切共产主义措施的首要前提。因此在民主主义还没有实现以前，共产主义者和民主主义者就要并肩战斗，民主主义者的利益也就是共产主义者的利益。"① "民主在今天就是共产主义……民主已经成了无产阶级的原则、群众的原则……当各民族的无产阶级政党彼此联合起来的时候，它们完全有权把'民主'一词写在自己的旗帜上。"②

2. 资本主义：实现社会主义的根本必要条件

民主并不是实现社会主义唯一的根本必要条件；资本主义乃是实现社会主义的另一个根本必要条件。或者毋宁说，民主是实现社会主义的政体方面的根本必要条件；资本主义则是实现社会主义的经济形态方面的根本必要条件。二者缺一不可：民主如果与资本主义分离开来，便都只是没有政府指挥——但有政府适当干预——的市场经济的必要条件；只有二者结合起来才成其为充分条件。因为如前所述，资本主义与封建制以及奴隶制经济形态根本不同。奴隶制和封建制经济形态都是自然经济，目的都是为了直接满足生产者个人或经济单位的需要，而不是为了交换，不是为了更多的交换价值或获得利润。相反地，资本主义则是一种交换经济、商品经济或市场经济，是一种使资本或财货能够增值的商品经济或市场经济制度，是目的在于资本或物质财富增值而不是满足消费需要的商品经济或市场经济制度，说到底，是资本通过雇佣劳动而增值的商品经济或市场经济制度：商品经济与市场经济原本是同一概念。

因此，一方面，不论如何民主，奴隶制和封建制经济形态都不可能是市场经济，更不可能是没有政府指挥的市场经济；另一方面，如果没有民主，而是实行专制等非民主制，那么，资本主义虽然是市场经济，却不可能是没有政府指挥的市场经济，而必定是政府指挥的市场经济。只有资本主义与民主结合起来，才能实现没有政府指挥的市场经济，才是可以导致资源配置效率最佳状态的经济制度，才可以创造高度发达的生产力。

美国无疑是资本主义与民主结合——从而导致生产力迅猛发展——的典型。它从建国之初的区区农耕小国，发展为全球唯一超级大国，总共也

---

① 《马克思恩格斯选集》第1卷，人民出版社1995年版，第205页。
② 《马克思恩格斯全集》第2卷，人民出版社1957年版，第664页。

不过220年。究其原因,岂不就是因为美国自立国以来,国家制度虽有变化,却始终不变地实行民主与资本主义,始终不变地实行没有政府指挥——但有政府适当干预——的市场经济制度?

那么,是否可以说,只有民主和资本主义才能够创造废除私有制、实现社会主义所必需的高度发达的生产力?列宁的回答是否定的。他修正恩格斯关于实现社会主义根本条件理论,认为生产力高度发达的水平并不是社会主义取代资本主义的必要条件,因为在生产力水平不够发达的条件下,社会主义只要取得胜利,是能够——并且比资本主义更能够——创造高度发达的生产力:"我们为什么不能首先用革命的手段取得达到这个水平的前提,然后在工农政权和苏维埃制度的基础上赶上别国人民呢?"[①]列宁当时还不可能看到,在生产力不够发达从而国民思想品德和政治觉悟不可能普遍提高的条件下,唯有资本主义私有制才有效率;而社会主义公有制则必定无效率:社会主义不可能创造废除私有制、实现社会主义所必需的高度发达的生产力。

怎么,难道社会主义市场经济还没有资本主义市场经济优越吗?难道只有资本主义市场经济才能够——而社会主义市场经济则不能够——创造废除私有制所必需的高度发达的生产力吗?答案是肯定的。诚然,粗略看来,社会主义高于和优越于资本主义,因而社会主义市场经济高于和优越于资本主义市场经济。但是,细究起来,如前所述,只有生产力高度发达的社会主义才优越于资本主义,而生产力不发达的社会主义则远远恶劣于资本主义。同理,只有生产力高度发达的社会主义市场经济才优越于资本主义市场经济,而生产力不发达的社会主义市场经济则远远恶劣于资本主义市场经济。这可以从两方面看。

一方面,社会主义市场经济虽然不是单一的公有制,但是,公有制必定处于支配地位,否则就不是社会主义市场经济了。问题的关键在于,在生产力不够发达从而思想品德和政治觉悟不可能普遍提高的条件下,唯有私有制才有效率;而公有制则必定无效率。因此,社会主义市场经济只是与社会主义计划经济相比较,才是高效率经济;而与资本主义市场经济比较,则必定是低效率经济。

[①] 《列宁选集》第4卷,人民出版社1995年版,第777页。

另一方面，生产力不发达的社会主义，国民政治觉悟和思想品德不可能普遍提高，势必导致专制等非民主制，从而形成政治权力垄断群体与没有政治权力群体。政治权力垄断群体或官吏阶级不但垄断政治权力，而且因控制国有资源而垄断了主要经济权力。这样一来，没有政治权力群体或庶民阶级不但遭受人类历史上最可怕的压迫和剥削——政治权力和经济权力的全权垄断的压迫和剥削——而且不服从政府和官吏就意味着没有工作，就意味着饿死，以致几乎丧失全部自由而与奴隶实无二致。这种全权垄断的阶级和剥削制度不但远远恶于资本主义，而且必定导致政府指挥市场经济；否则，就不是社会主义了。

因此，社会主义市场经济远远恶劣于资本主义市场经济。诚然，一个社会主义国家，如果国民世世代代饱受亚细亚生产方式的全权垄断的压迫和剥削，一旦在很大程度上摆脱这种最残酷最野蛮的压迫和剥削，从计划经济的枷锁中挣扎出来，实行市场经济，必定会出现经济迅猛发展的奇迹。但是，奇迹不会持久。生产力不发达的社会主义市场经济的"公有制"、"政府指挥"和"全权垄断"三套马车，恒久说来，必定导致效率低下。社会主义不可能创造——而只有资本主义才能创造——废除私有制所必需的高度发达的生产力。在与资本主义市场经济的竞争中，社会主义市场经济即使不是一下子被资本主义市场经济所取代，也势必逐步私有化，公有制的生产资料所占的比例越来越小，私有制的生产资料所占的比例越来越大，统治阶级所垄断的经济权力越来越小，全权垄断的程度越来越低，最终演化为名副其实的资本主义市场经济。

因此，马克思、恩格斯一再说，只有资本主义才能够创造实现社会主义所必需的高度发达的生产力，因而是实现社会主义的必要条件："现代社会主义力图实现的变革，简言之，就是无产阶级战胜资产阶级，以及通过消灭一切阶级差别来建立新的社会组织。为此不但需要有能实现这个变革的无产阶级，而且还需要有使社会生产力发展到能够彻底消灭阶级差别的资产阶级。……只有在社会生产力发展到一定程度，发展到甚至对我们现代条件来说也是很高的程度，才有可能把生产力提高到这样的水平，以致使得阶级差别的消除成为真正的进步，使得这种消除可以持续下去，并且不致在社会的生产方式中引起停滞或甚至倒退。但是生产力只有在资产阶级手中才达到了这样的程度。可见，就是从这一方面说来，资产阶级正如无产阶级本身一样，也是社会主义革命的一个必要的先决条件。"[1]

总而言之，只有资本主义与民主结合起来，才能够创造实现社会主义所必需的高度发达的生产力："一个国家在一方面越是资本主义，在另一方面越是民主，它就越接近社会主义。"[2] 生产力高度发达乃是实现社会主义的直接的必要条件，是实现社会主义的直接的必要的客观条件；而资本主义与民主则是实现社会主义间接的根本的必要条件，是实现社会主义的根本的必要的客观条件。不实现生产力高度发达，说到底，不实现民主与资本主义，绝不可能实现优越于资本主义的社会主义；而只可能实现一种远远恶劣于资本主义的奴役制社会主义，一种亚细亚生产方式的复辟：效率低下和全权垄断的社会主义。尔后，或迟或早必定由这种奴役制社会主义回到资本主义：资本主义是任何社会发展的必由之路，是实现共产主义的必由之路。只有经过资本主义和民主制度充分发展，达到生产高度发达的时代，才应该废除私有制，实现社会主义，进而逐步实现共产主义制度。因此，实现共产主义理想国家的途径原本由三个台阶构成：第一个台阶是实现和发展民主与资本主义，创造高度发达的生产力；第二个台阶是废除私有制，实现社会主义；第三个台阶是实现共产主义，亦即不断完善社会主义，逐步实现高度发达的生产力、全民所有制、按劳分配、没有政府指挥的市场经济、宪政民主和只有一个主权和一个世界政府的全球国家：高度发达的生产力＋全民所有制＋按劳分配＋没有政府指挥的市场经济＋宪政民主＋只有一个主权和一个世界政府的全球国家＝共产主义。

3. 生产力高度发达的标志：社会主义取代资本主义的根本原因

不难看出，生产力高度发达原本是个相对的不确定的概念。究竟生产力发展到怎样的程度才算得上高度发达？有没有一个可以准确测定的指标？如果没有，那么，高度发达岂不是个空洞的难以实行的概念？确实如此。但是，高度发达是可以准确测定的。只不过，生产力高度发达是个相对概念，因而不可能进行孤立的绝对的测定；而只可以相对地测定，亦即相对于生产关系来测定。因为，如上所述，生产力高度发达之所以是实现

---

[1] 《马克思恩格斯选集》第 3 卷，人民出版社 1995 年版，第 272—273 页。
[2] 考茨基：《无产阶级专政》，生活·读书·新知三联书店 1958 年版，第 54 页。

社会主义的必要条件,并非因为,在生产力不够发达的条件下,不可能实现社会主义;而只是因为,在生产力不够发达的条件下,虽然也可以实现社会主义,但社会主义生产关系并不适合——而唯有资本主义生产关系适合——生产力的发展。相反地,在生产力高度发达的条件下,则唯有社会主义生产关系适合——而资本主义生产关系则不适合——生产力的发展。因此,生产力高度发达的标志,就是生产力已经发展到这样的程度,在这种程度下,资本主义不再适合——而唯有社会主义才适合——生产力的发展。

这样一来,生产力高度发达的标志便是双重的:一方面是资本主义生产关系不再适合它的发展;另一方面是唯有社会主义生产关系适合它的发展。马克思、恩格斯显然更加强调前者,认为生产力发展到生产关系已经不再适合它的发展而与之发生冲突的程度,就是生产力高度发达的标志,就是实现社会主义的客观的必要条件已经具备的标志。在长达数十年的时间里,马克思恩格斯一直认为,生产力已经发展到与资本主义生产关系发生冲突的程度:"正如从前工厂手工业以及在它影响下进一步发展了的手工业同封建的行会桎梏发生冲突一样,大工业得到比较充分的发展时就同资本主义生产方式用来限制它的框框发生冲突了……这种冲突表现在哪里呢?"[①]

马克思、恩格斯答道,这种冲突可以归结为三大矛盾——生产的社会化与资本主义私人占有的矛盾、个别企业生产的有计划性与整个社会生产的无政府状态的矛盾、无产阶级与资产阶级的矛盾——及其导致的经济危机:"生产资料和生产实质上已经变成社会的了。但是,它们仍然服从于这样一种占有形式,这种占有形式是以个体的私人生产为前提……社会的生产和资本主义占有之间的矛盾表现为无产阶级和资产阶级的对立……社会的生产和资本主义占有之间的矛盾表现为个别工厂中生产的组织性和整个社会中生产的无政府状态之间的对立。资本主义生产方式在它生而具有的矛盾的这两种表现形式中运动着,它毫无出路地处在早已为傅立叶所发现的'恶性循环'中……事实上,自从 1825 年第一次普遍危机爆发以来,整个工商业世界,一切文明民族及其野蛮程度不同的附属地中的生产

[①] 《马克思恩格斯选集》第 3 卷,人民出版社 1995 年版,第 741—742 页。

和交换,差不多每隔十年就要出轨一次⋯⋯危机暴露出资产阶级无能继续驾驭现代生产力。"①

可是,事实如何呢?自马克思、恩格斯断言资本主义生产关系不再适合生产力发展,至今已经过去了一个半世纪。资本主义生产社会化程度越来越高,已经进入全球化和一体化阶段。但是,资本主义社会的生产力不但没有停滞不前,而且迅速提高,取得了长足的发展,不断掀起新科技革命浪潮。20 世纪 40 年代至 50 年代,发生以原子能、电子计算机和航天技术为核心的科技革命;90 年代,发生以信息技术为核心的科技革命;许多领域的科技革命目前仍在继续发展之中。这些科技革命具有空前的广阔性,几乎涉及科学技术所有领域,深入到了农业、工业、能源、交通、办公、服务和生态环境等人类生活各个方面,从而导致社会生产力迅猛发展,虽有短期的动荡和危机出现,但经济保持了较长时期的相对稳定发展,经济发展前景普遍看好,呈现着强劲的发展势头。

生产力的巨大发展,使劳动人民的实际工资不断提高,生活质量不断改善:"随着实际工资的提高,劳动者的生活水平得到了明显改善,工人阶级和劳动大众的消费开支结构发生了重大变化:用于吃穿的开支比重大大下降,用于改善住房和居住条件的开支增加,汽车等各种耐用消费品得到普及,用于教育、旅游、娱乐、医疗、交际等方面的开支比重增大。"②"工人阶级出现五化趋势,即白领化、多领化(除白领、蓝领外,还有高级管理层的金领、技术性与维修人员的灰领和大量女工的粉领)、知识化、智能化(配备有电脑、电器的工人越来越多)、有产化(不再是完全的无产者,小有储蓄和股票者越来越多)。"③ 结果自不待言,阶级矛盾日趋缓和,工人阶级的革命意识和历史使命感逐渐淡化以至于消失。

事实充分证明,马克思、恩格斯关于资本主义生产关系已经不再适合生产力发展以及阶级结构和阶级矛盾的观点,是根本错误的。那么,错误的原因究竟在哪里?马克思、恩格斯的错误,说到底,恐怕在于不懂得国家制度价值标准,不懂得经济制度的价值本性,不懂得计划经济违背——

---

① 《马克思恩格斯选集》第 3 卷,人民出版社 1995 年版,第 741—753 页。
② 李琮主编:《当代资本主义论》,社会科学文献出版社 2007 年版,第 203 页。
③ 高放:《纵览世界风云》,中国书籍出版社 2002 年版,第 169 页。

而唯有市场经济才符合——经济自由等国家制度价值标准，因而误以为唯有计划经济才能适合——而市场经济则不适合——社会化的高度发达的生产力。从这种谬见出发，马克思恩格斯误以为资本主义生产关系不再适合生产力发展，这种不适合表现为生产的社会化与资本主义私人占有的矛盾冲突、个别企业生产的有计划性与整个社会生产的无政府状态的矛盾冲突以及无产阶级与资产阶级的矛盾冲突。

殊不知，没有政府指挥——但有政府适当干预——的市场经济制度，乃是唯一符合国家制度价值标准和可以导致资源配置效率最佳状态的经济制度；而其他一切经济制度（计划经济和自然经济以及存在政府指挥的市场经济或混合经济）都程度不同地违背国家制度价值标准，都程度不同地是不自由、非人道、不公正和低效率的经济制度。恩格斯所谓个别企业生产的有计划性与整个社会生产的无政府状态，无非就是市场经济状态，因而也就是唯一符合国家制度价值标准和可以导致资源配置效率最佳的经济状态。这种状态存在的矛盾和冲突，没有政府指挥——但有政府适当干预——的市场经济制度能够予以最好的解决；因而绝对不应该诉求于计划经济：计划经济是不自由、非人道、不公正和低效率的经济制度。

马克思、恩格斯断言生产的社会化与资本主义私人占有的矛盾是资本主义的基本矛盾，也是不能成立的。因为并非只有公有制才能够适合——私有制也可以通过股份制和社会资本等方式适合——生产社会化。诚然，私有制意味着经济权力垄断，因而必然直接导致阶级、剥削、经济不公、经济异化和经济不自由，最终必然导致两极分化和经济危机，从而破坏和阻碍生产力发展。但是，这是私有制的永恒的本性，而并不是私有制与生产社会化冲突的结果。无论私有制是否与生产社会化冲突，无论私有制通过股份制而与生产社会化相适合，还是没有股份制而与生产社会化相冲突，私有制都必然直接导致剥削、经济不公和经济不自由，最终导致两极分化和经济危机。因此，资本主义可以消除——通过股份制——生产的社会化与资本主义私人占有之间的矛盾冲突，却消除不了剥削、经济不公、两极分化和经济危机。生产的社会化与资本主义私人占有之间的矛盾，既然能够被资本主义通过股份制等方式予以消除，那也就不可能是什么资本主义基本矛盾了。

这就是为什么，马克思、恩格斯根据所谓资本主义三大矛盾——生产的社会化与资本主义私人占有的矛盾、个别企业生产的有计划性与整个社会生产的无政府状态的矛盾、无产阶级与资产阶级的矛盾——断言资本主义生产关系已经不再适合生产力发展，是错误的根本原因。殊不知，资本主义生产关系，就其总体效用说来，永远都不会阻碍任何生产力的发展；在资本主义生产关系中，任何生产力永远都不会停滞不前，而必定不断地向前发展。因为资本主义生产关系，就其本性来说，具有促进任何生产力发展的永恒动力机制：市场经济与私有制。这可以从两方面看。一方面，如前所述，资本主义生产关系或经济形态乃是一种商品经济或市场经济，是资本通过雇佣劳动而增值的商品经济或市场经济制度；而人类社会只有一种经济制度，亦即没有政府指挥——但有政府适当干预——的市场经济制度，是符合经济自由等国家制度价值标准和可以导致资源配置效率最佳状态的经济制度；其他一切经济制度（计划经济和自然经济以及存在政府指挥的市场经济或混合经济）都程度不同地违背国家制度价值标准，都程度不等地属于不自由、非人道、不公正和低效率的经济制度。

另一方面，如前所述，在生产力还没有高度发达——因而国民品德不可能普遍提高——的条件下，唯有私有制才有效率，才能促进生产力发展；而公有制必定无效率，必定阻碍生产力发展。更何况，最根本的人性定律是爱有差等：每个人必定恒久为自己，而只能偶尔为他人。这岂不意味着，即使在生产力高度发达——因而国民品德普遍提高——的条件下，私有制也比公有制更加符合人性，更加能够调动人的劳动积极性，更能够促进生产力的发展？诚然，资本主义私有制具有两面性：它虽然比公有制更能够调动劳动积极性，促进生产力的发展，却必定导致剥削、经济不公、两极分化和经济危机，从而破坏和阻碍生产力发展。

但是，整体说来，亦即就资本主义生产关系适合、促进与不适合、阻碍生产力发展的净余额来说，无疑是适合、促进生产力发展的，甚至能够适合、促进任何生产力的发展，不论它达到何等发达程度。因为生产关系的高低与生产力高低成正比例定律决定了：生产关系越高级越完善越符合国家制度价值标准，就越能够适合更高级、更发达的生产力。生产力高度发达的社会主义和共产主义，是最高级最完善的生产关系或经济形态，是完全符合国家制度价值标准的生产关系或经济形态，因而能够适合、促进最高级最发达的生产力。无论生产力达到何等高级发达的程度，社会主义和共产主义岂不都能够适合、促进其发展？

　　社会主义与共产主义所能够适合的生产力的高级和发达程度，是没有止境的。生产力永远不会达到这样的高级和发达程度，以致社会主义和共产主义不再适合它的发展了：社会主义与共产主义生产关系对于生产力的不断的高度发展具有永恒的适合性。否则，假如生产力的发展可以达到这样一种发达程度，以致社会主义和共产主义——完全符合国家制度价值标准的生产关系——不再适合它的发展了，那岂不只有不符合国家制度价值标准的生产关系才能适合它的发展？岂不只有不完善的、低级的生产关系才能适合它的发展？岂不荒谬绝伦？因此，社会主义和共产主义是人类社会的终极状态，无论生产力如何发展，无论生产力如何高级，社会主义和共产主义都能够适合其发展。

　　资本主义是人类社会仅次于社会主义和共产主义的相当高级和完善的生产关系，因而也能够适合、促进任何高级和发达的生产力的发展。只不过，社会主义和共产主义完全符合国家制度价值标准，是最高级、最完善的生产关系，因而对于任何高级和发达的生产力的发展都只有促进作用，而没有阻碍作用，没有剥削、两极分化和经济危机；资本主义不完全符合国家制度价值标准，是次高级、次完善的生产关系，因而虽然能够适合、促进任何发达的生产力的发展，却具有相当严重的不适合和阻碍作用，亦即生产资料私有制所导致的剥削、两极分化和经济危机。

　　因此，废除资本主义而代之以社会主义的根本原因，如果像马克思恩格斯所说的那样，是因为资本主义生产关系阻碍和不再能够容纳生产力发展，那就永远不应该废除资本主义了。因为资本主义虽然因其私有制所导致的剥削、两极分化和经济危机而阻碍生产力发展，但整体说来，却能够适合、促进任何高级和发达的生产力的发展。这就是为什么资本主义社会生产力至今仍然迅猛发展的缘故。因此，废除资本主义而代之以社会主义的根本原因，真正讲来，只能是因为生产力高度发达，从而能够满足社会全体成员物质需要和国民品德普遍提高，以致无阶级无剥削的社会主义——人类理想社会——生产关系终于能够适合生产力的发展而可以实现了。

　　这一时代的到来无疑还相当遥远，因为20世纪80年代英国、法国等国家推行国有化和公有制最终失败表明，生产力还远远没有发达到社会主义生产关系可以与之相适合的高度。但是，只要生产力高度发达——从而能够满足社会全体成员物质需要和国民品德普遍提高——因而社会主义能够适合其发展，那么，不论资本主义如何适合生产力发展，不论资本主义社会生产力如何迅猛发展，不论阶级矛盾如何缓和，都应该废除资本主义而代之以社会主义。因为这时实现社会主义，必定因国民政治觉悟、公民文化和思想品德普遍提高，既能够保障公有制经济高效率发展，又能够实行完全民主制，从而真正消除政治权力和经济权力垄断，消除阶级和剥削，而决不会导致效率低下和全权垄断的奴役制社会主义。这时应该废除资本主义，因为资本主义私有制所必然导致的剥削、两极分化和经济危机，已经不再是一种能够防止更大恶——效率低下和全权垄断的奴役制社会主义——的必要恶，因而是一种不必要的恶，是一种纯粹恶，是纯粹不公平、不应该、具有负价值的东西。

总而言之，社会主义取代资本主义根本的原因和理由，只在于生产力高度发达，因而社会主义——人类的理想社会——能够适合、促进其发展，而与资本主义是否不再适合生产力发展无关。马克思恩格斯认为废除资本主义而代之以社会主义的根本原因，乃在于资本主义生产关系阻碍和不再能够容纳生产力发展，是根本错误的。究其原因，恐怕正如任何思想巨匠往往都会绝对化自己所发现的伟大理论一样，马克思恩格斯也难免绝对化他们所发现的历史唯物主义伟大理论，以致认为生产力发展到一定程度，必然会与生产关系发生冲突，而不论这种生产关系多么高级、完善，甚至共产主义生产关系也不例外。这样一来，他们就看不见，生产关系越高级越完善越符合国家制度价值标准，就越具有适合、促进任何生产力发展的永恒性；他们就看不见，共产主义——完全符合国家制度价值标准的人类理想社会——具有适合、促进任何高级和发达的生产力的永恒性；他们更看不见，资本主义生产关系整体说来也具有适合、促进任何生产力发展的永恒性。

第十八章

实现社会主义和共产主义的主观条件

本章提要

社会主义和共产主义政党在它的奋斗历程的三大阶段中,应该——而非事实——发生两次大转型,亦即由第一阶段的资本主义国家的全民党,转型为第二阶段的社会主义国家的阶级党,再转型为第三阶段的共产主义国家的新的全民党。在第一阶段,党的指导思想是改良而不是革命,是社会主义的民主主义,亦即社会民主主义。它的指导原则可以归结为三条:(1)实现民主;(2)发展资本主义生产力,达到高度发达;(3)通过福利国家和经济民主制度,限制资本主义剥削和压迫,使资本主义剥削最小化和无产阶级利益最大化。党的最终指导原则是最大限度接近国家制度价值标准:公正、平等、人道、自由和增进每个人利益总量。在第二阶段,党的指导思想是革命,是民主主义的社会主义,亦即民主社会主义。党的指导原则可以归结为两条:(1)在高度发达的生产力基础上建立全民所有制;(2)逐步实现宪政民主、按劳分配、没有政府指挥的市场经济,最终实现只有一个主权和一个世界政府的全球国家。党的最终指导原则是不断接近完全实现国家制度价值标准:公正、平等、人道、自由和增进每个人利益总量。在第三阶段,党的指导思想是革命,是共产主义革命。它的指导原则是完全实现共产主义国家制度,亦即实现高度发达的生产力+全民所有制+按劳分配+没有政府指挥的市场经济+宪政民主+只有一个主权和一个世界政府的全球国家。党的最终指导原则是完全实现国家制度价值标准:公正、平等、人道、自由和增进每个人利益总量。

一 阶级与阶层的类型：实现社会主义力量的阶级分析

当生产力高度发达从而社会主义能够适合其发展的时候，就具备了实现社会主义和共产主义的客观条件。这时，人类的理想社会——社会主义和共产主义——能否实现，显然完全取决于实现社会主义和共产主义的主观条件：人类实行社会主义和共产主义的自由活动。不难看出，这种人类自由活动，正如马克思所发现，乃是一种阶级斗争。因为社会主义和共产主义的根本特征就是生产资料公有制。这样一来，实行社会主义和共产主义就意味着消灭私有制，因而必定引起生产资料占有者、垄断者群体（资产阶级）的反抗和克服这种反抗的无生产资料群体（无产阶级）的斗争：阶级斗争。因此，实现社会主义和共产主义的主观条件，说到底，就是阶级斗争。那么，在具备实现社会主义客观条件——生产力高度发达——的社会，究竟存在着哪些阶级和阶层？哪些阶级和阶层是实现社会主义的力量？哪些阶级和阶层是反对实现社会主义的力量？这种阶级斗争的途径——实现共产主义的途径——应该是怎样的？是暴力革命还是议会道路？

1. 阶级分类：资产阶级与无产阶级以及中间阶级

所谓阶级，如前所述，乃是人们因权力——经济权力与政治权力——之有无或垄断而分成的不同群体。因此，阶级分类无非三种。首先，根据政治权力之有无或垄断，阶级可以分为两类，亦即官吏阶级或统治阶级与庶民阶级或被统治阶级：前者是垄断了政治权力的群体；后者是没有政治权力的群体。其次，根据经济权力之有无或垄断，阶级可以分为奴隶主阶级与奴隶阶级、地主阶级与农民阶级以及无产阶级、资产阶级和中间阶级。最后，根据政治权力与经济权力全权之有无或垄断，阶级可以分为全权垄断的官吏阶级与全权丧失的庶民阶级，如亚细亚生产方式国家的官吏阶级与庶民阶级。

然而，不言而喻，在具备实现社会主义客观条件——生产力高度发达——的社会，只可能存在三个阶级：资产阶级和无产阶级以及中间阶

第十八章　实现社会主义和共产主义的主观条件

级。因为，如上所述，具备实现社会主义客观条件的社会，只能是生产力高度发达的民主的资本主义社会。它是民主的社会，每个人平等执掌国家最高权力，因而虽然存在官吏与庶民或统治者与被统治者，却不存在政治权力垄断，不存在垄断政治权力的群体（官吏阶级或统治阶级）和没有政治权力的群体（庶民阶级或被统治阶级）。它是生产力高度发达的资本主义社会，因而既不存在奴隶主阶级与奴隶阶级，也不存在地主阶级与农民阶级，而仅仅存在资产阶级和无产阶级以及中间阶级。因此，研究实现共产主义的主观条件，主要讲来，也就是研究三大阶级——资产阶级和无产阶级以及中间阶级——围绕实现共产主义而展开的阶级斗争。

所谓资产阶级，正如恩格斯的定义，就是拥有生产资料并作为资本雇佣劳动者的资本家群体："资产阶级是指占有社会生产资料并使用雇佣劳动的现代资本家阶级。"[①] 这就是说，资产阶级之所以为资产阶级，乃在于拥有生产资料和经济权力两大特征。第一个特征是拥有一定量——能够成为资本雇佣相当数量劳动者——的生产资料，众所周知，毋庸赘述。第二个特征是将所拥有的生产资料作为资本雇佣劳动者，从而拥有对于雇佣劳动者的经济权力。谁拥有生产资料或财富，谁就拥有支配所雇佣的劳动者的经济权力。这个道理，斯密曾有深刻论述："霍布斯说：财富就是权力。但是，获得或继承巨大财产的人，未必就获得或继承了任何政治权力——不论民事还是军事方面。他的财产，也许可以提供他一种获得两者的手段，但仅有财产未必就拥有政治权力。财产使他立即和直接拥有的权力，乃是购买力，是某种对于市场上各种劳动或劳动生产物的支配权。他的财产的大小与这种支配权的大小恰成比例，亦即与他所能购买或所能支配的他人劳动量或他人劳动生产物数量的大小恰成比例。"[②]

因此，所谓资产阶级，说到底，就是拥有生产资料并作为资本和经济权力雇佣劳动者的资本家群体，就是拥有生产资料并作为资本从而拥有支配雇佣劳动者的经济权力的阶级，就是拥有生产资料和经济权力的阶级。相应地，无产阶级之所以为无产阶级，与资产阶级之所以为资产阶级恰恰相反，乃在于没有生产资料和经济权力：无产阶级就是没有生产资料和经

---

① 《马克思恩格斯选集》第1卷，人民出版社1995年版，第272页。
② Adam Smith, *The Wealth of Nations*, Books Ⅰ-Ⅲ, England Penguin, Inc., 1970, p. 134.

济权力的雇佣劳动者群体,就是没有生产资料和经济权力——因而完全处于被管理被支配的执行者地位——的雇佣劳动者群体。因此,无产阶级与工人阶级并不是同一概念。一方面,无产阶级未必都是工人。一个雇佣劳动者,譬如一个技术员,只要他既无生产资料又无经济权力,他就属于无产阶级。另一方面,工人未必都属于无产阶级。一个工人是否属于无产阶级,不但要看他是否有生产资料,而且要看他是否有管理权或经济权力。蓝领工人都是体力劳动者,既没有生产资料,也没有管理权或经济权力,因而都属于无产阶级。白领工人则不然。因为白领工人虽然也都没有生产资料,却并不都没有管理权或经济权力。属于管理人员的白领工人拥有行使一定经济权力的管理权,因而并不属于无产阶级。因此,苏联学者梅里尼科夫在界定无产阶级时曾这样写道:"无产阶级是没有生产资料,从而靠出卖自己的劳动力为生,受资本主义剥削,并在生产、流通、办公室劳动中以及服务领域内执行纯执行者职能的雇佣劳动者阶级。"[①]

然而,马克思恩格斯以及众多马克思主义思想家论及无产阶级定义,竟然都忽略经济权力,而认为无产阶级就是没有生产资料的雇佣劳动者群体。马克思说:"'无产者'在经济学上只能理解为生产和增值'资本'的雇佣工人。"[②] 恩格斯说:"无产阶级是完全靠出卖自己的劳动而不是靠某一种资本的利润来获得生活资料的社会阶级。"[③]"无产阶级是指没有自己的生产资料,因而不得不靠出卖劳动力来维持生活的现代雇佣工人阶级。"[④]

这一定义实难成立。因为随着生产力的发展,特别是所谓"管理革命"的发生,形成了一种日益壮大的特殊的没有生产资料的雇佣劳动者群体:经理群体。他们也属于无产阶级吗?按照马克思恩格斯的定义,答案无疑是肯定的。诚然,马克思恩格斯清楚看到,资本主义生产的发展已经使资本的所有权与管理权分离开来:"资本主义生产本身已经使那种完全同资本所有权分离的指挥劳动比比皆是。因此,这种指挥劳动就无需资

[①] 转引自倪力亚《论当代资本主义社会的阶级结构》,中国人民大学出版社 1989 年版,第 88 页。
[②] 马克思:《资本论》第 1 卷,人民出版社 1995 年版,第 674 页。
[③] 《马克思恩格斯选集》第 1 卷,人民出版社 1995 年版,第 230 页。
[④] 同上书,第 272 页。

本家亲自担任了。"① 但是，马克思恩格斯却仍然认为，执行资本家管理职能的经理人员属于无产阶级，是"总体工人"的一部分，是"特种的雇佣工人"，是"位置较高和待遇较好的工人"：

"资本家把直接或经常监督单个工人和工人小组的职能交给了特种的雇佣工人。正如军队需要军官和军士一样，在同一资本指挥下共同工作的大量工人也需要工业上的军官（经理）和军士（监工），在劳动过程中以资本的名义进行指挥。"② "铁路和大部分远洋轮船都不属于那些亲自经营业务的单个资本家，而属于股份公司，这些公司的业务是由支薪的雇员，由那些实际上地位相当于位置较高和待遇较好的工人和职员代为经营。"③ "薪金只是，或者应该只是某种熟练劳动的工资。"④

这是根本错误的。没有生产资料的经理人员虽然属于雇佣劳动者，却并不属于无产阶级。据《美国新闻与世界报道》1982年5月的调查资料，在美国349家最大企业高级管理人员中，有26人年薪为100—266.85万美元；74人年薪为70—100万美元；102人年薪为50—60万美元。最高的年薪266万是美国总统年薪20万美元的12倍。⑤ 说这些企业高管属于无产阶级，岂不荒唐可笑之极！

如果企业高级管理人员不属于无产阶级，那么，中级和低级管理人员也就不能属于无产阶级。因为在资本的所有权与管理权分离的情况下，高级、中级和低级管理人员同样都没有生产资料，因而同样都没有将生产资料作为资本来雇佣和支配工人的经济权力。经济权力完全归资本家所有，而仅仅由管理人员代理行使，却并不归管理人员所有："只要经理和监督者参与了生产中统治的实践活动，他们就可以被看作是代理行使资产阶级的权力。"⑥ 在资本的所有权与管理权分离的情况下，任何管理人员，不论级别如何，不论如何高级，不论薪金如何丰厚和拥有多少财富，都仅仅享有管理权或经济权力的行使权；而并不享有管理权或经济权力的所有

---

① 《马克思恩格斯全集》第25卷，人民出版社1971年版，第435页。
② 《马克思恩格斯全集》第23卷，人民出版社1971年版，第369页。
③ 《马克思恩格斯全集》第19卷，人民出版社1971年版，第316页。
④ 《马克思恩格斯全集》第25卷，人民出版社1971年版，第454页。
⑤ 转引自倪力亚《论当代资本主义社会的阶级结构》，中国人民大学出版社1989年版，第152页。
⑥ 赖特：《后工业社会中的阶级》，辽宁教育出版社2004年版，第21页。

权；管理权或经济权力的所有权完全属于资本或生产资料的所有者。因此，赖特·米尔斯一再说：

"当所有者和管理者不再是同一人时，管理者并没有剥夺所有者，拥有财产的企业对工人和市场的权力也没有减少。权力并没有和财产分开……财产所有权的各种权力都是非个人的，居间的和隐蔽的。但是它们并未缩小，也没有减少。"[1] "公司的管理者是那些拥有最大宗财产的所有者的代理人。"[2] "白领雇员是权力的帮手，他们行使的是派生的权力，但他们是实实在在行使着它。"[3]

因此，在资本的所有权与管理权分离的情况下，高级、中级和低级管理人员都属于享有经济权力的行使权——而并不享有经济权力的所有权——的同一个阶级的不同阶层。因为所谓阶级，如前所述，乃是人们因权力之有无或垄断——而不是因权力之大小多少——而分成的不同群体；因权力之大小多少而分成的不同群体是阶层，而不是阶级。高级、中级和低级管理人员之分，显然是根据所行使的经济权力的大小多少，而不是根据所行使的经济权力之有无或垄断。

因此，高级、中级和低级管理人员属于享有经济权力的行使权的同一个阶级的三个不同阶层。这就是为什么我们说，如果高级管理人员不属于无产阶级，中级和低级管理人员也就不能属于无产阶级。这就是为什么，将无产阶级定义为没有生产资料的雇佣劳动者群体，是错误的：它犯了定义过宽——将无产阶级包括高管等享有经济权力行使权的雇佣劳动者——的错误。无产阶级是没有生产资料和经济权力——经济权力的所有权和行使权——的雇佣劳动者群体。

高级、中级和低级管理人员三个阶层既然都不属于无产阶级，那么，他们属于资产阶级吗？答案也是否定的。因为资产阶级是拥有生产资料并作为资本从而拥有支配雇佣劳动者的经济权力的资本家阶级，是拥有生产资料和经济权力的资本家阶级。在资本的所有权与管理权分离的情况下，高级、中级和低级管理人员同样都仅仅享有经济权力的行使权，而既没有

---

[1] C. Wright Mills, White Collar: *The American Middle Classes*, London: Oxford University Press, 1956, p. 101.

[2] Ibid, p. 103.

[3] Ibid, p. 74.

资本或生产资料,也没有经济权力,因而不属于资本家,不属于资产阶级。这样一来,在资本的所有权与管理权分离的情况下,高级、中级和低级管理人员都既不属于无产阶级,又不属于资产阶级。那么,他们究竟属于哪一个阶级?属于中间阶级!

所谓中间阶级,亦即中产阶级——其英文均为 Middle Class——就是介于无产阶级与中产阶级之间而兼具二者特征的阶级。中间阶级分为新老中间阶级。老中间阶级就是所谓自我雇佣者群体,也就是拥有小量生产资料的小资产阶级和农民,但也包括自由职业者。老中间阶级的根本特点是经济活动的独立自主,既没有经济权力雇佣和支配他人,也不受他人经济权力的雇佣和支配。马克思恩格斯所谓的中间阶级就是指这一群体:

"除了资产阶级和无产阶级以外,现代大工业还产生了一个站在它们之间的类似中间阶级的东西——小资产阶级。这个小资产阶级是由原先的半中世纪的市民阶级残余和稍稍高出一般水平的工人组成的。"[①] "中等阶级的广大阶层——小贩、手工业者和商人。"[②] "资产阶级社会的各个中等阶层,即小资产阶级和农民。"[③] "中间等级的下层,即小工业家、小商人和小食利者,手工业者和农民。"[④]

新中间阶级就是没有生产资料或资本的管理人员群体。它是新中间阶级,因为它的产生和发展是资本主义生产和经营管理方式新的变化的结果。这种新的变化,主要是所谓的"管理革命",亦即资本所有权与管理权的分离,从而形成了一个没有生产资料却行使经济权力的庞大的管理人员群体:所谓"白领雇员"、"白领职业者"大都属于这一群体。对于这一群体,古尔德纳的《新阶级与知识分子的未来》曾有精辟说明:"大量相似的例证表明,拥有很大权力却没有相应财产的管理人员,逐渐取代了旧的金钱阶级的位置……蔡特林曾引用菲利普·博奇在1950—1974年间作的一项调查,其结果表明在这段时期内,美国五十家最大的企业中,平均有百分之五十八的权力很可能是由管理人员控制着的,而在三百家最大

---

① 《马克思恩格斯全集》第 16 卷,人民出版社 1971 年版,第 75 页。
② 《马克思恩格斯全集》第 17 卷,人民出版社 1971 年版,第 363 页。
③ 《马克思恩格斯全集》第 7 卷,人民出版社 1971 年版,第 30 页。
④ 《马克思恩格斯选集》第 1 卷,人民出版社 1995 年版,第 259 页。

的企业中，其中百分之四十的权力也可能是由管理人员控制着的。"①

合观新老中间阶级可知，中间阶级与资产阶级和无产阶级一样，也是根据生产资料和经济权力之有无所划分出来的一个阶级。因为一方面，新中间阶级没有生产资料，被资本家雇佣和支配，同时却行使经济权力支配雇佣劳动者；另一方面，老中间阶级是既不被他人雇佣也不雇佣他人的自我雇佣者，他们虽然有一定生产资料因而不被资本家雇佣和支配，但其所有的生产资料却太少，以致没有经济权力雇佣和支配他人。这样一来，中间阶级便是这样一个阶级，一方面，它或者拥有生产资料或者执掌经济权力或者不被他人雇佣，因而具有资产阶级特征，与无产阶级根本不同；另一方面，它或者没有生产资料或者没有经济权力或者被资本家雇佣，因而具有无产阶级特征，与资产阶级根本不同。

可见，中间阶级是既被雇佣又雇佣他人或既不被雇佣也不雇佣他人的群体，是介于雇佣和被雇佣之间的群体，是没有生产资料却有经济权力或有生产资料却无经济权力的群体，说到底，是根本不同于资产阶级与无产阶级同时却又兼具二者根本特征的群体，是介于无产阶级与资产阶级之间的亦此亦彼的矛盾群体。因此，赖特一再强调说，中间阶级处于无产阶级与资产阶级"阶级关系中的矛盾位置"：

"他们可被看作是同时处于资产阶级和工人阶级中：从他们统治着工人这点看，他们像资本家；从他们受资本家控制并在生产中受剥削这点来看，他们像工人。因而他们处于我称之为阶级关系中的矛盾位置上。"②"在阶级分析的剥削和支配框架中，中产阶级被定义为那些同时处于剥削和被剥削，或支配和被支配地位的那些人。他们占据着笔者曾经说过的'阶级关系中的矛盾位置'，在剥削和支配关系中，他们的工作带有这些关系的两面性。经理和主管是其典型例子。"③

然而，很多学者却认为，高级经理或公司高级管理人员并不属于中间阶级，而属于资产阶级，是资产阶级的"经理资本家"阶层。因为这些高级经理人不但年薪极高，而且拥有大量的公司股票："据统计，全球前

---

① 古尔德纳:《新阶级与知识分子的未来》，人民文学出版社2001年版，第6—7页。
② 赖特:《后工业社会中的阶级》，辽宁教育出版社2004年版，第21页。
③ 李春玲主编:《比较视野下的中产阶级形成》，社会科学文献出版社2009年版，第10页。

500 家大公司中，至少有 80% 已向高级管理人员实行了股票期权报酬制度。高级管理人员的年收入中，来源于股票期权的比重越来越大。如享代公司的总裁托尼·欧仁在 80 年代末收到一笔高达 40 万股的股票期权，远远超过其工资收入。1990 年，美国苹果电脑公司的首席执行官获得 1670 万美元的年收入，来自股票期权的占 87%。沃尔特·迪斯尼制片公司的迈克·艾斯钢 1993 年 11 月通过优先认股权，获得 1.97 亿美元。这个数字使他登上了 1993 年收入排行榜榜首。2000 年素有'全球第一 CEO'之称的杰克·韦尔奇获得的 1670 万美元，连比尔·盖茨同期 63.9 万美元的年薪都相形见绌。1999 年，韦尔奇还获得了 300 万份期权。在 2000 年前的 5 年时间里，美国大公司高层管理人员年薪过亿，高级经理人的平均年薪也有 2740 万美元。"①

诚然，如果一个高级经理人所拥有的股票之多已经使他成为公司雇佣劳动者的股东，那么，他确实是资本家，可以称之为"经理资本家"。这样一来，他就不仅因其是经理而拥有经济权力的行使权，而且与其他资本家一样，拥有经济权力的所有权。因此，他不属于中间阶级，而属于资产阶级，是地地道道的经理资本家。但是，如果他不是雇佣劳动者的股东，那么，不论他拥有多少财产，即使他是全球首富，他也没有将财富变成资本用以雇佣劳动者，他也不是资本家，他也没有经济权力的所有权，而仅仅拥有经济权力的行使权。因此，他不属于资产阶级，而属于中间阶级。因为阶级划分的根据并不是财富或财产，而是权力。财富或财产并不是经济权力；财富或财产只有作为生产资料或资本雇佣劳动者，才是经济权力。因此，戴伊说：

把个人财富与经济权力等同起来是错误的……单单拥有个人财富，哪怕有一亿美元，也还不能保证能有经济实权……经济学家阿道夫·伯利在论述个人财富与机构权力之间的关系时说得好："今天的美国和西欧，富人之所以权力很小，就是因为他富有……假使他希望得到一个有权力的职位，他必须到他的银行户头之外去找。"②

---

① 藏秀玲：《当代资本主义新发展研究》，山东大学出版社 2004 年版，第 210—211 页。
② 托马斯·戴伊：《谁掌管美国》（第二版），世界知识出版社 1983 年版，第 53 页。

诚然，不论如何，毕竟有高级管理人员同时是经理资本家。那么，这是否意味着：资产阶级中存在所谓经理资本家阶层？是否意味着高级管理人员不是属于中间阶级——而是属于资产阶级——的一个阶层？否。因为在资本的所有权与管理权分离的情况下，资本所有者不是管理者，管理者不是资本所有者。因此，在资本的所有权与管理权分离的情况下，高级管理人员同时是资本所有者——经理资本家——必定极少，凤毛麟角，实属个别成员，构不成一个阶层："目前经营大公司的人们，在他们所管理的企业里并不占有多少股份。"① 因此，高级管理人员，作为个人，可以属于资产阶级；但是，作为一个阶层，却完全属于中间阶级，是中间阶级的高层。

认为高级管理人员属于资产阶级的另一个根据在于，高级管理人员是榨取和瓜分无产阶级剩余价值的剥削者。确实，不仅经理资本家，而且整个高级管理人员阶层，都是无产阶级所创造的剩余价值的瓜分者、占有者和剥削者，因而都属于剥削阶级；而剥削无疑是资产阶级的根本特征。但是，由此不能说高级管理人员属于资产阶级。因为高级管理人员同时还具有"没有生产资料因而被拥有生产资料的资产阶级所雇佣"的特点：这无疑是无产阶级的根本特点。因此，高级管理人员既具有无产阶级特征也具有资产阶级特征，是根本不同于资产阶级与无产阶级同时却又兼具二者根本特征的群体，是介于无产阶级与资产阶级之间的亦此亦彼的矛盾群体，因而完全属于中间阶级。

总之，根据生产资料或经济权力之有无或垄断，生产力高度发达的资本主义社会可以划分出三个阶级：资产阶级是拥有生产资料并作为资本和经济权力雇佣劳动者的群体；无产阶级就是没有生产资料和经济权力的雇佣劳动者群体；中间阶级是介于雇佣与被雇佣之间的群体（管理人员和小资产阶级、农民以及自由职业者），主要是没有生产资料却有经济权力（经理人员）和有生产资料却无经济权力（小资产阶级和农民）的群体：这就是为什么小资产阶级、农民、自由职业者和管理人员群体叫做中间阶级的缘故。

因此，一方面，中间阶级只是根据生产资料或经济权力所划分出来的

---

① 托马斯·戴伊：《谁掌管美国》（第二版），世界知识出版社1983年版，第42页。

无产阶级与资产阶级之间的一个群体，该群体兼具无产阶级与资产阶级根本特征；而并不是无产阶级与资产阶级之外的一切群体，譬如说，不包括政府官吏：官吏与庶民的划分根据是政治权力而非经济权力。另一方面，否定"中间阶级"概念而代之以"中间阶层"的观点是不正确的。因为，如前所述，阶层的划分根据可以是任何一种与利益获得不平等有关的属性，如收入、财富、职业、声望、生产资料的占有、经济权力垄断、政治权力垄断、性别、知识、年龄等；相反地，阶级的划分根据仅仅是一种极其重要的特定的属性，亦即权力垄断：经济权力垄断与政治权力垄断。中间阶级划分的根据与资产阶级或无产阶级一样，都是生产资料或经济权力之有无或垄断，因而完全是一个阶级，而绝不仅仅是一个阶层。

2. 阶层分类：官吏阶层与知识阶层

细究起来，不难看出，不论在各个阶级——资产阶级与无产阶级以及中间阶级——内部还是外部，都存在着各种社会阶层。毋庸赘述，就这些阶级内部来说，都可以分为上层与下层或上层、中层和下层。这些阶级外部的社会阶层，也并不复杂，真正讲来，恐怕只有一个：官吏阶层。诚然，在专制等非民主制国家，官吏乃是一个阶级。因为专制等非民主制，意味着政治权力垄断，意味着庶民毫无政治权力，而官吏垄断了全部政治权力：垄断了政治权力的群体叫做官吏阶级或统治阶级；没有政治权力的群体叫做庶民阶级或被统治阶级。

然而，我们这里所分析的乃是具备了实现社会主义客观条件的国家的阶级结构，因而也就是生产力高度发达的民主的资本主义国家的阶级结构。在这样民主的国家里，每个人平等执掌国家最高权力，因而并不存在政治权力垄断群体，并不存在官吏阶级与庶民阶级，并不存在统治阶级与被统治阶级，甚至也可以说不存在统治者与被统治者之分。因为每个人平等执掌国家最高权力，岂不意味着：每个人都是统治者同时又都是被统治者？在这样民主的国家里，只存在政治权力多少大小之分，因而只存在官吏阶层与庶民阶层：官吏阶层就是拥有政治权力较多的阶层，就是既拥有政治自由又拥有政治职务的阶层，说到底，就是拥有政治职务的阶层；庶民阶层则是拥有政治权力较少的阶层，就是只拥有政治自由而不拥有政治职务的阶层，说到底，就是没有政治职务的阶层。

官吏阶层，大体说来，无疑独立于资产阶级和无产阶级以及中间阶级之外。因为，大体说来，一个官吏，不论如何富有，他都不会是雇主，因而不会是资本家；不论如何贫穷，他都不会是雇佣劳动者，因而不会是工人或无产者；他更不会是经理或自我雇佣者，因而不会是中间阶级。但是，庶民阶层并不独立于资产阶级、无产阶级和中间阶级以及其他阶层之外；而恰恰是由其构成：拥有生产资料并作为资本和经济权力雇佣劳动者的庶民群体是资产阶级；没有生产资料和经济权力的雇佣劳动者庶民群体是无产阶级；介于雇佣与被雇佣之间的庶民群体是中间阶级。因此，庶民阶层并不独立于三大阶级之外，独立于三大阶级之外的只有官吏阶层。

那么，有没有既存在于三大阶级之内也存在于三大阶级之外的阶层？有没有普遍存在于一切阶级和阶层的社会阶层？有的，那就是知识阶层（或知识分子阶层）与非知识阶层（或非知识分子阶层）。划分的标准无疑是一定的学历和学力，一般说来，亦即是否具有大学学历和学力：具有大学学历和学力的人就是所谓的知识阶层；没有大学学历和学力的人就是所谓的非知识阶层。知识阶层与非知识阶层，与其他阶层或阶级的存在方式有所不同。资产阶级和无产阶级以及中间阶级和官吏阶层，就其成员构成来说，都是互相排斥而不相互包含的独立存在的群体。譬如，无产阶级成员中，不会有资产阶级成员，不会有资本家，也不会有中间阶级成员，更不会有政府官吏。相反地，整个非知识阶层和知识阶层相当大的一部分成员，分散存在于几乎所有阶级和阶层之中。

不过，分散存在于几乎所有阶级和阶层之中的知识分子，无论如何众多，并非知识阶层的核心和主体。知识阶层的核心阶层也是独立存在的群体，亦即专门从事精神财富活动——文化活动——的知识分子群体，说到底，亦即从事精神财富的研究、创造、传播、传授和学习的知识分子群体，如哲学家、社会科学家、科学家、作家、画家、书法家、思想家、音乐家、编辑和记者以及学校教育系统、科学研究机构、新闻广播、出版单位、戏剧影视等各种文化部门的知识分子群体。这一阶层的知识分子是如此重要，以致西摩·利普赛特将它与知识分子完全等同起来，因而知识分子定义为：

> 所有那些创造文化、传播文化和应用文化的人，其中包括艺术、

科学和宗教。在这个知识分子集团内，主要有两类水平的人：一类是创造文化的核心人物——即学者，艺术家，哲学家，作家，某些编辑和记者；另一类是传播者——各种艺术的表演者，大多数教师，大多数广播员。①

知识阶层随着社会的发展进步越来越重要。特别是，它在后工业社会中的作用是如此重要，以致一些思想家，如德鲁克、古尔德纳和贝尔等人，竟然称之为"知识阶级"、"新阶级"。古尔德纳说："一个由知识分子和技术知识匠组成的新阶级，同已然控制了社会经济的商人或政党领袖，展开了激烈的斗争。"② 贝尔说："正在兴起中的新社会里的主要阶级首先是一个以知识而不是以财产为基础的专业阶级……知识阶级可能是新社会中的最高阶级。"③ 德鲁克则认为后资本主义社会只有知识工作者与服务工作者两大阶级："现在真正控制资源和绝对是决定性的'生产要素'既不是资本也不是土地或劳动力，而是知识。后资本主义社会的阶级划分是知识工作者和服务工作者，而不是资本家和无产者。"④

知识分子究竟是一个阶级还是一个阶层？阶级划分的根据只能是权力——经济权力与政治权力——的有无或垄断。知识分子与非知识分子的划分根据，如所周知，是某种程度——如大学——的知识之有无或垄断。因此，如果知识是一种权力，那么，知识分子就是一个阶级；如果知识不是一种权力，那么，知识分子就是一个阶层。知识究竟是不是权力？古尔德纳和贝尔的回答是肯定的。他们的理由，要言之，就在于知识是一种文化资本，知识分子就是文化资本家，知识阶级就是文化资本家阶级："新阶级之所以拥有独特的力量和特权，完全是由于他们各自掌握了多种文化、语言和技术。新阶级是一群将历史和集体所创造的文化变成资本，据为己有，并从中渔利的文化资本家。"⑤

确实，知识是一种文化资本。但是，资本有广义资本与狭义资本之

---

① 托马斯·戴伊：《谁掌管美国》（第二版），世界知识出版社1983年版，第168页。
② 古尔德纳：《新阶级与知识分子的未来》，人民文学出版社2001年版，第1页。
③ 丹尼尔·贝尔：《后工业社会的来临》，商务印书馆1984年版，第411页。
④ 彼得·德鲁克：《后资本主义社会》，上海译文出版社1998年版，第6页。
⑤ 古尔德纳：《新阶级与知识分子的未来》，人民文学出版社2001年版，第15页。

分。狭义的资本属于经济学范畴，就是能够产生财货的财货，就是能够产生物质财富的物质财富，就是能够增值的物质财富，说到底，就是生产资料。广义的资本则是能够生利、增值或产生和带来财富的任何东西，不论这种东西是物质还是精神抑或社会，如文化资本、知识资本和道德资本等。确实，这些资本都可以产生和带来权力，但这一点与知识是不是权力毫无关系。因为任何东西，如溜须拍马、欺上瞒下、美色智慧等，都可能产生和带来权力；我们绝不能因为这些东西能够带来权力，就说这些东西是权力。问题的关键在于，文化资本是不是权力？

只有狭义资本或生产资料是权力。因为只有拥有生产资料，才能拥有雇佣、控制和支配雇佣劳动者的经济权力。相反地，文化资本不是权力。因为一个人不论拥有多少文化资本，都不可能用文化资本来雇佣劳动者，不可能拥有雇佣和支配雇佣劳动者的经济权力。他的文化资本只能够使他被雇佣，只能够使他被生产资料资本家雇佣，成为生产资料资本家的代理人，行使控制和支配雇佣劳动者的经济权力。但是，他不是经济权力的所有者，而只是经济权力的行使者，经济权力的所有者只能是雇佣他的生产资料资本家。

可见，文化资本家并没有经济权力，文化或知识并不是权力。因此，托马斯·戴伊说："知识'界'并不对全国资产的重要部分有什么正式的控制权。只有当一个知识分子被选拔到高级职位，如像亨利·基辛格或兹比格纽·布热津斯基那样的情况，才能说他是有权力的。"[①] 因此，知识分子群体不是知识分子阶级，而只是知识分子阶层。因为知识分子群体与非知识分子群体的划分根据是一定水平知识的有无或垄断，而不是权力的有无或垄断：知识不是权力。但是，知识不是权力，只意味着，知识分子不是一个阶级，而是一个阶层；并不意味着，知识和知识分子阶层不重要。恰恰相反，知识和知识分子阶层极端重要。因为，正如贝尔所言，知识与财产和政治职务一起，成为后工业社会权力的三大来源；[②] 只不过，财产和官职本身就是权力，而知识则仅仅是权力的来源罢了。

---

① 托马斯·戴伊：《谁掌管美国》（第二版），世界知识出版社 1983 年版，第 174 页。
② 丹尼尔·贝尔：《后工业社会的来临》，商务印书馆 1984 年版，第 400 页。

3. 支持与反对：各阶级与阶层在实现社会主义中的作用

在具备实现社会主义客观条件的社会——生产力高度发达的民主的资本主义社会——存在着三大阶级和两大阶层，亦即资产阶级、无产阶级和中间阶级以及官吏阶层和知识阶层。这些阶级与阶层的关系，根本讲来，不但是压迫与被压迫关系——垄断经济权力的群体必定压迫没有经济权力群体——而且是剥削与被剥削的关系：垄断经济权力的群体必定剥削没有经济权力的群体。

因为生产资料私有制或生产资料垄断使资本家（劳动买方）有权成为支配和领导无产者（劳动卖方）的雇主，使无产者成为被领导、被支配和必须服从的雇员。劳动的买方与卖方地位的这种不平等，势必导致对于劳动价格的决定作用的不平等：雇主或劳动买方必定是价格的决定者和控制者；而雇员或劳动卖方则只能是价格的接受者。这就是所谓劳动市场的买方垄断。任何垄断，不论是劳动市场的买方垄断，还是产品市场的卖方垄断，都同样意味着垄断者在一定程度上控制价格，因而势必导致价格与价值的背离，导致不等价交换：不等价交换是垄断价格规律，正如等价交换是自由竞争的价格规律一样。只不过，产品市场的卖方垄断因其是卖方垄断，所导致的价格与价值的背离，当然是价格高于价值或边际成本；反之，劳动市场的买方垄断因其是买方垄断，所导致价格与价值的背离，则显然是价格低于价值，亦即劳动价格或工资低于劳动价值，低于劳动的边际产品。工资低于劳动价值或劳动的边际产品的差额，就是劳动者所创造的被资本家无偿占有的剩余价值，因而也就是资本家对劳动者的剥削，亦即所谓资本主义剥削。

因此，资本主义剥削或资本家对劳动者的剥削——工资低于劳动价值或劳动的边际产品的差额——正如萨缪尔森所言，乃是劳动市场买方垄断的必然结果："剥削来源于雇主在购买劳动时的垄断力量（即所谓'买方垄断'）。"[①] 劳动市场买方垄断源于资本主义私有制。所以，资产阶级对无产阶级的剥削与压迫，说到底，乃是资本主义私有制的必然结果。这样一来，无产阶级便属于坚决废除私有制和实现社会主义的群体。它坚决主

---

① 萨缪尔森：《经济学》中册，商务印书馆1986年版，第232页。

张废除生产资料私有制，不仅因为它没有生产资料，更主要地，是因为只有废除私有制、实现社会主义和共产主义，它才能摆脱资产阶级的压迫和剥削。因此，恩格斯一再说："共产主义是关于无产阶级解放的条件的学说。"[①] "无产阶级运动的理论表现即科学社会主义。"[②] 相反地，资产阶级则属于坚决反对废除私有制和实现社会主义的群体。它坚决反对废除生产资料私有制，不仅因为它拥有生产资料，更主要地，是因为废除了私有制，它就不能够支配、压迫和剥削无产阶级了。

中间阶级的情况比较复杂。老中间阶级（拥有小量生产资料的小资产阶级和农民以及自由职业者）属于自我雇佣者群体，既没有经济权力雇佣和支配工人，也不受资产阶级经济权力的雇佣和支配。因此，老中间阶级既不被资产阶级压迫和剥削，也不压迫和剥削无产阶级。这样一来，正如马克思主义所指出，它在废除私有制和实现社会主义的阶级斗争中，便既具有革命性，同时也存在政治上的动摇性、斗争中的软弱性和革命的不彻底性。但是，这一中间阶级随着生产力的发展日渐萎缩，因而日益丧失昔日它在阶级斗争中的重要作用。

新中间阶级（没有生产资料或资本的管理人员群体）没有生产资料，被资本家雇佣和支配，同时却行使经济权力支配雇佣劳动者，因而是介于压迫工人与被资本家压迫以及剥削工人与被资本家剥削的矛盾关系。高级管理人员的压迫与被压迫以及剥削与被剥削的净余额，显然是压迫和剥削，因而与资产阶级一样，属于压迫者和剥削者群体，势必反对废除生产资料私有制和实现社会主义。但是，高级管理人员毕竟没有生产资料，废除私有制和实现社会主义并没有直接剥夺他们什么。更何况，资本主义生产关系的社会化程度越来越高，私人资本不仅发展为社会资本，而且社会资本大量股份化、大众化、分散化、全球化，从而越来越具有社会主义因素。这样一来，高级管理人员的管理工作岂不越来越具有社会主义的性质？因此，他们与资产阶级毫不动摇地反对社会主义必将有所不同，在一定条件下，可能动摇于无产阶级与资产阶级之间，甚至倒戈加入废除私有制的社会主义群体。

---

① 《马克思恩格斯选集》第1卷，人民出版社1995年版，第230页。
② 《马克思恩格斯选集》第3卷，人民出版社1995年版，第760页。

低级管理人员的压迫与被压迫以及剥削与被剥削的净余额,无疑是被压迫与被剥削。因为正如米尔斯所言,白领大众与普通工人的收入与工作相差无几:"白领大众在结构中的地位和普通工人越来越相似,两者都没有财产,收入也越来越接近。使白领区别于普通工人的所有地位因素,如今都无可挽回地削弱了。不断加强的办公室合理化降低了技术水平,使他们的工作越来越像车间工作。"① 这样一来,白领大众或低级管理人员便与无产阶级一样,属于被压迫与被剥削群体,势必支持废除私有制和实现社会主义。中级管理人员介于高级管理人员与低级管理人员之间,因而压迫与被压迫以及剥削与被剥削的净余额是零,是介于压迫与被压迫以及剥削与被剥削之间的典型中间群体,势必动摇于资产阶级与无产阶级之间,动摇于支持和反对废除私有制之间。

不难看出,新中间阶级在废除私有制和实现社会主义的斗争中具有举足轻重的重要作用。因为资本所有权与管理权的分离,特别是资本的社会化,越来越使经理人员控制、执掌和行使资本主义社会绝大部分经济权力:"今天,对技术和计划工作的客观要求,使得工业方面越来越需要组织工作方面的专门才干。资本是目前大公司可以自给的东西。老式的'巨头'已经过时。于是,美国经济领域中的权势便由资本转移到组织才华,而且我们有理由认为,这种转移将会在整个社会权力的分布上反映出来。它反映在由个人和家庭控制的大公司越来越少,而由经理人员控制的大公司所占的比例越来越大。单个的资本家对于投资资本的积累已不再举足轻重。现在,大约五分之三的工业资本来自大公司所保留的利润,而不是来自资本家的投资。另外五分之一来自信贷,主要借自银行。尽管余下的五分之一来自'外界'投资,但其中大部分也是来自大保险公司、互助基金和退休金信托部,而不是个体投资者。实际上,购买大公司股票的个体投资者只不过提供整个工业资本的百分之五。由此可见,私人投资者已不再在美国资本构成中占优势地位。"②

官吏阶层,就其最根本的职能和作用来说,属于维护资本主义私有制群体,属于反对废除资本主义私有制和实现社会主义公有制的群体。因为

---

① 赖特·米尔斯:《白领——美国的中产阶级》,浙江人民出版社1987年版,第333页。
② 托马斯·戴伊:《谁掌管美国》(第二版),世界知识出版社1983年版,第40页。

资本主义国家的政府官吏，显然只能维护资本主义，维护资本主义私有制：维护资本主义私有制乃是资本主义国家政府官吏阶层之最根本的任务和职能。

但是，维护资本主义私有制和反对实行社会主义公有制，仅仅是官吏阶层之最根本的任务和职能，而并不是其全部的任务和职能。就其全部的任务和职能来说，随着资本主义国家普选制民主的实现和社会的发展，随着政府官吏的更迭越来越完全取决于全体国民的选票，官吏阶层的目标、任务和职能也就越来越凌驾于阶级和阶层之上而具有全民性，具有为所有阶级和全体国民谋利益的本性；否则势必下台。

特别是欧洲各国普遍实行的福利国家和经济民主制度，充分表明资本主义国家及其政府官吏阶层的目的，是为所有阶级和全体国民谋利益：它保护资本主义私有制，因而是为资产阶级谋利益；它又严厉限制资本主义的剥削和压迫，使其最小化，使无产阶级和劳动人民的利益最大化，因而是为无产阶级和劳动人民谋利益。

更何况，官吏阶层的成员虽然可以既贵且富，甚至大富大贵；但是，他们毕竟生活于民主的而不是专制等非民主制的资本主义国家，因而不可能拥有生产资料。因此，废除资本主义私有制而代之以社会主义公有制，并没有剥夺它什么；相反地，他们在社会主义生产资料公有制社会，却能够拥有他们在资本主义社会所没有的东西，亦即与全民共同拥有生产资料和经济权力。因此，就其根本利益说来，他们骨子里赞成废除私有制而代之以社会主义公有制。

诚然，具体说来，官吏阶层具有两面性，超越或动摇于无产阶级和资产阶级之对立。因为整个阶级或阶层的政治立场虽然取决于其经济地位，但是该阶级和阶层的某些成员的政治立场却未必取决于其经济地位。当实现社会主义必要条件已经具备的时候，可以断定，社会主义政党或社会民主党执政的资本主义国家官吏阶层，将赞成废除私有制而代之以社会主义公有制，并且是实现社会主义的领导力量；而资产阶级政党执政的官吏阶层，将反对废除私有制而代之以社会主义公有制，成为实现社会主义的阻碍力量。

但是，无论如何，与资产阶级全体一致、始终不渝、毫不动摇地反对社会主义根本不同，官吏阶层——特别是中下层官吏——的具体成员将会审时度势、随机应变、动摇于无产阶级与资产阶级之间，在一定条件下，更可能加入废除私有制的社会主义群体。这或许就是为什么，很多学者都将中下层官吏与中下层经理一起归入中间阶级的缘故。

知识阶层更加复杂和重要。因为知识阶层可以分为两个阶层：分散的外围阶层与独立的核心阶层。所谓外围阶层，就是分散存在于各个阶级和阶层而为其成员的知识分子。这一阶层的知识分子无疑执掌、控制和行使所谓知识社会——发达资本主义社会——绝大部分经济权力和政治权力。因为官吏和经理——特别是高级官吏和高级经理——的绝大多数都是知识分子。他们对于废除私有制和实现社会主义的态度，大体说来，势必与他们所属的各个阶级与阶层的态度一致。诚然，背叛自己阶级和阶层的知识分子也相当可观，但毕竟是例外而非常规。譬如，恩格斯就其经济地位来说，是资本家，属于资产阶级。但是，恩格斯却主张废除私有制和实行社会主义，是无产阶级的思想和政治领袖。这显然是例外而非通则。诚然，细究起来，恩格斯之所以能够成为这样的例外，恐怕因为整体说来，与其说他属于资产阶级知识阶层，毋宁说他属于所谓独立存在的核心的知识阶层：专门从事精神财富创造的知识阶层。

马克思、恩格斯、列宁、布哈林、李扑克内西、拉萨尔、普鲁东、魏特林、卡贝、圣西门、傅立叶、欧文、康帕内拉、梅林等社会主义思想家和著作家们，都属于从事精神财富创造的独立的核心知识阶层。在资本主义社会，在各个阶级和阶层之外独立存在的所谓"核心知识阶层"，乃是精神财富的主要创造者；正如无产阶级是物质财富的主要创造者一样。但是，就核心知识阶层的本性来说，他们没有生产资料，不是资本家，既不属于资产阶级及其管理人员，因而没有经济权力；也不属于官吏阶层，因而没有政治职务权力。因此，他们必定遭受有权群体——官吏阶层和资产阶级以及管理阶层——的压迫和剥削：他们属于被压迫和被剥削群体。因此，不论其现实态度如何，就其内在本性来说，该阶层势必反对资本主义，向往实现人类的理想社会：社会主义和共产主义。

不仅此也！因为如前所述，社会主义和共产主义是人类的理想社会，它取代资本主义的客观条件，与资本主义生产关系是否阻碍生产力发展无关；而只在于生产力高度发达，以致能够满足社会全体成员物质需要、国民品德普遍提高，从而社会主义能够适合——而绝不会阻碍——其发展。

这样一来，具备实现社会主义条件之日，无产阶级和劳动人民的实际工资势必不断提高，生活质量势必不断改善，阶级矛盾势必日趋缓和。当此际，倘若没有通晓人类理想社会的核心知识阶层，倘若没有马克思们，没有傅立叶们，无产阶级的革命意识和历史使命感势必逐渐淡化以至于消失。

当此际，唯有独立的核心知识阶层的思想家、理论家和政治家们，唯有这些先知先觉们，才可能高瞻远瞩，察觉实现人类理想社会——社会主义和共产主义——的客观条件已经具备，从而呼唤、启迪和组织无产阶级等一切可以团结的阶级和阶层，实现社会主义和共产主义。因此，核心知识阶层不但属于主张废除私有制和实现社会主义的群体，而且是这一群体的精神和政治领袖，是废除私有制和实现社会主义的启蒙者、领导者和先锋队，是组织和领导一切反对资本主义群体的社会主义政党的缔造者。因此，在废除私有制和实现社会主义的阶级斗争中，知识分子阶层具有莫大作用：独立的核心知识阶层是实现社会主义的精神导师和政治领袖；分散的外围知识阶层则执掌资本主义社会绝大部分经济权力和政治权力。

那么，能否说，知识阶层是废除私有制和实现社会主义的主力军呢？否。因为在废除私有制和实现社会主义的群体中，占据人口多数的不是知识阶层，而是无产阶级：无产阶级是废除私有制和实现社会主义的主力军。诚然，近年来，无产阶级是主力军的观点遭到一些学者质疑。因为在他们看来，发达资本主义社会阶级结构发生了重大变化，中产阶级占绝对多数，资产阶级和无产阶级都成了少数，并且无产阶级越来越少："发达资本主义国家的阶级结构已改变了马克思预计的'两头大，中间小'的'葫芦'式，变化为'两头小，中间大'的枣核型。即不是资产阶级和无产阶级两头大，而是发展为中间阶级占绝对多数，资产阶级和无产阶级都成了少数。"[①]

确实，如果中间阶级是多数而无产阶级是少数，并且越来越少，那么，无产阶级还是不是实现社会主义的主力军，就很成问题了。但是，不难看出，"中间阶级是多数而无产阶级是少数"的观点，是不能成立的。因为他们所谓的无产阶级就是蓝领工人、蓝领劳动者，所谓中间阶级主要

---

① 高放：《纵览世界风云》，中国书籍出版社2002年版，第184页。

是白领雇员,因而由西方发达资本主义国家白领雇员人数超过蓝领劳动者的事实,而得出结论说:中间阶级是多数而无产阶级是少数。安东尼·吉登斯便这样写道:"中产阶级主要由从事白领工作的人组成,如教师、职业医务人员和服务行业中的雇员。在大多数工业化的国家中,中产阶级现在都占人口的大多数……工人阶级是由从事蓝领工作或体力劳动的人所组成。"[1] 贝尔亦如是说:"无产阶级在先进的社会或后工业社会中,甚至在其广义的定义上作为蓝领集团是缩小着的少数。"[2]

殊不知,蓝领劳动者与无产阶级——白领雇员与中间阶级——根本不同,绝非同一概念。因为,如前所述,阶级是因生产资料、经济权力的有无或垄断所形成的群体:资产阶级是拥有生产资料并作为资本和经济权力雇佣劳动者的资本家群体;无产阶级是没有生产资料和经济权力——因而完全处于被管理被支配的执行者地位——的雇佣劳动者群体;中间阶级是介于雇佣和被雇佣之间的群体,是没有生产资料却有经济权力(新中间阶级)和有生产资料却无经济权力(老中间阶级)的群体。

这样一来,没有管理权力的白领雇员便与蓝领劳动者一样,都属于无产阶级;而只有那些没有生产资料却有经济权力的白领雇员才属于中间阶级。这些白领雇员虽然与中间阶级并非同一概念,却与新中间阶级是同一概念:新中间阶级就是没有生产资料却有经济权力的经理人员群体。因此,就人数来说,如果像吉登斯等西方学者那样撇开老中间阶级——因为老中间阶级越来越迅速地衰落和萎缩——而仅就新中间阶级来说,那么,中间阶级的人数远远少于无产阶级。因为无产阶级是没有经济权力的被管理者,而中间阶级是拥有管理权的管理者:无权的被管理者的人数岂不必定远远多于有权的管理者!因此,赖特一再说:"即使采用狭义的定义,工人阶级仍然是发达资本主义社会阶级结构中最庞大的阶级。"[3] "尽管当代资本主义在技术和社会方面发生了变化,但工人阶级到目前为止仍然是在劳动力中最大的阶级。"[4]

中间阶级占人口大多数的观点的错误,首先就在于将白领雇员等同于

---

[1] 安东尼·吉登斯:《社会学》,北京大学出版社 2003 年版,第 386 页。
[2] 丹尼尔·贝尔:《后工业社会的来临》,商务印书馆 1984 年版,第 148 页。
[3] 赖特:《后工业社会中的阶级》,辽宁教育出版社 2004 年版,第 75 页。
[4] 赖特:《阶级》,高等教育出版社 2006 年版,第 288 页。

中间阶级，将无产阶级等同于蓝领劳动者。殊不知，一方面，蓝领劳动者虽然都属于无产阶级，却仅仅是无产阶级的一部分。另一方面，只有一种白领——没有生产资料却有经济权力的经理人员——才属于中间阶级；而没有权力的白领属于无产阶级，拥有政治职务权力的白领属于官吏阶层；教师等从事精神财富活动的白领属于核心知识阶层。

中间阶级占人口大多数的观点的错误，还在于混同阶层与阶级，误将中间阶层当作中间阶级。因为阶级是因权力的有无或垄断而形成的群体：阶级的划分根据只能是权力的有无或垄断。反之，阶层的划分根据则可以说任何一种与人们的利益相关的性质，如财富、财产、权力、性别、种族等。如果以财富或财产为根据，发达资本主义社会可以分为上层阶层、下层阶层和中间阶层或中产阶层。上层与下层都是极少数，而中产阶层是绝大多数："在美国，大富翁是极少数，生活在贫困线以下的也不是最多，大多数算作所谓中产阶层，约占美国家庭总数76%。"[①] 这种社会群体的划分虽然具有极大意义，却不是阶级划分，而是阶层划分；因为划分的根据是财富或财产的多少，而不是权力的有无。然而，许多学者却顾名思义，将这种根据财产的多少所划分出来的中产阶层当作中产阶级，因而得出中产阶级占人口大多数的谬论："实际财富的增长使美国社会结构更像一个菱形，而不像一个金字塔，中产阶级有了巨大的膨胀。"[②]

综观各阶级和阶层在实现社会主义中的利益、态度和作用可知，资本主义是一种阶级压迫与阶级剥削制度，压迫与剥削的根源是生产资料或经济权力的有无或垄断。被压迫与被剥削群体包括无产阶级、中间阶级下层和独立知识阶层；压迫与剥削群体包括资产阶级、中间阶级的高层；官吏阶层介于二者之间或超越于二者之上。因此，一方面，实现社会主义（亦即废除私有制、消除权力垄断、消灭阶级和剥削）的主要反对者是资产阶级，资产阶级政党执政的官吏阶层和中产阶级的高层则是资产阶级的同盟军和领导者。另一方面，实现社会主义的主力军是无产阶级；先锋队、领导者和领袖是核心知识阶层和社会主义政党执政的官吏阶层；同盟

---

① 吴大琨：《重访美国有感》，《世界知识》1980年第13期。
② 胡连声、杨玲：《当代资本主义新变化与社会主义的新课题》，人民出版社2000年版，第141页。

军是中间阶级的下层和社会主义政党执政的官吏阶层的中下层；争取的对象是中间阶级的中层、资产阶级等非社会主义政党执政的官吏阶层的下层和中层。因此，在一定条件下，正如柯尔所言："不仅店员和办事员，而且在日益扩大的范围内，科学工作者、管理人员和除最高级以外的公务员，都在整体上同体力劳动者联合起来，反对赚利润的人和不劳而获的人。"[①] 这样一来，实现社会主义和共产主义的主观条件，也就是无产阶级与资产阶级——围绕实现社会主义和共产主义——所进行夺取国家政权的阶级斗争；也就是围绕废除私有制、实现社会主义和共产主义，无产阶级及其同盟军在其政党和独立知识阶层领导下，与资产阶级及其同盟军在其政党领导下所进行的夺取国家政权的阶级斗争：无产阶级的胜利就意味着社会主义的实现。那么，无产阶级应该通过怎样的途径——暴力革命还是议会道路——才能真正取得胜利从而实现社会主义呢？

二　夺取政权和实现社会主义的途径

1. 夺取政权和实现社会主义途径：议会道路与暴力革命的价值分析

夺取国家政权和实现社会主义，意味着建立、缔建和产生一种新国家，意味着重新缔结一种关于国家最高权力的契约。因为任何权力无疑必然都产生、形成和起源于社会成员的普遍同意；失去社会成员普遍同意的权力便不再是权力，而仅仅是强制力量。国家最高权力属于权力范畴，因而必定产生、形成和起源于社会成员的普遍同意。任何两个以上的人就某种利益交换关系所达成的同意无疑都是契约。于是，最高权力或国家——国家就是拥有最高权力的社会——便必然直接产生、形成和起源于契约，起源于社会成员就最高权力所关涉的权利与义务等利益之交换所缔结的契约。因此，恩格斯曾这样写道：

> 德意志帝国，同一切小国家，也同一切现代国家一样，是一种契约的产物：首先是君主之间的契约的产物，其次是君主与人民之间的

[①] 格兰特：《社会主义与中间阶级》，商务印书馆1964年版，第22页。

*契约的产物。*①

最高权力或国家起源于最高权力契约，亦即起源于社会成员就最高权力所关涉的权利与义务等利益之交换所缔结的契约，是必然的、普遍的、不可选择的，因而是不能进行善恶评价的。但是，它究竟起源于何种最高权力契约，是起源于自由的、无强制的、心甘情愿的最高权力契约，还是起源于被迫的、强制的、不自由和不情愿的最高权力契约，则是偶然的、特殊的、可以选择的，因而是可以进行善恶评价的。那么，究竟何种最高权力契约是善的、应该的和具有正价值的？换言之，国家究竟应该起源于何种最高权力契约？说到底，衡量最高权力契约善恶的价值标准究竟是什么？

毋庸赘言，任何契约缔约过程的主要价值标准都是"自由缔约"或"缔约自由"，人们往往称之为"契约自由"。按照这一标准，缔结最高权力契约应该是缔约者自由缔结的，而不应该是被迫缔结的；从而所缔结的是自由的、无强制的、心甘情愿的最高权力契约，而不是被迫的、强制的、不自由和不情愿的最高权力契约。这样一来，在最高权力契约的缔结过程中，实现契约自由的前提无疑是缔约者相互间的政治地位完全平等。否则，如果最高权力缔约者的政治地位是不平等的，譬如一边是征服者，另一边是被征服者，那么，他们所缔结的最高权力契约，显然不可能是自由的、无强制的、心甘情愿的；而必定是被迫的、强制的、不自由和不情愿的。

因此，符合契约自由的关于最高权力契约的缔约过程，只能是一种民主的缔约过程。因为，一方面，民主——并且只有民主——才意味着每个缔约者的政治地位完全平等："每个人只顶一个，不准一个人顶几个。"这种政治地位的完全平等，便保障了每个缔约者在最高权力契约的缔结过程中，谁也强制不了谁，谁也不会被谁强制，从而达成一种无强制的、自由的、心甘情愿的最高权力契约。

另一方面，缔结最高权力契约的全体社会成员往往数以千万计，怎样才能缔结毫无强制而为人人一致自由同意的最高权力契约呢？无疑只有实

---

① 《马克思恩格斯选集》第4卷，人民出版社1995年版，第525页。

行民主，从而通过代议制和多数裁定原则而间接地取得一致的自由的同意。按照代议制原则，代表们所缔结的最高权力契约可能有一些条款是很多社会成员不同意的；但代表既然是他们自己选举的，那么，这些他们直接不同意的最高权力契约条款，却间接地得到了他们的同意。按照多数裁定原则，多数代表所确定的最高权力契约，可能有一些条款是少数代表不同意的；但他们既然同意少数服从多数的原则，那么，这些他们直接不同意的最高权力契约条款，也就间接地得到了他们的同意。

可见，只有实行民主，通过代议制和多数裁定原则，数以千万计的社会成员才可能缔结人人一致自由同意的最高权力契约。因此，夺取国家政权、建立一种新国家、重新缔结一种关于国家最高权力的契约，只有通过民主的方式——所谓议会道路——才是应该的、善的、具有正价值的；而任何非民主的方式，都是不应该的、恶的、具有负价值的。然而，事实上，正如休谟所言，几乎所有国家或最高权力都是通过暴力或征伐建立起来的：

> 几乎所有现存的政府，或所有在历史上留有一些记录的政府开始总是通过篡夺或征伐建立起来的，或者二者同时并用……地表上的情况在不断变化，小的王国发展成大的帝国，大的帝国分解成许多小王国，许多殖民地陆续建立，一些种族迁居他乡。在这一切事件中除了武力和强暴你还能看到什么呢？①

确实，甚至一直到马克思恩格斯逝世，古今中外几乎所有新国家——特别是资本主义国家——的诞生皆是暴力的结果，以致马克思说："暴力是每一个孕育着新社会的旧社会的助产婆。"② 因此，一直到马克思恩格斯逝世，古今中外几乎所有国家总是产生于强制缔约，亦即产生于被迫的、强制的、不自由和不情愿的同意或契约，因而都违背契约自由标准，都是恶的、不应该和具有负价值的。可是，如果通过暴力所诞生的是先进的和能够给人民带来巨大利益的新国家，这种暴力也是恶吗？暴力革命也

---

① 休谟：《休谟政治论文选》，商务印书馆1993年版，第122—123页。
② 《马克思恩格斯选集》第2卷，人民出版社1995年版，第266页。

是恶吗？法国大革命是恶吗？

答案是肯定的。因为任何暴力革命，一方面，不但都意味着流血牺牲，意味着千万人头落地，而且都属于强制缔约，都违背契约自由标准，因而就其自身来说，都是恶。另一方面，暴力革命诞生的国家势必为专制国家。因为暴力革命所缔结的最高权力契约，既然是一种暴力的、强制的、非民主的契约，那么，不论这种契约内容如何民主，这种契约的实际执行势必是非民主的，势必是专制或专政，是形式民主而实质专制或专政。马克思亦承认：无产阶级的阶级斗争和暴力革命必然导致无产阶级专政："这个专政不过是达到消灭一切阶级和迈入无阶级社会的过渡。"① 因此，暴力革命所取得的新政权势必形式民主而实质专制或专政：最可能是专制（个人独裁）而不是专政（阶级独裁）。因为暴力革命的最高领导者，势必是新国家最高权力的执掌者，他绝不会乖乖将他九死一生夺取的最高权力，拱手奉献给毫无权力的平民百姓，兑现他建立民主国家的诺言。这就是为什么通过暴力革命实现的所有社会主义国家——中国除外——几乎都是形式民主而实质专制的缘故。

因此，暴力革命，就其自身来说，都是一种恶。只不过，暴力革命既可能是一种必要恶，也可能是一种纯粹恶：如果新旧社会更替不可能通过民主的方式，而只可能通过暴力革命的方式，那么，暴力革命就是一种必要恶，因而属于善的范畴，是应该的、善的和具有正价值的；如果新旧社会更替可能通过民主的方式，那么，暴力革命就是一种纯粹恶，因而属于恶的范畴，是不应该的、恶的和具有负价值的。

法国大革命等资本主义暴力革命，一般说来，都是必要恶。因为正如伯恩斯坦所言，封建专制主义国家更替为资本主义国家几乎不可能通过民主的方式，而只可能通过暴力革命的方式："具有各种僵化的等级制度的封建主义几乎到处都必须用暴力来炸毁。"② 相反地，社会主义暴力革命，一般说来，则是纯粹恶。因为，如前所述，任何社会的发展，都必然经过资本主义阶段：资本主义是社会发展的不可逾越的历史阶段。因此，社会

---

① 《马克思恩格斯选集》第 4 卷，人民出版社 1995 年版，第 547 页。
② 爱德华·伯恩斯坦：《社会主义的前提和社会民主党的任务》，生活·读书·新知三联书店 1965 年版，第 208 页。

第十八章　实现社会主义和共产主义的主观条件　963

主义所取代的社会只能是资本主义。

问题的关键恰恰在于，与封建专制等以往国家制度根本不同，资本主义国家最主要、最普遍、最典型的政体无疑是民主制，以致今日世界上所有资本主义国家几乎都实行民主制。因此，即使还没有实现民主的资本主义国家，也与封建专制帝国根本不同：前者极有可能实现民主制，而后者几乎不可能实现民主制。这样一来，社会主义取代资本主义就可能通过民主的方式。因为资本主义民主制，特别是资本主义普选权制民主，使社会主义国家取代资本主义国家可能通过民主的和平的方式，而不必诉诸暴力革命。

因为普选权制民主意味着，每个成年国民都完全平等享有选举权和被选举权，完全平等享有政治自由权利，完全平等共同执掌国家最高权力。这样一来，由于无产阶级等被剥削被压迫的劳动人民占据人口绝大多数，因而代表他们利益的社会主义政党便可能通过竞选获得多数选票成为执政党，取得国家政权、推行公有制，实现社会主义和共产主义。因此，恩格斯指出，在人民代议机关执掌最高权力——实现普选权制民主——的国家里，社会主义国家取代资本主义国家可能通过民主的和平的方式：

> 可以设想，在人民代议机关把一切权力集中在自己手里、只要取得大多数人民的支持就能够按宪法随意办事的国家里，旧社会可能和平地长入新社会，比如在法国和美国那样的民主共和国，在英国那样的君主国。①

可是，在一个资本主义国家没有实现民主或很难实现民主——以及虽然实行民主但人民却不选择社会主义和社会主义政党——的情况下，社会主义政党通过暴力革命取得政权和实现社会主义是否应该？否。因为与封建专制帝国实现民主几乎没有可能性不同，某个资本主义国家实现民主再困难，却毕竟可能实现，因而也就可能通过民主的方式取得政权，而不必诉诸暴力革命。因此，在还没有实现民主的国家，社会主义政党首先应该努力实行民主，然后通过民主的方式取得政权、实现社会主义。所以，马

---

① 《马克思恩格斯全集》第 22 卷，人民出版社 1971 年版，第 273 页。

克思恩格斯一再重申，社会主义政党的首要任务是实行民主："《共产党宣言》早已宣布，争取普选权、争取民主，是战斗的无产阶级的首要任务之一。"①"如果说有什么是无可置疑的，那就是：我们的党和工人阶级只有在民主共和国这种形式下，才能取得统治。"②

然而，迷信暴力革命的社会主义政党却违背马克思恩格斯的教导，在没有民主的情况下，不全力以赴争取民主；在虽然实行民主但人民不选择社会主义和社会主义政党的情况下，不全力以赴争取人民的选择。相反地，他们却想方设法和理直气壮地通过暴力革命夺取政权实现社会主义。他们理直气壮，因为他们宣称这样做完全是为了解放人民，为人民谋利益。

殊不知，这是对人民的最大损害。因为在已经实现或可能实行民主的情况下，不通过民主的方式而通过暴力革命夺取政权和实现社会主义，不但意味着让人民毫无必要地充当炮灰、流血牺牲，而且意味着为民做主、强奸民意和强迫人民缔结最高权力契约，因而意味着对人民所应享有的最根本、最主要、最重大的权利和利益——政治自由权利——的剥夺，意味着对人民所应享有的最根本、最主要、最重大的权利和利益——执掌最高权力的权利——的践踏：这岂不是对人民的权利和利益的最大损害？

不但此也！这种社会主义政党既然为民做主夺取政权，势必继续为民做主执掌政权，从而导致专制等非民主制的社会主义，形成垄断政治权力的官吏阶级与没有政治权力的庶民阶级：官吏阶级不但因非民主制而垄断了政治权力，而且通过公有制垄断了全国主要经济权力，成为全权垄断的统治阶级；庶民阶级不但因非民主制而没有政治权力，而且因公有制而没有经济权力，成为全权丧失的被统治阶级。

这样一来，庶民阶级或所谓人民，不但遭受人类历史上最深重的压迫与剥削——全权垄断的压迫与剥削——而且不服从政府和官吏就意味着没有工作，就意味着活活饿死：不服从者不得食。这就是为什么，通过暴力革命取得政权的社会主义国家——中国除外——无不实行政府官员拥有控制国民全权的"不服从者不得食"制度：这就是主张暴力革命的社会主

---

① 《马克思恩格斯选集》第 4 卷，人民出版社 1995 年版，第 516 页。
② 同上书，第 412 页。

义政党给予人民的解放和幸福!

2. 暴力革命还是议会道路：恩格斯的政治遗言

显然，在一个资本主义国家没有实现民主或很难实现民主——以及虽然实行民主但人民却不选择社会主义和社会主义政党——的情况下，社会主义政党取得政权和实现社会主义，不但只有通过实现民主和民主的方式才是善，而诉诸暴力革命则是纯粹恶；而且通过暴力革命所实现的社会主义——中国除外——乃是有史以来人民所遭遇的最深重的恶：全权垄断的压迫与剥削。因此，当我们读到恩格斯的政治遗言——逝世前几个月写就的《1848年至1850年的法兰西阶级斗争一书导言》——不禁感慨万端，唏嘘不已，崇敬之情油然而生。因为在该遗言中，恩格斯修正了他和马克思的暴力革命理论，转而盛赞德国社会民主党利用普选权竞选所取得的成就，认为它是无产阶级争取解放的最锐利的武器：

> 由于德国工人善于利用1866年实行的普选权，党的惊人的成长就以无可争辩的数字展现在全世界面前：社会民主党所得的选票1871年为102000张，1874年为352000张，1877年为493000张。接着就是当局以实行反社会党人法高度赞扬了这些成就：党暂时被打散了，所得选票在1881年降到了312000张。但是这种情况很快被克服了，当时正是受非常法压迫、没有报刊、没有合法组织、没有结社集会权利的情况下，真正开始了迅速的增长：1884年为550000张，1887年为763000张，1890年为1427000张。于是国家的手就软了。反社会党人法也没有了，社会党人的选票增到了1787000张，即超过总票数的1/4。政府和统治阶级使尽了一切手段，可是毫无用处，毫无成效，毫无结果。当局，从巡夜人以至首相，都不得不接受——并且是从被看不起的工人那里接受！——表明自己无能为力的明显证据，而这种证据数以百万计。国家已经走入绝境，工人却才刚起程。
>
> 但是，德国工人仅仅以自己作为最强有力、最守纪律并且增长最快的社会主义政党的存在，就已经对工人阶级事业作出头一个重大贡献，除此之外，他们还对这个事业作出了第二个重大贡献。他们给了世界各国同志一件新的武器——最锐利武器中的一件武器，向他们表

明了应该怎样使用普选权。

　　普选权在法国老早就已经存在了。但是，它在那里因为被波拿巴政府滥用而声名狼藉。公社之后，就没有工人政党去利用它了。在西班牙，普选权也是自共和国成立时就已经施行了的，但在西班牙拒绝参加选举早已成为所有严肃的反对党的通则。瑞士实施普选权的结果，恰恰最不能鼓舞工人政党。罗曼语族各国的革命工人都惯于把选举权看作陷阱，看作政府的欺骗工具。在德国，情况就不同了。《共产党宣言》早已宣布，争取普选权、争取民主，是战斗的无产阶级的首要任务之一，而拉萨尔又再次提出这个要求。当俾斯麦不得不实施普选权作为促使人民群众对他的计划发生兴趣的唯一手段时，我们的工人立刻就认真地加以对待，把奥古斯特·倍倍尔选进了第一届制宪帝国国会。从此以后，他们就一直这样使用选举权，以致使他们自己得到了千百倍的好处，并成了世界各国工人的榜样。如果用马克思主义纲领中的话来说，选举权已经被他们由历来是欺骗的武器变为解放的手段。①

　　社会主义取代资本主义，不但可能通过民主的方式而不必通过暴力革命；而且随着资本主义生产力的发展，越来越只可能通过民主的方式而不可能通过暴力革命。因为政府拥有的武器越来越先进，可以轻而易举镇压人民的暴力革命运动。特别是，在具备实现社会主义必要条件——生产力高度发达——的资本主义国家，社会主义通过暴力革命来取代资本主义，显然是完全不可能的。因此，正如恩格斯的最后遗言，资产阶级和资本主义政府真正害怕的，并不是无产阶级和劳动人民的暴力革命活动；而是通过民主方式所进行的合法活动："资产阶级和政府害怕工人政党的合法性活动更甚于害怕它的不合法活动，害怕选举成就更甚于害怕起义成就。"②

　　接着，恩格斯谆谆告诫德国社会民主党人，切勿上当进行暴力革命活动，避免像1871年在巴黎那样流血，一定要继续通过民主的方式进行议

---

① 《马克思恩格斯选集》第4卷，人民出版社1995年版，第515—516页。
② 同上书，第517页。

会斗争；如果这样，那么在本世纪末就能发展成国内的决定力量，成为执政党：

现在，读者是否已经明白了，为什么统治阶级一定要把我们引到枪鸣剑啸的地方去？为什么现在人家因为我们不愿意贸然走上我们预先知道必遭失败的街头，就指责我们怯懦？为什么他们这样坚决恳求我们最后一定答应去当炮灰？

这些先生们总是徒然地恳求和挑战，我们并不这么笨。他们也可以在下一次战争中同样要求敌人，把军队排列成老弗里茨式的横队，或是排列成瓦格拉姆会战和滑铁卢会战中那样的整师构成的纵队，并且手持燧发枪。如果说国家间战争的条件已经变化，那么阶级斗争的条件也有了同样大的变化，实行突然袭击的时代，由自觉的少数人带领着不自觉的群众实行革命的时代，已经过去。凡是要把社会组织完全加以改造的地方，群众自己就一定要参加进去，自己就一定要弄明白这为的是什么，他们为争取什么而流血牺牲。近50来年的历史，已经教会了我们认识这一点。但是，为了使群众明白应该做什么，还必须进行长期的坚持不懈的工作，而我们现在正是在进行这种工作，并且进行得很有成效，已经使敌人陷于绝望。

在罗曼语族国家里，人们也开始逐渐了解到对旧策略必须加以修正。德国人作出的利用普选权夺取我们所能夺取的一切阵地的榜样，到处都有人效法；无准备的攻击，到处都退到次要地位。在法国，虽然在百多年来地基已经被一次又一次的革命掏空，那里没有一个政党不曾采取过密谋、起义和其他各种革命行动，因此政府丝毫也不信赖军队，一般说来，环境对于突然起义要比在德国有利得多，但是甚至在法国，社会主义者也日益认识到，除非预先把人民中的广大群众——这里就是农民——争取过来，否则就不可能取得持久的胜利。耐心的宣传工作和议会活动，在那里也被认为是党的当前任务。成绩很快就出来了。社会主义者不但夺取了许多市镇委员会，而且已经有50个社会主义者在议院中占有议席，他们已经推翻了共和国的三个内阁和一个总统。在比利时，工人去年争得了选举权，并在四分之一的选区获得了胜利。在瑞士、意大利、丹麦，甚至在保加利亚和罗马尼亚，都有社会主义者参加议会。在奥地利，所有一切政党都已经一致认定再不能继续阻挠我们进入帝国议会了。我们是一定要进去的，现在争论的问题只是从哪一个门进去。甚至在俄国，如果召开著名的国民代表会议，即尼古拉现在徒然反对召开的那个国民议会，我们也能很有把握地预期那里也将有我们的代表参加。

不言而喻，我们的外国同志们没有放弃自己的革命权。须知革命权总是唯一的真正'历史权利'，——是所有现代国家一无例外都以它为基础建立起来的唯一权利，连梅克伦堡也算在内，那里的贵族革命是1755年以《继承条约》这个至今还有效力的光荣的封建主义文书而告终的。革命权已经如此普遍深入人心，甚至冯·博古斯拉夫斯基将军也只是根据这个人民权利才为自己的皇帝引申出举行政变的权利。

但是，不管别国发生什么情况，德国社会民主党总是占有一个特殊的地位，所以它，至少在最近的将来，也就负有一个特殊的任务。由它派去参加投票的200万选民，以及虽然非选民而却拥护他们的那些男青年和妇女，共同构成为一个最广大的、坚不可摧的人群，构成国际无产阶级大军的决定性的"突击队"。这个人群现在就已经占总票数的四分之一以上，并且时刻都在增加，帝国国会的补充选举以及各邦议会、市镇委员会和工商业仲裁法庭的选举都证明了这一点。它的增长过程是自发的，经常不断的，不可遏止的，并且是平稳的，正如自然界中发生的各种工程一样。政府对此进行的一切干涉都毫无成效。我们现在就已经能指望拥有225万选民。如果这样继续下去，我们在本世纪末就能夺得社会中等阶层的大部分，小资产阶级和农民，发展成为国内的一个决定力量，其他一切势力不管愿意与否，都得向它低头。我们的主要任务就是不停地促使这种势力增长到超出现政府制度的控制能力，不让这支日益增强的突击队在前哨战中被消灭掉，而是要把它好好地保存到决战的那一天。只有一种手段才能把德国社会主义战斗力量的不断增长过程暂时遏止住，甚至使它在一个时期内倒退：使它同军队发生大规模冲突，像1871年在巴黎那样流血。假以时日这也会被克服的。要把一个成员以百万计的党派从地面上消灭是不可能的，即使动用欧洲和美洲所有的弹枪都做不到。但是这种冲突会阻碍正常的发展进程，使得我们临到紧急关头也许没有了突击队，决定性的战斗就会推迟、延缓并且不得不作出更大的牺牲。

　　世界历史的讽刺把一切都颠倒了过来。我们是"革命者"、"颠覆者"，但是我们采用合法手段却比用不合法手段和用颠覆的办法获得的成就要多得多。那些自称为秩序党的党派，却在他们自己所造成的合法状态下走向崩溃。它们跟奥迪隆·巴罗一起绝望地高叫——合法性害死我们，可是我们在这种合法性下却长得身强力壮，面带红光，简直是一副长生不老的样子。只要我们不糊涂到任凭这些党派把我们骗入巷战，那么它们最后只有一条出路：自己去破坏这个致命的合法性。①

　　恩格斯逝世后，西欧各国社会民主党忠实执行并实现了恩格斯的遗言。社会民主党通过议会道路、多党平等竞选等民主方式先后成为执政党的西欧国家，有英国、法国、德国、瑞典、芬兰、奥地利、葡萄牙、荷兰、意大利、冰岛、希腊、比利时、卢森堡、圣马力诺、爱尔兰、挪威、瑞士、西班牙等18个国家：西欧政治版图呈现一片耀眼的粉红色。这不但可以告慰马克思、恩格斯的在天之灵，而且意味着：夺取国家政权和实现社会主义，只有通过民主的方式——议会道路——才是应该的、善的、具有正价值的途径；而暴力革命等非民主的方式，都是不应该的、恶的、具有负价值的途径。因为任何暴力革命都是恶：在新旧社会更替不可能通过民主的方式的前提下，暴力革命是一种必要恶；在新旧社会更替可能通过民主的方式的前提下，暴力革命是一种纯粹恶。

3. 议会道路：社会民主党夺取政权和推行公有制的实践

　　百年来，社会民主党纷纷成为执政党或参与执政和转型的实践，充分证实了社会主义政党通过民主方式——议会道路——夺取政权和实现社会主义的正确性。因为社会民主党属于社会主义政党范畴。"社会民主主义"一词最早出现在1848年欧洲革命时期。当时马克思恩格斯都自称社会民主党人。1864年德国社会民主工党建立后，马克思恩格斯

---

　　① 《马克思恩格斯选集》第4卷，人民出版社1995年版，第521—524页。

也一直以党内人的身份参与该党的建设。19 世纪 80 年代，随着马克思主义的广泛传播，社会主义政党在各国普遍建立起来，大都命名为社会民主党或社会民主工党，信奉马克思暴力革命的科学社会主义。但是在 1871 年巴黎公社暴力革命失败之后，随着资本主义国家普选制民主的发展，马克思恩格斯的思想也发生了变化。1872 年马克思说："我们知道，不同的国家的制度、风俗和习惯都是必须加以考虑的。有这样的国家如英国、美国以及如果我更好地了解你们的制度的话，我甚至还可以加上荷兰，这些国家的工人可以用和平的方法达到他们的目的。但是并不是所有的国家都如此。"[①] 恩格斯逝世前几个月写成的《法兰西阶级斗争·导言》，则更加系统地提出无产阶级政党可以通过议会民主道路和平过渡到社会主义。

恩格斯逝世后，社会民主党分化为左派和右派：左派继续主张暴力革命的科学社会主义；右派主张议会道路的民主社会主义。十月革命胜利后，俄国社会民主党更名为共产党，得到其他国家社会民主党左派的普遍响应，纷纷另建共产党。社会民主党的右派继续主张议会道路的民主社会主义，并于 1923 年建立了国际组织"社会主义工人国际"。从 1919 年到 1949 年的 30 年间，总共有德、英、法、瑞典、丹麦等十几个欧洲的社会民主党先后通过多党平等竞选的方式上台执政：单独或联合执政。1951 年，社会民主党建立了社会党国际，通过了《民主社会主义的目标和任务》的纲领。苏东剧变后，这些国家的共产党绝大部分都改名换姓，最终都转变为社会党或社会民主党。截止到 1991 年，世界五大洲的社会党已经有 151 个，先后有 40 多个社会党上台执政，而且连续执政时间较长，特别是瑞典社会民主党，累计执政 60 多年。

这一事实，岂不充分证明恩格斯的最后遗言——社会主义政党可以通过民主方式取得国家政权——的真理性？诚然，严格说来，社会民主党通过竞选纷纷成为执政党或参与执政，仅仅证实社会主义政党可以通过民主方式取得国家政权，而并未证实可以通过民主方式实现社会主义国家。因为还没有一个执政的社会民主党使公有制居于国家经济支配的地位，从而实现社会主义国家。但是，这并不是因为社会民主党不可能通过民主的方

[①] 转引自考茨基《无产阶级专政》，生活·读书·新知三联书店 1958 年版，第 6 页。

式废除资本主义私有制、实现社会主义。恰恰相反，正是社会党通过民主的方式推行公有制和国有化的实践，使他们改正了在还不具备实现社会主义必要条件——生产力高度发达足以满足全体社会成员的物质需要——就废除资本主义私有制的错误主张。

1918年，英国工党把生产资料公有制写入党章第四条，作为党的奋斗目标。二战后，英国工党成为执政党，便开始将第四条付诸实施。在工党执政的1945—1951年、1964—1970年和1974—1979年，先后掀起了三次国有化的高潮。第一届工党艾德礼政府一上台就颁布了一系列国有化法令，陆续将银行、民航、输电系统、煤气厂、矿井、钢铁厂等20%的基本经济部门收归国有。第二次和第三次国有化运动主要涉及汽车、造船、飞机、宇航和石油等部门。但是，国有化没有取得预期效果。国有企业大都严重亏损，即使赢利，也只有1%—2%。二战后英国政府共向国有航空事业投资15亿英镑，只收回1.5亿英镑。政府曾给予吉尔比引擎公司476万英镑的资助，但该公司在1978年上半年就亏损70万英镑，下半年又出现100万英镑的赤字。在造船业方面，为了资助造船业向波兰出口价值1.15亿英镑的船只，工党政府曾向该企业提供了2100万英镑的资助，但结果却是入不敷出，售船所得的钱款还不足以支付工人的工资。有鉴于此，工党于1982年修改了所有制思想，认为公有制的实现形式不应该局限于国有化，而应该采取多种形式，但仍将公有制代替私有制作为工党奋斗目标。直到1994年，布莱尔当选为工党领袖，经过激烈斗争，工党才承认私有制的地位，放弃了废除私有制而代之以公有制的主张。[①]

二战后，法国社会党一直坚持废除资本主义私有制而代之以社会主义公有制的传统思想。第四共和国时期（1946—1985年），法国社会党先后参加了21届政府，并在其中五届担任政府总理职务。在参政和执政时期，社会党积极推动国有化。在此期间，包括法兰西银行在内的五家最大银行，主要的保险公司，采煤、电力、煤气等工业部门都实行了国有化、计划化。1981年，社会党领袖密特朗当选总统后，主张建立"法国式的社

[①] 刘玉安、蒋锐等：《从民主社会主义到社会民主主义》，人民出版社2010年版，第119—121页。

会主义",掀起了比以往历次国有化规模都大的国有化运动。根据国民议会 1982 年通过的《国有化法令》,政府先后将通用电气公司、国际电报电话公司等九家大公司收归国有。同时收归国有的还有存款在 10 亿法郎以上的 36 家大银行和两大金融公司。此外,国家还以控股形式掌握了北方炼铁联合公司和洛林炼钢公司。到 1985 年,国有企业产值在整个国民经济中的比重达到 24.1%。但是,国有化企业大都亏损,仅 1984 年亏损额就高达 370 亿法郎。尽管如此,直到 1988 年,法国社会党才不得不放弃废除私有制而代之以公有制的主张:岂不足见其拳拳社会主义之心乎![1]

英法等众多国家的社会民主党通过民主的方式取得政权和推行生产资料公有化制度的实践充分证实:社会主义政党可以通过民主方式取得国家政权、实现社会主义。社会党推行公有化、实现社会主义最终失败,并不是因为民主的方式不可能推行公有化、实现社会主义制度,而是因为这些国家都不具备实行生产资料公有制和社会主义的必要条件:生产力高度发达。在生产力还没有高度发达——因而国民物质需要都能够得到满足和国民品德普遍提高——的条件下,废除私有制而代之以公有制必定导致效率低下。社会党推行国有化最终失败,根本说来,岂不就是因为国有企业效率低下?否则,如果英法国有化企业高效率,那么从上可知,英国工党和法国社会党使公有制经济占据主导地位——从而实现社会主义——岂不易如反掌?

民主的方式或议会道路,不但能够使社会主义政党取得政权和实现社会主义,而且能够避免在不具备实现社会主义必要条件——生产力高度发达——强行实现社会主义的莫大的错误和灾难。试想,为什么 40 多个社会主义政党——社会民主党——执政或参与执政,却没有一个国家实行社会主义?说到底,岂不就是因为这些社会民主党都是通过民主的方式取得政权和推行公有化?岂不就是议会和人民的选票阻止了废除资本主义私有制、实现社会主义的错误?否则,如果取得政权和推行公有化不是通过民主的方式,而是通过专制和暴力等非民主的方式,那么,信奉社会主义和

---

[1] 刘玉安、蒋锐等:《从民主社会主义到社会民主主义》,人民出版社 2010 年版,第 120—121 页。

共产主义的专制者，岂不更可能借助暴力不断扩大公有化比重，直至实现社会主义？

最令人欣慰和羡慕——甚至有些后怕而为之捏一把汗——的是，英法等社会民主党推行生产资料公有化的实践统统都有始无终、半途而废、悬崖勒马，因而仅仅是失误，而没有酿成莫大灾难：这种公有化还远没有达到在国民经济中占据支配地位时，就被人民的选票有效阻止了。因此，这种公有化所造成的失误仅仅是那些公有化企业的效率低下。如果没有人民选票的有效阻止，如果这种公有化继续扩大，直至在国民经济中占据支配地位因而实现了社会主义，那就是莫大的灾难了。因为，如前所述，在实现社会主义条件——生产力高度发达——不具备的情况下实现社会主义，不但必定导致全国效率低下，而且势必导致专制等非民主制，以致政治权力垄断群体（官吏阶级）不但垄断政治权力，而且通过公有制垄断经济权力，最终导致人类历史上最具奴役性的"不服从者不得食"的阶级和剥削制度：全权垄断的阶级和剥削。

"每个人是他自己的权利和利益的唯一可靠捍卫者。"[①] 今日欧洲各国人民之所以普遍接受资本主义而反对实行社会主义，只是因为在生产力还不够发达的条件下，资本主义比社会主义更能够给他们带来利益，说到底，只是因为资本主义私有制、阶级和剥削能够避免更大的恶——全权垄断的阶级和剥削以及效率低下——因而是必要恶。但是，生产力必然不断发展，而且越来越迅猛，因而必然会达到高度发达的水平。那时，全体社会成员的物质需要都能够得到相对充分的满足，因而国民思想品德和政治觉悟普遍提高。

在这种条件下，废除资本主义私有制而代之以社会主义公有制，便既能真正消除阶级和剥削，又能保障经济高效率发展，因而资本主义私有制、阶级和剥削便由必要恶而演进为纯粹恶。在这种条件下，社会主义的受损者便不再是人民和资产阶级，而仅仅是资产阶级，仅仅是极少数国民；而社会主义的受益者则是没有生产资料和经济权力群体，是绝大多数国民，是人民大众。因此，在这种条件下，人民大众必定支持、鼓励和督

---

① John Stuart Mill, *On Liberty*, *Representative Government*, *Utilitarianism*, in Encyclopaedia Britannica, Inc. Chicago, 1952, p. 344.

促社会民主党推行公有化、不断扩大公有化直至实现社会主义。

可见，通过民主方式，不但可以取得国家政权和实现社会主义，而且可以在实现社会主义必要条件——生产力高度发达和国民觉悟普遍提高——不具备时避免强行社会主义，最终在必要条件具备时一定能够实现社会主义。因此，取得政权和实现社会主义，只有通过民主的方式或议会道路才是善；而通过非民主的方式或暴力革命都是纯粹恶。

三 实现社会主义和共产主义的历程
——社会主义和共产主义政党在不同历史阶段的奋斗纲领

社会主义政党通过民主的方式或议会道路，取得政权、实现社会主义和共产主义，显然并非一朝一夕之事，而必定要经过一个漫长的奋斗历程。那么，这一奋斗历程可以分为几个阶段？每个阶段党的任务和使命是什么？社会主义和共产主义政党的奋斗目标，如前所述，可以分为直接目标、根本目标和终极目标：直接目标是实现、发展民主与资本主义，创造实现社会主义的必要条件，亦即高度发达的生产力；根本目标是废除私有制、实现社会主义；终极目标是实现共产主义。这样一来，社会主义和共产主义政党的奋斗历程便分为三大阶段：第一阶段是实现和发展民主与资本主义，从而创造高度发达的生产力；第二阶段是废除私有制，实现社会主义，不断完善社会主义，逐步实现高度发达的生产力＋全民所有制＋按劳分配＋没有政府指挥的市场经济＋宪政民主＋只有一个主权和一个世界政府的全球国家＝共产主义；第三阶段是巩固和完善共产主义。

1. 社会主义与共产主义政党的奋斗目标——在实现社会主义客观条件不具备的情况下

社会主义和共产主义政党奋斗历程第一阶段的目标是创造实现社会主义的必要条件：高度发达的生产力。可是，实现社会主义所必需的高度发达的生产力，如上所述，只有资本主义与民主结合起来才能够创造：生产力高度发达是实现社会主义的直接的必要的客观条件；资本主义与民主是实现社会主义的根本的必要的客观条件。因此，社会主义和共产主义政党奋斗历程第一阶段的目标、使命和任务，主要说来，就是实行民主、保护

第十八章　实现社会主义和共产主义的主观条件

资本主义私有制和发展资本主义生产力,从而创造实现社会主义的必要条件:高度发达的生产力。

然而,这岂不意味着:实现社会主义的必要条件乃是民主资本主义发展的必然结果?社会主义者岂不应该等到这种客观条件具备之后,再组织政党带领群众来实现社会主义?非也!因为社会主义者不但应该积极创造实现社会主义的客观条件——这无疑是社会主义的首要任务——而且更重要的乃在于:废除资本主义私有制而代之以社会主义和共产主义的目的,就是为了消除资本主义的剥削和压迫,实现公正与自由。这样一来,在生产力还没有高度发达因而不具备实现社会主义客观条件的情况下,社会主义者虽然应该保护而不是废除资本主义私有制和实现社会主义,却无疑应该努力限制、减少资本主义的剥削和压迫程度,使资本主义的剥削和压迫最小化,使无产阶级和劳动人民的利益最大化,从而最大限度接近公正与自由,最终促进生产力迅猛发展,尽快达成实现社会主义的必要条件:这乃是在不具备实现社会主义必要条件下社会主义政党之所以为社会主义政党的独特且根本的目标、使命和任务,因而是社会主义政党在不具备实现社会主义必要条件下的身份特征。

百年来,欧洲各国社会主义政党——社会民主党——通过议会道路竞选成为执政党的成功和失败,使他们改正的最大的错误,就是废除私有制的主张。如所周知,各国社会党都经历了从主张废除资本主义私有制的错误,到正确主张保护和促进资本主义私有制的根本转变。他们错误的根本原因,显然是囿于社会主义根本特征就在于废除私有制、实行公有制,囿于社会民主党既然是社会主义政党,因而务必主张废除私有制,否则就不是社会主义政党:废除私有制而代之以公有制是社会主义政党的身份特征。

殊不知,社会主义与社会主义政党根本不同。社会主义的根本特征或身份特征就是废除私有制、实行公有制,否则就不是社会主义。但是,如果由此断言社会主义政党的根本特征或身份特征就是废除私有制、实行公有制,否则就不是社会主义政党,那就大错特错了。因为社会主义和共产主义政党要实现社会主义必定要经过漫长的因而可以分为不同历史阶段的奋斗历程。不言而喻,我们不能根据一个政党在不同历史阶段的使命不同,就说她不是一个政党而是不同的政党。

我们更不能根据社会主义和共产主义政党在三个阶段的任务和目标不同，就说她是三个政党而不是同一个政党。在第一阶段，社会主义和共产主义政党显然应该保护资本主义私有制，限制资本对雇佣劳动的剥削，而不是废除资本主义私有制。当今世界，显然还不具备实现社会主义的必要条件——生产力高度发达——因而各国社会主义和共产主义政党都处于第一阶段。因此，各国社会主义和共产主义政党都应该保护——而不是废除——资本主义私有制。所以，我们决不能因为这些政党保护——而不是废除——资本主义私有制，就说他们不是社会主义和共产主义政党。

然而，保护资本主义私有制，显然并不是社会主义政党区别于其他政党的特征，并不是社会主义政党的身份特征；社会主义政党区别于其他政党的身份特征，乃在于限制、减少资本主义的剥削和压迫程度，使资本主义的剥削和压迫最小化，使无产阶级和劳动人民的利益最大化，从而最大限度接近公正与自由。可是，在不废除资本主义私有制的条件下，究竟怎样才可能做到这一点呢？毫无疑义，只有一条路，那就是执掌国家政权，亦即使自己的政党成为执政党或参与执政。因为资本就是经济权力，就是雇佣、剥削和压迫劳动者的经济权力。权力，只有权力才能加以限制。如果没有权力，限制资本主义的剥削和压迫岂不就是一句空话？因此，社会主义政党只有执掌或参与执掌国家政权，才能在不废除资本主义私有制的条件下，有效限制资本主义的剥削和压迫程度，从而做到使资本主义的剥削和压迫最小化，使无产阶级和劳动人民的利益最大化。

百年来，欧洲各国社会民主党最大的历史功勋，就是通过议会道路执政或参与执政，并通过执政或参与执政而实现政治民主、经济民主和社会民主，从而卓有成效地限制了资本主义的剥削和压迫程度，几乎做到了资本主义的剥削和压迫最小化、无产阶级和劳动人民的利益最大化，最大限度接近公正与自由。社会民主党达成这些目标的最主要、最根本的手段，无疑是建立福利国家制度和参与共决的经济民主制度化。

2. 福利国家与经济民主：限制剥削和最大限度接近公正的主要手段

资本主义的剥削和压迫，如前所述，源于生产资料或经济权力的垄断，源于生产资料私有制使资本家有权成为支配和领导工人的雇主，说到底，源于雇主是价格的决定者和雇员是价格的接受者。因此，限制资本主义的剥削和压迫而使其最小化的途径——正如欧洲各国社会民主党通过执政或参与执政已经普遍做到的——就是削弱和减少雇主对经济权力的垄断，使雇员与雇主共同拥有经济权力，亦即建立参与共决等经济民主制度，使雇员在劳资工资协议和企业决策等经济活动中，拥有信息权、协商权、共决权、监督权、提要权等经济权力，从而能够与雇主共同商定雇员工资、经济战略、劳动组织、职业教育等方针大计。对此，《社会党国际十八大声明》曾这样写道：

> 必须用一种不同的社会秩序来取代少数私有者集中控制经济权力的情况。在这种秩序中，每个人都有权作为公民、消费者或工薪劳动者来影响生产的方向和分配、生产资料的形态和劳动生活的条件。实现这个目标的办法是，吸引公民参与经济决策、保证工薪劳动者在工作场所的影响。①

德国实施的参与共决的经济民主制度最为完整系统；主要是推行《煤钢共决法》（1951年）、《经营组织法》（1952年）、《工作章程法》、（1972年）和《工人共同决策法》（1976年）。这些法令规定，德国的共决制分为两个层次：工厂委员会参与共决模式与雇员代表参与监事会模式。工厂委员会成员由工人代表组成，职权可以分为"施加影响"和"参与决定"。施加影响就是知情权和协商调解的权利，包括工作环境、人事计划、工作组织、企业管理、工艺流程、新技术等；参与决定包括工作时间表、劳动报酬、休假时间表、超时工作、职业培训、企业规章制度、劳动保护、福利设施等。雇员代表参与监事会成员由劳资双方对半组成，权力相同。监事会是企业最高领导机构，决定企业预算和决算、工资与分红、批准重要的投资和战略决策、任命负责处理企业日常事务的董事会成员。②

瑞典参与共决经济民主制的最激进措施，恐怕是《雇员投资基金法案》。瑞典社会民主党1978年提出的《雇员投资基金与资本形成》的报

---

① 《社会党国际重要文件选编》，当代世界出版社2005年版，第15页。
② 李宏：《另一种选择：欧洲民主社会主义研究》，法律出版社2003年版，第63—64页。

告写道:"社会民主党在瑞典的任务,就是实现对现在基本上控制在私营公司金融势力之下的经济制度的转变,而代之以一种新的经济秩序,使每一个公民对于生产的方向、利润的分配、生产体制和工作条件具有发言权,换句话说,这就是'经济民主'。""因此,争取经济领域内平等和民主的工人运动必然提出对企业利润进行分成。"①

1983年,瑞典议会通过了这一雇员投资基金法案。该法案规定,雇员投资基金通过两条途径筹集资金。一是利润分享税。所有瑞典股份公司、合作社、储蓄银行和财产保险公司都要向基金支付超额利润的20%。二是养老税,所有雇主必须支付提高了的养老税金,1984年为各企业工资总额的0.2%,逐步增加到0.5%。雇员投资基金将用于购买瑞典企业的股份。这样一来,据计算,只要企业的利润率为10%—15%,转移到职工名下的雇员投资基金可在25到30年内,占有企业股份的50%。② 这样一来,《雇员投资基金法案》通过占有股份,便可以极大地增强雇员在企业股东大会及董事会中的力量,以实现参与和管理,影响企业的经营方向,促进生产和就业。③

参与共决的经济民主赋予工人参加决策和管理的权力,激发了他们的生产积极性和创造性,从而大大提高了企业的经济效益。据统计,在1972—1976年间,联邦德国实行参与共决制的企业,工人平均产值提高了17%,而没有实行这种制度的企业,人均产值只提高了4%。④ 但是,整体说来,欧洲各国的参与共决制的经济民主,主要是从经济权力——而不是经济权利——方面,限制资本主义剥削和压迫、实现其最小化的手段。从经济权利方面限制资本主义剥削和压迫、实现被剥削被压迫群体利益最大化的手段,则主要是社会民主党政府所建立的福利国家制度。

典型的福利国家制度为二战后英国工党政府首创。在1945年的大选中,工党提出的一个主要的政策主张就是创造福利国家。1945—1951年的艾德礼工党政府履行了这一诺言。该政府根据英国经济学家贝弗里奇的《社会保障及有关各种服务的报告》,通过1945—1948年间的一系列立

---

① 袁群:《瑞典社会民主党的历史、理论与实践》,云南人民出版社2009年版,第132页。
② 同上书,第134页。
③ 同上。
④ 李宏:《另一种选择:欧洲民主社会主义研究》,法律出版社2003年版,第82页。

法——包括国民教育、医疗卫生、国民保险、国民救济、家庭补助、住房等各个方面——为所有公民创造了一套"从摇篮到坟墓"的社会保障制度，被人们称为"典型的福利国家（classic welfare state）"。这种福利国家制度，使每个人的生、老、病、死、孤、寡、衣、食、住都得到了基本的保障，都能够过上正常而体面的生活。

英国工党政府的福利国家制度，为欧洲社会民主党执政或参与执政树立了榜样，以致先后纷纷建成福利国家："'社会福利国家政党'的形象到处都成了社会民主党的标志。"[1] 社会民主党政府的福利国家以及参与共决的经济民主等制度，有效限制了资本主义的剥削和压迫程度，几乎达到资本主义的剥削、压迫最小化和劳动人民的利益最大化。这可以从两方面看。

一方面，无产阶级和劳动人民劳动时间大幅度减少。以1993年为例，雇员每周平均劳动时间，德国37.6小时，法国38.6小时，英国43.1小时，丹麦31.5小时，挪威36.8小时，西班牙36.2小时，奥地利34.5小时。同年，德国开始讨论试行每周4天工作制。80年代西欧各国实行支付薪金的父母假、教育假和年度假。瑞典政府规定生育子女的妇女和她的丈夫可以一起享受为期15个月的休假，而且在孩子年满12岁以前每年父母都可以休假90天。年度休假一般是一个月左右。加上各种传统的、法定的节假日，雇员每年劳动时间大幅度减少，以致有西欧社会已从劳动社会进入休闲社会的说法。[2]

另一方面，无产阶级和劳动人民工资和实际收入水平相当高。据统计，1993年，工人每小时工资，法国是50.63法郎；英国是6.25英镑；瑞典是98.47瑞克朗；联邦德国是23.79马克。20世纪70年代末和80年代初，联邦德国的工人，47%拥有房地产；95%有储蓄簿；47%进行休假旅行；61%拥有私人小汽车；一个工人的薪金相当于70名俄罗斯工人的工资。[3] 据柯华的《在马克思的墓前》记载，1978年前后，一个中国副总理的工资，约为英国一个清洁工的工资的六分之一，约为一个电梯工的

---

[1] 托马斯·迈尔：《社会民主主义的转型》，北京大学出版社2001年版，第38页。
[2] 张世鹏：《当代西欧工人阶级》，北京大学出版社2001年版，第70—82页。
[3] 同上。

工资的八分之一；中英两国人均国民收入的比例是1∶42.3。当时中国驻英大使柯华曾陪同国务院副总理王震到一个英国失业工人家里访问，眼前情景令他们惊诧不已：

　　这个失业工人住着一栋一百多平方米的两层楼房，有餐厅，客厅，有沙发、电视机，装饰柜子里有珍藏的银器。房后还有一个约50平方米的小花园。由于失业，他可以不纳税，享受免费医疗，子女免费接受义务教育。

　　福利国家和经济民主制度的成效由此可见一斑。然而，对于资本主义的剥削和压迫的限制最为成功的，还不是英、德、法，而是瑞典。瑞典福利国家和经济民主制度对于资本主义的剥削和压迫的限制，可以说真正达到了资本主义剥削最小化和劳动人民的利益最大化。这一点最突出的明证，个案说来，就是曾导致1983年资产阶级组织7万5千人游行抗议的《雇员投资基金法案》，被认为是对资本主义的正面进攻，① 资本家则称之为"西方世界从来未目睹过的最大规模的没收举动"②；整体说来，则是瑞典的人均国民总产值位居世界前列，1974年曾名列第一，但是，瑞典却是全世界贫富差距最小的国家。收入最高的百分之十的国民，与收入最低的百分之六十的国民，税前收入有的高达144倍；政府竟然通过高额累进税等税收政策，使税后收入的绝对平均差距是三倍。瑞典是全世界税收和福利支出最高的国家：

　　"1986年至1987年度，各种税收占瑞典国家收入的64.8%，其中个人和企业所得税占21.4%，增值税占22.8%，烟酒税16.7%。在同年的政府支出中，卫生和社会事务部预算最大占25%，教育部占12.3%。这两个部的开支主要用于社会福利。此外，在劳工、住房和工业部中许多项目也与社会福利有关。"③

　　然而，问题在于，经济民主固然公正，但福利国家似乎并不公正：高税收岂不侵犯资本家和富人的权利？非也！因为无论如何参与共决，无论如何经济民主，根本说来，雇主与雇员的关系都是一种支配和被支配的关

---

① 鲁塞弗尔达特等：《欧洲劳资关系——传统与转变》，世界知识出版社2000年版，第240页。
② 戴维·加尔森：《神话与现实》，工人出版社1986年版，第76页。
③ 李兴耕：《当代西欧社会党的理论和实践》，黑龙江人民出版社1988年版，第286页。

系，都是一种权力和服从关系，都是一种不平等的关系：雇主是拥有经济权力或较多经济权力的支配者；雇员是没有经济权力或只有较少经济权力的服从者。否则，如果雇主与雇员拥有平等的经济权力，因而不再是支配和被支配的关系，那就无所谓雇主与雇员之分了。就拿参与共决制实施得最好的德国来说：

联邦德国1976年法令规定，在监委会主席选举中选票不足2/3的多数时，由资方决定主席人选，享有双票权；在监督委员会表决时，最后的决定权掌握在主席手中；企业董事会中的劳方经理人选由资方提名，不必得到监委会中劳方代表的认可；工厂委员会同资方进行协商时不得使用罢工手段进行威胁。[①]

可见，在生产资料私有制的条件下，参与共决的所谓经济民主制度，真正讲来，并不是也不可能是经济民主，而只可能是最大限度地接近经济民主，只可能是一种"准经济民主"：它只可能最大限度地接近而不可能做到雇员与雇主完全平等地执掌经济权力；只能限制而并不能剥夺雇主支配雇员的经济权力；只能限制而并不能剥夺雇主决定劳资价格的经济权力；只能限制而并不能剥夺劳动市场的买方垄断，因而也就只能限制而并不能消除雇主对雇员的剥削和压迫。因此，仅仅依靠参与共决准经济民主制度，仍然会存在相当严重的剥削、压迫和贫富差距。这一点的明证，就是连参与共决经济民主最完善的瑞典，收入最高的百分之十的国民，与收入最低的百分之六十的国民的贫富差距，税前收入仍然高达144倍。赖有瑞典高税收的福利国家制度，才使税后收入的贫富绝对平均差距是三倍。据英国官方机构对1982年7428个家庭收入的调查，收入最低的20%家庭与收入最高的20%家庭的税前收入之比是1∶120；而税后收入缩小为1∶4。[②]

这意味着，社会民主党所创造的福利国家制度乃是比参与共决更重要更有效的限制资本家剥削和实现经济公正的手段。不但此也！真正讲来，福利国家制度乃是一种在任何时代都应该实行——因而具有普世价值的——确保公正的国家制度。因为，即使在不存在阶级和阶级剥削的理想

---

① 李宏：《另一种选择：欧洲民主社会主义研究》，法律出版社2003年版，第86页。
② 王绍西：《西欧"福利国家"之得失》，《西欧研究》1987年第1期。

国家,即使在没有生产资料私有制或经济权力垄断(因而没有劳动市场买方垄断)的完全自由竞争条件下(因而商品完全等价交换)的公正的理想的市场经济社会,仍然有能力大、贡献大或强势群体和能力小、贡献小者或弱势群体之分。

然而,按照公正原则,如前所述,一方面,每个人不论具体贡献如何不同,却因其最基本的贡献完全相同——每个人一生下来便都同样是缔结、创建社会的一个股东——而应该完全平等地享有基本权利。另一方面,每个人因其具体贡献的不相同而应享有相应不平等的非基本权利。换言之,贡献大者应该享有较多的非基本权利,贡献小者应该享有较少的非基本权利;但是,每个人所享有的非基本权利的不平等,与自己所做出的具体贡献的不平等的比例,应该完全平等。不过,在这种非基本权利比例平等的分配中,正如罗尔斯"差别补偿原则"所主张,获利较多者还必须给较少者以相应的补偿权利。因为能力大、贡献大的获利多者,比能力小、贡献小的获利少者,较多地利用了双方共同创造因而应该平等利用的资源——社会合作(亦即所谓社会资本)——侵占了获利较少者的权利。被侵占的权利应该获得权利补偿:这就是为什么获利较多者必须给较少者以相应的补偿权利的缘故。

可是,这种非基本权利补偿和基本权利的平等享有,如何才能得到真正的实现和充分的保障呢?无疑只有通过福利国家!如果没有福利国家,没有高额累进税和高税收的社会再分配,不但不可能真正实现绝大多数公民所应该享有的非基本权利补偿,也不可能真正保障那些弱势群体的基本权利。福利国家制度乃是任何时代任何社会真正实现绝大多数公民所应该享有的非基本权利补偿和弱势群体的基本权利的根本途径,是任何时代任何社会真正实现分配公正、经济公正与社会公正的根本的国家制度:福利国家制度实乃具有普世价值的实现权利和公正的国家制度。因此,马歇尔、吉登斯和韦伦斯基等思想家一再强调,福利国家并非慈善制度,而是公民权利的实现:

"福利国家是一个长期的公民权演进过程所达到的最高峰。"[①] "福利

---

① 安东尼·吉登斯:《第三条道路:社会民主主义的复兴》,北京大学出版社 2000 年版,第 11 页。

国家的关键是政府保证所有公民享有最低标准的收入、营养、健康、住房、教育和就业机会。这些保障表现为公民的政治权利而不是以慈善的形式出现。"①

然而，如所周知，新自由主义和经济自由主义思想家们却认为福利国家制度侵犯公民个人自由权利和市场经济自由权利。事实恰恰相反，如果没有福利国家制度，没有国家和政府的干预，无论如何完善的市场经济体制，也显然不可能实现每个人的非基本权利补偿和基本权利的平等享有，因而也就不可能实现真正自由且公正的市场经济。因为任何社会活动，小到家庭，大到国家，如果没有道德和法律规范，都是不可能存在发展的。市场经济没有政府的指挥而能够自发地存在发展，无疑以其遵循自由、平等和公正等市场经济制度道德及其法律为前提：自由、平等和公正等市场经济制度道德及其法律乃是市场机制有效调节市场经济存在发展的必要条件。制定市场经济制度道德及其法律并保障其实行，无疑是政府职责之所在。因此，市场经济存在发展固然可以离开政府的指挥，却离不开政府的适当干预：制定和保障市场经济制度道德及其法律的实行。新自由主义和经济自由主义经济学家弗里德曼也承认这一点："自由市场的存在当然并不排除对政府的需要。相反地，政府的必要性在于，它既是'游戏规则'的论坛和制定者，又是解释和强制执行这些既定规则的裁判者。"②

福利国家的核心制度——高额累进税的再分配制度——岂不正是自由且公正的市场经济制度道德及其法律？岂不正是保障市场经济存在发展的"竞赛规则"？诚然，一方面，福利国家制度有时可能意味着牺牲和侵犯市场经济的经济自由原则。但这只是因为，任何两种以上的道德原则或价值标准相互间都可能发生冲突。市场经济的经济自由原则与经济公正原则也可能发生冲突，譬如说，强者的经济自由，有时可能剥夺那些运气不好的弱者的经济人权。那么，这种剥夺虽符合经济自由原则，却违背经济公正原则：经济自由原则与经济公正原则发生了冲突。在这种情况下，应该怎么办呢？

显然应该牺牲经济自由原则而保全经济公正原则，亦即应该实行福利

---

① 和春雷：《社会保障制度的国际比较》，法律出版社2001年版，第65页。
② Milton Friedman, *Capitalism and Freedom*, the University of Chicago Press, 1962, p. 15.

国家制度，由政府干预和限制强者的经济自由，通过累进税等税收政策而从强者的收入中拿出一部分补偿给弱者，从而使市场经济遵循经济公正原则，做到每个人完全平等地分享基本经济权利：公正原则对于自由原则具有优先性。因此，福利国家制度既主张经济自由又主张经济公正，但是当经济自由原则与经济公正原则发生冲突时，福利国家制度主张牺牲经济自由原则而保全经济公正原则：这显然是唯一正确的抉择和无奈之举。

另一方面，确如经济自由主义所言，符合经济自由原则的市场经济体制能够保证公正价格、等价交换。因为只要在自由竞争条件下，商品价格完全由供求关系决定，就能够且必然导致自由价格、公平价格（等价交换）和资源配置效率最佳状态。但是，经济自由主义没有看到，公平价格或等价交换仅仅意味着交换公正，仅仅意味着每个人贡献的产品与所得的产品交换的公正（等价交换）；而并不意味着分配公正和全部的经济活动的公正，并不意味着非基本权利补偿和基本权利的平等享有。

殊不知，如果只有市场经济而没有福利国家制度，那么，不论市场经济体制如何完善、自由和公正，岂不都一定会有人连基本权利都得不到——很可能失业穷困而饿死街头——更不用说非基本权利补偿？因此，福利国家制度并不意味着政府指挥和取代市场经济，并不意味着计划经济或混合经济；而仅仅意味着政府干预市场经济，亦即使市场经济不仅遵循自由原则而且遵循公正原则。没有福利国家制度，市场经济可能是自由的，但不可能是公正的：福利国家制度是自由且公正——公正对自由具有优先性——的完善的市场经济体制的根本的保障和必要条件。

因此，所谓福利国家制度，说到底，原本属于使市场经济遵循自由且公正规范的国家制度：制定市场经济制度道德及其法律并保障其实行，乃是任何国家政府——不论它是如何自由民主的国家——职责之所在。这样一来，福利国家制度岂不意味着完善的市场经济体制？岂不意味着遵循国家制度价值标准——公正与人道以及平等与自由——的市场经济体制？因此，新自由主义经济学家否定福利国家制度的两个根据——自由和效率——都是不能成立的。福利国家制度，就其本性来说，不但必定比非福利国家制度更能够保障自由和公正，而且必定比非福利国家制度更有效率。因为完善的市场经济体制比不完善的市场经济体制不但更能够保障自由和公正，而且更有效率。这就是为什么，从 20 世纪 50 年代西欧各国福利国家制度的建立,一直到 70 年代,各国经济持续稳定和高速增长。到 1973 年,以"福利国家橱窗"著称的瑞典,人均国民总产值跃居世界第三,1974 年人均 CNP 为 6720 美元,高出美国 1%,名列世界第一。特别是,这一时期瑞典以及西欧各国的福利国家制度,还是新事物,具有种种缺陷,属于所谓"消极福利国家制度"。这些弊端和缺陷,自 20 世纪 90 年代末以来,已经不断改进和克服,从而转型为"积极的福利国家制度"。可以预期,逐步完善的福利国家制度将更加公正且有效率。

不过,无论如何,在实现社会主义的必要条件——生产力高度发达——还不具备的资本主义私有制社会,福利国家制度只可能最大限度地接近——而不可能完全实现——保障权利和实现公正。因为生产资料私有制或经济权力垄断乃是剥削和压迫的根源;不废除私有制和经济权力垄断,不可能消除剥削和压迫。诚然,可以设想,通过高税收等方法将资本家剥削的劳动成果全部转移给被剥削者,从而消灭剥削。这是地地道道的空想。因为赚取利润和剩余价值是资本主义经济活动的目的。如果无利润可图资本家还会投资吗?资本家可以通过不再投资、投资国外廉价劳动力地区和游行示威等方法迫使政府和雇佣劳动者就范:"从 1987 年到 1995 年,对发展中地区总体的国际投资按当时美元币值计算,每年平均递增 25%。据世界银行的统计,1987 年流入发展中国家的国际直接投资为 150 亿美元,1991 年增加到 350 亿美元,1995 年增加到 900 亿美元,相当于全球国际直接投资总额 1/3。"[①]

因此,在不废除私有制或经济权力垄断条件下,福利国家制度无论如何都不可能消除资本家的剥削和压迫,而只可能限制资本家剥削和压迫,实现资本主义剥削和压迫最小化、被剥削阶级利益最大化,从而最大限度地接近公正。因此,高税收和高额累进税等福利国家制度,不但没有侵犯资本家和富人的权利,而不过是将资本家和富人侵占无产阶级和劳动人民的权利,归还给无产阶级和劳动人民;并且不可能使资本家归还侵占的全部权利,而只可能最大限度地接近归还全部权利,只可能最大限度地接近公正。

那么,福利国家制度对资本主义剥削和压迫限制的最大限度的标准究

[①] 李宏:《另一种选择:欧洲民主社会主义研究》,法律出版社 2003 年版,第 87 页。

竟是什么？使资本主义的剥削最小化和劳动人民利益最大化的标准究竟是什么？答案无疑是：公正且有效率。这就是说，在一个国家的福利国家制度没有造成经济衰退、低效率、失业和依赖文化的限度内，它的高额累进税等税收越重、用于公民的福利越多、对资本主义剥削和压迫的限制越大、对劳动人民利益的增进越大，就越接近公正且有效率，因而就越好。

但是，如果不满足于最小限度的剥削和最大限度的接近公正，而是努力消除剥削和实现公正，势必尽可能增加税收，尽可能增进福利，结果必定掉进"福利陷阱"，造成劳动力成本昂贵、企业竞争力下降和劳动积极性削弱，最终导致经济衰退、低效率、失业和依赖文化。如此固然更加公正，然而却——因其导致经济衰退、低效率、失业和依赖文化——不但损害了资产阶级，而且也使劳动人民比更加不公正却有效率的生活更坏，因而净余额是负价值，是不应该的、恶的：减少全民利益的公正或造成更大损害和不公正的公正是一种纯粹恶。

相反地，如果满足于最小限度的剥削和最大限度的接近公正，而不是消除剥削和实现公正，那么，虽然更加不公正却有效率，不但有利于资产阶级，而且也使劳动人民比更加公正却无效率生活得更好，因而净余额是正价值，是应该的、善的：能够增进全民利益或避免更大不公正和损害的不公正是一种必要恶。这样一来，"更加公正却无效率的福利国家制度"，相对"更加不公正却有效率的福利国家制度"来说，前者便具有负价值，是不应该的、恶的福利国家制度；后者则具有正价值，是应该的、善的福利国家制度。

可见，公正与效率是衡量福利国家制度优劣对错的双重标准：在有效率的前提下，福利越多越公正，就越好。换言之，某种福利国家制度是优良的、正确的，当且仅当更加公正且有效率，当且仅当公正与效率一致；某种福利国家制度是错误的、恶劣的，当且仅当公正与效率冲突，当且仅当虽然更加公正却无效率。但是，不论如何，福利国家制度都是具有普世价值的实现绝大多数公民所应该享有的非基本权利补偿和弱势群体的基本权利的根本途径。更何况，错误乃是正确之母。因此，即使是恶劣的、错误的福利国家制度，也远比非福利国家制度好得多。恶劣的、错误的福利国家制度，并不意味着福利国家制度应该放弃，而仅仅意味着福利国家制度应该改革，代之以优良的、正确的福利国家制度，亦即代之以最接近公正且有效率的福利国家制度。

福利国家制度在西欧各国取得了巨大成就。从20世纪50年代西欧各国福利国家制度的建立，一直到70年代，各国经济持续稳定和高速增长，堪称"福利国家黄金期"。因此，这一时期西欧各国的福利国家制度，虽然属于所谓"消极福利国家制度"，存在着种种弊端，但是，整体说来——特别是与非福利国家制度相比——仍然达到了公正与效率一致，是比非福利国家制度远为优良和正确的国家制度。

但是，物极必反。各国的社会福利像雪球一样越滚越大，甚至超过了国民经济的增长速度。1961至1971年间，国民经济与社会福利开支增长速度的比例，瑞典为1:1.37；联邦德国为1:1.28；法国为1:1.41；英国为1:1.96；意大利为1:2.02；丹麦为1:2.17。[①] 致使消极福利国家制度的种种弊端，在1973—1975年西方所爆发战后最严重的经济危机的条件下，导致福利国家制度危机：经济衰退、低效率、失业和依赖文化。

结果，20世纪90年代，欧洲各国纷纷响应英国进行所谓"第三条道路"——不同于传统社会民主主义与新自由主义的第三条道路——的福利国家制度改革，力图将传统社会民主主义所强调的公正原则，与新自由主义所强调的效率原则结合起来，从而使"消极的福利制度"转变为"积极的福利制度"。这种转变的根本特征，可以归结为两个方面。

一方面，变国家投资为社会投资，改变福利开支完全由政府包干，而由政府、企业、社会团体和个人共同提供，以建立"社会投资国家"。另一方面，变强调结果平等为强调机会平等，变片面强调权利为权利与责任相结合，从福利走向工作，发展以培养个人能力为中心的责任福利制度，将投资的重点由公益事业转变为人力资本投资，增加教育和培训经费，开发和实现人的潜能："为有能力工作的人提供工作岗位，为无力工作的人提供安全保障"。

这种所谓第三条道路的积极的福利国家制度，克服了传统的消极福利国家制度的种种弊端，并且初见成效——社会民主党执政的欧洲各国社会失业率普遍由两位数下降到一位数——似乎堪称优良的、正确的福利国家制度。

[①] 李宏：《另一种选择：欧洲民主社会主义研究》，法律出版社2003年版，第119页。

3. 福利国家与经济民主：社会主义和共产主义政党的身份特征

在实现社会主义必要条件——生产力高度发达——还不具备的条件下，如前所述，社会主义和共产主义政党的目标、使命和任务，主要说来，就是实行民主、保护资本主义私有制和发展资本主义生产力，从而创造实现社会主义的必要条件：高度发达的生产力。但是，这样一来，就使社会主义政党与其他政党难以区别开来，因而造成所谓"身份特征危机"。那么，在这一历史阶段，社会主义和共产主义政党的身份特征究竟是什么？

迈尔认为是福利国家制度："'社会福利国家政党'的形象到处都成了社会民主党的标志。"[①] 吉登斯亦如是说："没有哪一个问题会比福利国家更能泾渭分明地把社会民主党人和新自由主义者区别开来的了。对前者来说，一套发展完备的福利体制是一个公正体面而且人道的社会的基石；而对后者来说，福利制度则是企业的敌人、市民秩序衰败的原因。一个团体想要维持最大化的福利国家，另一个团体想要把福利制度减小到安全网的程度。"[②]

确实，福利国家和经济民主制度无疑是社会主义政党或社会民主党区别于资产阶级等其他政党的身份特征。诚然，社会民主党下野而其他政党执政，并没有废除社会民主党人所创造的福利国家和经济民主制度。但是，福利国家和经济民主制度的本质是严厉限制资产阶级对无产阶级的剥削和压迫，是资产阶级的剥削利益最小化和无产阶级不被剥削的利益最大化。因此，福利国家和经济民主制度，只能是社会主义政党——社会民主党——的奋斗目标，只能是社会民主党所追求和创造的制度，只能是社会民主党的自觉、自愿、自由的行为；而不可能是资产阶级等其他政党的奋斗目标，不可能是资产阶级等其他政党所追求和创造的制度，不可能是资产阶级等其他政党的自觉自愿自由的行为。

资产阶级等其他政党实行福利国家和经济民主制度，完全是被迫的、不自由的、不得已的、不敢不实行和不敢不照办的异化行为；否则，必定

[①] 托马斯·迈尔：《社会民主主义的转型》，北京大学出版社 2001 年版，第 38 页。
[②] 吉登斯：《失控的世界》，江西人民出版社 2001 年版，第 100 页。

被人民的选票赶下台去而沦为在野党：那样岂不更糟！这就是为什么，只要稍有可能或有机可乘，只要不致下台，资产阶级等其他政党就会削弱福利国家和经济民主制度的缘故。因此，实行福利国家和经济民主制度，不过是资产阶级等政党之所以为资产阶级等政党的身份特征之异化；而只能是社会民主党之所以为社会民主党的身份特征。

由此可以理解，为什么西欧国家普遍实行——而堪称世界最发达、最自由、最民主的美国却没有实行——参与共决的经济民主和从摇篮到坟墓的福利国家制度？[①] 岂不就是因为西欧国家社会主义政党纷纷执政或参与执政，而美国却没有社会民主党？诚然，美国是否为福利国家是有争议的。但是，不争的是，美国福利制度与欧洲福利国家制度根本不同；这种不同堪称欧洲福利国家制度是社会主义政党身份特征之明证。

首先，美国的社会保障项目和失业保险项目采用基金化的运作方式；政府征收工资税构成两个专门的保险基金，保险开支完全由基金负担，政府不再直接投入资金。而西欧国家的同类项目中，公共开支一般要占资金来源的三成左右。其次，美国没有西欧国家那样面向全民的"国民医疗保健制度"，政府只负责65岁以上老人的医疗保险，其他公民的医疗保健由商业保险来实施。老年人的医疗保险是美国社会保障制度中直接公开开支最多的部分。再次，美国没有面向全体公民的社会福利制度；美国的社会福利相当于西欧的社会救济，西欧国家以"居住权"或"公民权"为条件的社会福利在美国是没有的。美国福利制度的特点是强调针对性，而且一直保持以企业为核心的社会保障运行机制。[②]

由于美国福利制度的覆盖面小、社会之分配程度低，和多数西欧国家比较起来，存在的贫困和不平等现象要严重得多。对此，美国当代政治哲学家迈克尔·帕伦蒂曾这样写道："与人们平常所灌输的常识不同，美国并不是由为数众多的中产阶级所支撑的。最上层1%的人群控制了全国总财富（包括股票、债券、投资基金、土地、自然资源、商业资产等）的

[①] 李宏说："在一般情况下，美国私营企业的经理可以自由地完全按照经济情况决定招工、解雇、岗位设置和其他许多问题，而工人则在这些问题上不享有发言权，尽管美国工人享有较高的生活水平，但增加消费的机会并没有改变在企业一级缺少自主权的事实。"（李宏：《另一种选择：欧洲民主社会主义研究》，法律出版社2003年版，第60页）

[②] 顾俊礼主编：《福利国家论析》，经济管理出版社2002年版，第253—270页。

40%，这比最下层90%的人拥有的财富还多。有人说大约40%的家庭拥有某种形式的股票或债券，此话不假。可是他们的这种私人投资几乎没有超过2000美元的。再考虑一下他们的债务和抵押贷款，90%的美国家庭没有真正的净资产。"①

确实，目前在美国25—35岁的男子中，有34%的人的工资不够维持一个四口之家享有贫困线以上的生活水平。美国社会已经分化成拥有股票和希望拥有股票的两个阶层：前者可以享受到经济增长带来的财富增加，后者则基本与之无缘。有6300万美国人有钱购买股票或公共基金，其中大部分财富集中在他们中的少数人手里，只有50%的美国家庭拥有1000美元以上的金融资产。相形之下，多数美国家庭负债累累，根本没有能力投资。美国家庭为还债支付的款项平均达到了可支配收入的18%。一般情况是收入越低，债务负担越重。多数人被隔绝在经济增长的成果之外的情况竟然如此严重，以致从1973—1994年，美国人均国民生产总值提高了33%，但第一线（不参与管理监督他人的男女职工）的实际小时工资却下降了14%，实际周工资下降了19%。到1994年末，美国工人的实际工资已经回落到了20世纪50年代水平。②

因此，美国虽然堪称世界最发达、最自由、最民主的国家，却不是最好的国家：美国远不如欧洲各福利国家好。因为，就符合国家制度价值标准——终极价值标准"增进每个人利益总量"和根本价值标准"公正与平等"以及最高价值标准"人道与自由"——的程度来说，美国显然远不如欧洲各福利国家。究其原因，说到底，就是因为美国没有强大的社会民主党，因而没有参与共决制和从摇篮到坟墓的福利国家制度：二者实为社会主义政党——社会民主党——的身份特征。这一根本缺陷，遂使人类最美好、最完善、最先进的民主——宪政民主——沦为迈克尔·帕伦蒂所谓的"少数人的民主"，导致今日的席卷美国全国的声势浩大的"占领华尔街"运动。迈克尔·帕伦蒂在2007年问世的论证"美国的民主是少数人的民主"的杰作《少数人的民主》中这样发人深省地写道：

---

① 迈克尔·帕伦蒂：《少数人的民主》，北京大学出版社2009年版，第9页。
② 顾俊礼主编：《福利国家论析》，经济管理出版社2002年版，第253—270页。

本书的主旨在于揭露政府的实质：它更多地代表了特权阶层的利益而不是大众阶层的利益。从原则上来说，它往往以牺牲我们的利益为代价，换取少数人的特权利益。即使法律在字面上体现了人人平等，但其实际执行却是采取了相当不公正的方式。这里所说的"少数人的民主"，不仅是特定政府官员贪污受贿的产物，也是整个政治制度的一个反应，是权力资源被分配和使用的方式。①

4. 社会主义与共产主义政党必经的两次转型——转型党的性质与目标以及指导原则与指导思想

社会主义和共产主义政党奋斗历程的第一阶段，亦即在实现社会主义必要条件——生产力高度发达——还不具备条件下，如前所述，党的奋斗目标是实现和发展民主以及资本主义，从而创造高度发达的生产力。因此，在第一阶段，社会主义和共产主义政党主要的任务和使命不是废除资本主义私有制，而是保护资本主义私有制，是实现福利国家和参与共决的经济民主制度；这种制度能够最大限度地限制资本主义私有制所必然导致的剥削和压迫，使资本主义的剥削和压迫最小化，使无产阶级和劳动人民的利益最大化，从而最大限度地接近公正和自由。

因此，在实现社会主义必要条件还不具备的条件下，一方面，社会主义和共产主义政党奋斗的目标是改良而不是革命：不是废除资本主义私有制，而是保护资本主义私有制，是实现和发展资本主义。这意味着，一方面，资产阶级和资本主义不是社会主义和共产主义政党的敌人，而是社会主义和共产主义政党的朋友、伙伴和被保护者。所以，20世纪中叶以来，欧洲各国社会民主党纲领或政策都一再强调雇主与雇员、政府与企业、公营与私营之间应该是伙伴关系；并将团结互助奉为社会主义基本价值之一："社会民主主义的推动力从一开始就是要建立一个由团结互助共同工作和生活的，自由和平等的人们组成的社会。"②

另一方面，社会主义和共产主义政党奋斗的目标，是福利国家和参与共决的经济民主制度，是限制资本主义私有制所必然导致的剥削和压迫的

---

① 迈克尔·帕伦蒂：《少数人的民主》，北京大学出版社2009年版，第2页。
② 托马斯·迈尔：《社会民主主义的转型》，北京大学出版社2001年版，第7页。

程度，使资本主义的剥削和压迫最小化，使无产阶级和劳动人民的利益最大化。这意味着，社会主义和共产主义政党的阶级立场是被压迫和被剥削阶级，是无产阶级和劳动人民；而不是剥削阶级和压迫者阶级，不是资产阶级。

这样一来，社会主义和共产主义政党就不是只为某些阶级谋利益的阶级党，而是一个为所有阶级或全民（不论无产阶级还是资产阶级抑或中间阶级，不论官吏阶层还是庶民阶层抑或知识阶层）谋利益的全民党：它保护资本主义私有制和发展资本主义，因而是为资产阶级谋利益；它使资本主义的剥削和压迫最小化，使无产阶级和劳动人民的利益最大化，因而是为无产阶级和劳动人民谋利益。然而，迟至20世纪50年代，欧洲各国社会民主党方有此觉悟，先后由阶级党转型为全民党。影响深远的德国社会民主党1959年通过的《哥德斯堡纲领》宣布："社会民主党已经从一个工人阶级的政党变成了一个人民的政党。"

因此，在第一阶段，亦即在实现社会主义必要条件——民主、资本主义和生产力高度发达——还不具备或不完全具备的情况下，社会主义和共产主义政党，就其身份特征来说，虽然站在无产阶级与劳动人民的立场上；但就其性质来说，却是为所有阶级谋利益和由所有阶级构成的全民党。它在这一历史阶段的奋斗目标，仅仅是为了实现社会主义必要条件，亦即实现和发展民主以及资本主义从而创造高度发达的生产力，因而也就是包括资产阶级在内的所有阶级和国民共同的奋斗目标：实现和发展民主以及资本主义——从而创造高度发达的生产力——岂不也是资产阶级奋斗的一个极其重大的目标？因此，在这一历史阶段，它应该领导所有国民为了实现一个共同目标——实现和发展民主以及资本主义——而奋斗。

当社会主义和共产主义政党实现了第一阶段目标——民主、资本主义和生产力高度发达——的时候，才转型为阶级党，成为废除资本主义私有制和实现社会主义的无产阶级政党：无产阶级政党或阶级党是实现社会主义必要条件已经完全具备情况下的社会主义和共产主义政党的转型，是奋斗历程第二阶段的社会主义和共产主义政党，是为了实现社会主义和共产主义的政党。在这一历史阶段，社会主义和共产主义政党的历史使命是革命：废除资本主义私有制而代之以社会主义公有制，从资本主义飞跃为社会主义。一旦实现了社会主义公有制，就意味着革命的完成，就意味着社会主义实现，就意味着将在公有制基础上，逐步实现按劳分配，没有政府指挥的市场经济，按劳分配，最终实现只有一个主权和一个世界政府的全球国家。在第三阶段，亦即在共产主义社会，社会主义和共产主义政党又转型为新的全民党，亦即无产阶级社会的全民党，并将永存。因为有人群就必定有分歧；有民主就必定有党派。更何况，共产主义社会必定仍然不断发展变化：一方面是进步，越来越完善；另一方面是退步，可能出现专制等非民主制以及全球国家之分裂等。因此，共产主义社会仍会存在共产党等政党；其历史使命无疑是巩固和完善共产主义，反对退步和堕落而背离共产主义。

因此，社会主义和共产主义政党在它的奋斗历程的三大阶段中，应该——而非事实——发生两次转型而构成一个否定之否定的三段式，亦即由第一阶段的资本主义国家的全民党，转型为第二阶段的社会主义国家的阶级党，再转型为共产主义国家的新的全民党：否定之否定。社会主义和共产主义政党的转型只是应该或至少必经两次。但是，社会主义和共产主义乃是人类从未有过的理想社会，人类在追求和实现这种理想社会的奋斗历程中难免错误、挫折和失败。因为错误、挫折和失败乃是成就任何崭新而伟大事业之母。因此，事实上，社会主义和共产主义政党在其奋斗历程中必定错误多多，挫折连连，误走很多弯路，因而需要通过多次——而不是两次——转型才能踏上正确的道路。

社会主义和共产主义政党——欧洲社会民主党——在本来不应该发生转型的第一阶段（亦即不具备实现社会主义必要条件阶段），如所周知，就已经发生了两次大转型。第一次大约是19世纪末到20世纪初，由错误的暴力革命党到正确的议会道路党的转型。第二次是20世纪中叶由错误的阶级党到正确的全民党的转型。经过这两次大转型，欧洲社会民主党才走上她们建党伊始就应该走的唯一正确之路：全民党。1959年《德国社会民主党基本纲领》（哥德斯堡纲领）宣布："社会民主党已经从一个工人阶级的政党变成了一个人民的政党。"

诚然，当代资本主义国家各种政党趋同，在某种意义上都是全民党。但是，这种趋同只是现象，而不是本质。因为作为社会主义和共产主义政党的全民党，与作为资产阶级等政党的全民党根本不同。首先，党的目标不同。社会主义和共产主义政党的全民党的直接目标（实现民主、资本主义和生产力高度发达）虽然无异于作为资产阶级政党的全民党，但是，作为社会主义和共产主义政党的全民党的根本目标和终极目标（废除私有制、实现社会主义和实现共产主义）显然根本不同于作为资产阶级政党的全民党。其次，阶级立场不同。作为社会主义和共产主义政党的全民党，站在被剥削和被压迫的阶级立场，限制资本的经济权力对雇佣劳动者的剥削和压迫，使无产阶级和劳动人民的利益最大化；相反地，作为资产阶级政党的全民党，则站在资产阶级立场，维护资本的经济权力对雇佣劳动者的剥削和压迫，使资产阶级利益最大化。最后，党所主张的基本价值根本不同。作为社会主义和共产主义政党的全民党所主张的基本价值是公正和自由，因其限制资本对雇佣劳动的剥削和压迫，使其最小化；相反地，作为资产阶级政党的全民党，不论其言辞如何漂亮，但其实际主张的基本价值却是不公正和不自由，因其维护资本对雇佣劳动的剥削和压迫，使资产阶级利益最大化。

社会主义和共产主义政党在不同历史阶段的转型，使其指导思想和指导原则有所不同。在第一阶段，社会主义全民党，就其主要使命来说，也可以称之为"民主党"。因为它的指导思想是改良而不是革命，是社会主义的民主主义，亦即社会民主主义。它的指导原则可以归结为三条：（1）实现普选制民主；（2）发展资本主义生产力，达到高度发达；（3）通过福利国家和经济民主制度，限制资本主义剥削和压迫，使资本主义剥削最小化和无产阶级利益最大化。它的最终指导原则是最大限度接近国家制度价值标准：公正、平等、人道、自由和增进每个人利益总量。

在第二阶段，社会主义阶级党，就其主要使命来说，也可以称之为"社会党"或"社会主义党"。因为它的指导思想是革命，是民主主义的社会主义，亦即民主社会主义。它的指导原则可以归结为两条：（1）在高度发达的生产力基础上建立全民所有制；（2）逐步实现宪政民主、按劳分配、没有政府指挥的市场经济，最终实现只有一个主权和一个世界政府的全球国家。它的最终指导原则是不断接近完全实现国家制度价值标准：公正、平等、人道、自由和增进每个人利益总量。

在第三阶段，共产主义新全民党，就其主要使命来说，也可以称之为"共产党"。因为它的指导思想是革命，是共产主义革命。它的指导原则是巩固和完善共产主义国家制度，亦即巩固和完善高度发达的生产力＋全民所有制＋按劳分配＋没有政府指挥的市场经济＋宪政民主＋只有一个主权和一个世界政府的全球国家。它的最终指导原则是完全实现国家制度价值标准：公正、平等、人道、自由和增进每个人利益总量。

可见，社会主义和共产主义政党在每一历史阶段的直接的具体的指导原则和指导思想都是不同的。但是，口之于味，有同嗜焉。无论这些历史阶段的指导原则和指导思想如何不同，却存在着共同点，存在着一以贯之的普遍的终极的指导原则和指导思想。这个普遍的、终极的指导原则就是国家制度价值标准：根本标准"公正与平等"、最高价值标准"人道和自由"以及终极价值标准"增进每个国民利益"。因此，欧洲各国社会民主党一致将这些标准奉为社会民主党的基本价值，作为党在任何历史时期的普遍指导原则。1996年9月，布莱尔和施罗德在共同声明中特别强调："公平和社会公正，自由和机会平等，团结和对他人负责，这些价值是永恒的。社会民主主义永远不会牺牲这些价值观。"

只不过，在第一阶段，亦即在实现社会主义必要条件还不具备的情况下，社会主义和共产主义政党是全民党，它的指导原则是通过福利国家和经济民主最大限度接近这些国家制度价值标准。在第二阶段，亦即在实现社会主义必要条件已经具备的情况下，社会主义和共产主义政党是阶级党，它的指导原则是通过废除资本主义私有制而由部分到完全地逐步实现国家制度价值标准。在第三阶段，亦即在共产主义国家，共产主义政党是新的全民党，它的指导原则是全面地完全地——通过高度发达的生产力＋全民所有制＋按劳分配＋没有政府指挥的市场经济＋宪政民主＋只有一个主权和一个世界政府的全球国家——实现国家制度价值标准。

二战后，国家制度价值标准——公正与人道以及平等与自由——逐渐成为各国社会民主党的普遍的指导原则。1951年《法兰克福声明》写道："社会党人之所以反对资本主义……最主要的是因为它违背了社会党人的正义感。"社会党的"目标就是一个社会公平合理、生活美好、自由与世界和平的制度"。1959年《德国社会民主党基本纲领》（哥德斯堡纲领）首次明确将社会民主党的指导原则归结为"社会主义基本价值"。在该纲领的题目"社会主义的基本价值"的第一条中这样写道："自由、公正、相助和从共同的结合中产生出来的彼此间所承担的义务，即是社会主义意向的基本价值。"

1989年德国社会民主党《柏林基本原则纲领》进一步明确将这些基本价值作为国家制度价值标准和社会民主党的指导原则："自由、公正、团结互助是民主社会主义的基本价值。它们是我们判断政治现实的标准，是衡量一种新的和更好的社会制度的尺度，同时也是每个男女社会民主党人的行动指南。"

这些所谓民主社会主义基本价值，先后被各国社会党所接受，并经1989年社会党国际第十八大的《原则声明》确认，正式成为各国社会党的指导原则："民主社会主义是争取自由、社会公正和团结的国际运动。它的目标是实现一个和平世界，在这个世界中，这些基本价值能得到增进，人人都能过有意义的生活，男男女女的个性与天赋都能得到充分发展，人权与公民权利都能在民主的社会框架中得到保障。"

这样一来，社会主义和共产主义政党在任何历史阶段的普遍的终极的指导思想，便都应该是关于国家制度价值标准——根本标准"公正与平等"、最高价值标准"人道和自由"以及终极价值标准"增进每个国民利益"——的理论和真理。国家制度价值标准的研究告诉我们，一方面，国家制度终极价值标准的谬误是义务论；真理是全面的科学的功利主义，亦即增进每个人利益总量：它在利益冲突条件下表现为最大多数人最大利益标准，而在利益不相冲突条件下表现为不害一人地增进利益总量。另一方面，国家制度最高标准和根本标准的谬误是专制主义；真理是人道主义、自由主义和平等主义。因此，社会主义和共产主义政党在任何历史阶段的普遍的终极的指导思想，都应该是全面的科学的功利主义、人道主义、自由主义和平等主义。

这显然意味着，一方面，社会主义和共产主义政党在任何历史阶段的指导思想，都应该包括自由主义而并不局限于自由主义，都应该包括平等主义而并不局限于平等主义，都应该包括人道主义而并不局限于人道主义，都应该包括功利主义而并不局限于功利主义——应该是人道主义、自由主义、平等主义和功利主义的总和而不应该仅仅是其中之一——否则就会堕入片面性和教条主义的谬误之泥潭。另一方面，社会主义和共产主义政党在任何历史阶段的指导思想，都应该包括马克思主义而不局限于马克思主义，否则就会堕入片面性和教条主义的谬误之泥潭。

因为，毫无疑义，马克思主义属于功利主义、人道主义、自由主义和平等主义范畴，但并不等于功利主义、人道主义、自由主义和平等主义，更不是也不可能是完善得不必修正的功利主义、人道主义、自由主义和平等主义。《哥德斯堡纲领》说得不错："在欧洲植根于基督教伦理学、人道主义和古典哲学的民主社会主义不想宣布任何最后的真理。"《法兰克福声明》亦如是说："不论社会党人把他们的信仰建立在马克思主义的分析社会的方法上，还是建立在其他的方法上，不论他们是受宗教原则的启示还是受人道主义原则的启示，他们都是为了共同的目标而奋斗。这个目标就是一个社会公平合理、生活美好、自由与世界和平的制度。"

第十九章

社会主义和共产主义实现条件的理论

本章提要

马克思恩格斯无疑是世界最顶级的理论巨匠,仅仅就其理论成就来说,仅仅就《资本论》一部书稿,就足以与柏拉图、亚里士多德和孔子、老子并列,远远高于伯恩斯坦考茨基等民主社会主义理论家:马克思恩格斯是博大精深的科学社会主义理论之创造者;而伯恩斯坦考茨基之流不过是马克思恩格斯所创造的科学社会主义理论之运用者和修正者而已。然而,问题的关键在于,民主社会主义理论家们虽然是马克思恩格斯的学生,他们却因此而得以站在伟大导师的肩膀上,经历伟大导师逝世以后的世界新变化和新实践,因而可以见马克思恩格斯所未见,看得更加高远、清楚和确切。特别是,实践是检验真理的唯一标准。在科学泰斗马克思恩格斯面前,伯恩斯坦考茨基等民主社会主义理论家虽然渺小至极,甚至如马克思曾轻蔑地称之为"天生的俗种";但当这些渺小平庸之辈运用伟大导师的科学社会主义理论于实践时,却足以发现和修正科学社会主义的谬误,从而形成民主社会主义之真理:科学社会主义实乃民主社会主义之母;没有科学社会主义就没有民主社会主义。

导言 社会主义理论流派分类:暴力社会主义与和平社会主义

社会主义的根本特征,如前所述,是生产资料公有制。这是否意味着，只有主张废除私有制而代之以公有制的理论，才堪称社会主义理论，因而不主张废除私有制的圣西门和傅立叶学说不属于社会主义理论？否！据柯尔考证，"社会主义"一词初次出现于1832年的法文期刊《地球报》，就是用以表示圣西门学说；而在1827年，欧文主义者的《合作杂志》则已经使用"社会主义者"一词来称呼欧文合作学说的信徒。为什么主张公有制的欧文学说与不主张公有制的圣西门学说都被叫做社会主义？为什么社会主义的根本特征是公有制，而不主张公有制的圣西门学说却被叫做社会主义？

原来，欧文和圣西门学说的根本特征是改造社会的意见和计划；而社会主义和社会主义者的根本内涵，在柯尔看来，就是改造社会的意见和计划："用这两个词来称呼某些改组社会的意见和计划是相当方便，也是十分自然的；到了十九世纪三十年代，日常用语中已经需要一种大体上切合的词来称呼这类改组社会的意见和计划了。"① 确实，社会主义就是一种改造社会的意见和计划，就是一种理想的应该的良好的——亦即就是符合社会制度价值标准的——社会之意见和计划，就是理想的应该的良好的符合社会制度价值标准的社会制度，就是关于理想的应该的良好的符合社会制度价值标准的社会制度的学说。

从词源上看也是如此。社会主义一词源于古拉丁文 socialis，本意为同伴的、社会的，引申为改造社会的、理想社会的：社会主义就是理想的社会制度，主要是理想社会的经济制度。因此，柯尔说："在社会主义一词用开以前，人们已经谈到过'社会制度'这一含义大致相同的术语。'社会主义者'一词指的就是在许多种'社会制度'中拥护其中一种的人。这些'社会制度'在内容上虽然彼此有出入，但都一致反对经济学中流行的个人主义制度，一致反对当时一般人在人类关系和如何正确安排公众事务的看法和态度上把政治问题列在社会问题和经济问题前面的见解。"②

然而，究竟什么社会制度才是理想的、好的、应该的呢？答案自然是仁者见仁、智者见智、众说纷纭。这就是为什么社会主义流派之众多无与

---

① 柯尔：《社会主义思想史》第1卷，商务印书馆1977年版，第8页。
② 同上。

伦比的缘故,这就是为什么圣西门和傅立叶并不主张废除私有制却仍然被冠以社会主义者的缘故。但是,随着社会主义和理想社会思想的发展,社会主义和理想社会便越来越以生产资料社会所有制或公有制为根本特征了:理想社会必定消除剥削因而必定废除私有制而代之以社会所有制或公有制。因此,宽泛地说,圣西门和傅立叶学说以及一切关于理想社会的理论,都可以叫做社会主义;但严格讲来,却唯有主张公有制的理想社会理论,才堪称社会主义。

这样一来,社会主义也就是一种共产主义,从而属于共产主义范畴。因为一个社会只要实行了生产资料公有制,就堪称共产主义社会:共产主义社会就是实行生产资料公有制的社会。这就是为什么马克思主义经典作家会将社会主义看作共产主义同义语的缘故。因此,社会主义理论和共产主义理论及其流派,大体说来,便可以作为同义语来看待,而不必分离开来进行研究。

然而,社会主义和共产主义思想流派极为众多,纷纭复杂,据说仅在19世纪的欧洲,就有260余种。① 徐觉哉的《社会主义流派史》曾将众流派归结为25种,分为25章——研究。但是,这些划分,如"空想社会主义"、"封建社会主义"、"基督教社会主义"、"工场社会主义"、"农民社会主义"等,显然都是基于某种流派的某种特征,而并不是按照分类的逻辑规则。因此,这些社会主义流派的类型,并列杂陈,没有内在联系,因而并不是社会主义流派的分类。堪称社会主义或共产主义流派的科学分类,无疑必须以社会主义和共产主义理论的某种根本性质为根据进行划分:首先依此性质之不同而将所有社会主义理论分为几大流派;然后再将各大流派以某种性质为根据继续划分为众多的小流派。这种科学分类的起点显然是:各种社会主义和共产主义理论最根本的性质或最具区别性的特征是什么?

不难看出,社会主义和共产主义理论的全部内容无非两方面:一方面是社会主义和共产主义社会制度;另一方面是实现这种社会的条件和途径。对于社会主义和共产主义社会制度究竟如何,思想家们虽有不同看法,却没有因此形成不同流派。更何况,绝大多数社会主义思想家都认为

---

① 刘玉安等:《从民主社会主义到社会民主主义》,人民出版社2010年版,第3页。

社会主义的根本制度是生产资料公有制。特别是，马克思恩格斯也与莫尔、康帕内拉、温斯坦莱、摩莱里、马布利、欧文、卡贝等众多思想家完全一样，都认为未来的共产主义社会实行公有制、按需分配、计划经济、消除了商品和货币，因而也就不存在商品经济或市场经济了。所以，各种社会主义和共产主义学说的根本区别——特别是马克思恩格斯与其他社会主义和共产主义思想家的区别——说到底，乃在于如何实现社会主义和共产主义社会，亦即实现社会主义和共产主义的条件和途径究竟如何。

因此，各种社会主义和共产主义理论最根本的性质或最具区别性的特征，并不是社会主义和共产主义社会制度究竟如何，而是究竟如何实现这种社会的条件和途径。围绕社会主义和共产主义实现的条件和途径问题，社会主义和共产主义理论分为两大对立流派，亦即"暴力社会主义"与"非暴力社会主义"或"和平长入社会主义"：暴力社会主义就是主张通过暴力手段取得政权和实行社会主义的社会主义思想体系；非暴力社会主义就是主张通过非暴力手段取得政权和实行社会主义的社会主义思想体系。

暴力社会主义的代表人物，主要有16世纪的闵采尔、17世纪的康帕内拉、18世纪的巴贝夫和梅叶、19世纪的布朗基、德萨米和魏特林；马克思、恩格斯和列宁则是暴力社会主义之集大成者。因为马克思、恩格斯和列宁不但构建了融会以往社会主义成果的暴力社会主义思想体系——从1873年起马克思恩格斯自己将他们的暴力社会主义称之为"科学社会主义"——而且在这种体系的指导下，1917年在俄国取得社会主义革命胜利；到1949年，在东欧建立了8个社会主义国家，在亚洲建立了4个社会主义国家；到1988年，又增加了3个国家（1959年建国的古巴、1975年建国的柬埔寨和老挝），全世界有16个信奉暴力社会主义的共产党执政的社会主义国家。

非暴力社会主义理论的代表人物主要有古希腊哲学家柏拉图、16世纪的莫尔、17世纪的维拉斯和温斯坦莱、18世纪的摩莱里和马布利、19世纪的圣西门、傅立叶、欧文和卡贝；民主社会主义则集非暴力社会主义之大成。因为民主社会主义，不但是一种满载以往社会主义成果的思想体系，不但是一种通过普选制民主取得政权和实行社会主义的科学体系，而且在这种体系的指导下，自1919年以来，先后有40多个社会党上台执政，欧洲政治版图呈现一片耀眼的粉红色。特别是，从 1989 年到 1991 年，信奉暴力社会主义的共产党执政的国家垮掉了 11 个（东欧 8 国加上苏联、蒙古和柬埔寨）；这些国家的共产党最终大都转变为信奉民主社会主义的社会民主党。

因此，自柏拉图的理想国和孔夫子的大同社会问世以来，社会主义和共产主义理论的各种流派，虽然纷纭复杂，不胜枚举，并且不断修正更新，实在令人眼花缭乱；但经过近一百多年世界各国的实践之成功与失败的检验，最终融会贯通为两种相反而又皆有强大生命力的流派：民主社会主义与科学社会主义。所有社会主义和共产主义理论流派之精华，都作为某种构成要素，而凝结于——或者可以凝结于——民主社会主义与科学社会主义。因此，对于社会主义和共产主义理论流派的分析，最终便可以归结为对于科学社会主义和民主社会主义的分析。对科学社会主义和民主社会主义的分析，显然应该围绕二者所争论的四大问题——社会主义的必然性与应然性问题、国家政权本性问题、夺取政权和实现社会主义途径问题、经济建设的改良与革命问题——进行。

一　科学社会主义

1. 科学社会主义的根本特征：一种历史必然性的知识体系

所谓科学社会主义，就是马克思恩格斯所创立的社会主义思想体系："马恩从 1873 年起自称'科学社会主义'。"[①] 然而，马克思恩格斯的社会主义与布朗基、魏特林、巴贝夫和德萨米的社会主义一样，都属于暴力社会主义范畴，都主张通过暴力革命夺取政权，都主张过渡阶段实行革命专政，说到底，都主张夺取政权和实现社会主义只能通过暴力革命和革命专政的途径。那么，根据什么断言只有马克思恩格斯的暴力社会主义是科学？伯恩斯坦 1901 年问世的《科学社会主义怎样才是可能的》曾这样写道："马克思主义的社会主义（我们采用这一简化的说法）既不是唯一的，也不是第一个自称科学的社会主义学说。……几乎可以说，19 世纪

[①] 高放：《百年来科学社会主义与民主社会主义关系的演变》，载曹天予编《社会主义还是社会民主主义》，大风出版社 2008 年版，第 261 页。

差不多所有的社会主义者都以这种或那种方式声称自己的学说是科学。"[1] 试问,马克思恩格斯究竟根据什么自称其暴力社会主义是科学社会主义?

恩格斯答曰:"根据马克思的两个伟大发现,亦即唯物主义历史观和剩余价值理论。"[2] 因此,所谓科学社会主义,也就是基于唯物主义历史观和剩余价值理论的暴力社会主义,就是以唯物主义历史观和剩余价值理论为根据的暴力社会主义,说到底,就是基于唯物史观和剩余价值学说而以暴力革命和无产阶级专政为实现社会主义唯一途径的社会主义理论。这就是科学社会主义的定义。可是,为什么基于唯物主义历史观和剩余价值理论的社会主义思想体系就是科学社会主义?恩格斯解释说,唯物主义历史观与剩余价值理论,破天荒地第一次系统证明了社会主义具有历史必然性:

> 一种唯物主义的历史观被提出来了,用人们的存在说明他们的意识,而不是像以往那样用人们的意识说明他们的存在,这样一条路已经找到了。因此,社会主义现在已经不再被看作某个天才头脑的偶然发现,而被看作两个历史地产生的阶级即无产阶级和资产阶级之间斗争的必然产物。……以往的社会主义固然批判了现在的资本主义生产方式及其后果,但是,它不能说明这个生产方式,因而也就制服不了这个生产方式……问题在于,一方面应该说明资本主义生产方式的历史联系和它在一定历史时期存在的必然性,从而说明它灭亡的必然性,另一方面应当揭露这种生产方式的一直还隐藏着的内在性质。这已经由剩余价值的发现而完成了。……这两个伟大的发现——唯物主义历史观和通过剩余价值揭开资本主义生产的秘密,都应该归功于马克思。由于这些发现,社会主义变成了科学。[3]

社会主义原本是一种以经济形态为根据的社会形态,用马克思的话来说,就是一种"经济的社会形态"。因此,社会主义具有历史必然性,便

---

[1] 《伯恩斯坦文选》,人民出版社2008年版,第377页。
[2] 《马克思恩格斯选集》第3卷,人民出版社1972年版,第740页。
[3] 同上书,第739—740页。

意味着：社会主义乃至任何经济的社会形态的发展与自然的进程和自然的历史是相似的。因此，马克思说："我的观点是把经济的社会形态的发展理解为一种自然史的过程。"① 这样一来，关于社会主义的知识体系就与自然的知识体系一样，都是一种揭示事物必然性、规律性或普遍性的知识体系，因而都属于科学范畴——科学就是揭示事物必然性、规律性或普遍性的知识体系——可以称之为科学社会主义：科学社会主义就是揭示社会主义历史必然性的思想体系。

因此，在马克思恩格斯看来，科学社会主义区别于以往的、空想的、非科学的社会主义的首要特征就在于：后者从正义、平等、人道和自由等原则出发，是一种应然的、应当的、道德的、理想的——因而是非科学的——思想体系；前者则从生产力、经济、政治、阶级和阶级斗争等事实出发，是一种具有历史必然性和规律性的——因而是科学的——思想体系。这就是为什么，马克思恩格斯反对将人道与自由以及公正与公平——自柏拉图亚里士多德以来这些道德原则一直被奉为国家制度价值标准——奉为社会主义价值标准或指导原则的缘故，这就是为什么这些国家制度价值标准在科学社会主义中没有位置的缘故，这就是为什么马克思恩格斯一再说：

"共产主义对我们来说不是应当确立的状况，不是现实应当与之相适应的理想。我们所称为共产主义的是那种消灭现存状况的现实的运动。"②"共产主义不是教义，而是运动。它不是从原则出发，而是从事实出发。"③"如果我们说，这是不公平的，不应该这样，那么这句话同经济学没有什么直接的关系。我们不过是说，这些经济事实同我们的道德感有矛盾。所以马克思从来不把他的共产主义要求建立在这样的基础上，而是建立在资本主义生产方式的必然的、我们眼见一天甚于一天的崩溃上；他只说了剩余价值由无酬劳动构成这个简单事实。"④"把社会主义社会看作平等的王国，这是以'自由、平等、博爱'这一旧口号为根据的片面的法

---

① 《马克思恩格斯选集》第 1 卷，人民出版社 1972 年版，第 102 页。
② 同上书，第 87 页。
③ 同上书，第 210 页。
④ 《马克思恩格斯全集》第 21 卷，人民出版社 1971 年版，第 209 页。

国人的看法。"① "无产阶级平等要求的实际内容都是消灭阶级的要求。任何超出这个范围的平等要求,都必然要流于荒谬。"② "自从资本主义生产方式在历史上出现以来,由社会占有全部生产资料,常常作为未来的理想隐隐约约地浮现在个别人物和整个的派别的脑海中。但是,这种占有只有在实现它的物质条件已经具备的时候才能成为可能,才能成为历史的必然性。正如其他一切社会进步一样,这种占有之所以能够实现,并不是由于人们认识到阶级的存在同正义、平等等相矛盾,也不是仅仅由于人们希望废除阶级,而是由于具备了一定的新的经济条件。"③

对于科学社会主义的这一特征,考茨基曾有极为精辟的总结:"唯物史观先完全夺去道德理想为社会进化的指导者的地位,又指示我们依物质的基础之智识,而推论社会的欲求。" "代替旧社会状态之种种新社会状态,决不依赖着道德理想,而是依赖于已存的物质条件。" "这些前途的希望,不是从自由、平等、博爱、正义、人道之狂热的道德理想而有所博得,乃自由坚实的经济的考虑而达到。" "在科学社会主义中,这种理想完全没有;科学的社会主义,就是因为要知道平民阶级的运动之目的及必然的倾向起见,而为社会之发达与运动的规律之科学的研究。"④

可见,科学社会主义根本特征可以归结为3组命题:命题1:科学是揭示事物必然性、规律性或普遍性的知识体系。命题2:科学社会主义是揭示社会主义历史必然性的思想体系。命题3:科学社会主义区别于以往的、空想的、非科学的社会主义的根本特征就在于:后者从正义、平等、人道和自由等原则出发,是一种应然的、应当的、道德的、理想的思想体系;前者则从生产力、经济、政治、阶级和阶级斗争等事实出发,是一种具有历史必然性和规律性的思想体系。

2. 实现社会主义条件:客观条件与主观条件

科学社会主义发现,生产关系与社会革命具有不以人的意志为转移的历史必然性:"人们在自己生活的社会生产中发生一定的、必然的、不以

---

① 《马克思恩格斯选集》第3卷,人民出版社1972年版,第325页。
② 同上书,第448页。
③ 《马克思恩格斯全集》第20卷,人民出版社1971年版,第306页。
④ 考茨基:《伦理与唯物史观》,教育研究社1927年版,第150—155页。

他们的意志为转移的关系，即同他们的物质生产力的一定发展阶段相适合的生产关系。……社会的物质生产力发展到一定阶段，便同它们一直在其中运动的现存生产关系或财产关系（这只是生产关系的法律用语）发生矛盾，于是这些关系便由生产力的发展形式变成生产力的桎梏。那时社会革命的时代就到来了。随着经济基础的变更，全部庞大的上层建筑也或慢或快地发生变革。"①

这就是唯物史观的最为根本之原理。它意味着，取代资本主义的社会主义，乃是生产力发展的必然结果，是高度发达的生产力与资本主义生产关系的矛盾冲突之必然结果：生产力高度发达以致与资本主义生产关系发生冲突是实现社会主义的客观条件。在长达数十年的时间里，马克思恩格斯一直认为，生产力已经发展到与资本主义生产关系发生冲突——因而具备实现社会主义客观条件——的程度："正如从前工厂手工业以及在它影响下进一步发展了的手工业同封建的行会桎梏发生冲突一样，大工业得到比较充分的发展时就同资本主义生产方式用来限制它的框框发生冲突了……这种冲突表现在哪里呢？"②

马克思恩格斯答道，这种冲突可以归结为三大矛盾——生产的社会化与资本主义私人占有的矛盾、个别企业生产的有计划性与整个社会生产的无政府状态的矛盾、无产阶级与资产阶级的矛盾——及其导致的经济危机："生产资料和生产实质上已经变成社会的了。但是，它们仍然服从于这样一种占有形式，这种占有形式是以个体的私人生产为前提……社会的生产和资本主义占有之间的矛盾表现为无产阶级和资产阶级的对立……社会的生产和资本主义占有之间的矛盾表现为个别工厂中生产的组织性和整个社会中生产的无政府状态之间的对立。资本主义生产方式在它生而具有的矛盾的这两种表现形式中运动着，它毫无出路地处在早已为傅立叶所发现的'恶性循环'中……事实上，自从1825年第一次普遍危机爆发以来，整个工商业世界，一切文明民族及其野蛮程度不同的附属地中的生产和交换，差不多每隔十年就要出轨一次……危机暴露出资产阶级无能继续

---

① 《马克思恩格斯选集》第2卷，人民出版社1995年版，第32页。
② 《马克思恩格斯选集》第3卷，人民出版社1995年版，第741—742页。

驾驭现代生产力。"①

　　资本主义三大矛盾冲突及其导致的经济危机，表明废除资本主义而代之以社会主义的革命的客观条件已经具备。那么，社会主义革命的主观条件是什么？马克思恩格斯的回答是无产阶级革命运动。因为剩余价值规律的发现表明，资本主义是一种存在着阶级剥削和阶级压迫的制度：无产阶级是资本主义制度的受害者，是被剥削和被压迫阶级；资产阶级是资本主义制度受益者，是剥削和压迫阶级。这意味着：无产阶级是社会主义革命的主力军。因此，恩格斯论述资本主义社会三大矛盾及其导致的经济危机之后，接着便这样写道：

　　　　无产阶级革命，矛盾的解决：无产阶级将取得公共权力，并且利用这个权力把脱离资产阶级掌握的社会生产资料变为公共财产。通过这个行动，无产阶级使生产资料摆脱了它们迄今具有的资本属性，使它们的社会性有充分的自由得以实现。从此按照预定计划进行的社会生产就成为可能的了。生产的发展使不同的社会阶级的继续存在成为时代的错误。随着社会生产的无政府状态的消失，国家的政治权威也将消失。人终将成为自己的社会结合的主人，从而也就成为自然界的主人，成为自身的主人——自由的人。完成这一解放世界的事业，是现代无产阶级的历史使命。②

　　这就是社会主义革命的客观条件和主观条件。从此出发，马克思恩格斯认为社会主义只能在生产力发达的多国（英美法德）同时胜利："共产主义革命将不是仅仅在一个国家的革命，而是将在一切文明国家里，至少在英国、美国、法国、德国同时发生的革命。在这些国家的每一个国家中，共产主义革命发展得较快或较慢，要看这个国家是否有较发达的工业，较多的财富和比较大量的生产力。"③

　　列宁则否定生产力发达之为实现社会主义的必要的客观条件："'俄

---

① 《马克思恩格斯选集》第3卷，人民出版社1995年版，第741—753页。
② 同上书，第759—760页。
③ 《马克思恩格斯选集》第1卷，人民出版社1995年版，第241页。

国生产力还没有发展到可以实行社会主义的高度'第二国际的一切英雄们,当然也包括苏汉诺夫在内,把这个论点真是当作口头禅了。……我们为什么不能首先用革命手段取得达到这个一定水平的前提,然后在工农政权和苏维埃制度的基础上赶上别国人民呢?"① 从此出发,列宁进而认为社会主义可能首先在生产力比较落后的一国(俄国)获得胜利:"资本主义的发展中各个国家是极不平衡的。而且商品生产下也只能是这样。由此得出一个必然结论:社会主义不能在所有国家内同时获得胜利。它将首先在一个或几个国家内获得胜利,而其余的国家在一段时间内将仍然是资产阶级的或资产阶级以前的国家。"②

综上可知,科学社会主义关于社会主义实现条件理论可以归结为4组命题。命题1:社会革命或迟或早必然发生于生产关系与生产力冲突之时。命题2:生产力与资本主义生产关系发生冲突是实现社会主义的客观条件。命题3:实现社会主义的主观条件是无产阶级革命运动。命题4:生产力已经发展到与资本主义生产关系发生冲突,这种冲突可以归结为三大矛盾——生产的社会化与资本主义私人占有的矛盾、个别企业生产的有计划性与整个社会生产的无政府状态的矛盾、无产阶级与资产阶级的矛盾——及其导致的经济危机。

3. 国家政权的本性和实现社会主义途径:暴力革命与无产阶级专政

科学社会主义认为,夺取政权和实现社会主义的途径,是暴力革命和无产阶级专政:这是由国家政权的本性——国家亦即阶级镇压工具——决定的。因为在私有制或阶级社会,剥削阶级与被剥削阶级的利益在某些重大和根本的方面是对立的:国家的政治权力机构或政府如果维护剥削阶级的剥削利益,就不能保护被剥削阶级免于被剥削的利益——只能二者择一,非此即彼。那么国家的政治权力机构究竟维护哪一个?在私有制或阶级社会,国家的政治权力机构显然只能维护私有制从而只能维护剥削阶级对被剥削阶级的剥削:维护私有制从而维护剥削阶级对被剥削阶级的剥削是阶级社会国家的政治权力机构之最根本的任务和职能。因此,在私有制

---

① 《列宁选集》第4卷,人民出版社1995年版,第277页。
② 《列宁选集》第2卷,人民出版社1995年版,第722页。

或阶级社会，根本说来，国家的政治权力机构乃是维护剥削阶级对被剥削阶级进行剥削的工具，是镇压被剥削阶级反抗的机器，是一个阶级压迫和剥削另一个阶级的机器。

因此，马克思说："现代工业的进步促使资本和劳动之间的对立更为发展、扩大和深化。与此同步，国家政权在性质上也越来越变成了资本借以压迫劳动的全国政权，变成了为进行社会奴役而组织起来的社会力量，变成了阶级压制的机器。"① 恩格斯说："国家照例是最强大的、在经济上占统治地位的阶级的国家，这个阶级借助于国家而在政治上也成为占统治地位的阶级，因而获得了镇压和剥削被压迫阶级的新手段。因此，古代的国家首先是奴隶主用来镇压奴隶的国家，封建国家是贵族用来镇压农奴和依附农民的机器，现代的代议制国家是资本剥削雇佣劳动工具。"② 列宁说："国家是一个阶级压迫另一个阶级的机器，是使一切被支配的阶级受一个阶级控制的机器。"③

国家的政权是一个阶级压迫和剥削另一个阶级的机器，显然意味着，一切国家——不论是民主国家还是专制国家——的政权都是一个阶级压迫和剥削另一个阶级的机器。因此，资本主义民主国家的民主政权也不能不是一个阶级压迫和剥削另一个阶级的机器，说到底，不能不是资产阶级剥削和压迫无产阶级及劳动人民的机器。

因此，恩格斯说："国家无非是一个阶级镇压另一个阶级的机器，而且在这一点上民主共和国并不亚于君主国。"④ "现代国家，不管它的形式如何，本质上都是资本主义的机器，资本家的国家，理想的总资本家。"⑤ 列宁说："最民主的资产阶级共和国无非是资产阶级镇压工人阶级的机器，是一小撮资本家镇压劳动群众的机器。"⑥

资本主义国家的民主政权是一种资产阶级剥削和压迫无产阶级及劳动人民的手段，意味着：资本主义国家的民主政权是为资产阶级服务的，而

---

① 《马克思恩格斯选集》第3卷，人民出版社1995年版，第53页。
② 《马克斯恩格斯选集》第4卷，人民出版社1972年版，第168页。
③ 《列宁选集》第4卷，人民出版社1972年版，第49页。
④ 《马克思恩格斯选集》第3卷，人民出版社1995年版，第13页。
⑤ 同上书，第753页。
⑥ 《列宁选集》第3卷，人民出版社1995年版，第701页。

不是为无产阶级和劳动人民服务的，因而只是对资产阶级的民主，是资产阶级民主，而不是对无产阶级和劳动人民的民主，不是无产阶级和劳动人民的民主。因此，资本主义国家的民主政权，不论如何民主，不论如何进行议会斗争和多党平等竞选，到头来都只能为资产阶级掌握，而不可能被无产阶级和劳动人民掌握。理由很简单：如果无产阶级执掌国家政权，怎么能维护资产阶级剥削和压迫无产阶级呢？因此，论及资本主义国家民主政权的实质时，列宁援引马克思的话说："马克思正好抓住了资本主义民主的这一实质，他在分析公社的经验时说：这就是容许被压迫者每隔几年决定一次究竟由压迫阶级中的什么人在议会里代表和镇压他们。"①

这就是为什么，马克思恩格斯和列宁都一再说，无产阶级不可能通过资本主义国家的民主方式——议会道路——取得政权；无产阶级取得政权只能依靠武装斗争，只能诉诸暴力革命。《共产党宣言》最后一段写道："共产党人不屑于隐瞒自己的观点和意图。他们公开宣布：他们的目的只有用暴力推翻全部现存的社会制度才能达到。让统治阶级在共产主义革命面前发抖吧。"② 1889年，恩格斯又强调："无产阶级不通过暴力革命就不可能夺取自己的政治统治，即通往新社会的唯一大门。"③ 列宁进一步总结道："马克思恩格斯关于暴力革命不可避免的学说是针对资产阶级国家说的。资产阶级国家由无产阶级国家（无产阶级专政）代替，不能通过'自行消亡'，根据一般规律，只能通过暴力革命。……必须系统地教育群众这样来认识而且正是这样来认识暴力革命，这就是马克思和恩格斯全部学说的基础。……无产阶级国家代替资产阶级国家，非通过暴力革命不可。"④ 那么，通过暴力革命所取得的无产阶级政权将是一种怎样的政权？

马克思的回答是六个字：无产阶级专政。因为，在科学社会主义看来，国家的政权无论如何民主，都必定是一个阶级压迫和剥削另一个阶级的独裁专政：奴隶制国家政权是奴隶主阶级剥削和压迫奴隶阶级的机器，是奴隶主阶级专政；封建制国家政权是贵族地主阶级剥削和压迫农民阶级

---

① 《列宁选集》第3卷，人民出版社1995年版，第190页。
② 《马克思恩格斯选集》第1卷，人民出版社1995年版，第307页。
③ 同上书，第685页。
④ 《列宁选集》第3卷，人民出版社1995年版，第127—128页。

的机器，是贵族地主阶级专政；资本主义国家政权是资产阶级剥削和压迫无产阶级的机器，是资产阶级专政，即使是最民主的资本主义国家亦然："资产阶级共和国在这里是表示一个阶级对其他阶级实行无限制的专制统治。"①"最民主的资产阶级共和国从来都是而且不能不是资本镇压劳动者的机器，资本政权的工具，资产阶级专政。"②

社会主义国家政权也不例外。只不过，它是多数人镇压少数人的独裁专政的政权，是无产阶级领导广大劳动人民镇压资产阶级和反革命分子的独裁专政的政权，是无产阶级专政。马克思很看重这一无产阶级专政理论，认为这是他的新贡献："至于讲到我，无论是发现现代社会中有阶级存在或发现各阶级间的斗争，都不是我的功劳。在我以前很久，资产阶级历史编撰学家就已经叙述过阶级斗争的历史发展，资产阶级的经济学家也已经对各个阶级作过经济上的分析。我所加上的新内容就是证明了下列几点：（1）阶级的存在仅仅是同生产发展中的一定的历史斗争相联系；（2）阶级斗争必然要导致无产阶级专政；（3）而这个专政只是达到最终消灭一切阶级和进入无阶级社会的过渡。"③

然而，按照科学社会主义，无产阶级专政并不是取消民主："民主共和国甚至是无产阶级专政的特殊形式。"④ 因为，正如盖伊·埃尔梅所说，所谓"专政"就是独裁统治；而"阶级专政"则是一个阶级的独裁统治："专政一词最终意味着某种独裁政权而不是某一个独裁者的专制政权。F. 诺伊曼提出了这个词的最终也最完整的定义：'我们理解的专政一词是指，僭取并垄断了国家权力，因而可以不受约束地使用这种权力的一个人或一群人的统治。'"⑤

这意味着，专政与专制根本不同：专制必定是一个人独掌国家最高权力；专政则可以是一个阶级独掌国家最高权力。因此，一个阶级的专政既可能是专制的，也可能是民主的：如果该阶级每个人共同执掌最高权力，就是民主；如果该阶级的最高权力由一个人执掌，就是专制。但是，资产

---

① 《马克思恩格斯选集》第 4 卷，人民出版社 1995 年版，第 593 页。
② 《列宁选集》第 3 卷，人民出版社 1995 年版，第 795 页。
③ 《马克思恩格斯选集》第 4 卷，人民出版社 1995 年版，第 547 页。
④ 《马克思恩格斯全集》第 22 卷，人民出版社 1965 年版，第 274 页。
⑤ 《布莱克维尔政治学百科全书》，中国政法大学出版社 1992 年版，第 201 页。

阶级专政的政权，不论如何民主，都是资产阶级对无产阶级和劳动人民的镇压，都是为资产阶级服务的，都是资产阶级民主，是少数人的民主；以往的民主都是对少数人的民主和对多数人的镇压。相反地，无产阶级专政的民主政权，则是无产阶级领导劳动人民对资产阶级和反革命分子的镇压，是为无产阶级和劳动人民服务的，是无产阶级民主，是对多数人的民主和对少数人的镇压，因而是人类历史上最高级最广泛的民主。对于这一极具辩证法精神的思辨理论，列宁的论述可谓连篇累牍：

> 不仅在君主制度下，就是在最民主的共和制度下，国家也无非是一个阶级镇压另一个阶级的机器。资产阶级不得不伪善地把实际上是资产阶级专政，是剥削者对劳动群众的专政的（资产阶级的）民主共和国说成"全民政权"……只有无产阶级专政才能使人类摆脱资本的压迫，彻底认清资产阶级民主这种富人的民主是谎言、欺骗和伪善，才能实行穷人的民主……用无产阶级专政代替事实上的资产阶级专政（以资产阶级民主共和国形式伪装起来的专政）。这是用穷人的民主代替富人的民主。① 如果按马克思主义观点来推论，那就得说：剥削者必然要把国家（这里说的是民主，即国家的一种形式）变成本阶级即剥削者统治被剥削者的工具。因此，只要剥削者还统治着被剥削者多数，民主国家就必然是对剥削者的民主。被剥削者的国家应该根本不同于这种国家，它应该是对被剥削者的民主，对剥削者的镇压，而镇压一个阶级，就是对这个阶级不讲平等，把它排除于"民主"之外。②

总而言之，科学社会主义的暴力革命和无产阶级专政理论可以归结为三组命题。前提1：国家政权是一个阶级压迫和剥削另一个阶级的机器。前提2：资本主义民主政权是资产阶级剥削和压迫无产阶级的机器，是对资产阶级的民主和对无产阶级的专政。结论：无产阶级只能通过暴力革命——而不可能通过民主方式——取得政权；只能通过无产阶级专政实现

---

① 《列宁选集》第3卷，人民出版社1995年版，第685—686页。
② 同上书，第608—609页。

社会主义：无产阶级专政是对无产阶级的民主和对资产阶级的专政。

二　民主社会主义

1. 民主社会主义：概念分析

民主社会主义是个颇为复杂的概念。因为民主社会主义与社会民主主义以及马克思恩格斯的科学社会主义，如所周知，原本都是社会主义政党——社会民主党、社会党和工党——所信奉的社会主义思想体系。社会民主主义一词初见于1848年欧洲革命时期。革命后，欧洲各国无产阶级政党纷纷建立，都叫做社会民主党或社会党、社会民主工党，马克思、恩格斯也都自称社会民主党人："社会党就是社会主义党的意思，我们在翻译时省去了'主义'二字，就类似共产主义党省去'主义'二字而称共产党。凡是民主革命任务尚未完成的国家则称社会民主党，意即肩负社会主义与民主主义双重任务。"①

大约马克思恩格斯逝世以前，各国社会民主党——以及第二国际——的指导思想"社会民主主义"就是马克思恩格斯的科学社会主义：二者是同一概念。对于当时的情况，布劳恩塔尔曾这样总结道："第二国际的绝大多数党在纲领上都以马克思主义的思想体系，他的哲学观、经济学理论、阶级斗争理论、国家学说和革命理论为依据。因此，第二国际在其意识形态方面是一个革命的国际。"②

但是，1871年巴黎公社暴力革命失败之后，随着资本主义国家普选制民主的发展，马克思恩格斯的科学社会主义思想发生了变化。恩格斯逝世前几个月写成的《卡尔·马克思〈1848年至1850年的法兰西阶级斗争〉一书导言》根本修正了他和马克思的暴力社会主义理论，转而盛赞德国社会民主党利用普选权竞选所取得的成就，认为它是无产阶级争取解放的最锐利的武器；并谆谆告诫德国社会民主党人，切勿上当进行暴力革命活动，避免像1871年在巴黎那样流血，一定要继续通过民主的方式进行议

---

① 高放：《百年来科学社会主义与民主社会主义关系的演变》，载曹天予编《社会主义还是社会民主主义》，大风出版社2008年版，第260—261页。

② 尤利乌斯·布劳恩塔尔：《国际史》第1卷，上海译文出版社1985年版，第2页。

会斗争；如果这样——恩格斯预言——德国社会民主党在本世纪末就能发展成国内的决定力量，成为执政党。①

恩格斯的这种修正主义思想在他逝世后，使德国社会民主党分为两派：以右派领袖伯恩斯坦为代表的修正主义和以左派领袖卢森堡为代表的拒绝修正的科学社会主义。十月革命后，考茨基也与伯恩斯坦合流；列宁则成为拒绝修正的科学社会主义——暴力革命社会主义——的领袖，俄国社会民主党更名为共产党，其他国家社会民主党左派普遍响应，纷纷另建共产党。从此，共产党信奉拒绝修正的——暴力革命和无产阶级专政等原则一成不变的——科学社会主义；而社会民主党则信奉修正主义，亦即根据历史进程和实践的变化而不断修正科学社会主义。

这种自恩格斯逝世以来，至今一直不断修正的社会主义思想体系，有一点却是在任何条件下都不变的，那就是伯恩斯坦所主张的、只应该通过民主的方式夺取政权和实行社会主义："民主既是手段又是目的。它是为实现社会主义而奋斗的手段，也是社会主义的最终形式。"② 对此，托马斯·迈尔曾这样解释说："当然有一些制度、组织形式和制度性指导思想是与规范性基本思想和历史经验有直接联系的，因此它们作为实现以基本价值为基准的政策的框架条件在任何情况下都是不可放弃的。其中包括民主制和多元化的政治形式、人权的保证、民主的经济体制的基本因素，所有的人都能享受的教育体系和社会福利国家。"③ 说到底，"社会主义历来以民主原则作为基础。"④

这就是为什么，社会民主党人将其所信奉的这种不断修正的社会主义思想体系叫做"民主社会主义"的缘故。因此，一方面，民主社会主义，就其定义来说，乃是主张只应该通过民主的方式夺取政权和实行社会主义的思想体系，亦即反对暴力革命和无产阶级专政而主张只应该通过民主的方式夺取政权和实行社会主义的思想体系。

因此，雅克·德罗兹说："民主社会主义就是建立在议会制和为实现

---

① 《马克思恩格斯选集》第4卷，人民出版社1995年版，第521—524页。
② 爱德华·伯恩斯坦：《社会主义的前提和社会民主党的任务》，生活·读书·新知三联书店1965年版，第191页。
③ 托马斯·迈尔：《社会民主主义的转型》，北京大学出版社2001年版，第28—29页。
④ 托马斯·迈尔等：《论民主社会主义》，东方出版社1987年版，第6页。

各自目标而进行合法斗争的各政党基础之上的社会主义。"[①] 托马斯·迈尔也这样写道："德国社会主义运动为了强调它的开明性,把自己的纲领称为'民主社会主义'。这个做法始于列宁把他那种一党绝对专政的政策说成是社会主义传统的时候。这并不意味着社会主义的概念有任何变化,而只是强调社会主义历来以民主原则作为基础。"[②] "对于民主社会主义来说,民主制是社会主义的核心和前提……社会主义政策的每一步骤都必须是多数人愿意迈出的通向更多的自由和平等的一步。"[③]

准此观之,民主社会主义并不仅仅是社会民主党的思想体系,更不仅仅是明确将民主社会主义奉为指导思想的《法兰克福声明》之后社会党国际的思想体系;凡是主张只应该通过民主的方式夺取政权和实行社会主义的思想体系,都属于民主社会主义范畴。因此,费边主义思想家萧伯纳、伦理社会主义思想家柯尔和国家社会主义思想家拉萨尔等都属于民主社会主义者。

但是,另一方面,民主社会主义,就其思想主流来说,并不是萧伯纳的费边主义、柯尔的伦理社会主义和拉萨尔的国家社会主义,而是修正主义,是不断修正马克思主义及其科学社会主义的社会主义,是根据历史进程不断修正其社会主义思想——但在任何条件下都不放弃民主——的修正主义;因而就民主社会主义最直接的思想源头来说,却正是马克思主义,是马克思恩格斯所创立的社会主义,亦即所谓科学社会主义:民主社会主义的实质是修正主义。这个道理,迈尔曾有精辟论述:

> 社会民主党人,尤其是社会主义工会运动,变得愈来愈修正主义化。在由德国的历史进程所决定的民主社会主义的几个发展阶段中,民主社会主义逐步用修正主义来表达自己的理论和纲领。1859年德国社会民主党通过的哥德斯堡纲领使修正主义的主要内容成为现代民主社会主义的理论基础。在魏玛共和国时期(1918—1933年)和德国国家社会主义时期(1933—1945年,当时社会民主党再次被取缔,

---

[①] 雅克·德罗兹:《民主社会主义》,上海译文出版社1985年版,第1页。
[②] 托马斯·迈尔等:《论民主社会主义》,东方出版社1987年版,第6页。
[③] 托马斯·迈尔:《社会民主主义导论》,中央编译出版社1996年版,第74页。

它的主要倡导者流亡国外），民主社会主义的理论和纲领大体上也是具体表述和进一步发展修正主义关于社会主义的一些观点。①

因此，民主社会主义主流思想的始作俑者，不是别人，正是恩格斯。他的民主社会主义凝结于他的政治遗言：《卡尔·马克思〈1848年至1850年的法兰西阶级斗争〉一书导言》。诚然，民主社会主义主流思想的真正代表，当推伯恩斯坦与考茨基，以及拉斯基、克罗斯兰、克赖斯基、赫希伯格、密特朗、奥伦豪埃尔、勃兰特、饶勒斯、鲍威尔、希法亭、埃希勒、帕尔梅、卡尔松、迈尔、吉登斯等不胜枚举的社会民主党思想家。这样一来，民主社会主义主流思想便不但因其代表人物纷纭复杂而千头万绪，而且因其根据实践变化不断修正而千变万化、极难把握。但是，万变不离其宗，它总是围绕它所修正的科学社会主义而变化，因而基本特征可以归结为四个方面："社会主义基本价值：社会主义历史必然性片面化之修正"；"普选制民主国家政权势必为全民服务：国家政权是阶级专政机器之修正"；"民主既是手段又是目的：暴力革命与无产阶级专政理论之修正"；"混合经济、市场经济、经济民主与福利国家：公有制与计划经济之修正"。

2. 社会主义基本价值：社会主义历史必然性片面化之修正

科学社会主义认为，社会主义具有历史必然性：它是生产力发展的必然结果，是生产力发展与资本主义生产关系的矛盾冲突之必然结果。在长达数十年的时间里，马克思恩格斯一直认为，生产力已经发展到与资本主义生产关系发生冲突的程度，这种冲突可以归结为三大矛盾——生产的社会化与资本主义私人占有的矛盾、个别企业生产的有计划性与整个社会生产的无政府状态的矛盾、无产阶级与资产阶级的矛盾——及其导致的经济危机。结果必然导致无产阶级革命和社会主义——因其公有制和计划经济而能够解决这些矛盾冲突及其经济危机——的实现。

然而，托马斯·迈尔等众多民主社会主义理论家指出，事实恰恰相反。首先，资本主义生产社会化程度越来越高，资本主义社会的生产力不

---

① 托马斯·迈尔等：《论民主社会主义》，东方出版社1987年版，第44页。

但没有停滞不前,而且迅速提高,虽有短期的动荡和危机出现,但经济保持了较长时期的相对稳定发展,经济发展前景普遍看好,呈现着强劲的发展势头;其次,生产力的巨大发展,使劳动人民的实际工资不断提高,生活质量不断改善,阶级矛盾日趋缓和;再次,社会主义政党——社会民主党——纷纷通过民主的方式取得了政权。

据此,民主社会主义理论家对科学社会主义——特别是社会主义历史必然性理论——进行了根本的修正,进而提出被世界各国社会民主党奉为指导原则的社会主义基本价值理论。这种修正,细究起来,可以分为两派:极端派与温和派。极端派以伯恩斯坦、迈尔和吉登斯等人为代表,他们根本否定马克思唯物史观,否定人类社会发展的历史必然性,断言社会主义并不是生产力发展的必然结果,并不是生产力发展与资本主义生产关系的矛盾冲突之必然结果:社会主义不具有历史必然性。

伯恩斯坦说:"我实际上并不认为社会主义的胜利要取决于它的'内在的经济必然性',不如说我认为给社会主义提供纯粹唯物主义的论证,既是不可能的,也是不必要的。"[1] 吉登斯说:"社会主义,特别是马克思式的社会主义求助于深深植根于欧洲文化的天命论。……今天,我们必须与天命论决裂,不论它采用的是什么方式。我们不接受资本主义孕育着社会主义的观点,也不接受有可以拯救我们的历史能动者的观点,不论它是无产阶级的还是其他阶级的,更不接受'历史'有任何必然方向的观点。"[2]《法兰克福声明》写道:"社会主义的实现不是必然的。"[3] 瑞典社会民主工人党2001年通过的新党纲也断言,马克思恩格斯关于"历史的发展遵循某些预定法则的理论在现代科学中找不到任何依据。社会民主主义在早期就背弃了这种宿命论。未来不由命运主宰,而由人民自己决定。"[4]

温和派以饶勒斯、莱昂·勃鲁姆、康拉德·施密特、路德维希·沃尔

---

[1] 爱德华·伯恩斯坦:《社会主义的前提和社会民主党的任务》,生活·读书·新知三联书店1965年版,第255页。

[2] 安东尼·吉登斯:《超越左与右:激进政治的未来》,社会科学文献出版社2000年版,第262页。

[3] 《社会党国际文件集》,黑龙江人民出版社1989年版,第4页。

[4] 《当代世界社会主义问题》2003年第1期。

特曼和卡尔·福尔伦德尔等为代表，他们并不否定社会主义历史必然性，而仅仅修正科学社会主义对社会主义应然性的否定，主张社会主义必然性与应然性之统一。勃鲁姆一再援引饶勒斯，来说明社会主义乃必然性与应然性之统一："饶勒斯那时已经指出，社会革命不仅是经济进化的不可避免的后果，而同时也是人的理性和道德的永恒要求的终点。因此，社会主义使法国革命的光荣口号即人权和公民权、自由、平等、博爱得到完满的实现和精确的证实。"① 施密特说："现代社会趋向社会主义的、由无产阶级的阶级斗争为中介的发展方向的必然性，这种历史观因此同时也为那种理想主义奠定了它赖以建立的基础。"② 福尔伦德尔说："社会主义不能停留在单纯的历史和经济理论上，而是必须提出这样一个问题：社会主义应当和必须努力实现的最终目的是什么？只有一种关于'应在'的哲学，即伦理学才能回答这个问题。"③ 1921年格尔利茨通过的《德国社会民主党纲领》也这样写道：

> 资本主义经济把被现代技术极大发展了的生产资料的主要部分置于相对一小撮有产者的统治之下。它使广大工人群众与生产资料相分离，变为一无所有的无产者。它加剧了经济上的不平等，使生活富裕的极少数人同贫穷困苦的广大阶层相对立。它因此使争取无产阶级解放的阶级斗争成为历史的必然，成为道德的要求。④

显然，不论如极端派所言，社会主义不是必然的；还是如温和派所言，社会主义是必然性与应然性之统一，同样都意味着社会主义具有应然性：社会主义是一种理想社会，是一种符合公正与平等以及人道与自由等国家制度价值标准的理想社会。这样一来，民主社会主义就是马克思科学主义的否定之否定：马克思以其具有历史必然性的、"事实如何"的社会主义，否定了以往依据正义、平等、人道和自由等原则的应然的、"应该如何"的社会主义；原本属于马克思主义流派的民主社会主义，则又否

---

① 转引自殷叙彝《社会民主主义概论》，中央编译出版社2011年版，第65页。
② 转引自殷叙彝《民主社会主义论》，中央编译出版社2007年版，第85页。
③ 同上书，第89页。
④ 张世鹏译：《德国社会民主党纲领汇编》，北京大学出版社2005年版，第32页。

定马克思的仅仅具有历史必然性的社会主义，重新回到依据正义、平等、人道和自由等原则的应然的、伦理的社会主义。这样一来，民主社会主义便无疑属于伦理社会主义范畴。

比利时工人党主席德·曼便这样写道："如果有人问我是否相信社会主义在将来会实现，我要回答说：我相信这一点，但我是把它当作一项道德义务，而不是一个自然的必然性。"① 民主社会主义理论家卡尔·赫希伯格亦如是说："社会主义的本质的一个突出特征是，它的社会政策的实际理想，即迫切需要实现的理想的来源，主要不是对现有状态的客观观察，不如说它是来自对应当存在的事物的意识。这种意识是自由的，不受现存状态束缚的，甚至是同现存状态相对立的。"②《哥德斯堡纲领》之父埃希勒说："社会主义是一个道义上的必要性，至于它在历史上是否会成为现实，要取决于它的信奉者的行动意愿。"③

特别是，埃希勒所起草的《哥德斯堡纲领》，堪称伦理社会主义发展史的里程碑。因为此后社会党国际及其所属各国社会党的纲领性文件无不是《哥德斯堡纲领》所主张的原则的阐述和发挥。该纲领的巨大历史意义，正如埃希勒的传记作者所指出，乃在于首次使伦理社会主义正式成为社会党国际和各国社会党纲领性文件的理论基础：

> 这一纲领是德国社会民主党历史上第一个奠定在伦理的社会主义理解基础上的纲领。这种理解与列昂纳德·纳尔松以及诸如爱德华·伯恩斯坦和魏玛共和国时期德国社会民主党内若干新康德主义哲学家所主张的伦理社会主义理解是相似的。但是他们的思想未能产生任何特殊的影响。《哥德斯堡纲领》再现的基本思想包括：社会主义是人们自觉争取的、主张一切人权利平等的社会制度，而不是历史进程中必须存在的一个发展阶段；社会主义是持久的任务，需要不断重新加以解决；人的生活应当获得不打任何折扣的价值，还有诸如此类的其他思想。④

---

① 转引自殷叙彝《民主社会主义论》，中央编译出版社 2007 年版，第 104 页。
② 《国际运动史研究资料》第 7 集，人民出版社 1982 年版，第 135 页。
③ 转引自殷叙彝《民主社会主义论》，中央编译出版社 2007 年版，第 118 页。
④ 同上书，第 122 页。

二战后，各国社会党普遍将这种伦理社会主义作为他们所主张的民主社会主义的理论基础，进而具体地将公正、平等、自由、人道和互助等道德原则奉为理想社会制度的价值标准和社会民主党人的行动指南，称之为"社会主义基本价值"。《哥德斯堡纲领》第一个标题就是"社会主义的基本价值"，其中写道：

  自由、公正相助和从共同的结合中产生出来的彼此间所承担的义务，即是社会主义意向的基本价值。……社会民主党努力追求一个体现这种基本价值精神的生活制度。社会主义是一个持久任务——为实现自由和公正而斗争，保卫自由和公正，而且自身也要经受自由和公正的考验。①

这些社会主义基本价值，先后被各国社会党所接受，并经1989年社会党国际第十八大的《社会党国际原则宣言》确认，正式成为各国社会党衡量社会制度好坏的价值标准和一切行动的指导原则。该宣言的核心——即第二部分——的标题就是"原则"，这样写道：

  "民主社会主义是争取自由、社会公正和团结的国际运动。它的目标是实现一个和平世界，在这个世界中，这些基本价值能得到增进，人人都能过有意义的生活，男男女女的个性与天赋都能得到充分发展，人权与公民权利都能在民主的社会框架中得到保障。
  自由是个人与合作努力两者产物——这两个方面是同一个进程的组成部分。人人都有权免受政治胁迫，有权得到追求个人目标和发挥的潜力的最大机会。但只有全体人类在争取成为历史的主人并为确保任何人、任何阶级、任何种姓、任何宗教和任何种族都不会成为他人（或旁类）的仆从而进行的长期斗争中取得胜利，这才有可能实现。
  公正与平等。公正意味着结束一切对个人的歧视，以及平等的权利与机会。它要求对体力、智力与社会的不平等进行补偿，要求实现既免于依赖生产资料所有者，又免于依赖于持政治权柄者的自由。

---

① 张世鹏译：《德国社会民主党纲领汇编》，北京大学出版社2005年版，第70页。

平等是一切人类都具有同等价值的表现,是人的个性自由发展的先决条件。基本的经济、社会与文化平等为人的多样性与社会进步所必不可少。

自由与平等并不矛盾。平等是个性发展的条件。平等与个人自由不可分。

团结一致的内容无所不包,是全球性的。它表达了共同的人性和对不公正的受害者的同情意识。团结一致得到了一切人道主义重要传统的正确强调与弘扬。在个人之间与各国之间空前相互依存的现时代,由于团结一致为人类生存所迫切需要,其意义就更为重要。

民主社会主义者对这些基本原则同等重视。这些原则相互依存,互为必要条件。与此相反,自由主义者和保守主义者主要强调个人自由,无视公正和团结一致;共产党人则声称实现了平等,而无视自由。"①

综上所述,民主社会主义基本价值理论,不过是对科学社会主义关于社会主义必然性的片面化——否定社会主义应然性——之修正,这种修正可以归结为三组命题。命题1:社会主义或者不具有历史必然性或者是必然性与应然性之统一。命题2:社会主义是应然的,是一种符合公正、平等、自由、人道和互助等价值标准的理想社会。命题3:公正、平等、自由、人道和互助等道德原则是社会主义基本价值,是变革社会制度的价值标准和社会民主党人的行动指南。

3. 民主既是手段又是目的:暴力革命与无产阶级专政理论之修正

科学社会主义的暴力革命和无产阶级专政理论,如前所述,可以归结为三组命题。前提1:国家政权是一个阶级压迫和剥削另一个阶级的机器。前提2:资本主义民主政权是资产阶级剥削和压迫无产阶级的机器,是对资产阶级的民主和对无产阶级的专政。结论:无产阶级只能通过暴力革命——而不可能通过民主方式——取得政权;只能通过无产阶级专政实现社会主义;无产阶级专政是对无产阶级的民主和对资产阶级

---

① 《社会党国际重要文件选编》,当代世界出版社2005年版,第5—6页。

的专政。

民主社会主义理论家们原本深信这些理论,拉斯基1935年问世的《国家的理论与实际》还承认国家政权是一个阶级压迫和剥削另一个阶级的机器:"国家由于它本身存在的法则,不能在阶级关系中间保持中立。它不得不有所偏袒,就因为它是一个国家。它的政府必须为那个在经济上掌握着社会生存攸关的生产组织的阶级服务,成为它的一个执行委员会。"[①]

但是,民主社会主义理论家们看到,越来越多的事实与这些理论相矛盾。首先,并不是无产阶级只能通过暴力革命——而不可能通过民主方式——取得政权。恰恰相反,正如恩格斯逝世前几个月所预言的那样,德国社会民主党通过民主的方式——议会道路——取得了国家政权;只不过时间稍晚一些,不是在19世纪末,而是在20世纪初。社会民主党通过议会道路、多党平等竞选等民主方式先后成为执政党的欧洲国家,还有英国、法国、瑞典、芬兰、奥地利、葡萄牙、荷兰、意大利、冰岛、希腊、比利时、卢森堡、圣马力诺、爱尔兰、挪威、瑞士、西班牙等18个国家。

其次,资本主义国家的民主政权并不是资产阶级剥削和压迫无产阶级的机器,并不是对资产阶级的民主和对无产阶级的专政。恰恰相反,英法等社会民主党执政的资本主义国家政权的头等任务,曾是剥夺资产阶级经济权力,大力推行公有化,只是因其效率低下和人民反对而不得不停止。尔后成功创造和推行的福利国家制度和参与共决制度化,不论就其动机看还是就其效果说,无疑都是使资本主义的剥削和压迫最小化、无产阶级和劳动人民的利益最大化。特别是,尽管资产阶级组织7万5千人游行抗议《雇员投资基金法案》——该法案被认为是对资产阶级最大规模的没收举动——瑞典议会还是通过了这一法案。

最后,无产阶级专政并不是对无产阶级的民主和对资产阶级的专政。恰恰相反,苏联等几乎所有社会主义国家——中国除外——的无产阶级专政都是形式民主而实质专制,是以民主形式实行的一人独裁和对所有人的专政,以致社会党国际主要领导人布鲁诺·克赖斯基这样写道:"所谓的无产阶级专政实际上是特权阶层的政治,归根结底只不过是开明专制主义

---

① 拉斯基:《国家的理论与实际》,商务印书馆1959年版,第86页。

的新变种。"①

据此,民主社会主义理论家对暴力革命和无产阶级专政理论进行了根本的修正。暴力革命和无产阶级专政理论的根本错误,在民主社会主义理论家看来,乃在于只看到以往非民主制国家政权是剥削阶级剥削和镇压被统治阶级的阶级专政机器,因而误以为资本主义民主政权是资产阶级剥削和压迫无产阶级的专政机器,是对资产阶级的民主和对无产阶级的专政。这样一来,无产阶级也就只能通过暴力革命——而不可能通过民主方式——才能取得政权。殊不知,实行普选制的资本主义国家政权性质发生了根本转变,已经从镇压劳动人民的阶级专政,转变成为全民服务的工具,从而可以转变为解放大多数人——无产阶级和劳动人民——的手段。因为无产阶级和劳动人民的政党可以凭借无产阶级和劳动人民占人口绝大多数,通过竞选获得多数选票成为执政党,取得国家政权和实现社会主义:普选制民主是无产阶级取得政权和实现社会主义的社会原则。伯恩斯坦一再说:

"当马克思写作时,工人在任何国家都没有选举权,工人必须首先进行争取普选权的斗争,并且根据当时情况,似乎工人只有通过暴力革命的道路才能取得这种权利。但在选举权取得之后(这在大多数国家是通过另外的方法达到的),工人阶级的一种完全不同的政治斗争就必然发展起来了。"②"工人阶级有自己的武器,它可以和古代伟大的物理学家阿基米德所说过的话的含义媲美:'给我一块立足的地方,我就要把世界翻过来。'工人阶级也可以这样说:'给我普遍和平等的选举权,作为解放的基本条件的社会原则就得到了。'"③"在工人运动斗争的影响下,社会民主党内出现了另一种对国家的评价。那里实际上流行着人民国家的思想,人民国家不是上层阶级和上层阶层的工具,而是由于人民大多数有了平等的选举权而获得自己的性质。这一点来说,拉萨尔在历史面前证明是正确的。"④

考茨基进而在1927年出版的巨著《唯物主义历史观》更加系统地论

---

① 维·勃兰特等:《社会民主与未来》,重庆出版社1990年版,第42页。
② 《伯恩斯坦言论》,生活·读书·新知三联书店1973年版,第428页。
③ 《伯恩斯坦文选》,人民出版社2008年版,第472页。
④ 《伯恩斯坦言论》,生活·读书·新知三联书店1973年版,第442页。

述道:"现代民主国家不同于以前各种形式的国家的地方是在于,国家机器这样被利用来为剥削阶级服务并不是现代国家的本质所决定的,并不是和现代国家的本质不可分割地联系在一起的。正相反,现代民主国家就其素质而论,并不像以前的国家那样,注定要成为少数人的器官,而毋宁注定要成为多数居民中的,即劳动阶级的器官。如果它竟变成了少数剥削者的器官,那么,其根源并不在于国家的素质,而是在于劳动阶级的素质,在于劳动阶级的不统一、无知、缺乏独立性或没有斗争能力,这些又是他们生活于其中的那些条件所造成的。民主本身,就提供了可能性,来消除大剥削者在民主制度下取得政治权力的这些根源,至少,人数不断增长的雇佣劳动者,愈来愈能做到这一点。愈能这样,民主国家就愈不再仅仅是剥削阶级的工具,国家机器于是在某些情况下就开始转过来反对剥削阶级,也就是开始执行和它至今的活动恰恰相反的职能。它就开始从镇压被剥削者的工具转变为解放被剥削者的工具。"①

这就是为什么,民主社会主义竭力反对暴力革命而主张只应该通过民主取得政权:"劳工运动的斗争所取得的成就增强了社会民主党的这一信念:以民主社会主义为基础的和平的社会过渡是解放人类的唯一可行的途径。"② 更何况,在考茨基等民主社会主义看来,无产阶级和劳动人民通过暴力革命取得政权,势必导致无产阶级专政:"无论哪里,只要有用暴动方式推翻现政权的条件存在,并有这样的机会发生,或显得会有这样的条件和机会,这种专政的观念就会显现出来。"③ 相反地,如果通过普选制民主取得政权,就可以避免无产阶级专政。因为民主意味着每个人完全平等地共同执掌国家最高权力,因而不论社会主义政党是否执政,国家政权都必定是为全民服务,而不可能是一个阶级镇压另一个阶级的专政。

因此,考茨基等民主社会主义理论家一再说,如果实行阶级专政,不论是资产阶级专政还是无产阶级专政,显然都一定不是民主。专政就是消灭民主,就是一个政党的独裁,最终沦为一个克伦威尔或拿破仑专制:"就字义来讲,专政就是消灭民主。就本义来讲,它还表明不受任何法律

---

① 考茨基:《唯物主义历史观》第5分册,上海人民出版社1964年版,第301—302页。
② 《社会党重要文件选编》,中共中央党校科研办公室发行,1985年版,第478页。
③ 考茨基:《社会民主主义对抗共产主义》,生活·读书·新知三联书店1958年版,第27页。

限制的个人独裁。"① "当我们说专政是一种政府形式时,我们不可能意味着一个阶级的专政。因为,正如已经说过了的,一个阶级只能统治,不能治理。假如我们不仅仅把专政当作一种掌握统治权的情况,而且还当作一种政府形式,那么,专政就意味着一个单独的个人、或者一个组织的专政,不是无产阶级,而是一个无产阶级政党的专政了。"② "如果说,这个革命就像资产阶级革命那样,等于内战和专政,那么,我们也得承认它的后果,而且还必须说,这个革命必然归结为一个克伦威尔或拿破仑的统治。"③

这样一来,民主社会主义不但认为只应该通过民主——而不应该通过暴力革命——手段夺取政权,而且认为只应该通过民主——而不应该通过无产阶级专政——实行社会主义:"民主既是手段又是目的。它是为实现社会主义而奋斗的手段,也是社会主义的最终形式。"④ 因此,社会民主党纲领一再强调,民主是社会主义的核心、本质和灵魂,要把民主作为总的生活方式,排除任何形式的专政;社会主义政党应该是一个人民的政党,国家应该是全民国家,国家政权应该为所有人服务。

《哥德斯堡纲领》写道:"社会主义者努力建设这样一个社会,在这个社会中,每个人都能自由发展自己的个性,并且作为为共同体服务的成员,负责地参与人类的政治、经济、文化生活。……我们为民主而斗争。它必须成为普遍的国家制度和生活制度,因为只有民主制才能体现对于人的尊严和人的自身责任的尊重。我们反对任何专政,反对任何极权主义和专制主义统治,因为这种统治蔑视人的尊严,消灭他们的自由,破坏法律。社会主义只有通过民主制才能实现,只有社会主义才会履行民主。"《利马委托书》写道:"民主制是人民权力本身所必不可少的基础。因此,我们摒弃一切阶级的专政,也摒弃一切专政的阶级。"《法兰克福声明》写道:"没有自由,就没有社会主义。社会主义只能通过民主来实现,民主只能通过社会主义来完成。……任何专政,无论出现在什么地方,都构

---

① 考茨基:《无产阶级专政》,生活·读书·新知三联书店1958年版,第24页。
② 同上书,第26页。
③ 同上书,第33页。
④ 爱德华·伯恩斯坦:《社会主义的前提和社会民主党的任务》,生活·读书·新知三联书店1965年版,第191页。

成了对所有国家人民自由的威胁。"①《社会党国际原则宣言》写道："民主化人权不仅是实现社会主义目的的政治手段，而且是这些目的即建立一个民主经济和民主社会的实质内容。"

综上所述，民主社会主义的"民主既是手段又是目的"理论可以归结为三组命题。命题1：以往非民主制国家政权是剥削阶级剥削和镇压被统治阶级的阶级专政，因而被统治阶级只能通过暴力革命——而不可能通过民主方式——才能取得政权。命题2：普选制民主国家政权必定为全民服务，而不可能是一个阶级镇压另一个阶级的专政；阶级专政必非普选制民主。命题3：社会主义政党只应该通过普选制民主的方式——而不应该通过暴力革命与无产阶级专政——取得国家政权和实现社会主义。

4. 民主社会主义的改良主义：公有制与计划经济之修正

科学社会主义认为，社会主义政党取得政权，实行生产资料公有制与计划经济，就可以解决资本主义三大矛盾——生产的社会化与资本主义私人占有的矛盾、个别企业生产的有计划性与整个社会生产的无政府状态的矛盾、无产阶级与资产阶级的矛盾——及其导致的经济危机。对此，正如托马斯·迈尔所指出，民主社会主义理论家们和社会民主党人曾深信不疑，因而将废除私有制和实行计划经济写入党纲；并且各国社会民主党夺取政权之后，便纷纷推行公有制、国有化和计划经济：

> "社会民主主义替代性方案的核心在于这一纲领性结论：一个真正促进平等的自由的经济制度要求对生产资料实行公共占有并且对经济实行向整个社会负责的调控。"②

1918年，英国工党把生产资料公有制写入党章第四条，作为党的奋斗目标。战后，英国工党成为执政党，便开始将第四条付诸实施，先后掀起了三次国有化的高潮。但是，国有企业大都严重亏损，即使赢利，也只有1%—2%。法国社会党在参政和执政时期，积极推动国有化。1981年，

---

① 张世鹏译：《德国社会民主党纲领汇编》，北京大学出版社2005年版，第61页。
② 托马斯·迈尔：《社会民主主义的转型》，北京大学出版社2001年版，第11页。

法国社会党领袖密特朗当选总统后,主张建立"法国式的社会主义",掀起了比以往历次国有化规模都大的国有化运动。但是,国有化企业大都亏损,仅1984年亏损额就高达370亿法郎。

苏联社会主义模式是纯粹的生产资料公有制和计划经济,堪称科学社会主义蓝图的完全实现。但是,奉行该模式的众多社会主义国家,如前所述,不但效率极其低下,而且国民收入差距巨大——远超美国——特别是官吏不但垄断了政治权力,还通过控制公有制生产资料垄断了全国主要经济权力,成为全权垄断阶级;庶民阶级不但没有政治权力,而且没有经济权力,因而不服从官吏就意味着没有食物,就意味着饿死——不服从者不得食——以致社会党国际第一任书记布劳恩塔尔这样写道:"这几十年的历史经验已表明,取资本主义而代之的也可能是十分凶恶的野蛮制度。"①

这些事实迫使民主社会主义根本修正了科学社会主义的公有制和计划经济的理论及实践,进而提出基于社会主义基本价值的经济目标和达成这一目标的四大手段——混合所有制经济、政府干预的自由且公正的市场经济、经济民主和福利国家——的新理论。《哥德斯堡纲领》写道:"社会民主党经济政策的目标是不断增长的富裕,使所有人公正地分享国民经济成果,享受一种没有使人丧失尊严的依附性和不受剥削的自由的生活。"②

实现这些经济目标的首要经济手段,在民主社会主义看来,就是混合经济——以资本主义私有制为基础——和政府干预的自由且公正的市场经济体制。因此,《哥德斯堡纲领》写道:"生产资料私有制,只要它不妨碍建立一个公正的社会制度,就有资格获得保护和促进。"③《德国社会民主党1975至1985年经济政治大纲》写道:"社会民主党'赞成……在凡真正存在着竞争的地方实行自由市场经济,而在凡市场受到个别人或集团控制的地方,则需采取各种措施,以维护经济领域的自由。'(《哥德斯堡纲领》)因此,社会民主党经济政策的手段是实行市场经济制度,辅以对竞争的严格的法律调节和社会约束。"④

但是,民主社会主义认为,混合经济和市场经济虽然能够导致经济繁

---

① 布劳恩塔尔:《国际史》第3卷,上海译文出版社1985年版,第259页。
② 张世鹏译:《德国社会民主党纲领汇编》,北京大学出版社2005年版,第74页。
③ 同上书,第75页。
④ 《社会党重要文件选编》,中共中央党校科研办公室发行,1985年版,第207页。

荣,却不能够达成经济公正与平等,因而不能全面实现民主社会主义的经济目标。因为以资本主义私有制为基础的混合经济与市场经济,必然导致资本家经济权力垄断及其对劳动人民的剥削和压迫。因此,为了实现民主社会主义经济目标,还必须削弱和减少雇主对经济权力的垄断,使雇员与雇主共同拥有经济权力,亦即建立参与共决等经济民主制度,使雇员在劳资工资协议和企业决策等经济活动中,拥有信息权、协商权、共决权、监督权、提要权等经济权力,从而能够与雇主共同商定雇员工资、经济战略、劳动组织、职业教育等方针大计。对此,《社会党国际十八大声明》曾这样写道:

"必须用一种不同的社会秩序来取代少数私有者集中控制经济权力的情况。在这种秩序中,每个人都有权作为公民、消费者或工薪劳动者来影响生产的方向和分配、生产资料的形态和劳动生活的条件。实现这个目标的办法是,吸引公民参与经济决策、保证工薪劳动者在工作场所的影响。"①

二战后,许多社会民主党执政或参与执政的国家都将参与共决制付诸实施,创造了各种经济民主模式,如德国的参与决定模式,瑞典的劳资合作集体谈判模式,英国的共同协商模式,比利时和荷兰的工厂委员会模式等。然而,民主社会主义认为参与共决制的经济民主,主要是从经济权力——而不是经济权利——方面,限制资本主义剥削和实现经济公正的手段;从经济权利方面限制资本主义剥削和实现经济公正的手段,则是社会民主党所创造的福利国家制度。英国社会学家哈罗德·韦伦斯基给福利国家下定义说:

"福利国家的关键是政府保证所有公民享有最低标准的收入、营养、健康、住房、教育和就业机会。这些保障表现为公民的政治权利而不是以慈善的形式出现。"②

---

① 《社会党国际重要文件选编》,当代世界出版社 2005 年版,第 15 页。
② 和春雷:《社会保障制度的国际比较》,法律出版社 2001 年版,第 65 页。

1951年社会党国际第一次代表大会原则声明——《民主社会主义的目标与任务》——宣称，福利国家制度就是保障每个公民的经济权利和社会权利的社会主义制度："社会主义不仅意味着基本的政治权利，而且意味着经济和社会权利。后者包括：工作的权利；享受医疗保险和产期津贴的权利；休息的权利；因年老、丧失工作能力或失业而不能工作的公民有获得经济保障的权利；儿童有享受福利照顾的权利；青年有按照其才能接受教育的权利；得到足够住房的权利。"[①]

然而，这种典型的保障每个公民的经济权利和社会权利的福利国家制度，原本为二战后英国工党政府首创。在1945年的大选中，工党提出的一个主要的政策主张就是创造福利国家。1945—1951年的艾德礼工党政府履行了这一诺言。该政府根据英国经济学家贝弗里奇的《社会保障及有关各种服务的报告》，通过1945—1948年间的一系列立法——包括国民教育、医疗卫生、国民保险、国民救济、家庭补助、住房等各个方面——为所有公民创造了一套"从摇篮到坟墓"的社会保障制度，被人们称为"典型的福利国家"。这种福利国家制度，使每个人的生、老、病、死、孤、寡、衣、食、住都得到了基本的保障，都能够过上正常而体面的生活。

社会民主党执政或参与执政的欧洲各国，纷纷以英国工党政府的福利国家制度为榜样，先后建成福利国家，以致迈尔写道："'社会福利国家政党'的形象到处都成了社会民主党的标志。这一形象带有英国工党和瑞典社会民主党政策的深刻烙印，它代表以社会公正和社会保障为基础的社会一体化以及在这一框架内国家和私有经济的合作。社会民主主义政党全力支持为一切由社会造成的生活风险公正地提供保障的社会福利国家的发展，后者保障弱者能维持最低的生活水平和参加社会与文化生活。"[②]

这样一来，民主社会主义及其政党认为，他们放弃科学社会主义所主张的公有制和计划经济，而代之以混合经济——资本主义私有制为基础——和政府干预的自由且公正的市场经济，并通过经济民主与福利国家

---

① 《社会党国际重要文件选编》，当代世界出版社2005年版，第7页。
② 托马斯·迈尔：《社会民主主义的转型》，北京大学出版社2001年版，第38页。

制度，便实现了民主社会主义所追求的经济目标：既保障了经济繁荣又实现了公正和自由。这种混合经济和市场经济以及经济民主与福利国家制度，用托马斯·迈尔的话来说，乃是民主社会主义的改良主义的社会主义观之核心：

> 斯堪的那维亚国家的社会民主党以及荷兰、奥地利和德国的社会民主党尽管没有放弃关于一个新的社会的梦想，但是早在50年代后60年代就已经放弃通过计划化和社会化而贯彻一种与市场逻辑（连同它的危机的可能性和重大的社会政策缺陷）完全不同的经济发展逻辑的期望。不如说它们的政策的宗旨是承认市场化私有制能在它们的经济政策方案中持续发挥作用，但是要通过经济生活内部的民主化，通过社会福利国家政策和劳动权利政策以及民主决定的宏观经济调控使私有财产和公共利益、市场机制和政治控制结合起来。这是改良主义的社会主义观的核心。①

民主社会主义——从伯恩斯坦到勃兰特和迈尔——一直自称改良主义，实已意味着：民主社会主义仅仅主张政府干预的自由且公正的市场经济与经济民主以及福利国家等资本主义社会之改良，而并不主张推翻资本主义和代之以根本不同于资本主义——如生产资料公有制和计划经济——的新社会之革命。这一点，德国社会民主党人H.维耐尔说得很清楚："不久前有人问我，社会民主党真的不打算推翻资本主义吗？我说是真的。因为资本主义不是可以推翻的事物，要关心的只不过是使它们有所改变罢了。"②

然而，问题的关键在于，民主社会主义最终是否废除资本主义私有制而代之以生产资料公有制、计划经济和按需分配？共产主义是否是民主社会主义的最终目标？答案如果是否定的，民主社会主义就属于反对革命的改良主义；如果是肯定的，民主社会主义就不仅仅主张改良而且并不反对

---

① 托马斯·迈尔：《社会民主主义的转型》，北京大学出版社2001年版，第35页。
② 转引自汪恩键主编《民主社会主义与科学社会主义比较研究》，中央编译出版社1998年版，第237页。

革命，并不是改良主义。民主社会主义的答案正如维·勃兰特的回答，是否定的："关于消灭现存制度的口号是不正确的，而且它不会带来任何好处。民主社会主义不是以某种最终目标为方向的，应当把它解释为一种过程，民主社会主义没有最终目标，应当把它理解为长久性的任务。"① 托马斯·迈尔也这样写道：

> 社会主义并不意味着立即和全面地由完全不同的另一种模式取代资本主义社会。社会主义并不是一个有着明确规定的机构制度的社会模式，而只是组织社会的一种原则（就是说，各阶层的人由于团结互助和组织起来而享有自由）。不可能通过这样一个模式来决定哪种体制最好，有利于在社会主义发展的特定阶段按照那个阶段人们的经验和态度来实现社会主义原则。这个问题必须由有关人民根据当时的情况来决定。无论建立了什么样的机构制度，都必须根据社会主义原则和经验来经常对之进行复核。②

原来，民主社会主义的目标，正如《哥德斯堡纲领》等社会民主党文件所指出，并不是某种确定的具体的最终的社会制度，而是在一定历史条件下与社会主义基本价值——公正与平等以及人道与自由——相符的任何一种社会制度：

> 自由、公正相助和从共同的结合中产生出来的彼此间所承担的义务，即是社会主义意向的基本价值。……社会民主党努力追求一个体现这种基本价值精神的生活制度。社会主义是一个持久任务——为实现自由和公正而斗争，保卫自由和公正，而且自身也要经受自由和公正的考验。③

民主社会主义的目标，是在一定历史条件下与社会主义基本价值——

---

① 转引自贾春峰《怎样认识民主社会主义》，中国青年出版社1991年版，第115页。
② 托马斯·迈尔等：《论民主社会主义》，东方出版社1987年版，第40—41页。
③ 张世鹏译：《德国社会民主党纲领汇编》，北京大学出版社2005年版，第70页。

公正与平等以及人道与自由——相符的任何一种社会制度，也就是一种历史的、发展的、不断完善和不断变化的社会制度，因而也就没有最终目的：运动就是一切！这样一来，任何确定的具体的社会制度，不论是资本主义还是社会主义抑或共产主义，都不可能是民主社会主义的最终目标。恰恰相反，这些社会制度都可能——且只能——是在一定历史条件下实现民主社会主义目标的手段：如果私有制或资本主义符合公正与平等以及人道与自由，就应该选择私有制或资本主义制度；如果公有制或社会主义和共产主义不符合公正与平等以及人道与自由，就应该摒弃公有制或社会主义和共产主义。这个道理，考茨基1918年就已经说得十分透辟：

> 确切地说，社会主义本身并不是我们的目标，我们的目标是消灭各种剥削和压迫，不管这种剥削和压迫是来自一个阶级、一个政党、一个性别、或一个种族的。……假如在这个斗争中我们把社会主义的生产方法当作目标，那就是因为在今天流行的技术和经济条件下，社会主义的生产似乎是达到我们的目的的唯一手段。假如有人能向我们证明我们这样做是错了，并且有办法证明无产阶级和全人类的解放只是在私有财产的基础上就能实现，或者，用普鲁东所说的那种方法能够更易于实现的话，那么，我们就摒弃社会主义，而却还丝毫不至于放弃我们的目标，甚至于还是有利于实现这个目标的。[1]

这就是为什么，民主社会主义摒弃公有制和计划经济而选择资本主义和市场经济；这就是为什么，民主社会主义反对推翻资本主义的革命而仅仅选择经济民主和福利国家等改良；这就是为什么，维·勃兰特说："唯有改良主义的道路才是与基本价值如言论自由与信仰自由协调一致的"[2]；这就是为什么，民主社会主义认为就社会制度来说运动就是一切而否定最终目的。这也终于使我们可以理解，为什么伯恩斯坦会说出那段他自己怎么也解释不清楚的备受责难的名言：

---

[1] 考茨基：《无产阶级专政》，生活·读书·新知三联书店1958年版，第2—3页。
[2] 维·勃兰特：《社会民主与未来》，重庆出版社1990年版，第92页。

我公开承认，对于人们通常理解的"社会主义的最终目的"，我非常缺乏爱好和兴趣。无论这一目的是什么，它对我来说是微不足道的。运动就是一切。我把运动理解为既是社会的一般运动即社会进步，也是促进这一进步的政治的宣传和组织工作。①

综上所述，民主社会主义的改良主义可以归结为 3 组命题。命题 1：民主社会主义目标是在一定历史条件下与社会主义基本价值——公正与平等以及人道与自由——相符的任何一种社会制度，是一种历史的、发展的、不断完善和不断变化的社会制度，因而也就没有最终目的：运动就是一切。命题 2：公有制和计划经济是违背社会主义基本价值的社会制度；混合经济——资本主义私有制为基础——和政府干预的自由且公正的市场经济以及经济民主与福利国家是符合社会主义基本价值的社会制度。命题 3：民主社会主义主张实现政府干预的自由且公正的市场经济、参与共决的经济民主与福利国家制度等资本主义社会之改良；反对推翻资本主义而代之以根本不同于资本主义——如生产资料公有制和计划经济——的新社会之革命。

三　科学社会主义与民主社会主义：真理与谬误

1. 社会主义的必然性与应然性：社会主义的价值标准和指导原则

伯恩斯坦等民主社会主义论者否定科学社会主义的根本原理——社会主义具有历史必然性——的观点是不能成立的。诚然，马克思恩格斯认为生产力已经发展到与资本主义生产关系发生冲突的程度——这种冲突可以归结为资本主义三大矛盾及其导致的经济危机——是根本错误的。实际上，不但正如民主社会主义理论家所指出，资本主义生产关系至今仍然适合生产力的发展；而且所谓资本主义三大矛盾——生产的社会化与资本主义私人占有的矛盾、个别企业生产的有计划性与整个社会生产的无政府状态的矛盾、无产阶级与资产阶级的矛盾——也是不能成立的。

因为如前所述，首先，所谓生产的社会化与资本主义私人占有的矛盾

---

① 《伯恩斯坦文选》，人民出版社 2008 年版，第 506 页。

是资本主义基本矛盾，根本不能成立；因为并非只有公有制才能够适合——私有制也可以通过股份制和社会资本等方式适合——生产社会化。其次，个别企业生产的有计划性与整个社会生产的无政府状态，无非就是市场经济状态，因而也就是唯一可以导致资源配置效率最佳的经济状态；这种状态存在的矛盾和冲突，没有政府指挥——但有政府适当干预——的市场经济制度能够予以最好的解决，而绝对不应该代之以计划经济：计划经济是不自由、非人道、不公正和低效率的经济制度。最后，无产阶级与资产阶级的矛盾日益加剧也不是事实；因为生产力的巨大发展，使劳动人民的实际工资不断提高，生活质量不断改善，阶级矛盾日趋缓和。

究竟言之，马克思恩格斯认为社会主义是生产力发展与资本主义生产关系的矛盾冲突之必然结果，也是根本错误的。殊不知，资本主义生产关系，就其总体效用说来，永远都不会阻碍任何生产力的发展。因为资本主义生产关系，就其本性来说，具有促进任何生产力发展的永恒动力机制：市场经济与私有制。这可以从两方面看。

一方面，如前所述，资本主义生产关系或经济形态乃是一种商品经济或市场经济，是资本通过雇佣劳动而增值的商品经济或市场经济制度；而人类社会只有一种经济制度，亦即没有政府指挥——但有政府适当干预——的市场经济制度，是符合经济自由等国家制度价值标准和可以导致资源配置效率最佳状态的经济制度；其他一切经济制度（计划经济和自然经济以及存在政府指挥的市场经济或混合经济）都程度不同地违背国家制度价值标准，都程度不同地属于不自由、非人道、不公正和低效率的经济制度。

另一方面，如前所述，在生产力还没有高度发达——因而国民品德不可能普遍提高——的条件下，唯有私有制才有效率，才能促进生产力发展；而公有制必定无效率，必定阻碍生产力发展。更何况，最根本的人性定律是爱有差等：每个人必定恒久为自己，而只能偶尔为他人。这岂不意味着，即使在生产力高度发达——因而国民品德普遍提高——的条件下，私有制也比公有制更加符合人性，更加能够调动人的劳动积极性，更能够促进生产力的发展？

诚然，资本主义私有制具有两面性：它虽然比公有制更能够调动劳动积极性，促进生产力的发展，却因其经济权力垄断而必定导致剥削、经济

第十九章 社会主义和共产主义实现条件的理论

不公、两极分化和经济危机,从而破坏和阻碍生产力发展。但是,整体说来,亦即就资本主义生产关系适合、促进与不适合、阻碍生产力发展的净余额来说,无疑是适合、促进生产力发展的,甚至能够适合、促进任何生产力的发展,不论它达到何等发达程度。

因此,如果像马克思恩格斯所说的那样,社会主义是生产力发展与资本主义生产关系的矛盾冲突之必然结果,那么,社会主义就永无实现之日了。不过,由此不能否定社会主义的历史必然性。因为如前所述,正如马克思所发现,一个社会究竟实行比较高级的新生产关系,还是比较低级的旧生产关系,决定于生产力发展水平,因而具有不以人的意志为转移的历史必然性:新的生产关系必然诞生于旧的生产关系不再适合——而新的生产关系则适合——新的生产力之时。

这意味着,新的生产关系诞生的历史必然性的原因是双重的:一方面因为旧生产关系不再适合生产力的发展;另一方面因为新生产关系适合生产力的发展。但是,马克思却绝对化了自己的伟大发现,误以为任何新生产关系的诞生,都是旧生产关系不再适合生产力发展的结果。殊不知,无阶级无剥削的、人类理想的生产关系(社会主义和共产主义)诞生的历史必然性,可能仅仅在于它已经能够适合新生产力的发展,而不必旧生产关系(亦即资本主义生产关系)不再适合生产力的发展。

社会主义生产关系究竟适合什么样的生产力呢?只能适合高度发达的生产力:生产力高度发达是实现社会主义的必要条件。只要生产力高度发达——从而能够满足社会全体成员物质需要和国民品德普遍提高——因而社会主义能够适合其发展,那么,不论资本主义如何适合生产力发展,不论资本主义社会生产力如何迅猛发展,不论阶级矛盾如何缓和,都应该且必然废除资本主义而代之以社会主义。

因为,一方面,这时实现社会主义,必定因国民政治觉悟、公民文化和思想品德普遍提高,既能够保障公有制经济高效率发展,又能够实行完全民主制,从而真正消除政治权力和经济权力垄断,消除阶级和剥削,而绝不会导致效率低下和全权垄断的奴役制社会主义。

另一方面,这时应该且必然废除资本主义,因为资本主义私有制所必然导致的剥削、两极分化和经济危机,已经不再是一种能够防止更大恶——效率低下和全权垄断的奴役制社会主义——的必要恶,因而是一种不必要的恶,是一种纯粹恶,是纯粹不公平、不应该、具有负价值的东西。

问题的关键恰恰在于,正如人类不可能长久在一种纯粹错误的思想指导下生存一样,人类不可能长久生活于一种纯粹恶的制度中,而或迟或早必然要消灭这种纯粹恶的制度。特别是,在生产力高度发达的条件下,国民的思想觉悟普遍提高,他们显然绝不可能继续生活于已经变成纯粹恶的资本主义阶级和剥削制度,而必然选择消灭这种制度的无阶级无剥削的社会主义和共产主义:这就是社会主义和共产主义的历史必然性。

因此,伯恩斯坦等民主社会主义论者否定社会主义历史必然性,是根本错误的。然而,马克思却由社会主义是必然的,进而否定社会主义是应然的:"共产主义对我们来说不是应当确立的状况,不是现实应当与之相适应的理想。我们所称为共产主义的是那种消灭现存状况的现实的运动。"①

细察马克思的论述,不难发现,马克思内心深处原本为休谟难题——是与应该的关系——所困,因而与爱因斯坦和罗素一样,误以为科学只研究事实而不研究应该:"科学只能断言'是什么',而不能断言'应该是什么'。"② 这也是马克思为什么居然认为商品价值是商品固有属性:商品价值作为经济科学对象只能是商品的事实属性——固有属性属于事实属性范畴——亦即凝结于商品中的劳动。

殊不知,口之于味有同嗜焉。应该、价值和道德也具有普遍性和必然性,因而也是科学对象——科学是普遍性、必然性的知识体系——于是遂有事实科学与价值科学之分。价值科学比事实科学更为艰深复杂。因为事实科学只由事实判断构成;而价值科学则由事实判断和价值判断以及主体判断构成。因为元伦理学对于休谟难题的研究表明:

价值、应该、应该如何是通过主体目的——价值终极标准——从是、事实、事实如何中产生和推导出来的:应该等于事实与主体目的之相符;不应该等于事实与主体目的之相违。③

准此观之,民主社会主义说得不错,社会主义乃是一种应该的、价值

---

① 《马克思恩格斯选集》第1卷,人民出版社1972年版,第87页。
② 《爱因斯坦文集》第3卷,商务印书馆1979年版,第182页。
③ 参阅王海明《新伦理学》修订版,商务印书馆2008年版,第266—273页。

的、道义的或理想的科学：社会主义是一种道义的必然性。这样一来，社会主义理论便不像马克思所认为的那样简单，仅仅研究事实；而至少包括事实与价值以及二者之中介——主体目的——三大部分：

第一部分主要研究资本主义生产力、生产关系、经济制度和人性等事实，特别是私有制、市场经济与剩余价值之事实。这是社会主义和共产主义社会之应该如何的价值实体。第二部分主要研究国家制度好坏优劣之价值标准，诸如国家制度价值终极标准（亦即国家目的"增进每个国民利益"）和国家制度价值根本标准（公正与平等）以及国家制度价值最高标准（人道与自由）等。这是社会主义和共产主义社会之应该如何的价值标准、指导原则。第三部分则主要通过国家制度价值标准，从生产力、人性和剩余价值等事实如何，推导出国家制度之应该如何：资本主义不符合国家制度价值标准，是一种不理想、不应该、不好的、具有负价值的国家制度；社会主义和共产主义符合国家制度价值标准，是一种理想的、应该的、好的、具有正价值的国家制度。这是社会主义和共产主义社会应该如何之价值、理想或道义性。

因此，只有将科学社会主义看作是一种价值科学或道义的必然性，才能真正将科学社会主义建立在唯物史观与剩余价值理论基础之上：剩余价值理论说明资本主义属于阶级剥削制度，不符合国家制度价值标准，是一种不理想、坏的、具有负价值的因而应该摒弃的经济制度；唯物史观说明消灭阶级剥削——因而符合国家制度价值标准——的社会主义制度取代资本主义的历史必然性。

然而，马克思恩格斯却片面地认为科学社会主义仅仅研究事实，以致认为社会主义仅仅建立在资本主义必然崩溃的事实，而不是建立在剩余价值所揭示的资本主义制度的不公平的基础上："如果我们说，这是不公平的，不应该这样，那么这句话同经济学没有什么直接的关系。我们不过是说，这些经济事实同我们的道德感有矛盾。所以马克思从来不把他的共产主义要求建立在这样的基础上，而是建立在资本主义生产方式的必然的、我们眼见一天甚于一天的崩溃上；他只说了剩余价值由无酬劳动构成这个简单事实。"[①]

---

① 《马克思恩格斯全集》第21卷，人民出版社1971年版，第209页。

问题的关键在于，社会主义和共产主义制度究竟如何，究竟是按需分配还是按劳分配？是计划经济还是市场经济？是国有制还是全民所有制？是否应该消灭商品和货币？夺取政权后，就应该实行公有制和计划经济，还是应该等到生产力高度发达时再实行公有制和计划经济抑或永远都不应该实行计划经济？解决这些难题全赖国家制度价值标准：公正与平等以及人道与自由。因为公正与平等以及人道与自由乃是国家制度好坏优劣的价值标准和指导原则，是社会主义和共产主义制度究竟应该如何的价值标准和指导原则，是我们究竟应该在怎样的条件下实行怎样的社会主义和共产主义等国家制度的价值标准和指导原则。

这样一来，科学社会主义摒弃自柏拉图以来视正义、平等与自由为国家制度价值标准的传统，将公正与平等以及人道与自由等国家制度价值标准排除科学社会主义领域之外，就使我们失去了究竟应该在怎样的条件下实行怎样的国家制度的价值标准和指导原则，就使社会主义和共产主义究竟应该如何失去科学的价值标准和指导原则，而成为没有科学的价值标准的一套僵化不变的高调——最高级、最理想、最美好——教条：各取所需的按需分配和消灭了商品和货币的计划经济等。

殊不知，人类社会只有一种经济形态，亦即没有政府指挥——但有政府适当干预——的市场经济，符合经济自由等国家制度价值标准，是符合国家制度价值标准的经济形态；其他一切经济形态（计划经济和自然经济以及存在政府指挥的市场经济或混合经济）或多或少都不符合经济自由原则，都是违背国家制度价值标准的经济形态。因此，社会主义和共产主义的经济形态只应该是没有政府指挥——但有政府适当干预——的市场经济。

马克思科学社会主义的褊狭性，不但在于将公正与平等以及人道与自由等国家制度价值标准排除科学社会主义领域之外；而且作为科学社会主义对象的事实也极为狭窄，仅仅包括生产力、剩余价值、经济、阶级斗争等，而不包括空想社会主义所关注的人性等事实。这也是为什么，他所设想的某些共产主义制度——如按需分配等——竟然不符合国家制度价值标准，是一种不公正的制度。

因为，如前所述，共产主义社会的人仍然是人，因而绝不可能违背"爱有差等"的人性定律：每个人都自爱必多于爱人、为己必多于为人。

这样一来，共产主义社会人与人的关系必定仍然是一种以利益为基础的社会。既然如此，那么，按需分配岂不剥夺需要少而贡献多者按照公正原则所应该多得的权利？因而岂不是一种不公正的制度？

然而，马克思和列宁科学社会主义只看到社会主义的历史必然性而无视国家制度价值标准的最大恶果，恐怕还是主张通过违背国家制度价值标准的方法——非民主或暴力革命和无产阶级专政——实现社会主义；特别是当苏联社会主义模式（公有制和计划经济）导致效率低下和全权垄断阶级，因而极端违背"增进每个人利益"等国家制度价值标准时，仍然坚持实行公有制和计划经济，致使国民遭受莫大的剥削和压迫，生活于一种"不服从者不得食"的奴役制社会主义社会。

相反地，民主社会主义继承柏拉图以来，视正义、平等与自由为国家制度价值标准的传统，将这些国家制度价值标准奉为社会主义基本价值，作为变革社会制度的标准和行动指南，因而主张只应该通过民主——唯有民主符合国家制度价值标准——的方法夺取政权和实现社会主义；特别是，当公有化和计划经济导致效率低下因而违背"增进每个人利益"等国家制度价值标准时，能够代之以混合经济、市场经济、经济民主和福利国家制度，遂使国民的利益极大增进，生活于一种民主、平等、自由和繁荣的国度。

诚然，伯恩斯坦等民主社会主义论者否定社会主义历史必然性是一种根本性错误。但是，如前所述，并非所有民主社会主义论者都否定社会主义历史必然性。很多民主社会主义论者，如饶勒斯和莱昂·勃鲁姆以及康拉德·施密特、路德维希·沃尔特曼和卡尔·福尔伦德尔等，都主张社会主义必然性与应然性的统一。这种将社会主义必然性与应然性的统一起来的所谓伦理社会主义观点，堪称真理。

然而，多年来，人们大都追随马克思的科学社会主义，仅仅看到经济和政治的力量，以为道德是软弱无力的，因而否定社会主义的伦理基础，否定伦理社会主义。这是根本错误的。殊不知，正如伦理社会主义论者纳尔松和埃希勒所引证的康德名言："政治是得到运用的伦理。"[①] 因为没有规矩不成方圆。人类的一切社会活动，如经济和政治等，都应该且必须遵

[①] 转引自殷叙彝《民主社会主义论》，中央编译出版社2007年版，第118页。

循规范，都应该且必须遵循法和道德，因而都是法和道德的实现：法是权力规范；道德是非权力规范。

问题的关键在于，如前所述，法自身仅仅是一些具体的、特殊的、琐琐碎碎的规则，法自身没有原则；法是以道德原则为原则的：法的原则就是道德原则。法的原则，如所周知，是正义、平等、自由等。这些原则并不属于法或法律范畴，而属于道德范畴。因此，人类的一切社会活动，如经济和政治等，说到底，都是道德原则的实现，都是国家制度价值标准——公正与平等以及人道与自由——的实现。这意味着，社会主义，说到底，乃是道德原则的实现，是国家制度价值标准——公正与平等以及人道与自由——的实现。这岂不意味着，唯有伦理社会主义是真理？

2. 国家政权的本性：阶级专政的机器还是为全民服务的工具

科学社会主义认为，一切国家——不论是民主国家还是专制国家——的政权都是一个阶级压迫和剥削另一个阶级的阶级专政：奴隶制国家政权是奴隶主阶级剥削和压迫奴隶阶级的奴隶主阶级专政；封建制国家政权是贵族地主阶级剥削和压迫农民阶级的贵族地主阶级专政；资本主义国家政权是资产阶级剥削和压迫无产阶级的资产阶级专政；社会主义国家政权是无产阶级镇压资产阶级的无产阶级专政。反之，民主社会主义认为，以往非民主制国家政权是剥削阶级剥削和镇压被统治阶级的阶级专政机器；而实行普选制的资本主义国家政权性质发生了根本转变，已经从镇压劳动人民的阶级专政，转变成为全民服务的工具，从而可以转变为解放大多数人——无产阶级和劳动人民——的手段。孰是孰非？答案是：前者根本错误而后者大体正确。

因为国家政权是否为一个阶级镇压另一个阶级的阶级专政机器，显然完全取决于谁执掌国家最高权力和按照谁的意志进行统治，因而完全取决于国家政体。如果国家最高权力执掌者是一个剥削阶级——奴隶主阶级和地主阶级或资产阶级——按照该阶级的意志进行统治，那么，国家政权确实是该剥削阶级压迫和剥削被剥削阶级的阶级专政机器。但是，阶级社会的历史和现实告诉我们，任何民主国家的最高权力的执掌者都不可能是一个这样的剥削阶级，不可能有按照这样一个剥削阶级的意志进行统治的民主国家政权。

因为，如前所述，民主的定义是全体公民执掌最高权力；民主的实现途径、原则和形式是按照多数公民的意志进行统治：获得多数选票的政党是执政党。这样一来，如果一个国家实行民主政体，那么，全体公民便共同执掌国家最高权力，国家政权必定按照多数公民的意志进行统治，必定为全体或多数公民谋利益，而不可能是一个阶级（奴隶主阶级、地主阶级或资产阶级）镇压另一个阶级（奴隶阶级、农民阶级或无产阶级）的阶级专政机器。诚然，有些史实——特别是古希腊雅典民主——似乎足以否定这一点。

粗略看来，雅典民主政权确实是奴隶主阶级镇压和剥削奴隶阶级的奴隶主阶级专政，是少数富人对多数穷人的专政。因为雅典民主制全盛时代——伯里克利时代——公民只占全部人口（约40万）的1/10左右，约4万；奴隶（约20万）和外邦人（3.2万）以及全部妇女都不是公民。这样一来，雅典民主制便是执掌最高权力的1/10的人（公民）的民主，便是这1/10的少数人对9/10的多数人的专政。然而，问题的关键在于，能否说雅典民主政权是奴隶主阶级专政？是富人对穷人的专政？

答案是否定的。因为，雅典的公民由贵族与平民构成：贵族亦即贵族奴隶主；平民亦即农民和手工业者，包括工商业奴隶主。问题的关键正如亚里士多德所说，穷人总是多于富人："世上常常是富户少而穷人多。一个城邦组织内，全部都是自由的公民，而富于资财的人则限于其中较小部分。"[①] 据统计，当时雅典自由民16.8万，按财产资格划分为四个等级：第一等级和第二等级加起来人数不过4000人；其余都属于第三等级和第四等级。[②] 因此，无论如何，奴隶主——贵族奴隶主与工商业奴隶主——都不可能占雅典公民多数；多数必定是比较贫穷平民。而占据多数的雅典贫穷平民，正如威廉·威斯特曼所考证，不可能是奴隶主："柏拉图在《法律篇》中阐述了他那个时代雅典的实际情况，穷困的雅典公民没有奴隶，必须亲自工作。"[③]

因此，雅典民主政权，虽然为全体公民执掌，虽然为贵族和平民共同

---

① 亚里士多德：《政治学》，商务印书馆1996年版，第135页。
② 参阅徐海山主编《古希腊简史》，中国言实出版社2006年版，第143页。
③ 威廉·威斯特曼：《古希腊罗马奴隶制》，大象出版社2011年版，第29页。

执掌，却必定是按照平民的意志——而不可能按照贵族的意志——进行统治；必定是按照比较贫穷的平民（他们是多数公民而非奴隶主）的意志进行统治，而不可能按照奴隶主阶级（他们是少数公民）的意志进行统治；必定是按照穷人的意志进行统治，而不可能按照富人的意志进行统治。

因此，亚里士多德将雅典的民主政体叫做平民政体，指出梭伦"建立了雅典'平民政体的祖制'"①；并反复强调平民政体是按照穷人的意志进行统治，以穷人的利益为依归："平民政体的确应该是自由而贫穷——同时又为多数——的人们所控制的政体。"② "寡头政体以富户的利益为依归；平民政体则以穷人的利益为依归……平民政体的定义为人数甚多的贫民控制着治权。"③

这样一来，雅典的民主政权不但不是为奴隶主和富人服务的阶级专政工具，恰恰相反，倒往往是剥夺奴隶主阶级利益而为贫穷平民服务的工具。因此，亚里士多德论及雅典民主时这样写道：

> 当代的平民英雄们热衷于取媚平民群众，往往凭借公众法庭没收私财以济公用。（译者注：平民城邦的公众法庭因陪审员以平民（贫民）为多，没收富室财产的法案时常提出）……极端平民政体一般地施行于人口繁盛的城邦，这种城邦的公民，要是没有津贴，就难于出席公民大会。如果事先缺乏充分的库藏来支付这种津贴，则负担势必落到贵要阶级身上，于是当局便假手恶劣的法庭实行苛罚或没收私产，并举办财产税等方法，聚敛所需款项。④

阮炜的学术专著《不自由的希腊民主》亦曾这样描述雅典民主政权："前5世纪中叶以降，一个比一个激进的民主措施被推出，富人周期性、制度性地被民众剥夺。"⑤ "希腊人非常喜欢法律，表面上看也很尊重法

---

① 亚里士多德：《政治学》，商务印书馆1996年版，第103页。
② 同上书，第185页。
③ 同上书，第134—135页。
④ 同上书，第324页。
⑤ 阮炜：《不自由的希腊民主》，上海三联书店2009年版，第179页。

律,但他们尊重法律的方式,却带有明显的以众暴寡的性质。事实上,多数人掠夺少数人成为激进民主的常态……雅典样式的均贫富行为不仅在当今发达国家,就是在中国、马来西亚、泰国一类发展中国家也已不可接受。"①

可见,雅典的民主政权不但不是为奴隶主和富人服务的阶级专政工具,恰恰相反,往往倒是剥夺奴隶主阶级利益而为贫穷平民服务的工具。因此,雅典民主并不是奴隶主阶级专政,并不是对奴隶主阶级的民主和对奴隶阶级的专政,并不是对富人的民主和对穷人的专政。诚然,雅典全部奴隶都没有民主,都是被剥削和被镇压的专政对象。但是,并不能说雅典民主是奴隶主阶级镇压和剥削奴隶阶级的奴隶主阶级专政。

因为,一方面,被剥削和被镇压的专政对象,并不仅仅是奴隶阶级,而且包括属于奴隶主阶级的全部妇女,包括属于外邦人的全部奴隶主;另一方面,执掌最高权力和政权的不但不仅仅是奴隶主阶级,而且占据多数的是贫穷的平民。这样一来,雅典民主政权的执掌者便是居于少数的一部分奴隶主和占据多数的贫穷平民;而且参与执掌最高权力的奴隶主无疑是奴隶主阶级中的小部分,而绝大多数奴隶主(属于奴隶主阶级的全部妇女和属于外邦人的全部奴隶主)都是专政对象。

可见,绝不能说雅典民主是奴隶主阶级专政,绝不能说雅典民主是奴隶主阶级镇压和剥削奴隶阶级的奴隶主阶级专政。但是,如前所述,一方面,专政是垄断最高权力和政权,是一个人、一部分人或阶级的独裁政权,而不是所有人和阶级共同执掌的政权。另一方面,阶级是人们因权力——政治权力和经济权力——垄断所导致的剥削与压迫关系而分成的不同群体:垄断政治权力或经济权力的群体是一个阶级;没有政治权力或经济权力的群体是另一个阶级;至于拥有较多和较少政治权力或经济权力的不同群体则属于阶层范畴。

准此观之,雅典民主虽然不是奴隶主阶级专政,却仍然是一种专政,并且是一种阶级专政:它是垄断政治权力的公民阶级对没有政治权力的非公民阶级的专政,是对垄断政治权力的公民阶级的民主和对没有政治权力的非公民阶级的专政,说到底,是对少数人的民主和对多数人的专政。不

---

① 阮炜:《不自由的希腊民主》,上海三联书店2009年版,第271页。

仅雅典民主，而且包括资本主义国家在内的任何非普选制民主——公民仅仅是一部分国民的民主——显然都是如此：都是垄断政治权力的公民阶级对没有政治权力的非公民阶级的专政。

普选制民主则不然。因为普选制民主意味着公民与国民外延相等：所有国民都是公民。因此，普选制民主必定是所有国民共同执掌最高权力，必定是所有阶级共同执掌最高权力，因而国家政权势必为每个国民和所有阶级谋利益，必定是对所有国民的民主，而不可能是对任何国民的专政：不可能是一部分国民镇压另一部分国民的专政，不可能是一个阶级镇压另一个阶级的阶级专政。

普选制民主是资本主义国家的伟大创造——主要是无产阶级和劳动人民的伟大创造——是人类历史的最伟大的进步。普选制的资本主义民主的公民与国民外延相等。因此，普选制的资本主义民主必定是所有国民——资产者与无产者等——共同执掌最高权力，必定是所有阶级共同执掌最高权力——因而国家政权势必为所有国民和所有阶级服务——必定不可能只有资产阶级执掌最高权力，而无产阶级不执掌最高权力，必定不可能是对资产阶级的民主和对无产阶级的专政。

自20世纪初至今，一百多年来，欧洲社会民主党执政或参与执政的实践充分证明，实行普选制民主的资本主义国家政权是为全民谋利益的工具，而绝非资产阶级镇压无产阶级和劳动人民的资产阶级专政机器。举例说，1918年，英国工党把生产资料公有制写入党章第四条，作为党的奋斗目标。战后，英国工党成为执政党，便一方面开始将第四条付诸实施，掀起了生产资料公有化的高潮；另一方面进行福利国家建设。

这种社会民主党执政的资本主义国家政权推行生产资料公有化，显然不是为了资产阶级利益，而是为了无产阶级和劳动人民的利益。同样，他们创造福利国家的主要目的，也不是为资产阶级谋利益，而是为无产阶级和劳动人民谋利益，是使无产阶级和劳动人民利益最大化，使资本主义剥削和压迫最小化。因为福利国家制度的实质，就是通过累进税，对高收入者和富人课以重税，再由政府通过社会保障方式部分地将税收收入补贴给社会中下层收入者，说到底，也就是剥夺资产阶级和富人相当大的一部分收入，再分配给无产阶级和劳动人民。

据英国——典型福利国家——官方机构对1982年7428个家庭收入的

调查，收入最低的 20% 家庭与收入最高的 20% 家庭的税前收入之比是 1∶120；而税后收入缩小为 1∶4。另一个典型的福利国家瑞典，收入最高的 10% 的国民，与收入最低的 60% 的国民的贫富差距，税前收入高达 144 倍；税后收入的贫富绝对平均差距仅 3 倍。面对这些事实，还能说资本主义国家政权是资产阶级镇压无产阶级和劳动人民的资产阶级专政机器吗？

然而，资本主义国家政权为无产阶级和劳动人民谋利益的明证，恐怕还是瑞典政府所实行的《雇员投资基金法案》。该法案规定，雇员投资基金通过两条途径筹集资金，一是利润分享税，每年对税后利润超过 50 万克朗的企业征收 20% 的利润分享税；二是养老税，所有雇主必须支付提高了的养老税金，1984 年为各企业工资总额的 0.2%，逐步增加到 0.5%。雇员投资基金将用于购买瑞典企业的股份。这样一来，据计算，只要企业的利润率为 10%—15%，转移到职工名下的雇员投资基金可在 25 年到 30 年内，占有企业股份的 50%。①

该法案被认为是对资产阶级的正面进攻，② 是对资产阶级所进行的"西方世界从来未目睹过的最大规模的没收举动"③。结果，激起资产阶级的强烈反抗，1983 年 10 月 4 日组织了一次 7 万 5 千人游行，抗议《雇员投资基金法案》。但是，瑞典议会还是于 1983 年 12 月 12 日通过了《雇员投资基金法案》，于 1984 年 1 月 1 日开始实行。

该法案的目的显然不是为资产阶级谋利益，而是为无产阶级和劳动人民谋利益。但是，瑞典并不是社会主义国家，而是典型的资本主义国家，94% 的生产资料还集中在 100 家大资本家手中。因此，资本主义国家政权可以是为无产阶级和劳动人民谋利益。不但社会主义政党——社会民主党——执政的资本主义国家如此，资产阶级政党执政的资本主义国家也是如此。因为资产阶级等非社会主义政党执政的欧洲各国，并没有废除社会民主党所创立的福利国家制度。只不过，与社会民主党不同，他们实行福利国家制度是不敢不实行，是惧怕无产阶级和劳动人民的选票，不得已而

---

① 袁群：《瑞典社会民主党的历史、理论与实践》，云南人民出版社 2009 年版，第 134 页。
② 鲁塞弗尔达特等：《欧洲劳资关系——传统与转变》，世界知识出版社 2000 年版，第 240 页。
③ 戴维·加尔森：《神话与现实》，工人出版社 1986 年版，第 76 页。

为之；如果他们胆敢废除经济民主和福利国家制度，就一定会被无产阶级和劳动人民的选票赶下台。所以，不是别的，正是普选制的民主，使国家政权不可能不为——也不敢不为——全民谋利益。

确实，普选制的民主，使国家政权不可能不为——也不敢不为——全民谋利益。即使是社会主义政党执政的普选制的资本主义国家政权，虽然必定是为无产阶级和劳动人民谋利益，但也并不仅仅为无产阶级和劳动人民谋利益；它也必定为资产阶级谋利益，是为所有阶级和所有公民谋利益：它保护资本主义私有制和发展资本主义，因而是为资产阶级谋利益；它使资本主义的剥削和压迫最小化，使无产阶级和劳动人民的利益最大化，因而是为无产阶级和劳动人民谋利益。

诚然，普选制的资本主义民主仅仅是资本主义民主的普通类型；资本主义民主也可以有非普选制民主类型。非普选制资本主义民主意味着：国民并不都是公民，公民仅仅是一部分国民。但是，显而易见，非普选制资本主义民主只有在一种情况下是对资产阶级的民主和对无产阶级和劳动人民的专政，那就是：只有资产阶级是公民，而无产阶级和劳动人民都不是公民。

因为只有如此，资本主义民主——资本主义国家全体公民执掌最高权力——才意味着只有资产阶级执掌最高权力，因而才是对资产阶级的民主和对无产阶级以及劳动人民的专政。但是，这种情况——只有资产阶级是公民而无产阶级和劳动人民都不是公民——显然从未有过也不可能有。因此，断言资本主义民主——不论是否普选制——是对资产阶级的民主和对无产阶级以及劳动人民的专政，是根本不能成立的。

社会主义民主也不可能是无产阶级专政，不可能是对无产阶级的民主和对资产阶级的专政。因为社会主义民主必定是社会主义国家所有公民共同执掌最高权力，否则就不是民主。普选制的社会主义民主则必定是所有国民——资产者与无产者等——共同执掌最高权力，必定是所有阶级共同执掌最高权力，必定不可能只有无产阶级和劳动人民执掌最高权力而资产阶级不执掌最高权力，因而必定不可能是对资产阶级的专政和对无产阶级的民主，必定不可能是无产阶级专政：无产阶级专政必非社会主义民主。

诚然，社会主义民主并非绝对不可能是无产阶级专政。不难看出，社会主义民主只有在一种情况下是无产阶级专政——亦即对无产阶级和劳动人民的民主和对资产阶级的专政——那就是废除普选制民主：只有无产阶级和劳动人民是公民，而资产阶级不是公民。因为只有如此，社会主义民主——社会主义国家全体公民执掌最高权力——才意味着只有无产阶级和劳动人民执掌最高权力，因而才是对无产阶级和劳动人民的民主和对资产阶级的专政。但是，一方面，从理论上看，这种情况——资产阶级不是公民——是不可能的。因为这意味着社会主义民主极端野蛮和狭隘，远远低劣和狭隘于资本主义民主；而社会主义民主在科学社会主义看来乃是人类历史上最高级最广泛的民主。因此，无产阶级专政必非社会主义民主。另一方面，从实践上看，苏联等所有社会主义国家的无产阶级专政，不但皆非社会主义民主，而且无不是徒有民主形式的极端暴虐的专制，无不属于形式民主而实质专制政体。

因此，所谓"资产阶级民主"与"无产阶级民主"乃是极不科学的术语；科学的术语只能是资本主义民主与社会主义民主。因为资产阶级民主就意味着资本主义国家最高权力被——并且仅仅被——资产阶级全体成员执掌；无产阶级民主就意味着社会主义国家最高权力被——并且仅仅被——无产阶级全体成员执掌。这样的资本主义和社会主义国家都是不存在也不可能存在的；存在的只能是资本主义民主与社会主义民主。所谓"资产阶级民主与无产阶级民主"理论的错误就在于：

一方面，将资本主义民主与资产阶级民主等同起来，误认为资本主义民主就是资产阶级民主，就是对资产阶级民主和对无产阶级专政；另一方面，则将社会主义民主与无产阶级民主或无产阶级专政等同起来，误认为社会主义民主就是无产阶级民主，就是无产阶级专政，就是对无产阶级的民主和对资产阶级的专政。

民主的国家政权——不论是奴隶制民主还是资本主义民主抑或普选制民主与非普选制民主——都不可能是奴隶主专政和资产阶级专政以及无产阶级专政。那么，专制等非民主制的国家政权是否一个阶级对另一个阶级的专政？所有非民主制——君主专制和有限君主制以及寡头共和制——的国家最高权力都被专制者一人或若干寡头垄断；而绝大多数国民则没有最高权力。因此，专制等非民主制国家政权，必定都是垄断最高权力的一个人或若干寡头对绝大多数国民的专政。可是，一个人或若干寡头究竟是怎样使绝大多数国民服从其专政统治的呢？答案是：等级制！

因为，如前所述，等级制意味着特权。一方面，等级制意味着官民之间等级森严：官吏阶级（政治权力垄断群体）享有他们在民主制中得不到的巨大的政治权利、经济权利和机会权利等权利。就拿专制国家小小的七品芝麻官县长来说吧。他可是父母官、县太爷呀！他所享有的权利，从很多方面来说，恐怕都远远大于和多于一个民主国家的总统！至于专制国家的高官所享有的特权之大就更不必说了。因为等级制的另一方面，意味着官吏之间等级森严：官越大，对于专制等非民主制统治能否稳定的作用就越大，所享有的权利就越大；宰相等高官所享有的权利，就某些方面说，已经很接近君主了。

这就是一个人或若干寡头使绝大多数国民服从其专政的诀窍：非民主制国家的每个官员都享有在民主制中不可能得到的巨大特权和权益。因此，非民主制国家的官吏阶级，必然要维护自己如此巨大的特权和权益，因而必然维护非民主制。这样一来，专制等非民主制国家政权，直接说来，必定是垄断最高权力的一个人或若干寡头对绝大多数国民的专政；根本说来，则必定是一个阶级对另一个阶级的专政，亦即垄断政治权力的官吏阶级对没有政治权力的庶民阶级的专政：官吏阶级对庶民阶级的专政。

因此，专制等非民主制国家政权必定是一个阶级对另一个阶级的专政。但是，这种专政只是一个政治阶级（垄断政治权力的阶级或官吏阶级）对另一个政治阶级（没有政治权力的阶级或庶民阶级）的专政；而不是一个经济阶级（亦即垄断经济权力的阶级，如奴隶主阶级和地主阶级以及资产阶级）对另一个经济阶级（亦即没有经济权力阶级，如奴隶阶级和农民阶级以及无产阶级）的专政。

因为任何非民主制国家的官吏阶级的所有成员，都不可能仅仅由某一个经济阶级的所有成员构成；而必定由若干个经济阶级的某些成员构成。专制等非民主制国家官吏阶级构成的典型，恐怕当推中国隋唐以来逐渐完备的科举取士制度。因为该制度使所有经济阶级的成员都可能通过科举入仕而成为官吏阶级的成员，致使官吏阶级由所有经济阶级的成员构成。这样一来，官吏阶级对庶民阶级的专政，虽然属于阶级专政范畴，却仅仅是一个政治阶级对另一个政治阶级的专政，而不可能是一个经济阶级对另一个经济阶级的专政。

综上可知，根本就没有也不可能有科学社会主义所说的奴隶主专政和地主阶级专政以及资产阶级专政。首先，非民主制国家政权，直接说来，必定是垄断最高权力的一个人或若干寡头对绝大多数国民的专政；根本说来，则必定是垄断政治权力的官吏阶级对没有政治权力的庶民阶级的专政。其次，限选制民主国家废除了官吏对政治权力的垄断，因而不存在垄断政治权力的官吏阶级；却没有废除公民对政治权力的垄断，致使国家政权成为垄断政治权力的公民阶级对没有政治权力的非公民阶级的专政。最后，唯有普选制民主，必定是所有国民共同执掌最高权力，必定是所有阶级共同执掌最高权力，因而国家政权势必为每个国民和所有阶级谋利益，必定是对所有国民的民主，而不可能是对任何国民的专政：不可能是一部分国民镇压另一部分国民的专政，不可能是一个阶级镇压另一个阶级的阶级专政。

科学社会主义的错误就在于，从经济上占据统治地位的阶级必定在政治上也占据统治地位——垄断经济权力的阶级也必定垄断政治权力——的似是而非的教条出发，进而错误地断定：奴隶制国家政权必定为奴隶主阶级垄断，必定是奴隶主阶级专政；封建制国家政权必定为地主阶级垄断，必定是地主阶级专政；资本主义国家政权必定为资产阶级垄断，必定是资产阶级专政。考茨基等民主社会主义原本深信这一教条，但普选制民主的实践使他们修正了这一教义，认识到实行普选制民主的资本主义国家政权的本性发生了根本转变，不再是少数人对多数人的专政，而是可以被所有国民共同执掌，从而按照多数国民的意志进行统治，最终成为被剥削阶级和劳动人民——他们占据人口绝大多数——获得解放的工具：

> 现代民主国家不同于以前各种形式的国家的地方是在于，国家机器这样被利用来为剥削阶级服务并不是现代国家的本质所决定的，并不是和现代国家的本质不可分割地联系在一起的。正相反，现代民主国家就其素质而论，并不像以前的国家那样，注定要成为少数人的器官，而毋宁注定要成为多数居民中的、即劳动阶级的器官……愈能这样，民主国家就愈不再仅仅是剥削阶级的工具，国家机器于是在某些情况下就开始转过来反对剥削阶级，也就是开始执行和它至今的活动恰恰相反的职能。它就开始从镇压被剥削者的工具转变为解放被剥削

者的工具。①

3. 实现社会主义途径：暴力革命与无产阶级专政还是普选制民主

不言而喻，实现社会主义途径——暴力革命与无产阶级专政还是普选制民主——取决于国家政权本性：国家政权究竟是阶级专政的机器还是为全民服务的工具。国家政权本性的研究表明，普选制民主是全体国民和所有阶级共同执掌最高权力，因而实现普选制民主的国家政权势必为全体国民和所有阶级谋利益，而不可能是对任何阶级和国民的专政。这意味着：科学社会主义认为无产阶级只能通过暴力革命——而不可能通过民主方式——取得政权和只能通过无产阶级专政实现社会主义的观点，是不能成立的；相反地，民主社会主义认为社会主义政党只应该通过普选制民主的方式——而不应该通过暴力革命与无产阶级专政——取得国家政权和实现社会主义的观点，是完全正确的。

因为只有在"资本主义普选制民主政权是资产阶级镇压无产阶级和劳动人民的资产阶级专政机器"能够成立的前提下，才可以得出结论说：无产阶级只能通过暴力革命——而不可能通过民主方式——取得政权。相反地，如果实行普选制民主的资本主义国家政权是为全体国民和所有阶级服务的工具，而不是资产阶级镇压无产阶级和劳动人民的资产阶级专政机器，那么，无产阶级和劳动人民的政党岂不就可以凭借占人口绝大多数的优势，通过竞选获得多数选票成为执政党？这样一来，社会主义政党岂不就可以通过普选制民主的方式——而不通过暴力革命——取得国家政权？

事实胜于雄辩。从1919年到1949年的30年间，总共有德、英、法、瑞典、丹麦等十几个欧洲的社会主义政党——社会民主党、工党和社会党——先后通过多党平等竞选的方式上台执政：单独或联合执政。截至1991年，世界五大洲的社会主义政党已经有151个，先后有40多个通过普选制民主的方式上台执政，而且连续执政时间较长，特别是瑞典社会民主党，累计执政60多年。这岂不充分证明，科学社会主义关于社会主义政党只能通过暴力革命——而不可能通过民主方式——取得政权的观点，大谬不然？

---

① 考茨基：《唯物主义历史观》第5分册，上海人民出版社1964年版，第301—302页。

诚然，1871年巴黎公社暴力革命失败以后，马克思恩格斯的思想发生了变化，认为无产阶级及其社会主义政党取得政权，既可能通过和平的民主的途径，也可能采取暴力革命的途径；如可能通过和平的民主的途径，就应该采取和平的民主的途径；如果不可能通过和平的民主的途径，就应该采取暴力革命的途径。恩格斯逝世前夕——1895年4月——谈及无产阶级和平的和反暴力策略时还这样写道：

> 我谈的这个策略仅仅是针对今天的德国，而且还有重大的附带条件。对法国、比利时、意大利、奥地利来说，这个策略就不能整个采用。就是对德国，明天它也可能就不适用了。①

这种和平民主与暴力革命两条途径的观点，似乎很全面和正确，实则不然。因为社会主义暴力革命与资本主义暴力革命根本不同。资本主义暴力革命，一般说来，是必要恶，因而是应该的、善的、具有正价值。因为，一方面，正如伯恩斯坦所言，封建专制主义国家更替为资本主义国家几乎不可能通过民主的方式，而只可能通过暴力革命的方式："具有各种僵化的等级制度的封建主义几乎到处都必须用暴力来炸毁。"② 另一方面，资产阶级暴力革命所建立的资本主义，无论如何，必定远远先进于封建专制主义，因而是一种历史的进步。

相反地，社会主义暴力革命必定都是纯粹恶，必定都是不应该的、恶的、具有负价值的。因为资本主义国家最主要最普遍最典型的政体无疑是民主制，以致今日世界上所有资本主义国家几乎都实行民主制。因此，即使还没有实现民主的资本主义国家，也与封建专制根本不同：前者极有可能实现民主制，而后者几乎不可能实现民主制。这样一来，资本主义国家不论如何专制，社会主义政党都有可能通过民主的方式取得政权：首先使专制等非民主制的资本主义国家转变为民主的资本主义国家，然后通过普选制民主取得政权；不论资本主义国家由专制转变为民主需要多么漫长的

---

① 《马克思恩格斯全集》第39卷，人民出版社1974年版，第436页。
② 爱德华·伯恩斯坦：《社会主义的前提和社会民主党的任务》，生活·读书·新知三联书店1965年版，第208页。

时间，都只应该如此！

因为在可能实行民主——无论如何困难——的情况下，不通过民主的方式而通过暴力革命夺取政权和实现社会主义，不但意味着让人民不必要地充当炮灰、流血牺牲，而且意味着为民做主、强奸民意和强迫人民缔结最高权力契约，因而意味着对人民所应享有的最根本最主要最重大的权利和利益——政治自由权利——的剥夺，意味着对人民所应享有的最根本最主要最重大的权利和利益——执掌最高权力的权利——的践踏：这岂不是对人民的权利和利益的最大损害？

不但此也！这种为民做主的社会主义政党既然暴力地、不民主地、为民做主地夺取政权，势必继续暴力地、不民主地、为民做主执掌政权，从而导致专制等非民主制的社会主义。这就是为什么通过暴力革命实现的所有社会主义国家——中国除外——几乎都是形式民主而实质专制的缘故。问题的关键在于，资产阶级暴力革命所建立的资本主义，不论如何专制，总比封建专制主义先进；反之，无产阶级暴力革命所建立的专制的社会主义国家，必定远远恶劣于它所取代的专制的资本主义国家。

因为资本主义不论如何专制，官吏阶级毕竟仅仅垄断了政治权力，而并没有垄断经济权力。相应地，庶民阶级仅仅没有政治权力，而并没有丧失经济权力。因此，资本主义不论如何专制，都堪称"不服从者亦得食"的国家。因为生产资料主要为私有者所拥有，而并不为政府和官吏所垄断，因而政府和官吏没有控制国民的全权：不服从政府和官吏亦可得食。

反之，在非民主制社会主义社会，官吏阶级不但垄断了政治权力，而且通过垄断国有资源和公有制生产资料，垄断了全国主要经济权力，是全权垄断阶级，是人类历史上权力垄断最多最大的官吏阶级；相应地，庶民阶级不但没有政治权力，也没有经济权力，是人类历史上权力丧失最干净最彻底的庶民阶级。这样一来，庶民阶级不但遭受人类历史上最严重的压迫与剥削——全权垄断的压迫和剥削——而且不服从政府和官吏就意味着没有工作，就意味着饿死：不服从者不得食。

这种政府官员拥有控制国民全权的奴役制社会主义，显然远远恶劣于资本主义：这就是苏东九国资本主义复辟的根本原因。这就是为什么，不论资本主义国家由专制转变为民主需要多么漫长时间，都应该首先使专制等非民主制的资本主义国家转变为民主的资本主义国家，然后通过普选制民主取得政权；否则，通过暴力革命、流血牺牲所建立的社会主义却必定远远恶劣于它所取代的资本主义，最终必定像苏东九国那样复辟资本主义。

因此，不但马克思恩格斯认为无产阶级只能通过暴力革命取得政权的理论是极端错误的；而且认为夺取政权应有两种途径——和平民主与暴力革命——的理论也是错误的，只不过错误的程度较轻罢了。这种错误之根本原因显然在于，马克思恩格斯为当时历史环境所局限而几乎不可能看到资产阶级暴力革命与无产阶级暴力革命之双重不同：

一方面，资本主义取代封建专制不可能通过民主的方式，而社会主义取代资本主义则可能通过民主的方式。另一方面，资产阶级暴力革命所建立的资本主义总比封建专制主义先进，因而是一种进步的暴力革命；反之，无产阶级暴力革命所建立势必是全权垄断的奴役制社会主义，远远恶劣于资本主义，因而是一种退步的暴力革命。

这就是为什么，真理乃为生活于新的历史环境——民主社会主义模式与苏联社会主义模式——的民主社会主义所发现：夺取政权和实现社会主义只应该有一种途径，亦即只应该通过民主。民主意味着，每个人平等地执掌最高权力，从而不存在政治权力垄断。因此，民主的社会主义社会不但不存在因政治权力垄断而分成的官吏阶级与庶民阶级；而且也因公有制而不存在经济权力垄断，不存在因经济权力垄断而分成的阶级。这样一来，民主的社会主义社会也就意味着阶级和阶级剥削的消灭，无疑远远先进于因私有制而存在经济权力垄断的资本主义社会：民主与否乃社会主义是否优越于资本主义的决定性因素。因此，在任何条件下无产阶级都只应该通过民主夺取政权和实行社会主义：民主社会主义此见实乃具有普世价值之绝对真理也！

然而，列宁不但抛弃晚年马克思恩格斯无产阶级革命两种途径理论而退回到《共产党宣言》，认为无产阶级只能通过暴力革命取得政权；而且抛弃马克思恩格斯实现社会主义必要条件——生产力高度发达——和社会主义在生产力发达的多国同时胜利理论，提出恰恰相反的理论：社会主义可能且应该在生产力比较落后的一国（俄国）通过暴力革命和无产阶级专政获得胜利。这一理论更加违背实现社会主义的客观条件和主观条件，更加偏离真理，因而不能不遭受更加可怕的失败后惩罚。

首先，必定遭受效率低下的惩罚和苦难。因为，如前所述，生产力高度发展——从而使每个人的物质需要得到相对满足——乃是国民思想品德和政治觉悟普遍提高的根本条件。如果生产力不够发达、产品还不能满足全体社会成员物质需要的时候，国民思想品德和政治觉悟决不可能普遍提高。这样一来，便唯有私有制才有效率；而公有制则注定无效率：生产力比较落后的社会主义必定效率低下。这就是苏联等生产力落后而通过暴力革命和无产阶级专政所建立的社会主义国家——中国除外——无一不效率低下、停滞和倒退之根本原因。

其次，必定导致暴虐且巩固的专制。因为民主实现和巩固的客观条件无非有四：经济条件、政治条件、社会条件和文化条件。生产力落后，意味着不具备民主的经济条件。国民政治觉悟低下，意味着臣民文化盛行和公民文化衰微，不具备民主的文化条件。生产力落后和臣民文化盛行，意味着公民社会不发达，不具备民主的社会条件。暴力革命，意味着暴力地、不民主地、为民做主地夺取政权，势必继续暴力地、不民主地、为民做主执掌政权，因而不具备民主的政治条件。这就是为什么，苏联等生产力落后而通过暴力革命和无产阶级专政所建立的社会主义国家——中国除外——无一不实行极端暴虐且巩固专制之根本原因。

最后，必定导致极端残酷的全权垄断的阶级剥削和阶级压迫。因为只要实行非民主制，就意味着政治权力垄断，就意味着存在垄断政治权力的官吏阶级和没有政治权力的庶民阶级。社会主义实行非民主制，意味着全权垄断，意味着官吏阶级不但垄断了政治权力，而且通过垄断国有资源和公有制生产资料，垄断了全国主要经济权力，进而垄断社会权力与文化权力。社会主义实行专制，意味着专制者一人的全权垄断，意味着亚细亚生产方式——生产资料形式上为国有而实质上却为专制者一人及其官吏阶级所有——的阶级和剥削制度的复辟。社会主义实行极端暴虐且巩固的专制，意味着专制者一人的极端暴虐且巩固的全权垄断，意味着极端暴虐且巩固的亚细亚生产方式复辟，因而意味着人类历史上最全面、最深重、最极端、最极权、最可怕的阶级和剥削制度：庶民阶级不但遭受专制者一人及其官吏阶级的全权垄断的压迫和剥削，而且所有国民——除了专制者一人——不服从的最好的下场就是不得食而活活饿死。这就是为什么哈耶克断言社会主义是通往奴役之路的缘故，这就是为什么，苏联等生产力落后而通过暴力革命和无产阶级专政所建立的社会主义国家——中国除外——人们争先恐后将奴才的锁链当作花环来佩戴的缘故！

马克思说："通向地狱的道路是由良好的意图铺成的。"① 诚哉斯言！苏东九国人民饱尝半个多世纪列宁"生产力落后国家通过暴力革命和无产阶级专政实现社会主义"理论苦果，最终通过民主方式抛弃社会主义而复辟资本主义，充分证实这一理论之谬误：它恐怕是人类所能犯下的通过美好愿望而将我们带向地狱的最可怕的谬误。我们不禁要问，这样一种给人类带来如此巨大灾难的极端错误的所谓科学社会主义理论，比它的前辈——巴贝夫、布朗基、德萨米以及魏特林——的所谓空想社会主义的暴力革命和革命专政理论，究竟更加正确还是更加错误？

答案恐怕是：二者实质上并无根本不同。只不过，前辈们未能成功夺取政权，没有使人民遭受人类最深重最具奴役性的全权垄断的阶级剥削和阶级压迫之苦难，最终没有被人民抛弃而复辟资本主义；后继者则成功夺取政权，使人民饱尝数十年人类最深重最具奴役性的全权垄断的阶级剥削和阶级压迫之苦难，最终被人民抛弃而复辟资本主义。诚然，按照马克思恩格斯和列宁的观点，他们的暴力革命与无产阶级专政理论，与布朗基等人的暴力革命和革命专政理论根本不同，因为他们的暴力革命与无产阶级专政理论基于唯物史观和剩余价值学说：唯物史观和剩余价值学说使他们的暴力革命与无产阶级专政理论变成了科学，成为科学的暴力革命和无产阶级专政理论。

然而，一方面，如前所述，唯物史观固然是伟大发现，但科学社会主义却由唯物史观——特别是社会主义具有历史必然性——进而否定社会主义的应然性，摒弃自柏拉图以来视正义、平等与自由为国家制度价值标准的传统，致使劳动人民生活于一种"不服从者不得食"的奴役制社会主义社会。试问，究竟这种基于唯物史观的暴力革命和无产阶级专政理论更加错误，还是布朗基的暴力革命和革命专政——没有发现唯物史观因而没有摒弃柏拉图以来视正义、平等与自由为国家制度价值标准的传统——的理论更加错误？

另一方面，如前所述，马克思的剩余价值理论并不科学，它未能科学

---

① 马克思：《资本论》，中国社会科学出版社1983年版，第179页。

地证明资本主义剥削的必然性；它所赖以成立的劳动价值论，也是根本不能成立的。即使剩余价值理论是科学的，它也成不了被剥削阶级进行暴力革命和无产阶级专政理论的基础。因为马克思恩格斯弃自柏拉图以来视正义、平等与自由为国家制度价值标准的传统，将公正与平等以及人道与自由等国家制度价值标准排除科学社会主义领域之外，以致认为社会主义仅仅建立在资本主义必然崩溃的事实基础上，而不是建立在剩余价值所揭示的资本主义制度的剥削或不公平的基础上。试问，究竟这种"不是基于资本主义制度的剥削或不公平的基础上"的暴力革命和无产阶级专政理论更加错误，还是布朗基的"基于资本主义制度的剥削或不公平的基础上"的暴力革命和革命专政的理论更加错误？

4. 经济纲领：改良与革命

科学社会主义认为，社会主义政党取得政权之后，应该废除资本主义私有制和市场经济，而代之以社会主义公有制与计划经济，从而解决资本主义生产关系与生产力的矛盾冲突，消除阶级和剥削，使无产阶级和劳动人民获得解放和幸福。这恐怕是人类所能创造的动机最美好而效果最邪恶的谬误。因为，如前所述：

一方面，在生产力还没有高度发达——因而国民品德不可能普遍提高——的条件下，唯有私有制才有效率，才能促进生产力发展；而公有制必定无效率，必定阻碍生产力发展。另一方面，人类社会只有一种经济制度，亦即没有政府指挥——但有政府适当干预——的市场经济制度，是符合经济自由等国家制度价值标准和可以导致资源配置效率最佳状态的经济制度；其他一切经济制度（计划经济和自然经济以及存在政府指挥的市场经济或混合经济）都程度不同地违背国家制度价值标准，都程度不同地属于不自由、非人道、不公正和低效率的经济制度。

因此，社会主义政党取得政权之后，一方面，只有在生产力高度发达和国民品德普遍提高的条件下，才应该废除私有制而代之以公有制；另一方面，在任何条件下，都不应该废除市场经济而代之以计划经济，只应该不断完善市场经济制度。否则，如果废除市场经济而代之以计划经济，如果在生产力还不够发达——因而国民品德没有普遍提高——的条件下废除私有制而代之以公有制，不但必定导致效率低下，而且必定导致全权垄断：官吏阶级不但垄断政治权力，而且因控制国有资源和公有制生产资料而垄断了经济权力以及社会权力和文化权力；庶民阶级不但没有政治权力，而且没有经济权力以及社会权力和文化权力。这样一来，庶民阶级不但遭受人类历史上最严重的压迫与剥削——全权垄断的压迫和剥削——而且不服从政府和官吏就意味着没有工作，就意味着活活饿死，以致几乎丧失全部自由而与奴隶实无二致。

这并非纸上谈兵，而是苏联等社会主义国家实行公有制和计划经济的实践所昭示的极端可怖之真理。民主社会主义和社会民主党当初也无不深信这种科学社会主义教义，因而将废除私有制和实行计划经济写入党纲；并且各国社会民主党夺取政权之后，便纷纷推行公有制、国有化和计划经济。只不过，民主的纠错机制——特别是人民的选票——使社会民主党的公有化和计划经济导致效率低下不久就被废除，因而没有导致全权垄断的阶级和剥削制度。

这些事实迫使民主社会主义根本修正了科学社会主义的公有制和计划经济理论，进而提出基于社会主义基本价值的经济目标和达成这一目标的四大手段——以资本主义私有制为基础的混合所有制经济、政府干预的自由且公正的市场经济、经济民主和福利国家——的新理论。该理论堪称生产力不够高度发达——因而国民品德没有普遍提高——条件下的伟大真理。

首先，选择和摒弃任何经济制度的唯一正确的标准，确如民主社会主义所指出，只能是社会主义基本价值，亦即国家制度价值标准，说到底，亦即国家制度终极价值标准"增进每个人利益"和根本价值标准"公正与平等"以及最高价值标准"人道与自由"。问题的关键在于，在生产力不够高度发达的条件下，唯有资本主义私有制符合——而社会主义公有制则不符合——国家制度价值标准；在任何条件下，唯有政府干预的市场经济符合——而计划经济则不符合——国家制度价值标准。因此，这些年来，民主社会主义在生产力不够高度发达条件下主张资本主义私有制和政府干预的市场经济制度，是完全正确的。

其次，资本主义私有制和政府干预的市场经济虽然能够导致经济繁荣，却不能够真正达成经济公正与平等。因为资本主义私有制与市场经济必然导致资本家经济权力垄断及其对劳动人民的剥削和压迫。因此，正如民主社会主义所指出，为了实现社会主义基本价值，还必须削弱和减少雇主对经济权力的垄断，使雇员与雇主共同拥有经济权力，从而达到资本主义的剥削和压迫最小化、无产阶级和劳动人民的利益最大化。因此，民主社会主义创造了参与共决等经济民主制度，使雇员在劳资工资协议和企业决策等经济活动中，拥有信息权、协商权、共决权、监督权、提要权等经济权力，从而能够与雇主共同商定雇员工资、经济战略、劳动组织、职业教育等方针大计。

最后，参与共决制的经济民主，主要是从经济权力——而不是经济权利——方面，限制资本主义剥削和实现经济公正的手段；从经济权利方面限制资本主义剥削和实现经济公正的手段，则是民主社会主义所创造的福利国家制度。福利国家制度无疑是限制资本主义剥削和实现经济公正——从而达到资本主义的剥削最小化和劳动人民的利益最大化——的最主要的手段。这一点的明证，恐怕就是连参与共决经济民主最完善的瑞典，收入最高的10%的国民，与收入最低的60%的国民的贫富差距，税前收入仍然高达144倍；赖有瑞典福利国家制度，才使税后收入的贫富绝对平均差距是三倍。

究竟哪一种——民主社会主义与科学社会主义——经济建设理论，堪称使人类获得解放和幸福的真理？实践是检验真理的唯一标准。20世纪70年代末和80年代初，实行民主社会主义的联邦德国的工人，47%拥有房地产；95%有储蓄簿；47%进行休假旅行；61%拥有私人小汽车；一个工人的薪金相当于70名俄罗斯工人的工资。[①] 还在1939年，苏联人口11%—12%的上层人的收入就已经占国民收入的50%左右，差距比美国的还大；因为当时美国10%的上层人的收入占国民收入的35%。民主社会主义国家恰恰相反，不用说瑞典，就连英国，收入最低的20%家庭与收入最高的20%家庭，税前收入之比是1∶120，而税后收入则仅为1∶4。[②]

瑞典、英、法、德等民主社会主义与苏联等科学社会主义经济建设的实践充分证明：民主社会主义的基于资本主义私有制的混合经济与市场经

[①] 张世鹏：《当代西欧工人阶级》，北京大学出版社2001年版，第70—82页。
[②] 王绍西："西欧'福利国家'之得失"，《西欧研究》1987年第1期。

济以及经济民主和福利国家理论,乃是在生产力不够高度发达条件下使劳动人民获得解放和幸福的伟大真理。但是,这一真理无论如何伟大,却毕竟是相对真理:它只有在生产力不够发达——因而国民品德不可能普遍提高——的条件下才是真理;而在生产力高度发达——因而国民品德普遍提高——的条件下,维护资本主义私有制的民主社会主义理论就是谬误,唯有废除私有制而代之以公有制的共产主义理论才是真理。

因为在生产力不发达条件下,资本主义私有制及其所导致的经济权力垄断,虽然是剥削和压迫的根源,是恶的、不公平、不应该和具有负价值的;却能够避免更大的恶——效率低下、全权垄断的阶级与剥削、政府官员拥有控制国民全权的新奴隶制度和专制等非民主制等——其净余额是利和善,因而是一种必要恶,是应该的、善的、具有正价值。因此,在生产力不发达的条件下,维护资本主义私有制的民主社会主义理论是真理。

但是,到生产力高度发达——从而国民思想品德和政治觉悟普遍提高——的时候,资本主义私有制及其导致的剥削和压迫就不再是必要恶,而是有害无益的纯粹恶,是纯粹不公平、不应该、具有负价值的东西。因为在这时废除私有制必定——因国民思想品德和政治觉悟普遍提高——既能够保障公有制经济高效率发展,又能够实行完全民主制,从而消除政治权力垄断和经济权力垄断,消除阶级和剥削。因此,在生产力高度发达的条件下,反对废除资本主义私有制的民主社会主义理论就是谬误了。

这样一来,真理显然是:在生产力不够发达的条件下应该保护资本主义私有制而只进行改良;在生产力高度发达条件下应该废除资本主义私有制而进行革命。遗憾的是,民主社会主义也没有避免那些伟大真理发现者们的惯常错误:忽略伟大真理的适用条件以致将相对的有条件的真理夸大为绝对的无条件的真理。因为在民主社会主义看来,可以通过经济民主和福利国家制度消灭剥削和压迫、实现公正和自由。这意味着,经济民主和福利国家使资本主义私有制不再是剥削和压迫的根源,因而只要有经济民主和福利国家制度——无论生产力是否高度发达——就不应该进行革命废除资本主义私有制了。这就是为什么,民主社会主义会堕入改良主义——反对废除资本主义私有制的革命而仅仅主张改良资本主义——的缘故。

民主社会主义的改良主义是根本错误的。因为生产资料私有制或经济权力垄断乃是剥削和压迫的根源；不废除私有制和经济权力垄断，不可能消除剥削和压迫。参与共决的经济民主和福利国家制度虽然堪称解放人民的伟大发明，但如前所述，在不废除资本主义私有制的条件下，无论如何都不可能消除——只可能限制和减少——资本家的剥削和压迫；只有废除资本主义私有制而代之以社会主义和共产主义公有制，才可能断绝剥削和压迫的根源——经济权力垄断——才可能消除剥削和压迫。因此，对资本主义的改良发展到一定程度——达到生产力高度发达——便应该且必然要进行废除资本主义的社会主义革命：社会主义和共产主义革命是社会主义政党的最终目标。

细察民主社会主义改良主义，可知其根据，除了如上所述——经济民主和福利国家制度使资本主义私有制不再是剥削和压迫的根源——还有三个。一个是"社会不断发展变化，永无止境；没有最终目的，运动就是一切"；另一个是"所谓共产主义制度——公有制和按需分配以及计划经济等——并不是一个有着明确规定的社会模式，未必符合社会主义基本价值，是不可靠和不能信赖的，因而不可能作为最终目的"。最后一个，则是否定社会主义和共产主义的历史必然性；否则，如果社会主义和共产主义具有历史必然性，岂不就应该成为社会主义政党的最终目的？

这些根据——除了最终目的问题——如前所述，都是不能成立的。那么，最终目的之根据能否成立？否！诚然，社会不断发展变化，永无止境。但是，这并不能否定一个人或一个政党应该怀抱奋斗目的：直接的最近的目的和长远的最终的目的。因为任何一个人和一个政党的任何行为，都是有目的的；否则就不是行为：行为就是主体为了达到一定的目的而进行的实际活动过程。问题的关键在于，有目的就必定有直接的最近的当下的目的和长远的根本的最终的目的。试问，一个人都有长远的根本的最终的目的，一个政党——特别是社会主义政党——怎么能没有长远的根本的最终的目的？社会主义政党之所以叫做社会主义政党，岂不就是因为它的最终目的是实现社会主义和共产主义？

人类的社会和国家虽然不断发展变化永无止境；但是，人类也应该怀抱最终目的，那就是建立符合国家制度价值标准——公正与平等以及人道与自由——的国家和社会。这种国家和社会的具体的、微观的和细节的制度，虽然不可预测，但宏观的、普遍的和必然的制度，却无疑是可以科学预测的，那就是：它必定不存在剥削和压迫，因而必定不存在剥削和压迫的根源：权力——经济权力和政治权力——垄断。

因此，一方面，它必定是生产力高度发达，因而可以废除私有制而代之以公有制，从而消除经济权力垄断；另一方面，它必定是宪政民主，每个人都完全平等地执掌国家最高权力，从而消除政治权力垄断。合而言之，这种符合国家制度价值标准的未来的理想的国家必定具有六个特征：高度发达的生产力＋全民所有制＋按劳分配＋没有政府指挥的市场经济＋宪政民主＋只有一个主权和一个世界政府的全球国家。

试问，这种以公有制为其最根本特征的国家不是共产主义又能称之为什么？因此，共产主义应该是社会主义政党乃至全人类的最终目的。它是人类追求的最终目的，因为唯有它符合——而其他任何非共产主义社会都不符合——国家制度价值标准。所以，人类最终只应该追求共产主义社会，而不应该追求其他任何社会：追求任何其他非共产主义社会都意味着追求不符合国家制度价值标准的社会。因此，共产主义是人类追求的最终目的。

但是，这并不意味着共产主义实现之日，就是人类社会停止之时。共产主义必定仍然不断发展变化，永无止境。这种发展变化显然表现为两方面。一方面是进步，它会越来越完善：它的生产力会越来越发达；它的公有制形式会不断改变，从而越来越符合人性，越来越有利于调动人的劳动积极性；它的宪政民主会越来越名副其实、日益进步；它的按劳分配越来越精确，它的市场经济会越来越自由且公正；它的只有一个主权和一个世界政府的全球国家越来越繁荣。另一方面是退步，它如逆水行舟：不进则退。因为共产主义仍然是人类社会，不是神仙社会，仍然可能出现专制等非民主制，可能出现全球国家之分裂等。

因此，共产主义社会仍然会存在共产党和民主党等政党，它们仍然有奋斗目的，那就是使社会沿着进步路线不断前进和日益完善，阻止和反对社会沿着退步路线下滑和堕落。因此，民主社会主义的改良主义是错误的：误以为社会不断发展就意味着不可能有最终目的；误以为资本主义私有制＋经济民主＋福利国家＝消除剥削和压迫；误以为按需分配和计划经济等违背国家制度价值标准的制度是共产主义特征；误以为社会主义和共产主义不具有历史必然性。

改良主义无疑是民主社会主义的致命伤。因为毫无疑义，只有将公有制或共产主义作为最终目的，对资本主义进行的改良——经济民主和福利国家制度——才属于社会主义政党的身份特征。相反地，如果否定最终目的，只主张对资本主义进行改良而反对最终废除私有制和代之以公有制的社会主义革命，那么，对资本主义进行的改良——经济民主和福利国家制度——就不再是社会主义政党的身份特征；而这种主张也就不再是社会主义理论：民主社会主义不是真正的社会主义。因为社会主义的充分且必要条件就是生产资料公有制：反对废除私有制而代之以公有制的理论不属于社会主义范畴。这就是为什么，就连托马斯·迈尔等民主社会主义理论家自己，也认为社会民主党应该放弃民主社会主义概念，而代之以社会民主主义：

> 我现在倾向于使用"社会民主主义"这个概念。我要说的是，在过去很长的时间里，我也喜欢"民主社会主义"这个概念。但是，自从1989年以来，世界形势发生了深刻、巨大的变化。我认为"民主社会主义"这个概念已不可能准确描述社会民主主义的原则和方法。这并不是因为社会民主主义的方法发生了基本的变化，而主要是因为政治主题发生了改变。在我们的新党纲中，不再坚持那种在生产资料社会化意义上的社会主义了。我们的原则与方法的基础就是基本的经济社会权利。很清楚，我们倡导的社会民主主义，就是以实现社会、经济基本权利为基础的民主。①

5. 总结

综观科学社会主义与民主社会主义可知，二者是围绕四大问题而形成的截然相反的社会主义理论。首先，围绕社会主义的必然性与应然性问题，科学社会主义误以为科学只研究事实或必然而不研究应该或应然，因

---

① 何秉孟等编著：《欧洲社会民主主义的转型：与德国、瑞典学者对话实录》，社会科学文献出版社2010年版，第25页。

而从社会主义具有历史必然性的伟大发现出发,进而错误地否定社会主义是应然的;以致摒弃自柏拉图以来视正义、平等、人道与自由为国家制度价值标准的传统,误将其排除在科学社会主义领域之外,遂使社会主义和共产主义制度究竟应该如何——以及究竟应该在怎样的条件下实行怎样的社会主义和共产主义制度——失去科学的价值标准和指导原则。反之,一些民主社会主义论者虽然错误地否定社会主义历史必然性,却能够与那些"正确主张社会主义必然性与应然性之统一"的民主社会主义论者一样,正确将国家制度价值标准——公正与平等以及人道与自由——奉为社会主义基本价值,作为变革社会制度的标准和行动指南。

其次,围绕国家政权本性问题,科学社会主义从"经济上占据统治地位的阶级必定在政治上也占据统治地位"的似是而非的教条出发,进而错误地断定:国家政权是一个阶级压迫和剥削另一个阶级的机器,资本主义民主政权是资产阶级剥削和压迫无产阶级的机器,是对资产阶级的民主和对无产阶级的专政。民主社会主义则正确发现普选制民主国家政权必定为全民服务,而不可能是一个阶级镇压另一个阶级的专政;阶级专政必非普选制民主。

再次,围绕夺取政权和实现社会主义途径,科学社会主义误认为夺取政权和实现社会主义只能通过暴力革命和无产阶级专政;反之,民主社会主义则正确认为只应该通过普选制民主的方式——而不应该通过暴力革命与无产阶级专政——取得国家政权和实现社会主义。列宁认为社会主义可能且应该在生产力比较落后的一国(俄国)通过暴力革命和无产阶级专政获得胜利,就更加偏离真理了。

最后,围绕经济建设纲领,科学社会主义错误地摒弃自柏拉图以来视正义、平等与自由为国家制度价值标准的传统,失去究竟应该在怎样的条件下实行怎样的社会主义和共产主义制度的科学的价值标准,以致误以为取得政权之后,无论如何,都应该废除资本主义私有制和市场经济而代之以社会主义公有制与计划经济,即使当公有制和计划经济导致效率低下和全权垄断阶级——因而极端违背"增进每个人利益"等国家制度价值标准时——也仍然坚持实行公有制和计划经济。反之,民主社会主义则继承了柏拉图以来国家制度价值标准理论传统,因而当公有化和计划经济导致效率低下——因而违背"增进每个人利益"等国家制度价值标准时——

能够正确地代之以符合国家制度价值标准的"基于私有制的混合经济、市场经济、经济民主和福利国家制度";但却错误地否定最终目的而堕入改良主义。

可见,在社会主义基本理论的所有方面——社会主义指导原则与国家政权本性以及夺取政权、实现社会主义途径和经济建设纲领——科学社会主义都是极其错误的。因此,与19世纪差不多所有的社会主义者都声称自己的学说科学而实际上并不科学一样,马克思恩格斯自称的科学社会主义,实际上也是不科学的。相反地,在这些方面,民主社会主义几乎完全正确,因而堪称科学社会主义。诚然,在这些方面,民主社会主义有一个——并且只有这一个——错误,那就是否定最终目的而堕入改良主义。这一错误,从理论上看,关系社会主义政党身份特征,无疑极其重大;但从实践上看,它现在带给我们的实际危害却微不足道。

因为所谓最终目的就是废除资本主义私有制而代之以生产资料公有制,就是实现社会主义和共产主义。可是,正如马克思所指出:"人类始终只提出自己能够解决的任务,因为只要仔细考察就可以发现,任务本身,只有在解决它的物质条件已经存在或者至少是在生成过程中的时候,才会产生。"① 问题的关键在于,现在世界各国距离具备实现社会主义和共产主义的物质条件和思想条件——生产力高度发达和国民品德普遍提高——无疑还十分遥远。在这种情况下,坚持还是放弃最终目的,便因其是十分遥远的未来而对现在的我们的利害关系显然不大,甚至是微不足道的。这恐怕就是为什么伯恩斯坦一再强调"最终目的仅仅对我来说才是微不足道的"之真谛。②

那么,民主社会主义放弃最终目的,对于遥远未来的我们是否会有重大损害?答案恐怕也是否定的。因为当实现社会主义和共产主义的物质条件以及思想条件终于到来的时候,民主社会主义势必放弃改良而主张废除

---

① 《马克思恩格斯选集》第2卷,人民出版社1972年版,第33页。

② 与今日主流民社会主义明确放弃最终目的不同,"最终目的微不足道"之始作俑者伯恩斯坦,却似乎并不主张放弃最终目的,而只是轻视遥远的将来才能实现的最终目的和重视现在能够实现的目的。因此,他一再抱怨人们将他说的"最终目的对我来说微不足道"曲解为"最终目的微不足道":"从'最终目的……对我来说是微不足道的'这句表示个人不感兴趣的说法,造出了'最终目的是微不足道的'这句话,也就是造出了一句放之四海而皆准的格言。"(《伯恩斯坦文选》,人民出版社2008年版,第506页)

资本主义私有制。因为到那时，资本主义私有制和经济权力垄断所必定导致的剥削和压迫，就不再是一种能够防止更大恶——效率低下和全权垄断的奴役制社会主义——的必要恶，而是一种纯粹恶。正如人类不可能长久在一种纯粹错误的思想指导下生存一样，人类不可能长久生活于一种纯粹恶的制度，而或迟或早必然要消灭这种纯粹恶的制度。特别是，在生产力高度发达的条件下，国民的思想觉悟普遍提高，他们显然绝不可能继续生活于已经变成纯粹恶的资本主义的阶级和剥削制度，而必然选择消灭这种制度的无阶级无剥削的社会主义和共产主义。试问，在这种情况下，以为全民谋幸福为宗旨的民主社会主义，怎么可能不主张废除资本主义而代之以社会主义和共产主义呢？

诚然，无论如何，科学社会主义与民主社会主义毕竟互有对错；但大体说来，前者是谬论而后者是真理，无疑能够成立。真理势必使信奉者成功；谬误注定使信奉者失败。这就是为什么，半个多世纪以来，民主社会主义给予人民的是名副其实的民主、自由、平等、富裕和幸福：民主社会主义是人民翻身解放的理论武器；相反地，按照科学社会主义建立起来的所有社会主义国家几乎无不陷入效率低下、专制以及全权垄断的阶级剥削和阶级压迫之苦难：科学社会主义是极权主义全权垄断的官吏阶级剥削和压迫全权丧失的庶民阶级的冠冕堂皇的理论武器。

但是，这并非因为，科学社会主义理论家不如民主社会主义理论家伟大。恰恰相反，马克思恩格斯无疑是世界最顶级的理论巨匠，仅仅就其理论成就来说，仅仅就《资本论》一部书稿，就足以与柏拉图、亚里士多德和孔子、老子并列，远远高于伯恩斯坦考茨基等民主社会主义理论家：马克思恩格斯是博大精深的科学社会主义理论之创造者；而伯恩斯坦考茨基之流不过是马克思恩格斯所创造的科学社会主义理论之运用者和修正者而已。

然而，问题的关键在于，民主社会主义理论家们虽然是马克思恩格斯的学生，他们却因此而得以站在伟大导师的肩膀上，经历伟大导师逝世以后的世界新变化和新实践，因而可以见马克思恩格斯所未见，看得更加高远、清楚和确切。特别是，实践是检验真理的唯一标准。在科学泰斗马克思恩格斯面前，伯恩斯坦考茨基等民主社会主义理论家虽然渺小之极，甚至如马克思曾轻蔑地称之为"天生的俗种"；但当这些渺小平庸之辈运用伟大导师的科学社会主义理论于实践时，却足以发现和修正科学社会主义的谬误，从而形成民主社会主义之真理：科学社会主义实乃民主社会主义之母；没有科学社会主义就没有民主社会主义。这个道理，富有自知之明的伯恩斯坦自己倒说得很清楚：

> 问题不在于我同马克思比起来低劣到多大程度。任何在知识上和思想上远不能望马克思之项背的人在反对马克思时都可能是正确的。问题在于，我所确认的事实是否正确，它们是否能证明我由它们得出的结论是正确的。从前面说的可以清楚看出，连像马克思这样的人也不能摆脱这样的命运，即在英国大大地修改了他的先入之见，他也在英国背弃了他带到那里去的某些见解。①

---

① 爱德华·伯恩斯坦：《社会主义的前提和社会民主党的任务》，生活·读书·新知三联书店1965年版，第252页。

下 篇
民主实现条件

第二十章

民主实现的客观条件

本章提要

　　民主的经济条件虽然与民主的其他条件一样，只是民主实现的有利条件或不利条件；但是，经济条件却是民主诸条件中的始源性条件，而其他条件都是派生性条件。因为经济条件最终产生和决定民主的其他客观条件（社会条件、文化条件和政治条件）以及民主的主观条件：对民主有利的经济条件能够且迟早势必创造有利于实现民主的主观条件（庶民阶级争取民主的愿望和行动）、社会条件（公民社会）、文化条件（公民文化）和政治条件（言论、结社和建党自由）；相反地，对民主不利的经济条件则能够且迟早势必创造不利于民主实现的主客观条件。这就是为什么经济条件对于是否实行民主并不具有必然的决定作用，却又能够势必导致民主的缘故。这就是为什么经济现代化对于是否实行民主并不具有必然的决定作用，却又势必导致民主的缘故：就经济现代化这一有利于民主的经济条件自身来说，对是否实行民主并不具有必然的决定作用；但就经济现代化迟早势必造成实现民主的全部主客观条件来说，则势必导致民主，使民主的出现成为一种必然趋势。

　　任何社会都既有实行民主制的可能性，也有实行非民主制的可能性。然而，究竟为什么绝大多数封建社会都实行君主制？而绝大多数资本主义社会却实行民主制？究竟言之，这只是因为，可能变成现实需要一定的主客观条件。封建社会与资本主义社会虽然都有实行君主制和民主制的可能，但是，绝大多数封建社会却缺乏实行民主制的主客观条件，而具备实行君主制的主客观条件,因而使非民主制的可能性变成了现实,而没有使民主制的可能性变成现实;相反地,绝大多数资本主义社会则缺乏实行君主制的主客观条件,而具备实行民主制的主客观条件,因而使民主制的可能变成了现实,而没有使非民主制的可能变成现实。那么,民主制与非民主制从可能变成现实的主客观条件究竟是什么?民主实现的主观与客观条件是什么?

不难看出,民主实现的主观条件,也就是人们实行民主的政治活动,说到底,亦即人们实行民主的政治欲求与政治行动;而人们进行这些活动时的国家各方面状况,则是民主实现的客观条件。国家是拥有最高权力的社会,因而也就是最大且最高的社会,是一切社会的总和。这意味着,国家与社会不同,除了经济、政治和文化三大方面或三大领域,还包括一个领域,亦即社会,如所谓结社自由、各种社会团体等。这样一来,国家状况便正如马克思所指出,分为政治、经济、社会和文化四大领域:"物质生活的生产方式制约着整个社会生活、政治生活和精神生活的过程。"[①] 伯纳德·E. 布朗则称之为社会体系四因素:"任何社会体系皆有的四个主要成分:经济、社会结构、政治制度和充斥于整个社会并为强制统治辩护的价值观念。"[②] 因此,民主实现的客观条件便可以归结为四个方面:经济条件、政治条件、社会条件和文化条件。

一 民主的政治条件

所谓民主的实现,亦即人民或全体公民真正地、名副其实地执掌最高权力。可是,究竟如何才算是人民或全体公民真正执掌最高权力呢?民主是一种政治制度。因此,人民或全体公民真正执掌最高权力,或民主的实现,必定是一种政治制度。那么,究竟怎样的政治制度才是民主的实现呢?使民主得到实现的政治制度,就是民主实现的政治制度条件,属于民主实现的政治条件范畴。

不言而喻,只有弄清楚民主实现的政治制度条件,知道什么样的政治

[①] 《马克思恩格斯选集》第 2 卷,人民出版社 1995 年版,第 32 页。
[②] 西里尔·E. 布莱克编:《比较现代化》,上海译文出版社 1992 年版,第 239 页。

制度是民主，才能进一步研究这种叫做民主的政治制度需要什么经济条件、社会条件和文化条件。因此，正如达尔所指出，理解民主实现的政治条件是回答其他条件的前提："什么条件——社会的、经济的、文化的以及其他条件——有利于民主政治制度的发展稳定？这个中心问题又以对另一个问题的回答为前提，这个问题就是：为了保持民主制度的存在，需要建立什么样的政治制度？"①

诚哉斯言！研究民主实现的条件，首先应该研究民主实现所需要的政治条件、政治制度条件。那么，民主的实现究竟需要什么样的政治制度？达尔认为主要有：1. 建立和加入组织的自由；2. 表达自由；3. 自由公正的选举。② 达尔所列举的政治制度条件，显然局限于选举制度和政党制度，而没有政府制度，因而是片面的。民主实现所需要的政治制度条件，真正讲来，恐怕应该包括这样三大方面；"1. 言论自由：民主的选举制度条件"；"2. 建党自由：民主的政党制度条件"；"3. 分权：民主的政府制度条件"。

1. 言论自由：民主的选举制度条件

民主就是全体公民执掌国家最高权力，就是人民、庶民的统治。民主、人民的统治，是否意味着：人民、庶民担任一定的政治职务或官职呢？否。因为人民、庶民之所以为人民、庶民，就是因为他们没有政治职务或官职——人民或庶民就是没有政治职务的人——否则，如果拥有政治职务或官职，他们就不是庶民而是官吏了。那么，人民的统治，是否意味着，让人民都成为大大小小的官吏从而都担任一定的政治职务？否。

因为官吏或政治职务担任者的统治活动，并不直接创造财富；不但不创造财富，而且是对人的行为的权力管理，是对人的某些欲望和自由的限制、约束、侵犯，因而其本身对人有害无益，是一种恶；对人有益的，并非这些统治本身，而是这些统治通过对人的限制、约束、侵犯、损害所达成的结果：经济（创造物质财富的活动）和文化（创造精神财富的活动）的存在发展。

---

① 罗伯特·达尔：《多头政体》，商务印书馆2003年版，第1页。
② Robert A. Dahl, *Polyarchy*, New Haven and London: Yale University Press, 1971, p. 3.

因此，官吏或政治职务担任者及其统治活动，便是一种能够带来更大的善——经济和文化存在发展——的恶，便是一种必要恶；因而只要足以保障经济和文化存在发展，便越少越好。这就是为什么，任何社会拥有政治职务或官职的人都是极少数人的缘故；这就是为什么人民——亦即绝大多数人——不可能担任政治职务而成为官吏的缘故。

但是，没有官职或政治职务能否进行统治？西方自柏拉图和亚里士多德以来的传统的回答，是肯定的：民主就是多数人或人民的统治。然而，随着精英主义的兴起，人民不可能进行统治的说辞颇为流行。最精辟表达这种观点的，当推熊彼特："民主并不意味也不可能意味人民实际上在统治。民主的意思只能是：人民有机会接受或拒绝谁将来统治他们……民主就是政治家的统治。"①

民主、人民的统治居然成了政治家的统治！岂不荒唐之极？这种谬见的根据，显然在于将政治职务或官职当做统治的充分且必要条件，因而由人民不可能有政治职务的事实，进而误以为人民不可能进行统治。殊不知，一方面，人民虽然没有也不可能有政治职务，却可以有政治权力；民主就是人民执掌最高权力的政体。另一方面，政治权力——而不是政治职务或官职——是统治的充分且必要条件。谁拥有政治权力，谁就能够进行统治，即使他没有政治职务或官职。

人民没有政治职务或官职，却执掌国家最高政治权力，因而可以进行统治。只不过，一方面，人民的统治，一般说来，是统治官吏，而不是统治人民。韩信有一次问刘邦：陛下能带多少兵？刘邦说：我不能带兵，但是我能将将。人民的统治恰似将将。一般说来，人民不能统治人民，但是人民能够统治官吏，能够统治那些统治人民的人。另一方面，人民没有政治职务或官职，因而不可能进行常务统治：政治职务或官职是常务统治的充分且必要条件；政治权力是统治的充分且必要条件。就是雅典民主——直接民主的典型——亦然：雅典人民也不能进行常务统治。

确实，雅典人民每隔10天就在公民大会中亲自行使最高权力，直接决定国家大事。但是，公民大会不可能天天进行，因而并非常务统治机

---

① Joseph A. Schqmpeter, *Capitalism, Socialism, and Democracy*, (3rd, Edition) New York: Harper Brothers Publishers, 1950, p. 284.

构。在两次大会休会期间，人民便不得不将最高权力委托给议事会的500名议员，由他们代表公民大会行使最高权力；议事会是常务统治机构。因此，不论直接民主还是代议民主，都必须委托和监督官吏代表自己进行常务统治。

这样一来，民主、人民的统治便可以归结为两方面：一方面，人民的统治是对全体国民的非常务统治，亦即偶尔进行的所谓"直接统治"，说到底，也就是非常务地偶尔地直接决定重大问题，主要包括所谓创制权和复决权。何谓创制权？詹姆斯·布赖斯答曰："一定数目的公民，有权建议一种议案，转交国民投票公决，这就叫创制权。"① 何谓复决权？布赖斯答曰："立法院所通过的议案，提交人民投票可决或否决之：这种办法，就叫做复决权。"② 另一方面，人民的统治是对官吏的统治，也就是将最高权力委托给官吏，委托和监督官吏代表自己进行常务统治：人民拥有国家最高权力，是国家的主人；官吏按照人民意志行使最高权力，代表人民进行常务统治，是人民的仆人。

不言而喻，人民的统治，主要讲来，并不是行使创制权和复决权，而是委托和监督官吏代表自己进行常务统治。那么，人民究竟如何委托和监督官吏代表自己进行常务统治呢？显然只有一条途径：选举。人民选举能够按照自己的意志进行常务统治的人，将全国各级最高权力委托给他们，任命他们为各级最高官吏，监督他们按照自己的意志进行全国各级常务统治；并根据他们的统治和业绩，随时罢免违背人民意志的官吏，而代之以遵循人民意志的官吏：任命与罢免是选举的正反面。这样一来，岂不就实现了人民的统治？岂不就实现了民主？这个道理，布赖斯曾有极为透辟的论述：

> 一切权力都从人民来的。如果承认这句话，就发生一个问题：人民怎样运用他们的权力？人民的意思究竟用什么方法表示出来？世界上各立宪国的方法都是用投票；即如洛威尔所谓"数头不头"的方法。投票是古希腊及意大利各共和国发明的，现在各文明国都是采用

---

① 詹姆斯·布赖斯：《现代民治政体》上册，吉林人民出版社2001年版，第377页。
② 同上书，第375页。

的，无论如瑞士及北美合众国中许多邦在"创制"及"复决"上用之使人民直接判断政事的，或如通常用法使人民选举议会的代表或行政司法的官吏。①

可见，不论直接民主还是代议民主，都必须通过选举才能实现：选举是民主实现的唯一途径，是民主实现的根本政治条件，是民主的固有特征和必然属性。反之，专制等非民主制虽然也进行选举，但选举并非其固有的、必然的属性。因为专制等非民主制是一人或若干寡头执掌国家最高权力，专制者和寡头都属于官吏范畴，都担任一定的政治职务或官职，因而都能够进行常务统治，而不必选举代表。事实也是如此，不论中西，世袭制专制政体显然比选举制专制政体更加普遍。因此，亨廷顿一再说："选举是民主的本质。"② 科特雷亦如是说："在没有选举的地方，也就无自由可言。"③

但是，并非任何选举都是实行民主的政治条件。因为君主及其官吏也可以通过选举产生。德意志帝国的皇帝和罗马教皇都曾经通过选举产生；中国古代君主专制的选拔官吏制度——荐举和科举——也属于选举范畴。这些专制等非民主制的选举，与成为民主实现条件的选举显然根本不同：

一方面，选举权和被选举权在专制等非民主政体中不可能为全体公民平等享有；特别是享有选举权者，只可能是极少数人，亦即官吏、贵族和君主等。因为专制等非民主制乃是专制者一人或少数寡头执掌最高权力的政体，该政体的根本的原则就是等级制，就是不平等，特别是政治权利不平等，说到底，就是选举权和被选举权的不平等。相反地，成为民主实现条件的选举，选举权和被选举权应该为全体公民平等享有："普遍的选举是民主的圣约柜。"④ 因为民主制就是全体公民完全平等执掌最高权力的政体，这种政体的根本原则就是平等，特别是政治平等与机会平等。按照政治平等原则，全体公民应该完全平等执掌最高权力，因而应该完全平等

---

① 詹姆斯·布赖斯：《现代民治政体》上册，吉林人民出版社 2001 年版，第 151 页。
② Samuel P. Huntington, *The Third Wave: Democratization in the Late Twentieth Century*, Norman: University of Oklahoma Press, 1991, p. 9.
③ 让—马里·科特雷等：《选举制度》，商务印书馆 1996 年版，第 3 页。
④ 转引自杨云彪《公民的选举》，中国大百科全书出版社 2008 年版，第 7 页。

享有选举权，应该完全平等地共同决定——亦即一人一票——哪些公民担任各级最高官职。按照机会平等原则，全体公民应该完全平等享有被选举权，应该完全平等竞争各级最高官职。

另一方面，被选举的官吏，在专制等非民主政体中，必非全部各级最高官吏，更非全部官吏；否则，就意味着消除等级制，就意味着消除特权，就不是专制等非民主制了。相反地，成为民主实现条件的选举，必须选举——直接或间接——全部官吏，特别是全部各级最高官吏，亦即中央和地方各级议会、行政和法院最高官吏。因为民主是全体公民共同执掌最高权力的政体，如果某些最高官吏不为民选，就意味着某些最高权力不被全体公民执掌和拥有，就不是民主政体了。

因此，选举之为民主实现的政治条件，可以归结为一句话：全部官吏皆为全体公民选举；全体公民皆可竞选官吏；官吏皆为民选，全民皆可为官。这意味着，作为民主实现政治条件的选举，必须是自由和平等的定期选举。它必须是定期的选举之缘故，原本不言而喻。因为不是定期的，就难以罢免违背人民意志的官吏和任命遵循人民意志的官吏。定期之长短的原则显然应该是：只要官吏的统治能够进行下去，越短越好。这恐怕就是雅典选举的定期为什么是一年的缘故。作为民主实现政治条件的选举，必须是自由和平等的选举，则意味着：

一方面，全体公民都可以平等地按照自己的意志，选举全国任何一个公民担任任何官职；另一方面，全体公民都可以平等地按照自己的意志竞选全国任何官职。这样一来，全体公民必须了解每一个竞选者；每个竞选者也必须让全体公民了解自己。因此，每个竞选者便都应该有平等的机会向全体公民宣传自己的施政纲领，都应该有平等机会反对其他人的施政纲领；全体公民也都应该有平等的机会听取每个竞选者的施政纲领，都应该有平等机会知晓竞选者们的相互反对和斗争。要想做到这一点，显然正如亨廷顿所言，只有一条途径，亦即每个公民都必须平等享有言论出版自由："言论、出版、集会和结社等社会和政治自由的存在，对于政治辩论和竞选必不可少。"[①] 让—马里·科特雷也这样写道："只有保证多种政见

[①] Samuel P. Huntington, *The Third Wave: Democratization in the Late Twentieth Century*, Norman, University of Oklahoma Press, 1991, p. 7.

充分发表的选举制度才能保证公民自由。"①

因此,作为民主实现政治条件的选举,就必须是基于言论出版自由的定期选举:只有言论出版自由的定期选举,才可能是自由和平等的选举,才堪称民主实现的政治条件;而没有言论出版自由的定期选举,必定不是自由和平等的选举,不堪称之为民主实现的政治条件。因此,亨廷顿一再说:"选举是民主的本质。从这一本质中产生了民主制度的其他特征,只有存在着某种程度的言论自由、集会自由、新闻自由,只有反对派候选人和政党能够批评现任的统治者而不害怕受到报复,才有可能进行自由、公平和竞争性的选举。"②

这就是为什么,托克维尔认为出版自由与民主的关系密不可分;而出版检查则与普选无法共存:"出版自由和人民主权,是相互关系极为密切的两件事;而出版检查和普选则是互相对立的两件事,无法在同一个国家的政治制度中长期共存下去。生活在美国境内的1200万人,至今还没有一个人敢于提议限制出版自由。"③

2. 竞争性政党制度:民主的政党制度条件

亨廷顿一再强调:"公开、自由和公正的选举是民主的实质,是民主的必要条件。"④ 确实,言论出版自由等关涉选举制度的条件,仅仅是民主实现的必要条件,而不是充分条件;民主的实现还必须有关涉政党制度的条件:建党自由。因为除非国家极小,民主政体都必然遭遇一个莫大的难题:选民和候选人数不胜数,彼此互不相识,政治偏好千差万别、极为分散,如何表达和形成数以百万计的公民之公意?

无疑只有一个办法,那就是允许一些抱有共同政治目标的选民和候选人由少到多、由近及远滚雪球式地聚集起来,结成不同团体,亦即结成不同政党——政党就是一些人为了实现共同的政治目标而自愿结成的团体——每个政党都协议推荐候选人,将候选人及其政党介绍给全体选民。

---

① 让-马里·科特雷等:《选举制度》,商务印书馆1996年版,第4页。
② 亨廷顿:《第三波——20世纪后期民主化浪潮》,上海三联书店1998年版,第6页。
③ 托克维尔:《论美国的民主》上卷,商务印书馆1996年版,第205页。
④ Samuel P. Huntington, *The Third Wave: Democratization in the Late Twentieth Century*, Norman: University of Oklahoma Press, 1991, p. 9.

这样,各个政党的候选人便可以通过自己政党的宣传而使数以百万计的选民了解自己和自己的政党,认同其政治目标乃至加入其政党,形成共同的政治目标和政策,选举他们认为能够代表自己的候选人。当选的候选人就是全体选民的代表,因而当选的候选人及其政党的政治目标和政策就是代表全体选民的公意。

这样一来,岂不就解决了民主的两大难题——众多公民如何选举代表和如何形成众多公民之公意——从而使民主得到实现?否则,如果没有政党,每个人都自己宣言做候选人,不但宣传能力微不足道,而且候选人和选民同样数不胜数。这样一来,每个候选人便不可能使数以百万计的选民了解自己,数以百万计的选民和候选人势必各自为政,如同一盘散沙,不可能形成公意,不可能形成共同的政治目标和政策,从而选票必定至于涣散,选举必定归于失败,因而也就不可能实现民主。这个道理,罗威尔曾有很好的论述:

> 在一个较小的地区,选民数目既少,意见的交换又可以自然地用非正式的会议进行,公务官员是可以不需要任何提名的机构径由人民投票选举的;但是,在一个大的选区里,选民们彼此不相识,抱有同一目标的人就必须聚集起来,协议一个候选人,然后再推荐给公众。否则,选票就会因分散而失去作用,而结果是否符合真正的民意,只是取决于机会。简单地说,必须有提出候选人的某种方法,也就是说,某种政党组织;选民愈多,这种需要就愈迫切。①

罗威尔甚至以美国为例进而断言:"可以更正确地说,美国的政党是为遴选候选人而存在的。"②西格勒和盖茨也这样写道:"现在的政党机器主要是为了要在竞选中取胜而开动的。"③这恐怕就是为什么众多学者将选举代表作为种差来界说政党,如萨托利说:"政党是被官方认定在选举中提出候选人,并能够通过选举把候选人安置在公共职位上去的政治集

---

① 罗威尔:《英国政府:政党制度之部》,上海人民出版社1959年版,第7页。
② 同上书,第7页。
③ 高鹏怀:《比较政党与政党政治》,知识产权出版社2008年版,第26页。

团。"① 拉斯韦尔和卡普兰说得更简明:"政党是一个阐述复杂问题并在选举中提出候选人的集团。"②

因此,允许和保障全体公民自由建立不同政党参加竞选,实为众多公民选举代表所必需,实为表达和形成众多公民之公意所必需。表达功能(表达和形成公意)和代表功能(政党的当选候选人是选民的代表):这就是任何团体皆不具有而为政党所独具的两大功能。因此,布赖斯说:"政党是必不可免的。哪一个大的自由国家没有政党呢?代议政府没有政党怎样可以实行呢?"③ 夏特·施耐德也这样写道:"应该直截了当地说,政党创造了民主,现代民主没有政党是难以想象的。"④

可见,允许和保障公民自由建立不同政党参加竞选,乃是民主实现的最根本的必要条件:没有建党自由就不可能有民主。这就是为什么,世界上一切名副其实的民主国家无不保障建党自由和结社自由的缘故。这就是为什么,建党自由与结社自由乃是民主国家最重要的宪法条款之一。这就是为什么,法国1958年颁布的第五共和国宪法第4条规定:"各政党和政治团体协助选举表达意见。它们可以自由地组织起来并开展活动。"

不过,建党自由之为民主最根本的必要条件是以一定类型的政党制度为前提的:只有一定类型的政党制度才可能实现民主。关乎民主能否实现的政党制度分类,正如杜维杰尔所发现,无疑是以政党数量为根据的分类:一党制、两党制与多党制。但是,作为一个国家政党制度分类根据的政党数量,并不是该国存在的所有政党,而只是其中一部分政党。例如,英国目前有200多个政党登记在册,但英国并不是多党制而是两党制,因为作为政党制度分类根据的政党数量只有两个:工党与保守党。那么,为什么200多个政党都可以被忽略不计而只有工党与保守党才应该被计数?究竟什么样的政党才应该被计数?

原来,一个政党,不论如何大,只要它不属于执政党范畴——亦即不能单独执政、轮流执政或参加执政联盟——就不应该被计数;不论多么小,只要参加了执政联盟,因而属于执政党范畴,就应该被计数。因此,

---

① 高鹏怀:《比较政党与政党政治》,知识产权出版社2008年版,第51页。
② 同上书,第4页。
③ 詹姆斯·布赖斯:《现代民治政体》上,吉林人民出版社2001年版,第120页。
④ 转引自王绍克《民主四讲》,生活·读书·新知三联书店2008年版,第169页。

政党应该被计数与否，与其大小强弱并无直接关联，而完全取决于是否执政：应该被计数的政党只是执政党。这就是说，划分政党制度的最重要的根据固然是政党数量，却不是实际存在的所有政党的数量，而是执政党的数量。为什么？

任何政党的根本问题都是执掌政权，因为政党之所以为政党、政党区别于其他团体的根本性质，就在于它是一些人为了执掌政权、实现共同的政治目标而结成的对反对者进行斗争的团体。于是，所谓政党制度，说到底，也就是国家制定、认可和奉行的围绕各政党如何执掌政权的行为规范体系，也就是围绕各政党如何执掌政权问题而形成的法和道德体系。

可见，政党制度的核心问题是各政党如何执掌政权。各政党如何执掌政权的最重要最主要最根本的问题，无疑是执政党的数量：一党独掌政权还是两党轮流执政抑或多党联合执政？所以，执政党的数量乃是政党制度最重要最主要最根本的性质，因而是划分政党制度的最重要最主要最根本的根据。这就是为什么，政党应该被计数与否与其大小强弱无关而完全取决于是否执政的缘故。

执政党的数量如果是一个，是一党独掌政权，就叫做一党制：一党制就是一党独掌政权的政党制度。一党制分为一党独裁制与一党独大制两种。一党独裁制是一党独掌政权且不允许他党存在或竞争政权的非竞争性政党制度，是一党独掌政权而不允许其他政党存在或与其竞争政权的非竞争性政党制度。一党独大制则是一党独掌政权且允许其他政党竞争政权的竞争性政党制度，是一党独掌政权且允许其他政党与自己竞争政权的竞争性政党制度。

这就是说，一党独裁制与一党独大制都是一党独掌政权，因而都属于一党制。但一党独大制允许多党自由竞争政权，一党独掌政权完全是多党自由竞争政权的结果，因而是一种竞争性一党制，如日本自民党独掌政权的一党制、墨西哥革命制度党独掌政权的一党制、印度国大党独掌政权的一党制等。反之，一党独裁制不允许其他政党与自己竞争政权，甚至不允许其他政党存在，一党独掌政权完全是一党垄断国家政权的结果，因而是一种非竞争性一党制，如德国纳粹党的一党制、意大利法西斯党的一党制和苏联共产党的一党制等。

执政党的数量如果是两个，是两党轮流执政或联合起来共同执政，就叫做两党制：两党制就是两个政党轮流（或联合）执政的竞争性政党制度。执政党的数量如果是三个以上政党轮流执政或联合起来共同执政，就叫做多党制：多党制就是三个以上政党联合（或轮流）执政的政党制度。典型的两党制国家有英国、美国、新西兰和加拿大等；而多党制国家则有法国、德国、意大利、丹麦、瑞典和以色列等。

两党制与多党制都是竞争性政党制度，因而实行这两种制度的国家都存在着众多自由竞争政权的政党。但是，在多党制国家，没有形成一个能够赢得议席绝对多数或可以单独执政的大党，而必须多党联合才能执政，因而执政党的数量是三个以上。反之，在两党制国家，虽然存在着众多政党，每个政党都被允许通过自由竞争执掌政权，但占据主导地位的却只有两个势均力敌的大党。这两大政党都可能赢得议席绝对多数或单独执政而无须与其他政党联盟，其他任何政党皆无法与之抗衡，不可能执掌政权。

这样一来，与多党制国家的政权必定执掌于三个以上政党不同，两党制国家政权则只可能执掌于两个大党；并且两个大党差距足够小，因而可以期望轮流（或联合）执政。换言之，在两党制国家，尽管一个党可能长期占据优势，甚至事实上长期执政，但任凭哪一个党都不可能期望永远独掌政权，而或迟或早势必轮流（或联合）执政。这一点，萨托利讲得十分透辟："'轮流执政'，应该作宽泛理解，它意味着对政府更替的期望而不是事实上发生。那么，'轮流执政'只能意味着两个大党之间的差距足够小，或者说有足够的信誉，可以期望在野党有机会把执政党赶下台。"①

因此，两党制国家即使一党长期单独执政，也同样是两党轮流执政，因而执政党是两个而不是一个。然而，人们往往以为两党制国家只有一个政党是执政党：一个是执政党，另一个是在野党。因此，他们以为两党制的执政党是一个而不是两个：这恐怕就是人们不把执政党的数量当作政党制度分类根据的根本原因。

殊不知，两党制之所以为两党制，绝不是因为甲党执政、乙党在野；而是因为两党轮流执政。否则，如果不是轮流执政，而总是甲党执政、乙党在野，岂不成了一党独自执政？岂不成了一党制？所以，两党制是一党

---

① 萨托利：《政党与政党体制》，商务印书馆2006年版，第271页。

执政一党在野地轮流执政的政党制度：它的根本性质和特征不是一党执政一党在野，而是两党轮流执政。因此，萨托利说："当我们问两党制的特征是什么时，则会引起更加复杂的争论。如果说两党制的主要特点是一党单独执政，我们还必须马上补充道，单独执政不是无限期地执政。如果在一次次的选举之后总是同一政党执政，那则是一个主导性体制而不是两党制。这等于说，轮流执政是两党制机制的区别性标志。"[1]

可见，两党制国家的执政党是两个而不是一个。更何况，谁都承认两党制就是两个政党轮流执政的制度。两个政党轮流执政：这不明明说执政党是两个而不是一个吗？只不过两个执政党是轮流而不是同时执政罢了。因此，两党制国家里一党执政一党在野的现象并没有否定两党制国家的执政党是两个，并没有否定执政党的数量之为政党制度分类根据。

不过，界定两党制为两个政党轮流执政的制度并不确切。因为一般说来，两党制确实是两党轮流执政；但是，在某些特殊条件下，两党也可能联合执政，如英国在"二战"时期就是工党与保守党联合执政。所以，确切地说，两党制是两个政党轮流（或联合）执政的竞争性政党制度。同样，界定多党制为三个以上政党联合执政的制度也不确切。因为一般说来，多党制确实是三个以上政党联合执政；但是，在某些特殊条件下，多党也可能轮流执政，如德国的多党制便是某种轮流执政：两个大党——基督教民主联盟与社会民主党——轮流与其他小党联合执政。所以，确切地说，多党制就是三个以上政党联合（或轮流）执政的政党制度。

总而言之，政党制度分为两类，亦即竞争性政党制度与非竞争性政党制度：竞争性政党制度就是任何政党都可以通过竞选竞争政权的制度，包括多党制、两党制和一党独大制；非竞争性政党制度亦即一党独裁制，就是一党独掌政权且不允许他党存在或竞争政权的制度，就是一党独掌政权而不允许其他政党存在或与其竞争政权的制度。

因此，竞争性政党制度原本就是建党自由的政党制度的应有之义，因为任何政党的根本问题都是执掌政权：政党就是一些人为了执掌政权从而实现共同的政治目标而结成的对反对者进行斗争的团体。所以，建党自由原本就意味着：任何人都可以自由建党；任何政党都可以竞争政权。因

---

[1] 萨托利：《政党与政党体制》，商务印书馆2006年版，第271页。

此，建党自由的政党制度与竞争性政党制度原本是同一概念。因此，民主实现的最根本的必要条件，就是建党自由，就是允许和保障公民自由建立不同政党参加竞选，就是竞争性政党制度，说到底，就是两党制与多党制。

3. 分权：民主的政府制度条件

言论自由的选举制度和建党自由的政党制度，分离开来，都只是民主实现的必要条件。那么，二者结合起来，是否民主实现之充分且必要条件？否！因为二者结合起来，也仅仅是人民将最高权力如何委托给自己的代表（亦即如何产生官吏和政府）才能保障人民拥有——而不致失去——最高权力，仅仅是保障民主或主权在民的最高权力如何委托的条件。仅仅具备主权如何委托条件，显然还不足以确保主权在民；确保主权在民，无疑更加需要代表（官吏和政府）如何行使最高权力的条件：官吏和政府如何行使最高权力——分权还是集权——是民主实现的更加关键的条件，属于民主实现的政府制度条件。

最能说明这一点的，恐怕就是，纳粹党不是通过别的，恰恰正是通过言论自由的选举制度和建党自由的政党制度，于1932年7月31日成为国会第一大党；党魁希特勒则于1933年1月30日上台，出任总理：希特勒上台组阁之前，德国是民主制；组阁执政之后，德国变为专制帝国。因此，希特勒专制产生的直接原因，并不是没有言论自由的选举制度和建党自由的政党制度，并不在于最高权力如何委托；而是在于最高权力如何行使，在于官吏和政府如何行使最高权力，在于集权而不是分权的政府制度，说到底，是在于1933年3月23日国会通过的所谓《授权法》，授予希特勒内阁为期四年的独裁权力：在此期间内阁无须国会和参议院的同意就有权颁布法律。

那么，民主实现的政府制度条件就是分权吗？答案是肯定的。因为正如孟德斯鸠所说："一切有权力的人都容易滥用权力，这是万古不易的一条经验。"[①] 最高权力更加容易被滥用，自不待言。更何况，最高权力的唯一合法所有者——人民——日常不可能亲自行使最高权力，而只能委托

---

① 孟德斯鸠：《论法的精神》上册，商务印书馆1988年版，第154页。

政府及其官吏代表自己行使。这样一来，政府及其各级最高官吏岂不极其容易篡夺原本属于人民所有的国家最高权力？那么，如何保障民主或主权在民，从而防止最高权力被最高官吏滥用和篡夺呢？

孟德斯鸠回答道："从事物的性质来说，要防止滥用权力，就必须以权力约束权力。"① 确实，防止最高权力被政府各级最高官吏滥用和篡夺的根本方法，就是使政府及其各级最高官吏所行使的权力互相制约；而权力相互制约的基本原则就是分权。所谓分权，也就是勿将最高权力委托给任何一个代表和任何一个代议组织，而是将最高权力分割为几部分，分别委托给不同的代表和代议组织独立行使，让他们处于平等地位，从而既相互制约监督又相互配合平衡。这样一来，无论哪一个代表或代议组织所行使的权力有多么重大，都不可能是国家最高权力，因而也就不可能篡国家最高权力了。

这个道理，只要想一想那些专制君主防止自己所执掌的最高权力旁落的招数就不难理解了。任何君主都不可能自己亲自治理一切事务，而必定要委托大臣代行最高权力。这就存在着最高权力被篡夺的危险。明君是怎样防止最高权力被篡夺呢？最为高超的一招恐怕就是分权制衡，将最高权力委托给不同的大臣和机构，让他们互相牵制，结果谁都没有最高权力。这样一来，最高权力岂不就稳稳执掌于君主自己手中了？

然而，分权意味着国家最高权力或主权具有可分性，是以国家最高权力或主权的可分性为前提的。所以，克拉勃说："主权者的假定的统一曾一度为孟德斯鸠的分权学说所动摇。"② 如果国家最高权力是不可分的，分权也就是不可能的了。但是，国家最高权力或主权具有不可分性，如所周知，乃是近乎公认的主流观点。确实，国家最高权力具有不可分性。因为，如果说国家最高权力是可分的，岂不就意味着可以存在两种以上的国家最高权力？然而，毫无疑义，不可能存在两种以上国家最高权力，国家最高权力必然是唯一的。说存在两种国家最高权力是自相矛盾，如同说存在圆的方一样荒唐。但是，话说回来，宇宙万物无不具有可分性，天地间哪里会有什么不可分的东西呢？

---

① 孟德斯鸠：《论法的精神》上册，商务印书馆 1988 年版，第 154 页。
② 克拉勃：《近代国家观念》，商务印书馆 1957 年版，第 15 页。

原来，所谓国家最高权力不可分性，并不是说最高权力是一种不可分割的东西；最高权力可以分割，只不过一旦分割最高权力就不再是最高权力了。所以，最高权力不可分性只是说最高权力之所以为最高权力是不可分的，只是说最高权力的存在或质的稳定性要求不可分割；一旦分割最高权力就不会存在了。因此，国家最高权力不可分性，亦即国家最高权力唯一性。国家最高权力不可分意味着，国家最高权力只可能是一个，因而不可分；如果加以分割，分成两个以上，它们就不再是国家最高权力了。

这样一来，如果将最高权力分割成几部分，分别委托给不同的代议组织独立行使，那么，任何代议组织所行使和执掌的也就不过是被分割的国家最高权力——某部门的最高权力——而不可能是国家最高权力，因而也就不可能篡夺国家最高权力了。所以，分权制衡理论与最高权力不可分性不但不矛盾，而且恰恰依据于最高权力不可分性；或者更全面些说，是依据于最高权力的可分性与不可分性的统一。那么，国家最高权力究竟应该分为几部分呢？

亚里士多德早就发现，一切国家权力或政治权力无非立法、行政和司法三部分："一切政体都有三个要素……三者之一为有关城邦一般公务的议事机能部分；其二为行政机能部分……其三为审判（司法）机能。"[①] 孟德斯鸠进一步论述道："每一个国家有三种权力：（一）立法权力；（二）有关国际法事项的行政权力；（三）有关民政法规事项的行政权力……我们将称后者为司法权力，而第二种权力则简称为国家的行政权力。"[②]

最高权力无疑属于国家权力或政治权力范畴，因而也无非立法权、行政权和司法权三部分。因此，人民应该将最高权力分为立法、行政和司法三部分，分别委托三种平等的代议组织独立行使，相互制约：这就是所谓的三权分立。比如说，将最高行政权力、最高立法权力和最高司法权力分别平等地委托给总统、议会和最高法院独立行使，相互制约。这样一来，总统、议会和最高法院所执掌和行使的权力无论如何重大，充其量也只可

[①] 亚里士多德：《政治学》，商务印书馆1965年版，第215页。
[②] 孟德斯鸠：《论法的精神》（上册），商务印书馆1982年版，第156页。

能是本部门的最高权力，而不可能是国家最高权力：在三个独立行使相互制约的平等的权力中不可能存在最高权力。因此，三权分立既可以将国家最高权力委托给人民代表，又可以有效防止人民代表篡夺和滥用国家最高权力，从而保障人民永远拥有国家最高权力，人民代表只能行使最高权力。因此，梁启超说：

> 凡凡一国家，必有其最高主权。最高主权者，唯一而不可分者也。今之权既分矣，所谓最高主权者，三机关靡一焉得占之。然则竟无最高主权乎？曰仍在国民之自身而已。①

不过，三权分立并非三权完全地绝对地分离独立，而是主要的全局的权力分离与次要的局部的权力混合，以使三个权力组织相互部分参与和支配彼此的行动，从而既相互制约、有效防止最高权力被篡夺和滥用，又协调一致、保障国家成为一个统一整体而不致分崩离析。对于这个道理，里普森曾有极为透辟的阐述：

> 三分功能的设计不是为了明确地对应三个部门的组织。宪法不是将全部的功能只委派给一个部门，而是将每种功能的大部分分配给一个部门，而将其小块分给其他部门。例如，在立法上，大部分的立法权属于国会。但是总统拥有召集国会进行特别会议以及否决国会提案的权力。同样地，最高法院是通过行使司法审查权，要求部分的立法功能。司法过程大部分由法院进行，但是在弹劾案中国会也具有司法能力，其中众议院有权提出控告，参议院可以出席审判。总统也可以通过使用对除叛国罪外的所有违法行为的赦免权及通过任命联邦法官，干预司法事务。因此，分权一词过于简单地陈述了一系列复杂的事实。尽管许多人误解了这一学说，但是费城会议的领袖们是正确的。因为每种功能都是在机构之间进行分配的，所以分权的结果是制衡。一般而言，除非三个部门的成员协同一致，政府的任何一种功能都不能完全行使。反过来说，一个或两个部门企图超越其宪法规定的

---

① 梁启超：《饮冰室合集·文集第七册》，上海中华书局1937年版，第14页。

权威，将会受到第三个部门的限制。①

那么，分权是否仅此一种方式？否。这仅仅是总统制的分权方式，亦即典型的三权分立方式、孟德斯鸠分权理论模式。这种分权模式，是美国国父们遵循孟德斯鸠理论的伟大创造。它虽然是人类最伟大的创造之一，却有一个至关重要的缺陷，那就是三权完全平等，没有最高权力，也就难以使民主政府成为一个统一体——最高权力是任何社会成为一个统一体的必要条件——因而民主也就难以巩固。问题是，有没有那样一种分权方式，既能够三权分立，又能够使其中一种权力统帅其他两种权力而成为最高权力？

答案是肯定的，那就是洛克的分权理论和内阁制分权模式。细究起来，不难看出，洛克认为立法权是最高权力的分权理论，就立法权是最高权力来说，比孟德斯鸠更加正确。因为，一方面，就三权的本性来说，决不是平等的关系，行政权和司法权都是对立法权和法律的实行，因而立法权是最高的权力。另一方面，在任何民主制中，只有人民才拥有最高权力，而政府只能行使人民所委托的最高权力；而行使立法权的议会无疑比行使行政权的内阁、首相或总统——以及行使司法权的法院——更能够代表人民，因而议会高于内阁、首相或总统：立法权是最高权力。这就是英国议会主权之真谛：唯有议会才能行使人民拥有和委托的主权。

这种将洛克分权理论付诸实现的政府制度，就是所谓议会内阁制，简称议会制或内阁制，亦即最高行政部门或内阁由议会选出并对议会负责的政府制度。不难看出，内阁制实质上是两个以上政党轮流（或联合）执政——因而分权于两个以上政党——的政府制度；这种内阁制之分权，不但直接通过联合执政来实现，不但最终通过轮流执政来实现，而且更主要的是通过议会——特别是议会的反对党——对内阁的质询、辩论、审查和监督等方式来实现。诚然，议会中的反对党是少数派，似乎不起决定作用。但是，内阁制的议会实乃国民辩论之舞台，少数派凭借国民的视听和参与，足以成功阻挠内阁独裁而实现议会立法权与内阁

---

① 莱斯利·里普森：《政治学的重大问题》，华夏出版社2001年版，第277—278页。

行政权的分立，最终轮流执政。因此，罗威尔一再说，议会内阁制的根据是两党轮流执政：

>议会制度，是根据并且按其本性来说也决定于下述事实：两个政党轮流唱对台戏，内阁代表着并领导着下议院里的多数党，同时另一个党则作为国王陛下的反对派，经常批评和尽力丑化执政的政党，并企图取而代之。①

可见，内阁制之为分权的政府制度，完全以竞争性政党制度为前提。如果没有政党和竞争性政党制度，那么，内阁制就确如众人所见，乃是不符合分权原则的立法权与行政权合一的政府制度。这样一来，内阁制，一方面，便因其竞争性政党制度而实现了分权，使议会主权分掌于两个以上政党，因而导致议会的立法权与多数党内阁的行政权的分立，最终实现人民主权或民主；另一方面，这种内阁制毕竟因其议会主权而使内阁执掌的行政权从属于议会执掌的立法权，从而使民主政府能够成为一个统一体，保障了民主的巩固、存在和发展。这就是为什么议会制民主的存活率高于总统制民主的缘故。

可见，分权的模式虽有不同，虽有孟德斯鸠—总统制分权模式与洛克—内阁制分权模式之不同，但其本质完全一样，都是唯一拥有主权的人民，通过分权——亦即对最高权力进行分割——而使最高权力化为乌有，从而既将国家最高权力分别委托给了官吏行使，又使任何官吏行使的都是经过分割的最高权力，因而也就不是最高权力。任何官吏行使的都不是最高权力——只有这些最高官吏行使的权力合起来才是最高权力——也就根本避免了最高权力被政府及其官吏篡夺的可能：分权的政府制度是米歇尔斯寡头统治铁律的克星。

相反地，非分权的代议民主——亦即人民将最高权力完全委托给某一代表和代议组织独自行使的代议民主——的致命弊端，则在于没有最高权力的分割化无、相互制约机制，因而使某一代议组织行使的就是国家最高权力。这样一来，就违背了"权力极易被滥用而必须以权力制约权力"

---

① 罗威尔：《英国政府·中央政府之部》，上海人民出版社1959年版，第7页。

的普遍真理，最高权力势必被代议士滥用和篡夺，沦为名义代议民主而实为寡头统治：寡头统治是非分权代议民主的铁律。因此，孟德斯鸠忧心忡忡地再三警告道：

> 当立法权和行政权集中在同一个人或同一机关之手，自由便不复存在了；因为人们将要害怕这个国王或议会制定暴虐的法律，并暴虐地执行这些法律。如果司法权不同立法权和行政权分立，自由也就不存在了。如果司法权同立法权合而为一，则将对公民的生命和自由实施专断的权力，因为法官就是立法者。如果司法权同行政权合而为一，法官便将握有压迫者的力量。如果同一个人或是由重要人物、贵族或平民组成的同一个机关行使这三种权力，即制定法律权、执行公共决议权和裁判私人犯罪或争讼权，则一切便都完了。①

可见，分权的政府制度实乃防止最高权力被政府及其官吏篡夺而永远归人民所有的最根本最重要最主要的方法，因而也就是言论自由的选举制度和建党自由的政党制度的根本保障。试想，岂不只有在人民执掌的最高权力没有被政府及其官吏篡夺的条件下，人民才能真正拥有言论自由和建党自由？否则，如果政府及其官吏篡夺了最高权力，岂不就可以为所欲为？人民的言论自由和建党自由岂不就成了政府及其官吏手中玩物和装饰？

魏玛共和国沦为希特勒专制帝国，并不是因为没有言论自由的选举制度和建党自由的政党制度，而是因为希特勒上台组阁通过废弃分权的政党制度而代之以集权的政府制度，篡夺了最高权力，进而废弃言论自由的选举制度和建党自由的政党制度。因此，防止最高权力被政府及其官吏篡夺而永远归人民所有的政治条件，固然可以归结为言论自由的选举制度和建党自由的政党制度以及分权的政府制度；但分权的政府制度无疑是最根本最重要的条件，是民主实现的最根本最重要的政治条件。

然而，仅仅分权的政府制度并非民主实现的充分条件，而仍为其必要条件。因为没有言论自由的选举制度和建党自由的政党制度，便不可能有

---

① 孟德斯鸠：《论法的精神》上卷，商务印书馆1993年版，第156页。

民选政府，又谈何分权的民选政府制度？因此，言论自由的选举制度和建党自由的政党制度以及分权的政府制度，分离开来，都仅仅是民主实现、主权在民的必要条件。那么，三者结合起来是否民主实现的充分且必要条件？答案是肯定的。

因为不言而喻，一个国家，如果建立了言论自由的选举制度和建党自由的政党制度以及分权的政府制度，它不是主权在民的民主国家，又能是什么呢？我们可以找到仅仅具备"言论自由的选举制度和建党自由的政党制度"的魏玛共和国沦为希特勒专制帝国；却找不到也不可能找到具备"言论自由的选举制度和建党自由的政党制度以及分权的政府制度"的非民主制国家：言论自由的选举制度和建党自由的政党制度以及分权的政府制度结合起来是民主实现的充分且必要条件。

这样一来，我们就得到了一个民主判定公式："民主" = "言论自由的选举制度＋建党自由的政党制度＋分权的政府制度" = "政府分权且由全体公民自由——言论自由与建党自由——竞选产生的政体"。三者是外延相等的同一概念：民主就是政府分权且由全体公民自由——言论自由与建党自由——竞选产生的政体，就是言论自由的选举制度＋建党自由的政党制度＋分权的政府制度；反之亦然。

因此，所谓民主，就其本义来说，固然是人民执掌最高权力的政体，亦即全体公民执掌最高权力的政体——这就是熊彼特所谓民主的"古典定义"和亨廷顿所谓民主的"权威来源定义"——但是，就其实现的充分且必要条件来说，也可以定义为：民主就是政府分权且由人民自由——言论自由与建党自由——选举产生的政体，就是政府分权且由全体公民自由——言论自由与建党自由——竞选产生的政体：这就是所谓民主的"程序性定义"。准此观之，不但米歇尔斯寡头统治铁律不能成立，而且熊彼特的民主的程序性定义也不能成立。然而，亨廷顿极为推崇熊彼特的定义，以致否定民主的古典定义：

> 用权威的来源或目的来界定民主，都会出现含糊不清、不精确等严重问题，因而我们的研究使用的是程序性定义。在其他政府制度中，人们可以通过出身、抽签、财富、暴力、选拔、学识、任命或考试成为领导者。民主的核心程序是领导者通过被统治的人民竞争性的

选举来挑选。民主概念的这一最重要的现代公式是由约瑟夫·熊彼特在1942年提出的。在他开创性的研究《资本主义、社会主义与民主》中，熊彼特阐述了他所谓的"古典民主理论"的缺陷；这种理论根据"人民的意志"（来源）和"共同善"（目的）来界定民主。熊彼特有效地推翻了这种研究方法，进而提出他所谓"另类民主理论"。他说，"民主的方法就是那种为达成政治决定而实行的制度安排，在这种安排中，某些人通过竞争人民选票取得作决定的权力"。第二次世界大战后，一场辩论发生在决心用来源和目的来界定民主的古典派与坚持熊彼特模式的程序性民主概念的那些日益增多的理论家之间。到七十年代，这场辩论结束了，熊彼特赢了。理论家们越来越注重在两种民主定义之间作出区分：一种是理性的、乌托邦的和理想的民主定义，另一种是经验的、描述的、制度的和程序的民主定义。他们的结论是，只有后一种定义才能够提供分析上的准确性和经验上的参照物，从而使之成为有用的概念。①

亨廷顿此论差矣！因为，一方面，熊彼特这种民主的程序性定义，也就是选举式的民主定义：民主就是民选，就是民选政府及其官吏的政体，说到底，就是政府及其官吏经由人民自由——言论自由与建党自由——选举产生的政体。这一定义是片面的、错误的。因为照此说来，希特勒组阁的政府岂不完全符合这一定义而堪称民主制？熊彼特和亨廷顿的错误就在于，他们只从人民如何将最高权力委托给政府及其官吏方面定义民主，而完全忽略政府及其官吏如何行使最高权力方面。殊不知，政府由全体公民自由——言论自由与建党自由——竞选产生的政体未必是民主；而只有政府分权且由全体公民自由——言论自由与建党自由——竞选产生的政体才堪称民主。

另一方面，民主的程序性定义——民主是政府分权且由全体公民自由竞选产生的政体——并没有否定民主的古典定义：民主是按照人民的意志所进行的统治，是全体公民或人民执掌最高权力的政体。恰恰相反，民主

---

① Samuel P. Huntington, *The Third Wave: Democratization in the Late Twentieth Century*, Norman: University of Oklahoma Press, 1991, p. 6–7.

的程序性定义完全以民主的古典定义为根据。因为"政府分权且由全体公民自由竞选产生的政体"之所以是民主,仅仅因其是实现"人民执掌最高权力"的充分且必要条件,仅仅因其使人民执掌最高权力;如果人民执掌最高权力不是民主,那么,"政府分权且由全体公民自由竞选产生的政体"也就因其使人民执掌最高权力而不可能是民主了。所以,民主的古典定义与民主的程序性定义是始源与派生、抽象与具体、内容与形式以及本质和现象的关系:"政府分权且由全体公民自由竞选产生"是实现"人民执掌最高权力"的充分且必要条件,是实现"人民执掌最高权力"的具体的形式、现象和操作程序。

二 民主的社会条件:公民社会与社会资本

1. 公民社会概念

公民社会的英文是 Civil Society,又被译为"市民社会"或"民间社会"。顾名思义,这种社会的根本特点就是与"官"对立,就是"民",就是公民性、民间性、市民性、庶民性、人民性:非官方性。因此,公民社会就是一种民间公共组织,就是一种非官方的社会,就是独立于官吏和政府的自治性公共团体。所以,怀特说:"从公民社会这一术语的大多数用法来看,其主要思想是,公民社会是处于国家和家庭之间的大众组织,它独立于国家,享有对于国家的自主性,它由众多旨在保护和促进自身利益或价值的社会成员自愿结合而成。"[1]

这种自治性公共团体的根本特征无疑是民主:公民社会是非官方的民主自治公共团体。因为所谓公民,如前所述,就是享有从事管理社会和国家等公共事务的权利的人。这一定义原本在亚里士多德那里已有相当清楚确切的阐述。他一再说:"全称的公民是'凡得参加司法事务和治权机构的人们'。"[2]"凡有权参加议事和审判职能的人,我们就可以说他是那一城邦的公民。"[3] 于是,所谓公民社会,就是这样一种社会,在这种社会

---

[1] 俞可平:《民主与陀螺》,北京大学出版社 2006 年版,第 204 页。
[2] 亚里士多德:《政治学》,商务印书馆 1965 年版,第 111 页。
[3] 同上书,第 113 页。

中，每个成员都是公民，都是享有从事管理该社会公共事务的权利的人。这当然并不意味着每个成员都担任管理职务或政治职务，而只能意味着社会民主：每个成员都完全平等地执掌该公民社会最高权力。这样一来，公民社会所有成员相互间的关系，正如普特南所指出，便都是平等互惠合作的水平型横向社会关系，而不是庇护—附庸型的等级制垂直社会关系："公民共同体里的公民身份要求所有人拥有平等的权利承担平等的义务。这样一个共同体的连结纽带是互惠与合作的横向关系，而不是权威与依附的垂直关系。公民之间作为平等的人，而不是作为庇护与附庸，也不是作为统治者与被统治者，发生互动。"①

因此，弗雷德·鲍威尔说："公民社会被它的支持者看成是基于积极公民权概念的民主领域。"② 公民社会属于民主社会范畴：公民社会是非官方的民主自治公共团体。这是公民社会的精确定义。准此观之，公民社会不但与政府、官方根本不同，而且与经济组织根本不同。因为经济组织并不独立于官方或政府。即使是民主国家的自由市场经济，也必须遵循官方或政府所确立的经济运行规范，从而接受政府的监督和干预。因此，哈贝马斯界说公民社会或市民社会时这样写道："这个词与近代'市民社会'一词不同，它不再包括控制劳动市场、资本市场和商品市场的经济领域……无论如何，市民社会的核心机制是由非国家和非经济组织在自愿基础上组成的。这样的组织包括教会、文化团体和学会，还包括了独立的传媒、运动和娱乐协会、辩论俱乐部、市民论坛和市民协会，此外还包括职业团体、政治党派、工会和其他组织等。"③

因此，正如俞可平等学者所言，公民社会乃是与政治部门、经济部门两大公共领域并列的第三大公共领域，亦即所谓"第三部门"或"第三域"："我们把公民社会当作是国家或政府系统，以及市场或企业系统之外的所有民间组织或民间关系的总和，它是官方政治领域和市场经济领域之外的民间公共领域。公民社会的组成要素是各种非政府和非企业的公民组织，包括公民的维权组织、各种行业协会、民间的公益组织、社区组

---

① 普特南：《使民主运转起来》，江西人民出版社 2001 年版，第 101 页。
② 曹荣湘选编：《走出囚徒困境：社会资本与制度分析》，上海三联书店 2003 年版，第 102 页。
③ 哈贝马斯：《公共领域的结构转型》，学林出版社 1999 年版，第 29 页。

织、利益团体、同人团体、互助组织、兴趣组织和公民的各种自发组合，等等。由于它既不属于政府部门（第一部门），又不属于市场系统（第二部门），所以人们也把它们看作是介于政府与企业之间的'第三部门'。"①

2. 发达的公民社会：民主化的重要条件

不难看出，一个国家中公民社会的发达程度，乃是民主制从可能到现实转化——亦即非民主制向民主制转化——的一个十分重要的客观条件。因为任何国家究竟实行民主制还是非民主制，完全取决于官与民、官吏阶级与庶民阶级的阶级斗争：如果庶民阶级争取民主的力量大于官吏阶级争取非民主制的力量，该国家就会实行民主制；否则，就会实行非民主制。庶民阶级与官吏阶级的力量大小和斗争成败无疑与公民社会的发达程度密切相关。试想，任何国家，无论官僚机构如果庞大臃肿，庶民阶级的人数都远远超过官吏阶级。但是，为什么庶民阶级的力量却小于官吏阶级？

究其社会原因，无疑可以归结为两个方面。一方面，正如小学课本"筷子的故事"告诉我们，一根筷子容易断，一捆筷子则难折：团结力量大，分散无力量。庶民阶级没有力量的一个十分重要的原因，显然乃在于庶民阶级——特别是农民——的成员，缺乏社会联系，像马铃薯一样不能团结起来，而相互隔离、分散孤立、各自为政。这样孤立隔离的人们即使数亿，他们的力量也只等于一个人或几个人的力量；正像分散开来的数亿根筷子的力量只等于一个筷子的力量一样。另一方面，庶民阶级的这种像马铃薯一样分散无力状态，往往决定了他们不能自己捍卫自己的权益，而势必寻求明君和清官——庶民阶级的剥削者和压迫者——的庇护，从而形成庇护—附庸型的等级制垂直社会关系和臣民文化。② 这原本是马克思的发现，他在展示"波拿巴王朝是农民的王朝"之本质时写道：

---

① 俞可平："中国公民社会：概念、分类与制度环境"，《中国社会科学》2006 年第 1 期。
② 普特南甚至认为，农民等庶民阶级在分散无力的情况下求助于庇护—附庸关系的臣民文化是合理的："对于那些处于悲惨弱势的农民来说，在一个分裂的社会里，求助于庇护—附庸关系是可以理解的……在没有诸如互助会一类的横向联合的情况下，为了生存而选择垂直的依附，是一种合理的策略，即便是依附者意识到它存在的缺陷。"（普特南：《使民主运转起来》，江西人民出版社 2001 年版，第 169 页）

小农人数众多，他们的生活条件相同，但是彼此间并没有发生多种多样的关系。他们的生产方式不是使他们互相交往，而是使他们互相隔离……这样，法国国民的广大群众，便是由一些同名数简单相加形成的，好像一袋马铃薯是由袋中的一个个马铃薯所集成的那样。……因此，他们不能以自己的名义来保护自己的阶级利益，无论是通过议会或通过国民大会。他们不能代表自己，一定要别人来代表他们。他们的代表一定要同时是他们的主宰，是高高站在他们上面的权威，是不受限制的政府权力，这种权力保护他们不受其他阶级侵犯，并从上面赐给他们雨水和阳光。①

可见，从社会条件来看，分散无力以及因之而来的臣民文化，是庶民阶级的力量小于官吏阶级——从而实行的是非民主制而不是民主制——的根本原因，是民主制的可能性没有变成现实性的根本原因。因此，民主制的可能变成现实——从而实现非民主制向民主制的转化——的社会条件，便是庶民阶级组织起来，从而团结有力，摆脱臣民文化，形成争取民主制的巨大力量。庶民阶级团结起来和形成争取民主制的巨大力量的根本途径，正如帕特南等公民社会理论家所发现，就是缔结非官方的民主自治公共团体：公民社会。

因为公民社会具有双重效用：外部效应与内部效应。从外部效应看，公民社会是凝聚庶民阶级民主力量的蓄水池，公民社会越发达，庶民阶级成员社会联系便越加广泛和团结，庶民阶级争取民主的力量便越大，反抗官吏阶级的力量便越大，这是不言而喻的道理。从内部效应来看，公民社会是培育庶民民主精神的学校，公民社会越发达，平等互惠合作的水平型横向社会关系便越发达，公民文化与民主精神便越发达；公民社会越发达，庇护—附庸型的等级制垂直社会关系就越衰落，臣民文化和专制等非民主精神便越衰落。

这样一来，公民社会的发达程度便与民主制实现的几率成正比：公民社会越发达，庶民阶级便越团结，公民文化便越发达，庶民阶级的力量便越大，官吏阶级的力量便越小，民主制实现的几率便越大；公民社会越不

---

① 《马克思恩格斯选集》第1卷，人民出版社1995年版，第678页。

发达，庶民阶级便越不团结，臣民文化便越发达，庶民阶级的力量便越小，官吏阶级的力量便越大，民主制实现的几率便越小。因此，正如托克维尔所发现，专制等非民主制政府的共同特征，就是决不容许独立组织或公民社会的存在："专制在本质上是害怕被统治者的，所以它认为人与人之间的隔绝是使其长存的最可靠保障，并且总是倾其全力使人与人之间隔绝。"① 普沃斯基分析东欧与拉丁美洲政治改革时亦如是说：

> 无论专制政府是怎样地交叉使用利诱与压制，其共同的特征就是，不能也不会容忍独立组织的存在。因为，个人只要没有其他的集体选择，他的态度对现政权的稳定就是无足轻重的。甚至韦伯也注意到，'由于没有其他可以接受的选择，个人的软弱无助使他们不得不屈服'。对权威主义政权产生威胁的不是合法性的崩溃，而是反对支配与控制的组织：为了另一个未来而展开的集体行动。只有当另一个集体选择存在时，孤立的个人才有了政治选择的可能。因而，权威主义政权憎恨独立的组织，它们要么把独立的组织整合到集权控制之下，要么对之实行暴力镇压。②

3. 社会资本概念

近年来兴起的社会资本理论，进一步证明了公民社会与民主制的正相关关系。自1980年法国社会学家皮埃尔·布尔迪厄提出社会资本（social capital）概念，经过科尔曼和普特南的进一步阐发，如今已经成为国际学术界广泛采纳的跨学科范畴。然而，究竟何为社会资本，却众说纷纭，莫衷一是。究竟言之，资本原本属于经济范畴：资本就是能够产生财货的财货，就是能够产生物质财富的物质财富，就是能够增值的物质财富。但是，生利、增值或产生和带来财富之为资本的特征是如此根本，以致不仅物质财富，凡是能够生利、增值或产生和带来财富的有价值的东西，都可以叫做资本，如人力资本、社会资本、文化资本、道德资本和自然资

---

① 托克维尔：《论美国的民主》下卷，商务印书馆1996年版，第630页。
② 亚当·普沃斯基：《民主与市场》，北京大学出版社2005年版，第36—37页。

本等。

这样一来，资本就成为多学科研究的跨学科范畴：资本就是任何能够生利、增值或产生和带来财富的有价值的东西，就是任何能够增值的价值；不论这种有价值的东西是物质还是精神抑或社会。准此观之，道德资本和美德资本就是能够生利增值的美德和道德；文化资本就是能够生利增值的思想文化；人力资本就是能够生利增值的人的知识和技能等人本身的东西；自然资本就是能够生利增值的自然界；社会资本是能够生利增值的社会领域的事物。可是，能够生利增值的社会领域的事物究竟是什么意思？

原来，正如无数先哲所论，人是社会动物，脱离社会，人便无法生存。所以，每个人的一切利益，说到底，便都是社会给予的：社会对于每个人具有最高效用、最大价值。社会又不过是每个人的结合，不过是因一定人际关系而结合起来的人群，是两个以上的人因一定人际关系而结合起来的共同体：社会是每个人共同缔结和创建的。这样一来，社会便与金钱、机器和厂房等资本十分相似：社会也是一种有价值的东西；社会也是人类创造的东西；人类创造社会也需要付出一定的代价，如每个人必须循规蹈矩，牺牲不符合法律以及道德的欲望和自由等；这些代价远远小于每个人的社会收益，因为没有社会每个人几乎必死无疑。

因此，社会就与金钱一样，是一种能够生利增值的有价值的事物。就金钱是一种能够生利增值的有价值的事物来说，金钱就是资本，叫做金融资本。就社会是一种能够生利增值的有价值的事物来说，社会也是一种资本，叫做社会资本。这样一来，每个人缔结和创建社会的代价，就是一种投资；这种投资所缔结的社会，就是属于每个人共同拥有的社会资本，每个人都是投资社会资本的一个股东；社会给予每个人的利益，就是每个人的社会资本收益，就是每个股东投资社会资本的回报。因此，潘恩论及社会应该平等分配基本权利时，曾这样写道："社会并未白送给他什么。每个人都是社会的一个股东，从而有权支取股本。"[①]

可见，社会资本就是能够给拥有者生利增值的社会领域的事物。这种事物纷纭复杂，因而社会资本多种多样。举例说，道德和美德就属于社会

---

① 《潘恩选集》，商务印书馆1963年版，第143页。

资本范畴，叫做道德资本和美德资本。因为正如卡尼亚低（Carneades）所言，美德是一个人获得幸福的条件："不论哲学家们关于终极目的如何争论不休，美德总是幸福生活的适当条件。"[1] 但是，任何人要拥有美德资本，必须进行道德投资，亦即恒久遵守道德做好事：美德就是恒久遵守道德做好事的结果。今日的新名词"人脉"，亦即人际关系，也是一种社会资本，可以称之为"人脉资本"。因为人是社会动物，每个人的成功都有他的人脉因素：人脉是每个人获得成功的一个重要条件。但是，一个人要获得人脉资本，必须进行人脉投资：牺牲宝贵的时间和精力以进行社会交往。

社会领域的事物虽然复杂多样，但是，社会的定义——社会是两个以上的人因一定人际关系而结合起来的共同体——意味着，社会领域的事物不过两类：社会组织与人际关系。因此，社会资本不过两类：社会组织资本与人际关系资本。举例说，一个北京大学的教员就拥有这样两种社会资本：一个是北京大学的金牌子，属于社会组织资本；另一个是他在学术界的人脉，属于人际关系资本。因此，社会资本是能够给拥有者生利增值的社会领域的事物，说到底，也就是能够给拥有者生利增值的社会组织和人际关系。

因此，科尔曼说："社会组织构成社会资本，社会资本为人们实现特定目标提供便利……社会资本基本上是无形的，它表现为人与人的关系"[2]；普特南说："社会资本是指社会组织的特征，诸如信任、规范以及网络，它们能够通过促进合作行为来提高社会的效率"[3]；林南进一步总结说："布尔迪厄、科尔曼、林南、弗拉普、伯特、埃里克森、波茨和其他学者都认为，社会资本由嵌入在社会关系和社会结构中的资源组成，当行为者希望提高目的性行动成功的可能性时，他们可以动员社会资本……社会资本可以操作化地定义为行动者在行动中获取和使用的嵌入在社会网

---

[1] Julia Annas, *The Morality Of Happiness*, New York: Oxford Oxford University Press, 1993, p. 435.
[2] 科尔曼：《社会理论的基础》上，社会科学文献出版社1999年版，第356页。
[3] 普特南：《使民主运转起来》，江西人民出版社2001年版，第195页。

络中的资源"①。

4. 发达的公民社会及其充裕的社会资本——实行和巩固民主制的重大有利条件

社会资本虽然是能够生利增值的社会组织和人际关系，因而原本是每个社会成员共同创建的，但是，各个社会成员及其阶级所拥有的社会资本的数量和质量，显然是不相同的。因为任何社会，不论是乡县区市还是公民社会，不论是氏族部落还是国家城邦，皆由人口、土地和权力三要素构成。每个人所拥有的社会资本的质量和数量——亦即其社会资本存量——的最根本的决定因素，无疑是他的社会地位，说到底，是他所拥有的权力。每个人所拥有的社会资本的质量和数量与其所拥有的权力成正比：他的权力越大，他所拥有的社会组织的社会资本就越重要越多，他的人际关系就越关键越广泛，他的人际关系中的当权者就越多，他的人际关系中的权力含量和社会资本就越多；反之亦然。这个道理，布尔迪厄已有论述："特定的行动者占有的社会资本数量，依赖于行动者可以有效加以运用的联系网络的规模的大小，依赖于和他有联系的每个人以自己的权力所占有的（经济的、文化的、象征的）资本数量的多少。"②

个人如此，阶级亦然："不同的社会群体拥有不同质量或数量的资本。"③ 确实，这是我们天天都看到的现象：官吏阶级的社会资本远远多于和重要于庶民阶级。一个七品芝麻官，一个小小的县长，他凭借县长的权力所拥有的社会资本，何止多于他自己还是一个平民百姓时几百倍！他凭借县长的权力不但拥有全县各级官吏组织的社会资本，而且拥有他凭借县长权力所能结交的其他各级组织和人际关系的社会资本。相反地，一个没有任何官职的庶民有多少社会资本呢？他所在的单位组织的社会资本几乎都为单位领导拥有，他的人际关系的社会资本存量也必定少得可怜。这

---

① 林南：《社会资本：关于社会结构与行动的理论》，世界出版集团、上海人民出版社 2005 年版，第 23—24 页。
② 包亚明主编：《布尔迪厄访谈录——文化资本与社会炼金术》，上海人民出版社 1997 年版，第 202 页。
③ 林南：《社会资本：关于社会结构与行动的理论》，世界出版集团、上海人民出版社 2005 年版，第 122 页。

种社会资本不平等的典型,正如林南所论,就是等级制社会:"金字塔形状的等级制结构的一个重要后果是,权威集中在很少的位置与占据者中。在顶层只有很少的位置与占据者,它们不仅控制着最多的绝对和相对数量的有价值资源,而且拥有结构中关于资源位置的最全面信息。"①

不难看出,个人或阶级所拥有的社会资本的多少,对其具有莫大的意义。对此,普特南援引科尔曼的话说:"像其他形式的资本一样,社会资本是生产性的,是否拥有社会资本,决定了人们是否可能实现某些既定目标。"② 确实,人的最深刻的本性就是社会性,每个人或阶级的一切重大的利益和行为目的,都只有依靠社会资本才能达到:每个人或阶级获利益多少和目的实现程度,说到底,取决于所拥有的社会资本的多少而与其成正比。试想,一个穷乡僻壤无名大学——如白城师范学院——的教授,即使出版了一本与罗尔斯《正义论》同样水平的著作,恐怕也会默默无闻一辈子,甚至永远湮没无闻。原因很简单:他的社会资本"白城师院"无论质量还是数量都与罗尔斯的社会资本"哈佛大学"有天壤之别。

同理,一个农民的儿子即使与国家总理的儿子经商的能力相等,他们发大财的理想实现的可能性显然不可同日而语。近水楼台先得月,向阳花木易为春。每个人获利益多少和目的实现程度,确实取决于所拥有的社会资本的质量和数量:个人如此,阶级亦然。社会资本如此重要,以致林南认为,保持既有的社会资本和获取没有的社会资本是个人和阶级的两个主要动机:"无论集体还是个体行动者的行动都有两个主要动机:保护既有的有价值资源和获得额外的资源。也即,我们可以假定行动是有理性的,而行动的动机是为了生存和延续而维持或取得有价值的资源。第一个动机是为保持已持有价值资源来行动。第二个动机促进了争取尚未持有价值资源的行动。"③

确实,官吏阶级与庶民阶级斗争的一个十分重要的方面,就是并且应该是争夺社会资本。细细想来,为什么庶民阶级的人数远远多于官吏阶

---

① 林南:《社会资本:关于社会结构与行动的理论》,世界出版集团、上海人民出版社2005年版,第35页。

② 普特南:《使民主运转起来》,江西人民出版社2001年版,第196页。

③ 林南:《社会资本:关于社会结构与行动的理论》,世界出版集团、上海人民出版社2005年版,第44页。

级,却不能实现对他们有利的民主制,而屈服于对他们有害而对官吏阶级有利的非民主制。因为,一方面,官吏阶级不但垄断了全部政治权力,也垄断了绝大多数经济权力;庶民阶级不但没有政治权力,绝大多数庶民也没有经济权力。另一方面,官吏阶级的组织化程度极高,联系极为密切;相反地,庶民阶级的广大成员,缺乏社会联系,像马铃薯一样相互隔离、分散孤立。合而言之,庶民阶级既无权力,也缺乏社会关系与人际联系;相反地,官吏阶级既垄断了权力,也垄断了社会关系与人际联系。这意味着,官吏阶级垄断了社会资本;庶民阶级丧失了社会资本:这就是为什么庶民阶级失败和官吏阶级成功——亦即民主失败而非民主制成功——的社会原因。

因此,庶民阶级要战胜官吏阶级从而实行民主制,必须夺取社会资本,积累和扩大社会资本存量。为此目的,唯一的手段和途径就是创建和发展公民社会。因为,正如社会资本研究者所发现,社会资本有各种类型,并不是所有类型的社会资本都是好东西,更不是所有类型的社会资本都有利于实行民主。迈克尔·武考克说:"存在着不同类型、不同层次或维度的社会资本,不同结果的出现与社会资本不同维度的结合有关。"[1]普特南说:"不同的公共问题必须由特定类型的社会资本来匹配……某些形式的社会资本会破坏个人的自由。国父们对'宗派的罪恶'的许多担忧也可以用在社会资本上。"[2] 奥斯特罗姆也这样写道:"社会资本也存在不利的一面。匪徒和黑手党将社会资本作为其组织结构的基础。卡特尔也竭力利用社会资本控制产业,从而获取更多。建立在军事力量基础上的威权政府体制在培育自身社会资本的同时也摧毁了其他形式的社会资本。"[3]

因此,并不是庶民阶级的任何社会资本都能够实现民主。庶民阶级实行民主制所需要的社会资本,乃是民主的社会资本,而不是专制等非民主制的社会资本。试看中国历代农民起义,虽然他们组织起来,团结奋斗,因而拥有巨量社会资本,却为什么始终没有实行民主制,而不过是以一些

---

[1] 李惠斌、杨雪冬主编:《社会资本与社会发展》,社会科学文献出版社2000年版,第257页。

[2] 同上书,第164页。

[3] 曹荣湘选编:《走出囚徒困境:社会资本与制度分析》,上海三联书店2003年版,第28页。

人执政的非民主制，替代了另一些人执政的非民主制？因为历代农民起义组织都不是民主制组织，而是起义领袖独掌最高权力的专制等非民主制组织；起义者相互间不是平等互惠合作的水平型横向社会关系，而是庇护—附庸型的等级制垂直社会关系。农民等庶民阶级在这种非民主制组织和庇护—附庸型社会关系中所形成的社会资本，不论如何巨大，都只能实行专制等非民主制，而不可能实行民主制。

因此，庶民阶级要战胜官吏阶级实行民主制，不但必须创建非官方组织，而且必须创建非官方的民主组织，必须创建非官方的民主自治公共团体，亦即必须创建公民社会；因为公民社会就是非官方的民主自治公共团体。在公民社会中，每个人相互间都是平等互惠合作的水平型横向社会关系，而不是庇护—附庸型的等级制垂直社会关系。农民等庶民阶级只有在这种民主制组织和平等互惠合作的水平型横向社会关系中所形成的社会资本，才是实行民主的社会资本：公民社会是民主的社会资本的唯一源泉。庶民阶级只有拥有这种民主的社会资本，才能摆脱历代农民起义换汤不换药——只更换统治者而不改变制度——的怪圈，才能真正实现整个庶民阶级的当家做主而不是仅仅更换主人，才能真正打破官吏阶级对社会资本的垄断，才能实行民主制。这就是为什么创建和发展公民社会，乃是庶民阶级战胜官吏阶级从而实行民主制的唯一的社会手段。诚然，创建和发展公民社会仅仅是实行民主的唯一的社会条件，而并不是实行民主的唯一条件。但是，它对于实行民主制是如此重要，以致怀特这样写道："公民社会思想在任何关于民主化讨论中都处于中心地位，因为它提出了社会力量在限定、控制国家权力并使之合法化方面所发挥的作用这一主要问题。"[1]

公民社会不仅是实现民主制的唯一的社会条件，显然也是保持和巩固民主制的唯一的社会条件。对此，托克维尔曾有十分精辟的论述："再没有比社会情况民主的国家更需要用结社自由去防止政党专制或大人物专权的了。在贵族国家，贵族社团是制止滥用职权的天然社团。在没有这种社团的国家，如果人们之间不能随时仿造出类似的社团，我看不出有任何可以防止暴政的堤坝。另外，在这样的国家，一个伟大的民族不是要受一小撮无赖的残酷压迫，就是要受一个独夫的残酷压迫……人们把自己的力量

---

[1] 何增科主编：《公民社会与第三部门》，社会科学文献出版社2000年版，第69页。

同自己的同志的力量联合起来共同活动的自由，是仅次于自己活动自由的最天然的自由。"①

公民社会和社会资本对于实现和巩固民主如此重要，以致福山等学者认为它们是民主制的必要条件："社会资本对现代经济的有效运行起着重要作用，同时也是自由民主制度保持稳定的必要条件……充裕的社会资本储备往往会产生紧密的公民社会，而公民社会反过来也普遍被看作自由主义民主制度的必要条件。用厄内斯特·盖尔那的话来说：'没有公民社会，就没有民主制度'。"② 这种观点是不能成立的。社会资本和公民社会既不是民主的必要条件，更不是民主的充分条件。因为，一方面，有些国家，如20世纪80年代末和90年代初的俄罗斯和罗马尼亚，并没有什么公民社会，却仍然实现了非民主制向民主制的转型。因此，公民社会和社会资本不是民主的必要条件。另一方面，有些国家，如新加坡，虽然公民社会发达，实行的却不是民主制。因此，公民社会和社会资本不是民主的充分条件。

社会资本和公民社会既不是民主的必要条件，也不是民主的充分条件，显然意味着：不论公民社会和社会资本如何，既不必然导致民主制，也不必然导致非民主制——公民社会及其社会资本不是实行民主制或非民主制的必然因素。公民社会和社会资本，与民主制或非民主制并没有必然联系；它们对于民主制或非民主制的实行只具有有利还是不利的关系。发达的公民社会及其充裕的社会资本是实行和保持民主制的重大有利条件；不发达的公民社会及其匮乏的社会资本是实行和巩固专制等非民主制的重大有利条件。由此可以理解，为什么普特南虽然强调公民社会及其社会资本是实行民主的决定性因素，却否定其为民主的必要条件："我自己关于意大利不同地区民主制度绩效的对比研究表明，社会资本是民主进步的一种重要的决定性因素。一些批评者以为我的研究成果证明'没有良好的公民传统就不可能有民主'这一'铁律'，我要强调指出，这不是我的观点。相反，我相信，这项研究的主要教训是，民主的改革者必须从基层开

---

① 托克维尔：《论美国的民主》上卷，商务印书馆1996年版，第217—218页。
② 曹荣湘选编：《走出囚徒困境：社会资本与制度分析》，上海三联书店2003年版，第71、78页。

始,切实鼓励普通公民之间的民间约定。"①

三 民主的文化条件

1. 文化与文明概念

界说文化,正如界说一切复杂难辨众说纷纭的概念一样,必须从其词源含义开始。从中文的词源来看,在殷代甲骨文中就有"文"字,本义为"纹"、各色交错的"纹理",如文身、花纹、有花纹的人形。因此,《易·系辞下》云:"物相杂,故曰文。"《礼记·乐记》云:"五色成文而不乱。"《说文解字》云:"文,错画也,象交文。"段玉裁注:"错画者,交错之画也……造画者,文之本义……皇帝之使仓颉见鸟兽蹄迒之迹,知分理之可相别异也,初造书契,依数象形,故谓之文。"可见,文的本义是纹,引申为象征符号,特别是文字和语言等象征符号。"化"的词源含义很简单,就是"变"、"改"、"生",也就是产生、改变、改造或创造的意思。

这样一来,"文"与"化"所合成的"文化"一词,就其词源含义来说,也就是语言文字等符号所改变、产生或创造的东西。文字是语言的符号;语言是思想的符号。因此,文化也就是语言文字和思想所改变、产生或创造的东西,说到底,也就是思想所改变、产生或创造的东西,也就是思想、心智、精神、心理、意识和观念——六者是同一概念——所改变、产生或创造的东西。这就是为什么,中国世世代代都是"文"与"武"相对而言:文化亦即与武力改造相反,就是语言文字改造,就是语文改造、思想改造。西汉刘向的《说苑·指武》便这样写道:"圣人之治天下也,先文德而后武力。凡武之兴,为不服也,文化不改,然后加诛。"晋束广微的《补亡诗》亦如是说:"文化内辑,武功外悠。"梁萧统注曰:"言以文化辑和于内,用武功加于外边也。"

西文的"文化(英文和法文 Culture,德文 Kultur)"源于拉丁文 Cultura 和 Colere,本义主要是耕种或照料,亦即对农作物和动物的照料;英文中至今还有 horticulture(园艺),agriculture(农业),physical culture

---

① 普特南:《使民主运转起来》,江西人民出版社2001年版,第2页。

（体育）等词。因此，"文化"原本是与"自然"对立的概念，有"人为"、"人化"、"人造"之意。人的一切行为都受思想、心智支配，因而人为、人造和人化，说到底，就是心智或思想的改造和创造。因此，所谓文化，说到底，正如古罗马哲学家西塞罗所言，也就是人类心智、思想的改造或创造，是心智的耕种：Cultura animi autem philosophia est。

问题的关键，正如巴甫洛夫发现，人是具有第二信号系统的动物，因而人类的思想或心智只有通过语言文字等象征符号才能进行、表达和交流。因此，文化是思想或心智的创造，意味着：文化是语言文字等符号所创造的东西。因此，怀特说："全部文化（文明）依赖于符号。正是由于符号能力的产生和运用才使得文化得以产生和存在；正是由于符号的使用，才使得文化有可能永存不朽。没有符号，就没有文化，人也就仅仅是动物而不会成为人类……简言之，没有某种形式的符号交往，就没有文化。文化'开端于语词'，同样，文化的继承，发展和流传也在于语词。"①

可见，就词源含义来说，不论中西，文化都是与"自然"或"武功"相对而言，都是指人类语言文字等符号和思想心智所改变、产生或创造的东西。那么，文化概念是否可以如此定义？答案是肯定的：文化就是人类的语言文字等符号和思想心智所创造的有价值的东西，就是人类通过语言进行的思想心智所创造的有价值的东西，说到底，就是人类思想的创造物。因为人类的思想都是通过语言进行的："通过语言进行的思想"与"人类的思想"是同一概念。

诚然，人类思想的创造物，含义复杂，原本就有两方面不同的意蕴：一方面，文化是人类语言思维自身直接的创造物，亦即思想、心理或观念，如知、情、意、知识、经验和科学等，属于所谓狭义的文化概念；另一方面，文化是人类语言思维通过支配手脚等躯体和工具，所创造的一切能够满足需要的东西，是人类思想所创造的一切有用的东西，是人类思想心智所创造的一切有价值的东西，包括房屋、衣服、器皿和社会组织等，属于所谓广义的文化范畴。这就是为什么各种辞典大都将文化概念区分为广义与狭义的缘故。

---

① 怀特：《文化科学》，浙江人民出版社1988年版，第31—32页。

然而，细细想来，文化似乎未必是有价值的东西。譬如吸毒、决斗、食人、杀婴、缠足等，无疑属于文化范畴，却似乎不能说它们是有价值的东西。其实不然。需要是创造等一切活动的原动力。任何文化都一定具有满足人类某种需要及其各种转化形态——欲望（需要的觉知）和目的（为了实现的需要和欲望）等——的效用，因而都具有一定的价值。对此，马凌诺斯基曾有十分精辟的论述："文化根本是一种'手段性的现实'，为满足人类需要而存在，其所取的方式却远胜于一切对环境的直接适应。文化赋予人类以一种生理器官以外的扩充，一种防御保卫的甲胄，一种躯体上原有设备所完全不能达到的在空间中的移动及其速率。文化，人类的累积的创造物，提高了个人效率的程度和动作的力量；并且它与人以这样深刻的思想和远大的眼光，在任何其他动物中，都是梦想不到的。"①

但是，毋庸置疑，价值具有相对性。一种文化可能仅仅对于某种需要才具有正价值；而对于另一种需要则具有负价值。吸毒、决斗和缠足都能够满足人类的某种需要，因而是一种有价值的东西；但是，对于人类的其他更重要需要——如生命和健康——来说，它们却具有负价值，并且其正负价值的净余额是负价值。因此，任何文化都必定能够满足某种需要，必定是一种有价值的东西。只不过，有些文化的价值净余额是正价值，因而属于财富和文明范畴，如衣服、房屋、器皿、知识、艺术、道德和政治等；另一些文化的价值净余额是负价值，不属于财富和文明范畴，如吸毒、决斗和缠足等。

诚然，文明原本与野蛮相对而言："文明与价值判断相联系，用以确指开化的社会。它从反面意味着有不文明民族或野蛮民族的存在。"② 是的，文明的本义是野蛮的对立面，含义比较狭窄。但是，仅就本义来看，文明也毕竟与价值判断相联系：文明是好东西而野蛮是坏东西。于是，逐渐地，文明便从仅与野蛮相对而言，引申为与一切坏的文化相对而言：文明就是好的、具有正价值的文化。于是，文明也有广义和狭义之分：狭义的文明是野蛮的对立概念；广义的文明则是指好的、具有正价值的文化。

---

① 马凌诺斯基：《文化论》，华夏出版社 2002 年版，第 99 页。
② 法国《世界百科全书》第四卷，1961 年版，"文明"词条。

德国《大百科辞典》"文明"词条便这样写道:"从广义来说,指良好的生活方式和风尚。从狭义来说,指社会在脱离了人类群居生活的原始自然状态之后,通过知识和技术形成和完善起来的物质和社会状态。"这样一来,文化以好坏的性质为根据便分为两类:一类是坏的、具有负价值的文化;另一类是好的、具有正价值的文化,亦即所谓文明。试想,为什么可以说吸毒、决斗、食人、杀婴、缠足是一种文化,却不能说它们是一种文明?岂不就是因为它们都是坏的、不应该的和具有负价值的?为什么可以说专制主义是一种政治文化,却不能说专制主义是一种政治文明?岂不就是因为专制主义是坏的、不应该的和具有负价值的东西?因此,文明是文化的一个类型,是好的、具有正价值的文化:"文明始终作为文化的一种特殊类型或一个方面而出现。"①

可见,文化必定关涉好坏价值,文化就是人类思想——亦即通过语言符号进行的思想——所创造的有价值的东西。这一定义,梁启超早有洞见:"文化者,人类心能所开积出来之有价值的共业也。易言之,凡人类心能所开创,历代积累起来,有助于正德、利用、厚生之物质和精神的一切共同的业绩,都叫做文化。"②贺麟也曾这样写道:"所谓文化就是经过人类精神陶铸过的自然。"③"所谓文化,乃是人文化,即是人类精神的活动所影响、所支配、所产生的。又可以说文化即是理性化,就是以理性来处理任何事,从理性中产生的,即谓之文化。"④美国文化人类学家克罗伯和克拉克洪,在分析164种文化定义的基础上,也提出了类似定义:

> 文化是由外显的和内隐的行为模式构成;这种行为模式通过象征符号而获得和传递;文化代表了人类群体的显著成就,包括它们在人造器物中的体现;文化的核心部分是传统(即历史地获得和选择的)观念,尤其是它们所带的价值;文化体系一方面可以看作是活动的产物,另一方面则是进一步活动的决定因素。⑤

---

① 法国《世界百科全书》第四卷,1961年版,"文明"词条。
② 李荣善:《文化学引论》,西北大学出版社1996年版,第10页。
③ 贺麟:《文化的体与用》,商务印书馆1947年版,第32页。
④ 贺麟:《文化与人生》,商务印书馆1988年版,第279页。
⑤ 陈华文:《文化学概论》,上海文艺出版社2001年版,第8页。

诚然，我们的文化定义与各种辞典所代表的流行定义相比较，似乎片面。因为按照我们的定义，文化仅仅是人类的思想心智所创造的有价值的东西；而流行定义则认为文化是人类——而不仅仅是人类的心智——所创造的财富或有价值的东西。中国《社会科学简明辞典》说："文化是指人类在社会历史实践过程中所创造的物质财富和精神财富的总和。"德国《大百科辞典》说："文化同自然有区别，它是人通过对自然的加工而创造的世界之总和。"其他各种文化定义，大体讲来，均可归属于这一定义：文化是人类所创造的有价值的东西。试看，鼎鼎有名的泰勒的定义："文化或文明，就其广泛的民族学意义来说，是包括全部的知识、信仰、艺术、道德、法律、风俗以及作为社会成员的人所掌握和接受的任何其他的才能和习惯的复合体。"[1] 这岂不就是说：文化是人类所创造的有价值的东西吗？美国社会学家福尔森说："文化是一切人工产物的总和，包括一切由人类发明并由人类传递后代的器物的全部，及生活的习惯。"[2] 克鲁克亨说：文化"是指整个人类环境中由人所创造的那些方面，既包括有形的也包括无形的。"[3] 这不也是说：文化是人类所创造的有价值的东西吗？亨廷顿说："我们是从纯主观的角度界定文化的含义，指一个社会中的价值观、态度、信念、取向以及人们普遍持有的见解。"[4] 这不也是说：文化是人类所创造的思想观念吗？

究其实，"人类的思想心智所创造的有价值的东西"，与"人类所创造的有价值的东西"，外延是相等的。因为人类一切活动无不受思想意识或心智的支配，人类的一切活动都是在一定的思想、意识或心智支配下进行的，都是思想、意识或心智活动的结果。就拿衣服、住房和瓷器来说。它们都是人类创造的有价值的东西，属于物质文化范畴。这些东西，固然是人类的劳动等实践活动创造的；但是，劳动等实践活动都是在思想心智的支配和指导下进行的。因此，这些衣服、住房和瓷器等物质文化，说到底，也都是人类思想心智创造的。人类所创造的一切东西，都是在一定的

---

[1] 泰勒：《原始文化》，上海文艺出版社1992年版，第1页。
[2] 陈华文：《文化学概论》，上海文艺出版社2001年版，第7页。
[3] 庄锡昌等编：《多维视野中的文化理论》，浙江人民出版社1987年版，第117页。
[4] 塞缪尔·亨廷顿、劳伦斯·哈里森：《文化的重要作用》，新华出版社2002年版，第3页。

思想、意识或心智支配下进行的，说到底，都是思想、意识或心智活动创造的。

诚然，仅仅思想心智是什么也创造不出来的。人类所创造的一切有价值的东西，都是心智与躯体、脑力劳动与体力劳动结合起来共同创造的；文化乃是心智指挥躯体创造的有价值的东西。那么，我们为什么不说：文化乃是人类的心智与躯体结合起来共同创造的有价值的东西？为什么不说：文化是人类所创造的有价值的东西？却偏偏涉嫌片面地说：文化是人类的语言文字思想心智所创造的东西？因为"文化"属于人为范畴，与"自然"是外延毫不相干的对立概念。人类通过语言进行的思想心智活动，不但是生物进化的最高的境界和结果，不但是支配人类一切活动的最高级的活动，而且是人类区别于一切动物等自然领域事物的根本特征。

粗略看来，人类与其他动物的根本区别，不在于躯体而在于思想心智。然而，真正讲来，人类与其他动物的根本区别，不但不在于躯体，而且也不在于思想心智，而在于是否有语言，说到底，在于是否有通过语言进行的心智活动。因为正如巴甫洛夫发现，人与动物都具有第一信号系统：思想心智活动。但是，唯有人类具有——而其他动物则不具有——第二信号系统：语言。人类与其他动物的根本区别乃在于：动物虽然有大脑和思想心智，却没有通过语言进行的思想心智，因而也就不可能进行思维的抽象和概括，不可能有理性知识和科学；相反地，人类的思想心智是通过语言进行的，因而能够进行思维的抽象和概括，从而才能创造理性知识及其体系：科学。因此，虽然其他动物与人类一样，都能够创造有价值的东西；但唯有人类才能够通过语言进行的心智活动创造有价值的东西：通过语言进行的心智活动是"文化"区别于"自然"的根本特征。

因此，人造房屋高明于和不同于蜂房之处，并不在于房子本身如何。蜂房可能远比人类某些房屋高级精致，以致使许多建筑师自愧不如；"蜜蜂在筑巢时，就像一个出色的几何学家那样达到了最高的准确性和精确性。"① 然而，人造房屋不论如何简陋却也必定高明于和不同于蜂房等任何大自然的造化之处，乃在于唯有人的房屋是人类的思想心智——亦即通过语言进行的思想心智——活动创造的，因而有无限发展的可能。这个道

---

① 庄锡昌等编：《多维视野中的文化理论》，浙江人民出版社 1987 年版，第 256 页。

理，马克思曾有精辟说明："蜘蛛的活动与织工的活动相似，蜜蜂建筑蜂房的本领使人间的许多建筑师感到惭愧。但是，最蹩脚的建筑师从一开始就比最灵巧的蜜蜂高明的地方，是他在用蜂蜡建筑蜂房以前，已经在自己的头脑中把它建成了。劳动过程结束时得到的结果，在这个过程开始时就已经在劳动者的表象中存在着，即已观念地存在着。"①

可见，人类的思想观念——亦即通过语言进行的思想观念——的创造活动，乃是人类与其他动物等一切自然领域事物的根本区别，是人为与自然的根本区别，因而也就是文化区别于自然的根本特征。这就是为什么我们追随文化的词源含义而界定文化是人类的思想——亦即通过语言进行的思想——所创造的有价值的东西。相反地，貌似全面的流行定义——文化是人类所创造的有价值的东西——不但背离了文化的词源含义，而且不能够揭示文化不同于自然的特征，不能使文化与自然区别开来。试想，如果说文化是人类所创造的有价值的东西，民房因其是人类创造的有价值的东西而是文化，那么，蜜蜂创造的蜂房岂不也是有价值的东西，岂不也应该是文化？蜂房可能比初民房屋还精致高明得多哩！因此，如果说文化是人类所创造的有价值的东西，那么，我们就没有理由否定比初民房屋更加复杂高级的蜂房是文化。反之，如果说文化是人类通过语言进行的心智活动创造的有价值的东西，那就只有民房才是文化，而蜂房不是文化。因为唯有民房才是——而蜂房则不是——通过语言进行的心智活动创造的。

2. 以伦理文化为核心的政治文化：国家制度的直接原因

文化是人类思想心智所创造的有价值的东西，因而普及自然、社会和精神三大领域。人类的思想通过改造自然物所创造出来的有价值的物质形态或有形物，叫做物质文化，如房屋、衣服、粮食、器皿等一切有形体的东西。人类的心智通过反映一切事物所创造的有价值的精神世界，叫做精神文化，亦即所谓狭义文化概念，如知识、经验、理性、科学、艺术、文学、宗教等一切无形体的东西。人类的心智通过缔结制度而创造的社会——社会组织和社会关系以及社会活动——叫做制度文化，如家庭、社

---

① 马克思：《资本论》，中国社会科学出版社 1983 年版，第 166 页。

团、国家、经济、政治、法律和道德等一切社会领域的事物。对于文化的这种分类，马林诺斯基已有阐明，而称之为"部分由物质、部分由人群、部分由精神"构成的庞大装置：

> 最好先对文化的众多表现形式做一鸟瞰。它显然是一个有机整体，包括工具和消费品、各种社会群体的制度宪纲、人们的观念和技艺、信仰和习俗。无论考察的是简单原始、抑或是极为复杂发达的文化，我们面对的都是一个部分由物质、部分由人群、部分由精神构成的庞大装置。人们借此应付其所面对的各种具体而实际的难题。①

毋庸赘述，物质文化、精神文化和制度文化相互作用、互为因果。但是，不论何种文化，既然是文化，就必定都是人类思想的创造物，必定都是人们在一定的思想指导下创造的。因此，任何文化的变化不论源于何种原因，发生变化之前，都必定首先要经历人们的思想心智、精神文化方面的变化；精神文化的变化是一切文化变化的先导，是导致一切文化变化的直接原因。诚如马克思所言，如果物质文化发生变化，如果生产工具发生变化，制度文化就会发生相应的变化："手推磨产生的是封建社会，蒸汽机产生的是工业资本家为首的社会。"② 因此，物质文化的变化是制度文化变化的原因。

但是，物质文化的变化并不能直接造成制度文化变化。手推磨到蒸汽磨的物质文化的变化，并不能直接造成封建制向资本主义制度的变化。手推磨到蒸汽磨的物质文化的变化，必定首先引起精神文化的变化，比如说，使人类认识到，封建制度已经不适应生产力的发展，必须代之以资本主义制度。在这种精神文化的指导下，人类才能废除封建制度，实行资本主义制度，从而使制度文化发生变化。这样一来，认为封建制度已经过时的精神文化变化，就是封建制到资本主义制度的文化变化的直接原因；而手推磨到蒸汽磨的物质文化的变化，则是这种制度文化变化的间接原因。

---

① 马林诺夫斯基：《科学的文化理论》，中央民族大学出版社1999年版，第52—53页。
② 《马克思恩格斯选集》第1卷，人民出版社1995年版，第277页。

反之亦然。如果制度文化发生变化，如果封建专制变成资产阶级自由民主制度，生产力就会大跃进，物质文化就会大变化："资产阶级在它不到一百年的阶级统治中所创造的生产力，比过去一切时代创造的全部生产力还要多、还要大。"① 因此，制度文化的变化是物质文化变化的原因。但是，制度文化的变化也并不能直接造成物质文化变化。专制变成民主自由的制度文化变化，必定首先引起思想解放和科学技术的繁荣兴盛等精神文化的变化。然后，人们在这种新的思想和科学技术的指导下，才能制造新的生产工具，从而造成物质文化大变化。

可见，任何文化的变迁，不论源于何种原因，都必定要经过精神文化变化的中介才能实现：精神文化的发展变化是一切文化发展变化的直接原因；一切文化的发展变化是精神文化发展变化的直接结果。因此，精神文化的发展变化乃是制度文化发展变化的直接原因。如果转换为狭义文化，这一命题就全等于：文化（精神文化与狭义文化是同一概念）是制度（制度不属于狭义文化范畴）的直接原因。因此，就直接的因果关系来说，丹尼尔说得不错："文化为制度之母"。② 确实，制度是一种人为的东西，是人类的创造物，是人类在一定思想观念指导下创造的东西，说到底，是人类思想的创造物：思想观念——亦即文化——是制度的直接原因。

民主制与非民主制都是国家制度，都属于制度范畴。因此，文化是制度的直接原因意味着：文化是民主制与非民主制的直接原因，是民主制与非民主制从可能到现实转化的直接原因，是民主制与非民主制的实现和巩固的直接原因。但是，文化包括人类创造的全部思想观念，不可能一股脑儿统统都是民主制与非民主制的原因。譬如说，文化包括自然科学：自然科学不可能是民主制与非民主制的直接原因。那么，究竟什么文化才是民主制与非民主制的直接原因？民主制与非民主制是政治制度的分类。因此，作为民主制与非民主制直接原因的文化，显然是政治文化。

政治文化概念虽然古已有之，亚里士多德、伯克、托克维尔、戴西和

---

① 《马克思恩格斯选集》第1卷，人民出版社1995年版，第277页。
② 塞缪尔·亨廷顿、劳伦斯·哈里森：《文化的重要作用》，新华出版社2002年版，第16页。

白哲特等均有论述,但是,政治文化名词却迟至 1956 年为美国政治学家阿尔蒙德首次使用。因此,究竟何为政治文化,一直众说纷纭,莫衷一是。不过,文化概念既然有广狭之分,政治文化必定也有广狭之分。广义的文化包括物质文化、制度文化和精神文化;相应地,广义的政治文化也包括诸如监狱警察等物质方面的政治文化、政治制度等制度方面的政治文化和政治思想等精神方面的政治文化。狭义的文化仅仅是精神文化;相应地,狭义的政治文化也仅仅是政治思想观念,亦即政治的知、情、意。作为制度——民主制与非民主制——直接原因的政治文化,显然是狭义的政治文化;否则,如果是广义的政治文化,那么,广义的政治文化包括政治制度,因而说"政治文化是政治制度的直接原因",岂不就等于说"政治制度是政治制度的直接原因"?因此,阿尔蒙德在界说政治文化时这样写道:

> 我们所使用的文化概念仅指其许多含义之一种:亦即对社会事物的心理取向。当我们说到一个社会的政治文化时,我们所指的是该社会居民对其政治制度的内化,亦即认知、情感和评价……它包括(1)"认知取向",也就是关于政治制度、它的角色和角色的承担者、它的输入和输出的知识以及信念;(2)"情感取向",即关于政治制度、它的角色、人员和行为的感情,以及(3)"评价取向",关于政治现象的判断和见解,特别是那些涉及价值的标准和准则以及和信息与感情相结合的政治现象。①

可见,作为制度——民主制与非民主制——直接原因的政治文化,是狭义的政治文化,也就是对政治的思想、心理或意识,亦即对政治事实如何及其应该如何的认知和评价,主要是对国家政治制度和国家治理活动之事实如何及其应该如何的认知和评价。举例说,1. "我们认为希腊伯利克里时代实行的是全体公民执掌国家最高权力的民主政体",就是对政治制度和治理活动事实如何的描述性认知;2. "我们认为古希腊伯利克里

---

① Gabriel A. Almond Sidey Verba, *The Civic Culture: Political Attitudes and Democracy in Five Nations*, Sage Publications, Inc., 1989, pp. 513–514.

时代的民主制符合国家制度根本价值标准'公正与平等'和最高价值标准'人道与自由'以及终极价值标准'增减每个人利益总量',因而是最好的国家制度",就是对政治制度和治理活动应该如何的评价性认知或认知评价;3."我们对伯利克里和希腊民主制充满仰慕之心",就是对政治制度和治理活动应该如何的情感评价;4."我们决心仿效伯利克里而为实现民主努力奋斗",就是对政治制度和治理活动应该如何的意志评价:四者都属于政治文化范畴,是政治文化的四大类型。

不难看出,政治文化的核心是评价系统,是对国家制度与国家治理的评价系统。这就是为什么阿尔蒙德将政治文化界定为"心理取向"、"政治取向"和"政治对象的取向模式"的缘故。而评价系统的核心,正如阿尔蒙德所言,乃是国家制度和国家治理的价值标准心理系统:"'评价取向'就是关于政治对象的判断和见解,尤其是那些涉及价值的标准和准则。"[1] 问题的关键在于,国家制度和国家治理的价值标准完全属于道德标准范畴。首先,国家制度和国家治理的根本价值标准就是公正,说到底,就是平等:平等是最重要的公正。其次,国家制度和国家治理最高价值标准就是人道,说到底,就是自由:自由是最根本的人道。最后,国家制度和国家治理终极价值标准就是道德终极标准:增减每个国民的利益总量。

因此,政治文化的核心,说到底,乃是伦理文化:国家制度和国家治理价值标准属于道德标准和伦理文化范畴。这是不足为怪的。因为政治应该是法律和道德的实现:"政府除非执行众所周知的规则决不可以强制个人。"[2] 法律又是以道德原则——正义、平等、自由等——为原则的,因而也不过是道德原则的实现。因此,说到底,政治不过是道德原则的实现:这就是为什么政治文化的核心是伦理文化的缘故。这样一来,政治文化固然是政治制度的直接原因,然而究竟言之,伦理文化乃是政治制度的最为核心的直接原因。因此,陈独秀在五四新文化运动之际,连续发表论文,阐明政治制度变革的核心问题是伦理文化的变革;伦理文化不进行变

---

[1] Gabriel A. Almond Sidey Verba, *The Civic Culture: Political Attitudes and Democracy in Five Nations*, Sage Publications, Inc., 1989, p. 515.

[2] Friedrich A. Hayek, *The Constitution of Liberty*, The University of Chicago Press, 1978, p. 205.

革，纵使政治制度发生变革，最终必将复辟："盖伦理问题不解决，则政治、学术，皆枝叶问题，纵一时舍旧谋新，而根本思想，未尝变更，不旋踵而仍复旧观者，此自然必然之事也。"① 因此，国民的伦理觉悟实乃"吾人最后觉悟之最后觉悟"："自西洋文明输入我国，最初促吾人之觉悟者为学术，相形见绌，举国所知矣；其次为政治，年来政象所证明，已有不克守缺抱残之势。继今以往，国人所怀疑莫决者，当为伦理问题。此而不能觉悟，则前之所谓觉悟者，非彻底之觉悟，盖犹在倘恍迷离之境。吾敢断言曰：伦理的觉悟，为吾人最后觉悟之最后觉悟。"②

3. 公民文化与臣民文化：民主制与非民主制的直接原因

确实，以伦理文化为核心的政治文化，乃是国家制度形成的直接原因。那么，究竟是怎样的政治文化及其伦理文化，能够直接造成民主制和非民主制？答案显然是：民主主义文化是民主制的直接原因；专制主义与精英主义文化是非民主制的直接原因。因为民主主义就是认为民主是应该的理论，亦即认为国家最高权力应该完全平等地执掌于全体或多数公民。民主主义最主要的理论根据就是政治自由权利应该人人完全平等享有原则。按照这一原则，每个人都应该完全平等地享有政治自由，都应该完全平等地共同决定国家政治命运，说到底，都应该完全平等地共同执掌国家最高权力："每个人只顶一个，不准一个人顶几个"③。

相反地，专制主义认为专制是应该的，亦即认为国家最高权力应由一个最优秀的人独掌；而精英主义则认为寡头精英统治是应该的，亦即认为国家最高权力应该执掌于少数精英：二者都否定民主，可以合而称之为"非民主主义"。非民主主义最主要的理论根据就是政治职务分配原则：应该根据每个人的才德或贡献分配政治职务和政治权利。按照这一原则，执掌国家最高权力的人应该是才德最优秀的人。才德最优秀的人显然不可能是人民大众，而只能是极少数人，甚至只能是一个人。如果是一个人，如果有一个才德无双的最优秀的人，就应该由他一人独掌国家最高权力，

---

① 《陈独秀文章选编》（上），生活·读书·新知三联书店 1984 年版，第 144 页。
② 同上书，第 108—109 页。
③ 《潘恩选集》，商务印书馆 1963 年版，第 145 页。

实行君主专制;如果极少数才德优秀的人相差无几,就应该由这些极少数优秀者执掌国家最高权力,实行寡头精英统治:"最优良的政体就该是由最优良的人们为之治理的政体。这一类型的政体的统治者或为一人,或为一宗族,或为若干人。"①

这样一来,非民主主义文化——专制主义与精英主义文化——的核心特征,就是认为等级制和特权理所当然。等级制意味着政治权力垄断,它将国人分为垄断政治权力群体(官吏阶级)和没有政治权力群体(庶民阶级)。官吏阶级享有他们在民主制中得不到的巨大的政治权利、经济权利和机会权利等特权;官越大所享有的特权就越大。官吏阶级必然要维护自己巨大的特权,因而必然维护非民主制,反对民主制:这就是君主和寡头将绝大多数人都变成丧失政治自由的奴才,而又能够使他们服从其统治的诀窍。因此,等级制和特权乃是非民主制的固有特征;而认为等级制和特权理所当然则是非民主主义文化——专制主义与精英主义文化——的固有特征。换言之,专制主义与精英主义文化认为社会成员相互间的关系应该是主奴关系,应该是庇护—附庸型的等级制垂直社会关系;而不应该是平等互惠合作的水平型横向社会关系:这就是专制主义与精英主义文化的固有特征。

相反地,民主主义文化的核心特征是认为权利平等理所当然,认为应该消除等级制和特权。因为民主主义认为每个公民应该完全平等地执掌国家最高权力,应该完全平等地成为国家的最高权力的掌握者,应该完全平等地成为国家的最高统治者,应该完全平等地成为握有最高权力的国家的主人。这样一来,就消除了政治权力垄断,消除了政治权力垄断群体与没有政治权力群体之分,以及人与人之间的主奴之分,消除了等级制和特权,从而使人与人的关系真正达到了平等。因为人们相互间的贫富即使相当悬殊,毕竟没有主奴之分,而同样是握有最高权力的国家的主人,因而根本说来是完全平等的。因此,说到底,民主主义文化认为社会成员相互间的关系,应该是名副其实的平等关系,应该是平等互惠合作的水平型横向社会关系,而不应该是庇护—附庸型的等级制垂直社会关系:这就是民主主义文化的固有特征。

---

① 亚里士多德:《政治学》,商务印书馆1996年版,第173页。

因此，民主主义文化与公民文化是同一概念。因为所谓公民，如前所述，就是享有从事管理社会和国家等公共事务的权利的国民。因此，公民文化就是认为每个国民都应该享有从事管理社会和国家等公共事务权利的思想观念。然而，每个国民不可能都担任管理职务或政治职务，而只可能平等地共同执掌社会和国家最高权力。因此，公民文化也就是认为每个国民应该平等执掌社会和国家最高权力的思想观念，就是认为每个国民应该成为平等执掌社会和国家最高权力的主人的思想观念：公民文化与民主主义文化是同一概念。这就是为什么普特南一再强调，公民文化的根本特征就在于确认社会成员相互间的关系，应该是平等互惠合作的水平型横向社会关系，而不应该是庇护—附庸型的等级制垂直社会关系："公民共同体里的公民身份要求所有人拥有平等的权利承担平等的义务。这样一个共同体的连接纽带是互惠与合作的横向关系，而不是权威与依附的垂直关系。公民之间作为平等的人，而不是作为庇护与附庸，也不是作为统治者与被统治者，发生互动。"①

相反地，非民主主义文化——专制主义与精英主义文化——与臣民文化是同一概念。因为臣民原本与君主相对而言：君主是独掌最高权力那一个人，是臣民的主人、主子或主公；臣民是服从君主统治的一切人，是君主治下的官吏和庶民，是君主的奴仆、奴才或奴隶。不但君主与臣民的关系是主奴关系，而且臣民之间也是主奴关系：官吏是庶民的主人，庶民是官吏的奴才；大官是小官的主人；小官是大官的奴才。因此，臣民文化的根本特征就是认为主奴关系理所当然，就是认为等级制和特权理所当然，就是认为社会成员相互间的关系应该是主奴关系，应该是庇护—附庸型的等级制垂直社会关系；而不应该是平等互惠合作的水平型横向社会关系：这就是臣民文化的根本特征。因此，臣民文化就是非民主主义文化，就是专制主义和精英主义文化，就是认为社会成员相互间的主奴依附关系、等级制和特权理所当然的思想观念。

然而，令人困惑的是，公民文化巨匠阿尔蒙德虽然认为公民文化就是

---

① 普特南：《使民主运转起来》，江西人民出版社2001年版，第101页。

第二十章 民主实现的客观条件 1117

民主文化，因而有"民主的或公民的文化"[1]的提法，并且明确将公民文化界定为"参与者政治文化"，从而将公民文化与臣民文化、村民文化区别开来；可是，他却认为比这种区别更加重要的是，公民文化乃是一种混合政治文化，是村民、臣民和公民诸取向的混合文化：

> 公民文化是一种忠心的参与者文化。个人不仅取向于政治输入，而且还积极地取向于输入结构和输入过程。换言之，用前面所介绍的术语来说，公民文化是一种政治文化与政治结构相一致的参与者政治文化。更重要的是，在公民文化中参与者政治取向与臣民和村民政治取向是结合在一起的，而不是取代后者。个人在政治过程中成为参与者，但是他们并不放弃臣民或村民取向。[2]

阿尔蒙德居然忽略了，公民文化与臣民文化以及村民文化既然是划分政治文化的三大类型，那么，三者就不应该有交叉混合部分；否则，岂不违背分类的子项不可交叉重合的分类规则？那么，为什么阿尔蒙德会犯如此低级的错误而一再强调公民文化是混合文化呢？原来，一个人、一个民族、一个社会和一个国家的公民文化必定是一种混合政治文化。因为一个人，即使他是民主的斗士，洋溢公民精神或公民文化，也难免有一星半点臣民和村民心理、文化，只不过公民文化为主罢了。一个民族、一个社会和一个国家亦然。英美文化堪称典型的公民文化，但也难免伴随臣民文化与村民文化，只不过盛行的是公民文化罢了。

因此，公民文化与臣民文化外延毫无重合混合，但某个人、某个民族、某个社会和某个国家的公民文化却必定是一种融会臣民文化或村民文化的混合政治文化。阿尔蒙德的错误就在于将二者等同起来，因而误由英美等国家的公民文化是混合政治文化得出结论说：公民文化是混合政治文化。请看他关于公民文化的著名定义："公民文化是一种混合的政治文化。在这种文化中，许多个人在政治上是积极的，但也有许多人充当很消

---

[1] Gabriel A. Almond Sidey Verba, *The Civic Culture: Political Attitudes and Democracy in Five Nations*, Sage Publications, Inc., 1989, p. 5.

[2] Ibid, p. 30.

极的臣民角色。更重要的是，甚至履行积极的公民政治角色的那些人当中，原有的臣民角色和村民角色也没有被取代。"①

"许多个人在政治上是积极的，但也有许多人充当很消极的臣民角色。"这说的不明明是由两种"许多人"构成的某个社会的公民文化吗？在这种社会中，许多人信奉公民文化，但也有许多人服膺臣民文化。因此，只有"某个社会的公民文化"——而不是"公民文化"——才是一种混合的政治文化。

"甚至履行积极的公民政治角色的那些人当中，原有的臣民角色和村民角色也没有被取代。"这说的不明明是某些人的公民文化吗？这些人是公民文化为主，但也难免混合臣民文化和村民文化。因此，只有"某些人的公民文化"——而不是"公民文化"——才是一种混合的政治文化。

显然，阿尔蒙德误将"公民文化"与"某些人或某个社会的公民文化"等同起来，因而由英美等社会或某些人的公民文化是混合政治文化的正确前提，错误地得出结论说：公民文化是混合政治文化。殊不知，只有某些人、某个社会和某个国家的公民文化，才是叠加臣民文化的混合政治文化；而公民文化与臣民文化本身则是外延毫无重合叠加的对立概念：公民文化就是民主主义文化，就是认为民主是应该的文化；臣民文化就是非民主主义文化，就是专制主义和精英主义文化，就是认为君主专制和精英寡头统治是应该的——而民主是不应该——的文化。

这样一来，公民文化显然就是民主制的直接原因；而臣民文化则是非民主制——君主制或寡头制——的直接原因。因为文化是制度的直接原因，任何制度都是人们在一定的思想意识指导下直接创造出来的。人们有什么样的思想文化，就会创造什么样的制度。如果人们崇尚公民文化，认为民主是应该的，专制是不应该的，从而热爱民主而痛恨专制，那么，他们就会创造民主制，而绝不会创造专制制度：公民文化是民主制的直接原因。反之亦然，如果人们崇尚臣民文化，相信天无二日，民无二主，认为民主是不应该的，而专制是应该的，那么，他们显然绝不会创造民主制，而只能创造君主制：臣民文化是非民主制的直接原因。这个道理，亚里士

---

① Gabriel A. Almond Sidey Verba, *The Civic Culture*: *Political Attitudes and Democracy in Five Nations*, Sage Publications, Inc., 1989, p. 339.

多德早有洞见：

> 邦国如果忽视教育，其政制必将毁损。一个城邦应常常教导公民们使能适应本邦的政治体制。同某些目的相符的全邦公众的政治性格（情操）原来为当初建立政体的动因，亦即为随后维护这个政体的实力。平民主义的性格创立了平民政体并维护平民政体；寡头主义的性格创立了寡头政体并维护寡头政体；政体随人民性格的高下而有异，必须其性格较高而后可以缔结较高的政治制度。①

确实，为什么独立战争胜利后，总司令华盛顿拒绝众军官的请求而没有当皇帝？当时军官们为了自身巨大利益，需要建立军人专制，华盛顿如果不从，就可能在军人哗变中送命。但是，华盛顿宁死不从，泪流满面地劝解军官们服从大陆委员会指令。倘若在其他国家，恐怕没有一个总司令会放弃这种千载难逢的专制良机而拒绝称帝。但是，华盛顿也是人，必定也渴望独掌国家最高权力而称帝。然而，他却为什么宁死也不称帝？岂不就是因为，美国"五月花号公约"所开创的公民文化传统根深蒂固？

相反地，为什么中国自开创家天下的专制主义制度以来，四千年来，一直是专制制度？最为直接的原因，无疑在于四千年来，中国盛行的一直是臣民文化。儒家墨家法家和道家竟然都主张专制主义；诸子百家居然没有一人倡导民主，没有一人有民主主义思想。因此，官吏阶级的每个成员一心只想当更大的官，充其量，只想当一个清官和拥戴明君，而没有一人想建立民主制，哪怕只是想一想都没有！庶民阶级的精英们一心只想挤进官吏阶级，而广大成员则只祈盼明君和清官而已。因此，历代农民起义都没有改变专制制度，而只不过改朝换代，原来的皇帝和大臣下台，另一些人则登上皇帝及其官僚的宝座罢了。

细究起来，公民文化和臣民文化不但是民主制与非民主制形成的直接原因，而且是它们能否巩固和持久的直接原因。具有公民文化传统的民族和国家，即使出现了专制等非民主制，也难以巩固和持久。因为人

---

① 亚里士多德：《政治学》，商务印书馆 1965 年版，第 406 页。

们崇尚公民文化，必定反对非民主制而赞同民主制，非民主制不具有合法性，而只有民主制才具有合法性。这样一来，人们就会努力废除专制等非民主制，而代之以民主制。这就是为什么原始社会虽然出现过专制等非民主制，但都是短命的：专制等非民主制与原始社会的人们崇尚民主的思想文化背道而驰。法国虽然出现拿破仑专制，但不过是昙花一现，尔后专制与民主反反复复，最终只有民主制能够巩固和持久，岂不就是因为法国具有启蒙运动的公民文化传统？托克维尔发现，美国所特有的公民文化——他称之为"民情"——是美国民主制得以维护的重大原因：

> 我认为民情是使美国得以维护民主共和制度的重大原因之一。我在这里使用的民情一词，其含义与其拉丁文原字 moures 一样。它不仅指通常所说的心理习惯方面的东西，而且包括人们拥有的各种见解和社会上流行的不同观点，以及人们的生活习惯所遵循的全部思想。因此，我把这个词理解为一个民族的整个道德和精神面貌。①

相反地，具有臣民文化传统的民族和国家，即使出现了民主制，也难以巩固和持久；不是迅速垮台，就是挂羊头卖狗肉，形式民主而实为专制。因为人们崇尚臣民文化，必定赞同专制等非民主制而不支持民主制，因而民主制不具有合法性，而只有专制等非民主制才具有合法性："一种厚重的反民主的文化会阻碍民主规范在该社会的传播和否定民主制度的合法性。"② 这样一来，民主制即使不垮台，也势必徒有虚名，而实际上被专制等非民主制所取代。试想，为什么辛亥革命推翻帝制，中国仍然没有实现民主？充其量，实现的不过是蒋介石的形式民主而实为专制？直接原因显然在于，国民大众缺乏公民文化精神，骨子里流淌的仍然是崇尚皇权和救星的主奴文化、臣民文化。因此，1916 年陈独秀痛心疾首呼喊：政治制度变革的核心问题是伦理文化的变革；伦理文化不进行变革，纵使政

---

① 托克维尔：《论美国的民主》上卷，商务印书馆1996年版，第332页。
② Samuel P. Huntington, *The Third Wave: Democratization in the Late Twentieth Century*, Norman: University of Oklahoma Press, 1991, p. 298.

治制度发生变革，不会多久必将复辟。

独秀此见真乃高瞻远瞩也！47 年后，1963 年，阿尔蒙德和维巴的划时代的《公民文化》问世，通过对英美德和意大利以及墨西哥五国文化的调研而证实此理："我们提到的，不仅有世界上的新兴国家，而且也有许多古老的国家，这些国家长期以来，一直努力创造一种民主制度的稳定模式。试图创造政治民主的政治家们，往往专心于创造一套正式的民主政府制度和宪法的撰写；或者，他们专心于组织一个激励大众参与的政党。但是，一个稳定的和有效率的民主政府的存在发展，不仅依靠政府和政治结构；它依靠人民对政治过程的取向——依靠政治文化。除非政治文化能够支持民主制度；否则，这种制度获得成功的机会将是渺茫的。公民文化看来特别适合于民主政治制度。"[1]

可见，文化乃制度之母：公民文化是民主制形成和巩固的直接原因；臣民文化是非民主制形成和巩固的直接原因。那么，能否说公民文化与臣民文化分别是民主制与非民主制的必要条件？许多学者的回答是肯定的。粗略看来，确实如此。因为不言而喻，一个人只有有了制作桌子的思想观念，他才会有制作桌子的行动：桌子的思想观念是制作桌子行动的必要条件。一个人只有有了建立民主制的思想意识、公民文化，才能进行创造民主制的行动：公民文化是民主制的必要条件。然而，细究起来，并非如此。因为与桌子的创造根本不同，民主制并不是一个人或几个人创造的，而是众多国人共同创造的。

问题的关键，正如阿尔蒙德和维巴所言，国人的思想文化不可能完全一致，而必定一些人崇尚公民文化，另一些人崇尚臣民文化，甚至同一个人也混合公民文化与臣民文化于一身。这样一来，崇尚公民文化的人想要建立民主制，崇尚臣民文化的人则想要建立非民主制。那么，是否只有公民文化占上风，才能建立民主制？是否只要公民文化占上风，就能够建立民主制？答案都是否定的。因为公民文化与臣民文化都仅仅分别是建立民主制与非民主制的条件之一；民主制与非民主制的建立，还需要其他条件，如社会条件、经济条件和政治条件等客观条件，以及庶民阶级与官吏

---

[1] Gabriel A. Almond Sidey Verba, *The Civic Culture: Political Attitudes and Democracy in Five Nations*, Sage Publications, Inc., 1989, pp. 365–366.

阶级进行斗争的主观条件。因此，一方面，即使公民文化占下风，即使盛行臣民文化，如果其他条件具备，也可能实现民主制，如苏东九国的民主化。这意味着：公民文化不是民主制的必要条件。另一方面，即使公民文化占上风，如果其他条件不具备，也不能实现民主制，如新加坡以及回归祖国前的香港和澳门。这意味着：公民文化不是民主制的充分条件。显然，臣民文化与非民主制的关系也是如此。

公民文化虽然不是民主制的必要条件和充分条件，但却是民主制的直接原因，因而必定是有利于实现和巩固民主制的重要因素、重要条件；相反地，臣民文化虽然不是实行非民主制的必要条件和充分条件，却是非民主制的直接原因，因而必定是有利于实现和巩固非民主制的重要因素、重要条件。试想，如果一个国家臣民文化盛行，多数人崇尚臣民文化，那么，该国的主流文化就可以称之为臣民文化，该国流行的就是以臣民文化为主的混合的政治文化。主流文化是臣民文化——亦即以臣民文化为主的混合的政治文化——的国家，如伊拉克、菲律宾、朝鲜、利比里亚，显然很容易实现和巩固非民主制，而难以实现和巩固民主制：臣民文化是有利于实现和巩固非民主制的重要条件。相反地，如果一个国家公民文化盛行，多数人崇尚公民文化，那么，该国的主流文化就可以称之为公民文化，该国流行的就是以公民文化为主的混合的政治文化。主流文化是公民文化——亦即以公民文化为主的混合的政治文化——的国家，如英国和美国，显然很容易实现和巩固民主制，而难以实行和巩固非民主制：公民文化是有利于实现和巩固民主制的重要条件。因此，达尔一再强调，文化既不是民主的必要条件，也不是民主的充分条件，而是有利和不利民主的关键条件：

> 为什么有些国家的民主制度能够经受危机的考验而另一些国家却不能？除了我已陈述的有利条件之外，还有一点需要补充：如果一个国家的公民和领导人强有力地支持民主的观念、价值和实践，那么，民主就会巩固……我的意思并不是说，在民主国家里，每个人都必须被塑造成完美的民主公民。幸亏不必如此，否则民主国家根本就不会存在。但是，除非选择民主及其政治制度而不是任何非民主制的公民占据了实质的多数——因而能够支持那些拥护民主实践的政治领

袖——民主不可能幸免于其各种不可避免的危机。①

然而，阿尔蒙德、维巴和埃克斯坦却将"奉行以公民文化为主的混合政治文化的国家容易实现和巩固民主制"偷换成"以公民文化为主的混合政治文化容易实现和巩固民主制"，进而断言：有利于实现和巩固民主制的文化，并不是公民文化，而是以公民文化为主的混合的政治文化。② 殊不知，有利于实现和巩固民主制的文化，绝不是以公民文化为主的混合的政治文化，而仅仅是公民文化，是纯粹的公民文化。因为流行混合政治文化的国家之所以容易实现和巩固民主制，只是因为这种混合文化的主流是公民文化，从而克服、战胜了臣民文化，以致该国家的文化净余额是纯粹的公民文化；而绝不是因为臣民文化与公民文化的混合，绝不是因为臣民文化对公民文化的掣肘、对抗、平衡和混合。因为臣民文化就是实现、巩固非民主制的原因和力量，因而它对公民文化的掣肘、对抗、平衡和混合，充其量，只能削弱实现和巩固民主制的力量。

确实，如果仅仅从文化与制度的关系来看，一个国家究竟实现民主制还是非民主制，主要讲来，就是公民文化与臣民文化斗争的结果。因为公民文化就是实现、巩固民主制的原因和力量，臣民文化就是实现、巩固非民主制的原因和力量。因此，民主制实现和巩固的程度与公民文化的增多成正比，与臣民文化的增多成反比：公民文化多一份，臣民文化就少一份，民主的力量就多一份，非民主的力量就少一份，民主制的实现和巩固的力量就增加一份；公民文化与臣民文化的增减一旦使公民文化成为主流，民主制就会得到实现和巩固。

因此，并不是公民文化与臣民文化的混合——而是公民文化对臣民文化的克服——是实现和巩固民主制的条件。阿尔蒙德、维巴和埃克斯坦之所以认为混合政治文化是实现和巩固民主制的条件，一方面是偷换概念，亦即将"混合政治文化的国家"容易实现和巩固民主制，偷换成："混合政治文化"容易实现和巩固民主制。另一方面是将现象当作本质，殊不

---

① Robert A. Dahl, *On Democracy*, New Haven & London: Yale University Press, 1998, pp. 157–158.

② Gabriel A. Almond Sidey Verba, *The Civic Culture: Political Attitudes and Democracy in Five Nations*, Sage Publications, Inc., 1989, p. 339.

知,以公民文化为主的混合的政治文化是实现和巩固民主制的条件,不过是一种假象;其本质则在于:主流的公民文化战胜其他混合文化是实现和巩固民主制的条件。

4. 公民文化的发展路径:启蒙运动、公民社会和市场经济

公民文化是有利于实现和巩固民主制的重要条件;臣民文化是有利于实现和巩固非民主制的重要条件。那么,究竟怎样才能发展公民文化和削弱臣民文化呢?马克思说:"不是人们的意识决定人们的存在;相反,是人们的社会存在决定人们的意识。"① 公民文化是一种民主文化,因而只有在民主制度下才可能真正成为主流文化。但是,这并不意味着,公民文化只能产生于民主制社会;否则,非民主制就永远是非民主制,而民主制永无实现之日了。非民主制国家,一般说来,虽然臣民文化是主流,但也能够产生民主主义文化或公民文化。只不过,公民文化难以成为非民主制的主流文化罢了。那么,非民主制国家公民文化究竟来自何处?究竟怎样才能发展公民文化和削弱臣民文化?非民主制国家公民文化发展路径,细究起来,可以归结为三条:建立公民社会、实行市场经济和开展思想启蒙运动。

建立公民社会是发展公民文化和削弱臣民文化的最重要途径,因为臣民文化具有双重社会根源:官吏阶级与庶民阶级。臣民文化孳生的社会根源,就官吏阶级来说,是因为非民主制所固有的等级制,使官吏阶级享有在民主制中不可能享有的巨大的社会资本和特权,官吏阶级必定维护其巨量社会资本和特权,因而必定反对民主制而赞成非民主制,从而形成精英主义和专制主义的臣民文化:官吏阶级和官方组织是臣民文化的根本源泉。

臣民文化孳生的社会根源,就庶民阶级来说,是因其成员既没有权力,又分散孤立,因而社会资本极端匮乏。这样孤立隔离、没有社会资本的人们即使数亿,他们的力量也只等于一个人或几个人的力量;正像分散开来的数亿根筷子的力量只等于一根筷子的力量一样。庶民阶级的这种毫无权力、分散无力和社会资本匮乏的状态,决定了他们无力捍卫自己的权

---

① 《马克思恩格斯选集》第4卷,人民出版社1995年版,第32页。

益，因而势必寻求官吏阶级——特别是明君和清官——的庇护，从而形成庇护—附庸型的等级制垂直社会关系和臣民文化。因此，正如激进民主思想家们所发现，权力垄断导致双重的腐化堕落，亦即一方面孳生权力垄断者的主子文化；另一方面则孳生无权者的奴才文化："与阿克顿勋爵的那句名言——权力容易使人腐化，绝对的权力绝对会使人腐化——相反的断言也是正确的：无权容易使人腐化，绝对的无权绝对使人腐化"①。普特南甚至认为，农民等庶民阶级在分散无力的情况下求助于庇护—附庸关系的奴才或臣民文化是合理的："对于那些处于悲惨弱势的农民来说，在一个分裂的社会里，求助于庇护—附庸关系是可以理解的……在没有诸如互助会一类的横向联合的情况下，为了生存而选择垂直的依附，是一种合理的策略，即便是依附者意识到它存在的缺陷。"②

　　臣民文化的双重来源表明，虽然某些官员可能崇尚公民文化，但是，整个官吏阶级必定反对公民文化。因此，公民文化的源泉，不可能存在于官吏阶级和官方组织，而只能存在于庶民阶级及其非官方组织：公民社会。发展公民文化和削弱臣民文化的社会途径，说到底，就是庶民阶级——以及站在庶民阶级立场的个别官吏——建立公民社会。因为公民社会就是非官方的民主自治公共团体，因而具有双重效用：外部效应与内部效应。从外部效应看，公民社会是凝聚庶民阶级民主力量的蓄水池，公民社会越发达，庶民阶级成员社会联系便加越广泛和团结，庶民阶级所拥有的民主的社会资本便越雄厚，便越能够自己捍卫自己的权益而不必寻求官吏阶级的庇护，从而摆脱臣民文化的羁绊。从内部效应来看，公民社会是培育庶民民主精神的学校，公民社会越发达，平等互惠合作的水平型横向社会关系便越发达，公民文化与民主精神便越发达；公民社会越发达，庇护—附庸型的等级制垂直社会关系就越衰落，臣民文化和专制等非民主精神便越衰落。

　　如果说建立公民社会是发展公民文化和削弱臣民文化的重要途径，那么，实行市场经济则是发展公民文化和削弱臣民文化的根本途径。市场经济是发展公民文化和削弱臣民文化的唯一经济基础。因为全部经济体制无

---

① 郭为桂：《大众民主》，武汉大学出版社2008年版，第34页。
② 普特南：《使民主运转起来》，江西人民出版社2001年版，第169页。

非自然经济与交换经济；后者又分为计划经济与市场经济。所谓自然经济，如所周知，亦即自给自足经济；其基本的特征在于：生产是为了直接满足生产者个人或经济单位的需要而不是为了交换。典型的自然经济乃是奴隶社会和封建社会的经济体制。奴隶社会自然经济的根本特征，是劳动者的人身占有；封建社会自然经济的根本特征，是劳动者的人身依附：二者显然意味着奴役、不自由和不平等。这样一来，自然经济孳生的思想文化的根本特征，就是认为社会成员相互间的关系应该是庇护—附庸型的等级制垂直社会关系，而不应该是平等互惠合作的水平型横向社会关系：自然经济是臣民文化的经济基础。

诚然，计划经济与市场经济都是自然经济的对立面，都属于"非自然经济"或"交换经济"范畴。但是，计划经济亦即统制经济、命令经济、政治统帅经济，是由政府依靠权力强制而计划地、人为地配置资源的经济。因此，这种经济体制仍然意味着不自由和不平等。它所孳生的思想文化的根本特征，仍然是认为社会成员相互间的关系应该是庇护—附庸型的等级制垂直社会关系，而不应该是平等互惠合作的水平型横向社会关系：计划经济仍然是臣民文化的经济基础。

苏联社会主义经济模式堪称计划经济的典型。它的根本特征就在于，官吏阶级不但垄断了全部政治权力，而且也几乎垄断了全部经济权力，进而垄断社会权力和文化权力；庶民阶级不但没有政治权力，而且没有经济权力以及社会权力和文化权力。这种全权垄断的官吏阶级是全权丧尽的庶民阶级无可选择的唯一雇主；全权丧尽的庶民阶级则成为无可选择的唯一雇主——官吏阶级——的可以被自由选择的雇员。因此，庶民不服从政府和官吏就意味着没有工作，就意味着饿死，以致几乎丧失全部自由而与奴隶实无二致："在一个政府是唯一的雇主的国家里，反抗就等于慢慢地饿死。'不劳动者不得食'这个旧的原则，已由'不服从者不得食'这个新的原则所代替。"显然，这种计划经济模式所孳生的不但是臣民文化，而且是一种不服从就不得食的臣民文化，是一种国民争先恐后将奴才的锁链当作花环来佩戴的臣民文化，因而是最极端最野蛮最恶劣的臣民文化。

唯有市场经济是公民文化的经济基础。因为所谓市场经济，亦即商品经济、非统制经济、非指令经济，就是由市场自发自然地配置资源——而不是由政府依靠权力强制人为地配置资源——的经济：政府仅仅是市场经济规范的制定者与仲裁者,而不是市场经济的指挥者。因此,一方面,市场经济能够形成独立于官方政治权力的经济权力,从而消除官吏阶级对于经济权力和政治权力的全权垄断,最终避免"不服从就不得食"的臣民文化。另一方面,正如马克思所指出,市场经济的本性就是自由和平等:"流通中发展起来的交换价值过程,不但尊重自由和平等,而且自由平等是它的产物;它是自由平等的现实基础"①。因此,市场经济孳生的思想文化的根本特征,就是认为社会成员相互间的关系应该是自由平等互惠合作的水平型横向社会关系,而不应该是庇护—附庸型的等级制垂直社会关系:市场经济是公民文化唯一的经济基础。

市场经济是公民文化唯一的经济基础,正如近年来民主化的研究成果所显示,还有其他原因。因为市场经济不但是唯一高效率经济——自然经济和计划经济都是低效率经济——而且是不受政府和官方政治权力控制的经济。这样一来,随着市场经济的迅速发展,便造成了高度的城市化、全球化和教育水平的普遍提高,将庶民阶级——特别是农民——从分散无力状态解放出来,逐步形成强大的中产阶级、资产阶级和无产阶级及其独立于官方的各种公民社会。这三大庶民阶级——中产阶级、资产阶级和无产阶级——及其独立于官方的各种公民社会,无疑是民主化的主力军,是民主主义思想和公民文化的主要来源,以致亨廷顿一再说:"几乎在每一个国家民主化最积极的支持者都是来自城市中间阶级。"② 摩尔也这样写道:"富有活力和独立的城镇市民阶级是议会民主成长过程中不可缺少的要素。没有资产阶级,就没有民主。"③

市场经济和公民社会虽然是发展公民文化和削弱臣民文化的重要途径,但是,二者仅毕竟是增强公民文化与削弱臣民文化的间接途径,而并不能直接实现由臣民文化到公民文化的质的飞跃。完成这一飞跃的,乃是启蒙运动。启蒙运动是臣民文化转变为公民文化的直接途径,是一个国家由专制主义臣民文化飞跃到民主主义公民文化的质变过程:"启蒙就是以

---

① 《马克思恩格斯全集》第 46 卷下册,人民出版社 1980 年版,第 477 页。
② Samuel P. Huntington, *The Third Wave: Democratization in the Late Twentieth Century*, Norman: University of Oklahoma Press, 1991, p. 67.
③ Barrington Moore, JR., *Social Origins of Dictatorship and Democracy_ Lord and Peasant in the Making of the Modern World*, Boston: Beacon Press, 1972, p. 418.

理性的光芒照亮专制主义与蒙昧主义的黑暗"①。确实，"启蒙"的英文是Enlightenment，法文是 Lumieres，德文是 Aufklarung，均有"以光明驱逐黑暗"之意。中文"启"义为开、打开。《左传·昭公十九年》："启西门而出。""蒙"义为裹、包、遮蔽。《左传·昭公十三年》："晋人执季孙意如，以幕蒙之。""启蒙"就是打开包裹、除去遮蔽。《风俗通·皇霸》："亦足以祛蔽启蒙矣。"因此，从词源来看，中国和西方的启蒙的含义差不多，都有"除去遮蔽、驱逐黑暗得见光明"之意。

从概念的定义来看，并不尽然。诚然，中西的启蒙概念都仅指思想、精神领域——而不包括自然或物质领域——的除去遮蔽或驱逐黑暗得见光明。但是，中文的"启蒙"概念含义较广，泛指改变无知和愚昧的迷信而把握真理。如"启蒙课本"中的"启蒙"就是指改变无知而把握真理；而破除跳大神之类的迷信活动也可以称之为"启蒙"。相反地，西方的启蒙概念含义较窄，仅指改变迷信愚昧荒唐的谬误之黑暗而得见真理之光明。但是，中国和西方的"启蒙运动"概念的含义，无疑完全一致，都是指破除迷信愚昧荒唐的谬误而把握真理的运动。

国民们迷信愚昧荒唐的谬误，好像自己没有理智，好像自己处于未成年和不成熟状态。因此，康德说，启蒙运动就是使人们运用自己的理智，从而摆脱迷信愚昧荒唐的谬误之未成年和不成熟状态："启蒙运动就是人类脱离自己所加于自己的不成熟状态。不成熟状态就是不经别人的引导，就对运用自己的理智无能为力。当其原因不在于缺乏理智，而在于不经别人的引导就缺乏勇气与决心去加以运用时，那么这种不成熟状态就是自己所加于自己的了。要有勇气运用你自己的理智！这就是启蒙运动的口号。"②

启蒙运动就是运用自己的理智破除迷信荒谬而把握真理的运动。这就是为什么，西方迄今只有两大启蒙运动——古希腊思想文化大繁荣并不属于启蒙运动——14 至 16 世纪以意大利为中心的文艺复兴运动和以 18 世纪法国为中心的欧洲启蒙运动。因为只有这两次思想文化运动的核心是破除荒谬的迷信：宗教或神学蒙昧主义迷信和专制主义理论迷信。宗教或神

---

① 陈乐民：《启蒙札记》，生活·读书·新知三联书店 2009 年版，第 193 页。
② 康德：《历史理性批判文集》，商务印书馆 1990 年版，第 22 页。

学蒙昧主义是荒谬的迷信，自不待言；然而，专制主义理论为什么也是一种荒谬的迷信？因为所谓专制主义，亦即认为专制是应该的理论，说到底，亦即认为一个人不受限制地独掌国家最高权力的政体是应该的理论。一个人不受限制地掌握国家最高权力是应该的，岂不意味着：只有一个人应该是主人、主子、主公，而所有人都应该是奴才、奴仆、牛羊和牲畜？

因此，马克思说："专制制度的唯一原则就是轻视人类，使人不成其为人。"[1] 专制主义的根本特点，就是将人不当人看，就是使人不成其为人。明君与昏君的专制统治同样将人不当作人，同样将人当作奴才、牛羊和牲畜。只不过，昏君暴君不知爱惜奴才、牛羊和牲畜；而明君的专制统治则知道爱惜和善待奴才、牛羊、牲畜罢了。专制主义理论认为专制是应该的，认为一个人独掌国家最高权力是应该的，说到底，认为主人只应该是一个人，而所有人都应该是他的忠诚的奴才、奴仆、牛羊和牲畜：难道这不是一种荒唐绝伦的谬论吗？国民们居然深深相信这种谬论是真理，居然深深相信自己与所有人都应该是君主的忠诚的奴才、牛羊和牲畜，岂不是荒谬的迷信？

可见，专制主义理论与宗教或神学蒙昧主义一样，都属于荒谬迷信范畴。臣民文化的核心就是专制主义理论，因而也属于荒谬迷信范畴。这样一来，一个国家的臣民文化转变为公民文化的过程，就是破除荒谬迷信而代之以真理的过程，就是启蒙运动：启蒙运动是所有国家的臣民文化转变为公民文化的必由之路。因此，陈乐民一再说："'启蒙'具有普世性。任何一个民族从不文明、野蛮、愚昧、专制、盲从的社会到文明、民主、自由、人权受到普遍尊重的社会，都必须经过'启蒙'阶段，不能逾越和绕过。"[2] "任何一个民族要摆脱愚昧、黑暗和迷信，都要有个'启蒙'时期。这是历史规律。"[3] 确实，一个国家的臣民文化转变为公民文化的直接途径必定是启蒙运动。但是，启蒙运动未必使一个国家的臣民文化转变为公民文化。因为启蒙运动与人类其他任何运动和活动一样，未必一定达成目的，获得成功。一个国家的启蒙运动能否达成臣民文化转化为公民

---

[1] 《马克思恩格斯全集》第一卷，人民出版社1956年版，第411页。
[2] 陈乐民：《启蒙札记》，生活·读书·新知三联书店2009年版，第184页。
[3] 同上书，第18页。

文化，显然取决于启蒙运动能否成功地破除臣民文化而代之以公民文化。

不难看出，启蒙运动能否成功地破除臣民文化而代之以公民文化，取决于两个条件。一个是，启蒙运动的思想家所创造的公民文化思想成果，必须超过它想取代的臣民文化思想成果，从而才能克服臣民文化而代之以公民文化。这就要求启蒙运动思想家的思想成果比臣民文化思想家更加伟大、辉煌和众多。另一个条件是，启蒙运动的持续时间必须足够持久，因为正如康德所言："公众只能是缓慢地获得启蒙"①。试想，为什么西方两次启蒙运动都获得了成功？一方面，岂不在于，这两次启蒙运动都足够持久？文艺复兴持续三百年，欧洲启蒙运动持续一百年。另一方面，岂不在于，这两次启蒙运动的思想家堪称群星灿烂？岂不在于，他们所创造的思想成果远远超过了所要克服的神学蒙昧主义和专制主义的思想成果？

如果说五四新文化运动是中国的文艺复兴运动，或许不够十分贴切；但是，毫无疑义，五四新文化运动是中国的启蒙运动。因为这场运动的核心，正如陈独秀所指出，就是破除孔教、礼法、忠孝、贞节和鬼神等黑暗荒谬迷信而代之以真理的光明世界，说到底，就是破除儒家专制主义臣民文化的黑暗荒谬迷信，而代之以德先生和赛先生："要拥护那德先生，便不得不反对孔教、礼法、贞节、旧伦理、旧政治。要拥护那赛先生，便不得不反对那旧艺术、旧宗教；要拥护德先生又要拥护赛先生，便不得不反对国粹和旧文学……西洋人因为拥护德、赛两先生，闹了多少事，流了多少血，德、赛两先生才渐渐从黑暗中把他们救出，引到光明世界。我们现在认定只有这两位先生，可以救治中国政治上、道德上、学术上、思想上一切的黑暗。"②鲁迅则更加深刻地揭示了迷信传统文化的荒谬性，因为传统文化是一种地地道道的侍奉主子的吃人的文化：

> 我翻开历史一查，这历史没有年代，歪歪斜斜的每页上都写着"仁义道德"几个字。我横竖睡不着，仔细看了半夜，才从字缝里看出字来，满本都写着两个字是"吃人！"中国的文化，都是侍奉主子的文化，是用很多人的痛苦换来的。无论中国人、外国人，凡是称赞

---

① 康德：《历史理性批判文集》，商务印书馆 1990 年版，第 24 页。
② 《陈独秀文章选编》上，生活・读书・新知三联书店 1984 年版，第 317—318 页。

中国文化的，都是以主子自居的一部分。①

确实，任何专制主义文化都是侍奉主子的主奴文化。中国是"普天之下，莫非王土；率土之滨，莫非王臣"的家天下的全权专制主义文化，是最极端最残酷最野蛮最恶劣最黑暗因而堪称吃人的侍奉主子的主奴文化。中国诸子百家——儒家墨家法家道家等——两千多年竟然无不信奉和讴歌这种吃人的侍奉主子的主奴文化，岂不是极端黑暗的荒谬的迷信！因此，五四新文化运动是地地道道的破除荒谬迷信而代之以真理的运动，是地地道道的启蒙运动。

然而，五四新文化启蒙运动为什么没有成功？为什么没有成功地使国民破除儒家专制主义臣民文化的迷信，而代之以德先生和赛先生？一方面，岂不在于五四新文化运动过于短暂？令人爱不释手的杰作《五四运动史》的作者周策纵，认为五四新文化运动至多不过五年："在1917年，新起的思想界人物，以《新青年》杂志和国立北京大学为中心，团结他们的力量，发起新思想和新文化改革，1921年以后，运动多以发展为直接政治行动，以后几年里，思想改革和社会改革多多少少遭受忽略。因此，我们很有理由把'五四时代'定在1917年到1921年这段时期之内。"② 另一方面，五四新文化运动没有成功使国民破除儒家专制主义臣民文化的迷信，岂不在于，五四新文化运动思想家们在短短的几年里，远远没有——也根本不可能——创造出这样伟大的思想成果：足以克服源远流长博大精深的儒家专制主义文化。李慎之甚至说："'五四'的作用是对旧制度、旧思想、旧文化，只擦破了一层皮。"③ 因此，陈乐民的《启蒙札记·卷首语》写道："至此，我经过几十年的反复思考，只弄明白了一个简而明的道理：我挚爱的祖国多么需要一种彻底的'启蒙'精神。"④

---

① 《鲁迅选集》，人民文学出版社1952年版，第666页。
② 周策纵：《五四运动史》，岳麓书社1999年版，第7页。
③ 陈乐民：《启蒙札记》，生活·读书·新知三联书店2009年版，第194页。
④ 同上书，第1页。

四　民主的经济条件

民主的经济条件，亦即民主与经济的关系，极为复杂幽晦，蕴含着达尔称之为"令人焦虑"的奥秘。对于这一奥秘，利普赛特、亨廷顿、达尔和英格尔哈特等众多杰出学者以及现代化理论家们已有极具价值的考察和研究。这种考察和研究看似全面，以致王绍光称之为"同时段跨国观察和跨国时间序列观察"①，可是，真正讲来，却是极其片面的。因为这种考察虽然跨国且结合历史与现实，却局限于19世纪民主化以来的历史和现实，充其量，也没有跳出资本主义以来的历史和现实。

然而，考察民主的经济条件，归根结底，也就是考察经济对于民主的实现之作用。有比较才能有鉴别。因此，考察经济对民主实现的作用，应该全面考察各种不同经济形态对于民主实现的作用，说到底，应该考察六种社会——原始社会、奴隶社会、封建社会、资本主义社会、社会主义社会和共产主义社会——的经济形态对于民主实现的作用。只有如此才堪称全面；否则，只考察资本主义以来各国的经济发展对民主的作用，显然是极其片面的。

1. 原始社会：普遍实行民主的经济条件

考古学和人类学的研究表明，原始社会按其历史发展的一般顺序，呈现三种性质不同的社会形态：游群（或游团、队群、群队）、部落和酋邦。游群是人类最早社会形态，亦即旧石器时代，出现于二三百万年前，终结于一万年前。因此，在人类历史的百分之九十九以上的时间里，人们都是生活在游群社会。在这漫长的时间里，社会经济处在狩猎—采集阶段，人类完全依靠采集和狩猎为生，因而到处游荡，没有固定居所，以致其独立自主的社会形态——游群——的规模相当小，少则几人、几十人，多则几百人。游群的社会构成，亦极其简单，是一种血缘家族群。游群一般实行公有制、平均分配和民主制，没有独立的、专门的、正规的政治组织。哈维兰说：

---

① 王绍光：《民主四讲》，生活·读书·新知三联书店2008年版，第80页。

群队一般说来是相当民主的：任何群队成员都不会告诉别的人去干什么、怎么狩猎、跟谁结婚。不存在私人所有制（除了几件武器和工具），野兽肉和其他食物由该群队所有成员共享。等级（非指年龄与性别的地位差别）、劳动专门化，以及正规的政治组织在这种社会中都没有发现。①

部落继游群而起，原本在旧石器时代和中石器时代就已经存在，但只有到新石器时代，亦即距今八九千年，才广泛地散布于世界各地：部落是人类处于农耕和畜牧阶段因而趋向定居的社会。部落虽然与游群一样，也是一种血缘社会，但是，部落存在——游群却没有——一种泛部落组织，如氏族、年龄群、社团组织等。氏族是泛部落组织的核心，因而也就是部落社会的基础和中心。但是，部落与游群一样，一方面，实行共产制和平均分配："家庭经济都是由若干个家庭按照共产制共同经营的，土地乃是全部落的财产，仅有小小的园圃归家庭经济暂时使用"②，另一方面，部落也没有独立的、专门的、正规的政治组织，政治制度也是多中心的、分散的和民主的：

部落中间的领导人也是不正规的，例如，在纳瓦霍印第安人当中，个人并不认为政府是固定和极强有力的东西，领导权也不授予一个中央政权。当地的一个首领是一个在年纪、正直和智慧方面受人尊敬的男人。人们因此经常向他求得指点，但他没有任何控制权，也不能对向他求助的人强加任何决定。集体决定是在众人一致同意的基础上作出的，在作最后决定时，最有影响的人通常比别人更负一点责任。劝导成员遵循集体决定的社会机制是撤销合作、说闲话和批评，以及相信疾病是由反社会行为引起的。③

酋邦与部落根本不同，乃是处于平等的原始社会向阶级社会过渡阶段

---

① 哈维兰：《当代人类学》，上海人民出版社1987年版，第468页。
② 《马克思恩格斯选集》第四卷，人民出版社1972年版，第92页。
③ 哈维兰：《当代人类学》，上海人民出版社1987年版，第470页。

的等级社会:"如果我们认为,等级氏族社会不同于平等氏族社会,而且晚于平等氏族社会,处于平等氏族社会和政治文明社会的中间阶段,那么,许多悬而未决的问题将得到解决"①。但是,酋邦与部落一样,仍然处于农耕和畜牧阶段,只不过其生产专业化的程度较高,出现较多剩余产品,因而从部落的实物和劳役的互惠原则,转化为行政性的再分配制度:

> 酋邦是有着常设中心协调机构的一种再分配社会。这样,这个中心机构不仅起着经济作用——不管在这种社会起源时这一因素是多么基本——而且另外还拥有社会、政治和宗教的职能。②

这样一来,便产生了专门的、正式的、独立的、常设的官吏管理机构和政治组织,因而使酋长的权力和地位极大提高,甚至可能使他独掌最高权力而成为专制君主:"这种正式结构……大多数情况下总有一个人——酋长,他同其他人比起来,拥有更高的地位和权威。处于酋长领地政治发展阶段的社会可能在政治上完全统一于酋长的统治之下,但也可能不完全是这样。"③

可见,原始社会整体来说实行的是民主制。因为占据原始社会99%以上时间的游群和部落,都是民主制;唯有不到1%时间的酋邦,才既可能实行民主也可能实行专制等非民主制。酋邦存在的时间不但极其短暂,而且属于原始社会向阶级社会过渡阶段,兼具二者特征,因而其特征——如专制等非民主制——严格说来,不能算作原始社会特征。因此,正如摩尔根所指出,原始社会普遍实行民主制;专制等非民主政体不过是在原始社会末期偶尔出现的特例:

> 不论在地球上任何地方,不论在低级、中级或高级野蛮社会,都不可能从氏族制度自然生出一个王国来……君主政体与氏族制度是矛盾的,它发生于文明社会比较晚近的时期。处于高级野蛮社会的希腊

---

① 转引自易建平《部落联盟与酋邦》,社会科学文献出版社2004年版,第152页。
② 同上书,第339页。
③ 恩伯:《文化的变异》,辽宁人民出版社1988年版,第406页。

部落曾出现过几次专制政体的事例，但那都是靠篡夺建立起来的，被人民视为非法，实际上与氏族社会的观念也是背道而驰的。①

然而，罗维却指责摩尔根此见荒谬至极："我们可以断然的说，即使在他最不行的时候，摩根也没有说过比这个更荒谬的话；这一句评语已经足够了。非洲的尼格罗人精通制作铁器的技术，但没有拼音的字母，应该归入摩根的高级半开化阶段；在他们之中没有比君主政治组织更普通的特色了。在英领哥伦比亚的海滨土人不知有陶器，照摩根的分类，应当归入高级野蛮阶段，但并未阻止他们承认贵族、平民及奴隶的固定的阶级。波利尼西亚人在摩根的奇异方案中地位更要低一等，但我们也发现他们有同样的阶级分别。至于一定要说氏族制与君主政治或贵族政治不相容，则西北海滨印第安人及许多尼格罗人部族均有氏族组织。"②

罗维的指责是不能成立的。因为精通铁器已是文明社会或阶级社会的特征，高级野蛮阶段则可能属于酋邦或原始社会向阶级社会过渡阶段。这些社会阶段出现君主政治和阶级，并不能否定原始社会普遍实行民主制和不存在阶级。退一步说，即使游群和部落出现专制等非民主制，也不能否定原始社会普遍实行民主制。因为民主与非民主都是偶然的而并不具有历史必然性。因此，任何社会——不论是原始社会还是封建社会——都既可能出现民主制，也可能出现专制等非民主制。但是，正如封建社会也曾出现民主或共和制——如威尼斯和佛罗伦萨共和国——并不能否定封建社会普遍实行君主制一样，原始社会出现君主制也不能否定原始社会普遍实行民主。可是，究竟为什么原始社会普遍实行的是民主，而不是专制等非民主制？

原始社会之所以普遍实行民主制，主要讲来，无疑缘于当时的经济条件。因为每个人无不追求个人利益，尤其是个人权力：权力属于最重大的利益范畴。人们对于权力的追求的努力程度，显然与其高低大小成正比：权力越大，人们便越是努力追求。所以，人们对于一个国家的最高权力的

---

① Lewis H. Morgan: *Ancient Society*, The Belknap Press of Harvard University press Cambridge, 1964, pp. 110 – 111.

② 罗维：《初民社会》，江苏教育出版社 2006 年版，第 232 页。

追求，往往可以达到父子相残而置一切于不顾的疯狂地步。然而，为什么人们竟然会放弃原本应该属于自己的那部分最高权力——国家最高权力应由全体国民完全平等地共同执掌——而同意由一人或几个寡头独掌国家最高权力？

原来，最高权力究竟由全体公民共同执掌（民主）还是由一人或几个寡头执掌（专制等非民主制），在很大程度上，取决于人们相互间的关系——特别是经济关系——是否平等。如果存在着经济权力垄断，存在着依附、附庸或从属关系，存在着保护和服从关系，存在着"一群卑微的人对少数豪强严格的经济从属"①，那么，依附者或附庸者自然听命于其保护者，甚至以服从为天职，将本应该由自己执掌的那部分最高权力转让给其保护者。在这样的经济条件下，显然很难实现民主。

但是，如果是平等的社会，如果人们相互间是平等互惠的关系，那么，不论是谁，显然都不会——也没有必要——将本来应该由自己执掌的那部分最高权力转让给别人，而势必出现全体公民共同执掌最高权力的民主制度。原始社会正是这样的平等社会。因为原始社会实行生产资料公有制和产品平均分配的经济制度，因而不存在经济权力垄断，人们相互间处于平等互惠合作的水平型横向社会关系，而不是庇护—附庸型的等级制垂直社会关系。对此，恩伯曾这样写道：

> 具有队群组织的社会一般都是平等的社会；特定年龄和性别范畴的所有人都有同等的权利获得威望和资源。一般说来不存在私有财产观念。即使存在着资源所有权的观念，比如说土地所有权，这种资源也被认为是属于整个队群的。因此，在实行狩猎和采集的民族中，平均分享几乎全部的资源是一个通则。比如说，队群全体成员都共享猎物的分配，即使并非所有成员都参加了狩猎也是如此。②
>
> 具有部落政治组织的社会与队群社会相似，都是平等的社会。③

---

① 马克·布洛赫：《封建社会》，商务印书馆2004年版，第701页。
② 恩伯：《文化的变异》，辽宁人民出版社1988年版，第397页。
③ Carol R. Ember, Mevin Ember, *Cultural Anthropology* (Ninth Edition), Prentice Hall, Inc., 1999, p. 224.

这就是原始社会为什么普遍实行民主制度的经济条件和根本原因。但是,当原始社会经由游群和部落而发展到酋邦,亦即处于原始社会向阶级社会过渡阶段的时候,生产专业化的程度较高,出现较多剩余产品,因而从部落的实物和劳役的互惠原则,转化为行政性的再分配制度。这样一来,就使酋长拥有极其重要的控制剩余产品、进行再分配的经济权力,进而形成一种等级制社会:

> 酋长社会是一种等级社会。在这种社会中,每个成员在等级制度中都有一个地位。在这种共同体中,个人的地位是由他在一个继嗣群中的成员资格决定的:那些在最高层与酋长有最密切关系的人都官位较高,而且较低等级人对他们还要毕恭毕敬。[1]

这就是为什么,酋邦社会的人们会将本来应该属于自己的那部分最高权力转让给酋长的经济条件和根本原因。这就是为什么,酋邦会出现专制等非民主制度的经济条件和根本原因。因此,原始社会的经济条件是其出现民主制与非民主制度的根本原因:经济平等——没有剩余产品和平均分配——是游群和部落民主制的主要原因;经济不平等——出现较多剩余产品和行政性的再分配制度——是酋邦社会出现专制等非民主制的主要原因。

细究起来,没有剩余产品和平均分配,之所以是原始社会普遍实行民主制的条件和原因,不仅因为它使每个人都没有必要让渡本来应该属于自己的那部分最高权力,而且因为它使独立的、专门的、正规的政治组织成为不可能,从而也就使官吏阶级的出现成为不可能,说到底,使等级制成为不可能。相反地,出现较多剩余产品及其再分配制度,之所以是原始社会末期出现专制等非民主制度的条件和原因,不仅因为它使人们同意让度本来应该属于自己的那部分最高权力,而且因为它使独立的、专门的、正规的政治组织成为可能,从而也就使官吏阶级的出现成为可能,说到底,使等级制的出现成为可能。

因为,如前所述,等级制不是别的,恰恰是专制等非民主制所固有

---

[1] 哈维兰:《当代人类学》,上海人民出版社1987年版,第476页。

的、必然的、普遍的不依人的意志而转移的根本特征：没有等级制就不可能有专制等非民主制。因为专制等非民主制意味着，只有一人或一些寡头执掌国家最高权力，因而才是主人；而其他所有人都是奴才、奴仆。可是，一人或一些寡头究竟是怎样将所有人都变成其奴才、奴仆而服从其统治的呢？答案是：等级制！等级制是一人或一些寡头将所有人都变成奴才而服从其统治的诀窍。

因为所谓等级制，首先意味着政治权力垄断，它将国人分为两大群体：垄断政治权力的官吏阶级和没有政治权力的庶民阶级。等级制，说到底，意味着特权。因为一方面，等级制意味着官民之间等级森严：每个官吏都享有他们在民主制中得不到的巨大的政治权利、经济权利和机会权利等权利。另一方面，等级制意味着官吏之间等级森严：官越大，对于专制等非民主制统治能否稳定的作用就越大，所享有的权利就越大。

这样一来，专制者一人或几个寡头虽然剥夺了所有人各种自由权利、平等权利和人权，使所有人都沦为他的奴才；但是，每个官员毕竟有"得"有"失"，而"得"远远多于"失"。就拿专制国家小小的七品芝麻官县长来说吧。他可是父母官、县太爷呀！他所享有的权利，从很多方面来说，恐怕都远远大于和多于一个民主国家的总统！因此，专制等非民主制国家的官吏阶级必然要维护自己如此巨大的特权和权益，因而必然反对民主，从而成为维护专制等非民主制的主要力量。

这就是为什么，等级制是一人或一些寡头将所有人都变成奴才而服从其统治的诀窍。如果没有等级制，如果没有官吏阶级，如果官吏阶级不能享有他们在民主制中得不到的巨大的政治权利、经济权利和机会权利等权利，他们怎么可能容忍专制者一人或几个寡头执掌国家最高权力，从而剥夺自己各种自由权利、平等权利和人权？他们怎么可能维护一人或几个寡头将自己变成奴才而服从其统治呢？

因此，等级制是专制等非民主制所固有的、必然的、普遍的不依人的意志而转移的根本特征：没有等级制就没有专制等非民主制。然而，游群与部落的生产力极端低下，没有剩余产品和平均分配的经济制度使独立的、专门的、正规的政治组织成为不可能，因而也就不可能有官吏阶级与庶民阶级，更不可能有官吏阶级的特权，于是也就不可能有等级制，也就没有了专制等非民主制赖以存在的主要力量：这也是原始社会普遍实行民主制度经济条件和原因。相反地，酋邦的生产力有很大提高，出现较多剩余产品及其再分配制度，使独立的、专门的、正规的政治组织成为可能，从而也就使官吏阶级及其特权的出现成为可能，说到底，出现了专制等非民主制赖以存在的主要力量：这也是原始社会末期出现专制等非民主制的经济条件和原因。

综上可知，没有剩余产品和平均分配是原始社会普遍实行民主的经济条件。因为，一方面，它使人人平等，谁都没有必要让度本来应该属于自己的那部分最高权力，因而导致全体公民共同执掌最高权力；另一方面，它使等级制成为不可能，因而没有专制等非民主制赖以存在的主要支柱。相反地，出现较多剩余产品及其再分配制度是原始社会末期出现专制等非民主制的经济条件。因为，一方面，它使酋长可以垄断再分配的经济权力，造成经济不平等，没有经济权力者往往不得不让度本该属于自己的那部分最高权力；另一方面，它使等级制成为可能，因而具备专制等非民主制赖以存在的主要力量。

2. 奴隶社会、封建社会民主与非民主制的经济条件——古典的古代生产方式、庄园制度与亚细亚生产方式

人类原始社会普遍实行民主制，意味着：中国与西方一样，迄今99.9%以上的时间中都是实行民主制；专制等非民主制，充其量，也不足0.1%时间而已。然而，问题的关键在于，为什么同样从原始社会转变为阶级社会，西方仍然能够实行民主制，创造了辉煌灿烂、影响深远的古希腊民主制；而中国却背叛了祖先三百万年的民主传统，创造了人类最恶劣的专制：全权垄断的家天下的极权主义的专制制度？为什么西方即使最野蛮的专制主义论者，如马基雅维利之流，却又主张自由主义；而中国自大禹开创家天下的极权专制制度以来，直至清朝，不但一直是家天下的极权专制制度，而且几乎所有思想家——儒家、墨家、法家、道家和阴阳家等——竟然无不是专制主义论者？原因固然不胜枚举，但最根本最重要最主要的原因，无疑在于当时中国与西方的生产方式截然不同：中国实行亚细亚生产方式；而西方则实行"古典的古代"生产方式——亚细亚生产方式是专制的经济条件；古典的古代生产方式则是民主的经济条件。

所谓亚细亚生产方式（*Asiatic Mode of Production*），如所周知，是马

克思东方专制主义（oriental Despotism）理论的基本概念。细察马克思东方专制主义理论，可以看出，原始社会向阶级社会的转化和过渡，东方与西方具有截然不同的路径，遂使东西方在原始社会末期和阶级社会初期乃至近世的生产方式呈现截然不同的形态。中国、印度和俄国等东方原始社会向阶级社会的转化和过渡，形成的就是所谓"亚细亚生产方式"。

这种经济结构的根本特点，就是以土地"公有"或"国有"为其现象和形式的土地"国王及其官吏阶级所有制"，因而商品交换极不发达，是一种农业和手工业相结合的家族宗法制的、自给自足的、封闭的、孤立的、分散的经济。因为从外表和名义上说，亚细亚生产方式仍然与原始社会一样，土地属于公社所有，不存在土地私有制："在东方专制制度下以及那里从法律上看似乎并不存在财产的情况下，这种部落的或公社的财产事实上是作为基础而存在的"[1]，"在这种情况下，单个人只是占有者，决不存在土地的私有制"[2]。"在亚细亚的（至少是占优势的）形式中，不存在个人所有，只有个人占有，公社是真正的实际所有者；所以，财产只是作为公共的土地财产而存在。"[3] "贝尔尼埃完全正确地看到，东方一切现象的基础是不存在土地私有制。这甚至是了解东方天国的一把真正的钥匙。"[4]

然而，实际上，土地的真正所有者却是能够代表公社的个人，亦即公社首脑人物："土地所有者，可以说代表公社的个人，在亚洲在埃及地方就是如此"[5]。说到底，土地的真正所有者乃是凌驾于一切公社之上的"总合共同体"——亦即国家——的首脑人物、专制君主；而公社和它的首脑人物以及每个人只不过是土地的占有者和使用者："这种以同一关系（即土地公有制）为基础的形式，本身可能以十分不同的方式实现出来。例如，跟这种形式完全不矛盾的是，在大多数亚细亚的基本形式中，凌驾于这一切小的共同体之上的总合的统一体表现为更高的所有者或唯一的所有者，实际的公社却只不过表现为世袭的占有者。因为这种统一体是实际

---

[1] 《马克思恩格斯全集》第46卷上，人民出版社1979年版，第473页。
[2] 同上书，第484页。
[3] 同上书，第481页。
[4] 《马克思恩格斯〈资本论〉书信集》，人民出版社1976年版，第80页。
[5] 马克思：《资本论》第3卷，人民出版社1973年版，第828页。

的所有者，并且是公共财产的真正前提，所以统一体本身能够表现为一种凌驾于这许多实际的单个共同体之上的特殊的东西，而在这些单个的共同体中，每一个单个的人在事实上失去了财产，或者说，财产对这单个的人来说是间接的财产，因为这种财产，是由作为这许多共同体之父的专制君主所体现的统一总体，通过这些单个的公社而赐予他的"①。一句话，"国王是国中全部土地的唯一所有者"②："普天之下，莫非王土；率土之滨，莫非王臣"③。

因此，真正讲来，亚细亚生产方式并不是"不存在土地的私有制"，并不是公有制——如果那样岂不仍然是原始共产主义社会——而是人类历史上最虚伪、最极端、最残酷、最恶劣、最卑鄙的私有制。因为在这种生产方式中，一个人（国王）剥夺了其他所有人（臣民）的土地；一个人（国王）拥有一切土地，而其他所有人都没有土地；只有一个土地私有者，亦即国王，他拥有一切；而其他一切人——亦即他的臣民——都是无土地者，一无所有。这样，亚细亚生产方式的根本特点，便是保留原始社会土地"公有"的躯壳和形式，而改变其灵魂和实质，代之以土地"国王及其官吏阶级所有制"；说到底，便是以"国有"为形式的"国王一人所有制"。因此，亚细亚生产方式是"旧瓶装新酒"："旧瓶"就是原始公社公有制；"新酒"就是官吏阶级所有制，就是国王所有制。

既然亚细亚生产方式是以"公有"或"国有"为其现象的"官吏阶级所有制"，既然在这种生产方式中不存在个人所有而只有个人占有，那么，无论在公社内部和外部商品交换便必定都极不发达，商品经济便很难从这种生产方式自身发生：这就是东方社会在近代为什么没有走上资本主义发展道路最为根本的原因。因此，亚细亚生产方式是一种农业和手工业的家庭相结合的家族宗法制的、自给自足的、封闭的、孤立的、分散的经济结构：这是亚细亚生产方式——源于亚细亚国王和官僚所有制——的另一个根本特点。因此，马克思说："亚细亚形式的前提，即单个人对公社来说不是独立的，生产的范围仅限于自给自足、农业和手工业结合在一

---

① 《马克思恩格斯全集》第46卷上，人民出版社1979年版，第472—473页。
② 《马克思恩格斯资本论通信集》，人民出版社1976年版，第79页。
③ 《诗·北山》。

起,等等"①;"在东方专制制度下以及那里从法律上看似乎并不存在财产的情况下,这种部落的或公社的财产事实上是作为基础而存在的,这种财产大部分是在一个小公社范围内通过手工业和农业相结合而创造出来的,因此,这种公社完全能够独立存在,而且在自身中包含着再生产和扩大再生产的一切条件"②。

西方原始社会向阶级社会的转化所形成的生产方式,马克思称之为"古典的古代"的生产方式,以与"亚细亚的古代"的生产方式——亦即亚细亚生产方式——相区别。这种生产方式的根本特点,在马克思恩格斯看来,与亚细亚生产方式恰恰相反,并不保留原始社会土地"公有制"的躯壳或形式,而是干脆废除原始公社公有制而代之以阶级社会私有制:"旧的公社的土地所有权,已经破坏,或至少以前的公社耕种制已经让位给各家族单位分种小块土地的制度"③。就拿希腊、罗马和日耳曼——古代西方文明路径的代表——来说,全部土地便被分为两部分。一部分是公有地,留给公社和国家支配;另一部分则分割给每个公社成员,使之成为小块土地的私有者:"一部分土地留给公社本身支配,而不是由公社成员支配,这就是各种不同形式的公有地;另一部分则被分割,而每一小块土地由于是一个罗马人的私有财产,是他的领地,是实验场中属于他的一分,因而都是罗马的土地;但他之所以是罗马人,也只是因为他在一部分罗马土地上享有这样的主权"④;"在日耳曼人那里,公有地只是个人财产的补充……公社只是在这些个人土地所有者本身相互关系中存在着。公社财产本身只表现为各个个人的部落住地和所占有土地的公共附属物"⑤。

因此,在西方的"古典的古代"生产方式中,每个公民都是私有者,公民作为私有者都是自由、独立和平等的;而公社和国家不过是这些自由、独立和平等的私有者的联合与保障:"公社(作为国家),一方面是这些自由的和平等的私有者间的相互关系,是他们对抗外界的联合;同时也是他们的保障。在这里,公社制度的基础,既在于它的成员是由劳动的

---

① 《马克思恩格斯全集》第46卷上,人民出版社1979年版,第484页。
② 同上书,第473页。
③ 恩格斯:《反杜林论》,生活·读书·新知三联书店1954年版,第220页。
④ 《马克思恩格斯全集》第46卷上,人民出版社1979年版,第478页。
⑤ 同上书,第481—482页。

土地所有者即拥有小块土地的农民所组成的，也在于拥有小块土地的农民的独立性是由他们作为公社成员的相互关系来维持的，是由确保公有地以满足共同的需要和共同的荣誉等来维持的。公社成员的身份在这里依旧是占有土地的前提，但作为公社成员，每一个单个的人又是私有者"①。这样一来，在西方的"古典的古代"生产方式中，商品交换——它以独立的私有者的存在为前提——便远远发达于亚细亚生产方式而具有重要经济地位：这就是西方近代能够顺利而迅速走上资本主义发展道路最为根本的缘故。

可见，西方"古典的古代"的生产方式与东方亚细亚生产方式恰恰相反。一方面，东方亚细亚生产方式是对原始公有制的改良，因而是一种保留原始社会"公有制"的躯壳的私有制；反之，西方"古典的古代"的生产方式则是对原始公有制的革命，因而是一种形式与内容完全一致的私有制。另一方面，东方亚细亚生产方式是以"公有"或"国有"为其外在形式的极端不平等和不自由的私有制：只有国王一个人是真正的私有者而所有人都一无所有；反之，西方"古典的古代"的生产方式则是一种自由和平等的私有制：每个公民都是私有者，公民作为私有者都是自由、独立和平等的。那么，造成这种差异的原因究竟是什么？东方亚细亚生产方式的根源究竟是什么？

这种根源，说到底，恐怕就在于东西方地理环境之不同：东方社会——特别是印度和中国——幅员辽阔、疆域巨大，庞大的治水工程和人工灌溉设施是东方农业的命脉；相反地，西方社会，如希腊、罗马和日耳曼等，疆域远没有东方国家那样辽阔，更没有东方那种成为国家经济命脉的大规模的公共治水工程。这就是造成西方"古典的古代"的生产方式与东方亚细亚生产方式之差异的主要原因，这就是产生和决定东方亚细亚生产方式的最深刻的根源。对于这个道理，恩格斯讲得很清楚："不存在土地私有制的确是了解整个东方的一把钥匙。这是东方全部政治史和宗教史的基础。但是，东方各民族为什么没有达到土地私有制，甚至没有达到封建的土地所有制呢？我认为，这主要是由于气候和土壤的性质，特别是由于沙漠地带，这个地带从撒哈拉经过阿拉伯、波斯和鞑靼直到亚洲高原

---

① 《马克思恩格斯全集》第46卷上，人民出版社1979年版，第476页。

的最高地区。在这里，农业的第一个条件是人工灌溉，而这是村庄、省或中央政府的事。"① 马克思也这样写道："气候和土地条件，特别是从撒哈拉经过阿拉伯、波斯、印度和鞑靼区直至最高的亚洲高原的一片广大的沙漠地带，使用渠道和水利工程的人工灌溉设施成了东方农业的基础。"②

这就是说，亚细亚生产方式的根源在于东方社会——特别是印度和中国——幅员辽阔、疆域巨大，庞大的治水工程和人工灌溉设施是其农业的命脉。因为对于这样大规模的公共的治水工程和人工灌溉设施，个人显然无能为力，而必须依靠公社，特别是所有公社的统一体：国家。因此，东方社会的"单个人对公社来说不是独立的"③；"正像单个的蜜蜂离不开蜂房一样"④，完全依赖公社，特别是完全依赖国家："共同体是实体，而个人则只不过是实体的附属物，或者是实体的纯粹天然的组成部分"⑤。这样一来，就不能不保留原始社会土地"公有"的躯壳和形式，不能不导致土地国有制，从而蜕变为以"公有"和"国有"为形式的公社和国家首脑所有制，亦即以"公有"和"国有"为形式的官吏阶级所有制、国王所有制。

这种亚细亚生产方式——以"公有"或"国有"为其现象的"国王所有制"及其所产生的农业和手工业相结合的家族宗法制的自给自足经济——正如马克思恩格斯所多次指出，乃是东方专制政体所由以产生的经济条件和根源。因为亚细亚生产方式是一种以"公有"或"国有"为其外在形式的极端不平等和不自由的私有制：只有国家首脑一个人是真正的私有者，他剥夺了所有人的土地，一个人拥有一切；而所有人却一无所有。于是，正如柳宗元所言，每个人的一切都是专制君主给予的："身体肤发，尽归于圣育；衣服饮食，悉自皇恩"⑥。这就使专制者一个人拥有了控制所有人的全权：不仅是政治权力，而且是经济权力、社会权力和文化权力，是支配所有人的全部权力；不仅是支配所有人的最高的政治、经

---

① 《马克思恩格斯〈资本论〉书信集》，人民出版社1976年版，第80页。
② 《马克思恩格斯选集》第二卷，人民出版社1977年版，第67页。
③ 《马克思恩格斯全集》第46卷上，人民出版社1979年版，第484页。
④ 《马克思恩格斯全集》第23卷，人民出版社1972年版，第371页。
⑤ 《马克思恩格斯全集》第46卷上，人民出版社1979年版，第474页。
⑥ 《柳宗元集》，中华书局1991年版，第124页。

济等权力，而且是支配所有人的全部的政治、经济等权力。

因为正如斯密所言："财富就是权力……财产直接且即刻赋予所有者的权力，是购买力，是对于市场上各种劳动或劳动产品的某种支配权。这种支配权的大小与他的财产的多少恰成比例；或者说，他能够购买和支配的他人劳动量或他人劳动产品量的大小，与他的财产的多少恰成比例。"① 这样，一个人如果拥有国家的全部土地或生产资料，那么，他岂不就拥有了支配该国所有人的全部的经济权力？问题的关键还在于，在亚细亚生产方式中，这个拥有国家的全部土地或生产资料的人同时又是国家元首。这样，他便不仅拥有支配该国所有人的全部的经济权力，同时拥有支配该国所有人的全部的政治权力：他拥有支配该国所有人的全权。因为对于一个拥有国家的全部土地或生产资料的国家元首，任何人——不论官吏还是平民——胆敢反抗和不服从，岂不都意味着自己至少将被活活饿死？

不服从者最后的下场就是不得食：这就是为什么在这种国家中，人们不但不反抗专制而且争先恐后将奴才的锁链当作花环来佩戴的缘故！这就是为什么在这种国家中，人们自愿过着自由丧失殆尽的奴才般的"失掉尊严的、停滞的、苟安的生活"② 的缘故！这就是为什么孟德斯鸠会充满鄙夷的写道："一种奴隶的思想统治着亚洲；而且从来没有离开过亚洲。在那个地方的一切历史里，是连一段表现自由精神的记录都不可能找到"③。

可见，亚细亚生产方式的国家乃是一种"不服从者最后的下场就是不得食"的国家，是一种最具奴役性的极权国家，是一种国家元首拥有全权的国家。对于这一点，哈耶克曾有十分透辟的阐述："只是因为生产资料分别掌握在许多个独立行动的人的手里，才无人有控制我们的全权，我们作为个人才能自己决定自己去做的事情。如果所有的生产资料都归属于一个人掌握，不管它名义上是属于整个'社会'的，还是属于

---

① Adam Smith, *An Inquiry into The Nature And Causes of The Wealth of Nations*, volume 1, Oxford: Clarendon Press, 1979, p. 48.
② 《马克思恩格斯选集》第二卷，人民出版社1977年版，第67页。
③ 孟德斯鸠：《论法的精神》上册，商务印书馆1988年版，第79页。

一个独裁者的，谁控制它，谁就有全权控制我们"①。一言以蔽之，基于亚细亚生产方式的国家，不仅是一个人——国家元首——独掌国家最高政治权力，因而是君主专制；而且是一个人独掌控制国家和所有人的全权，因而是最全面、最极端、最极权、最可怕的极权主义君主专制。所以，恩格斯说："最野蛮的国家形式即东方专制制度"②；而马克思则干脆称亚细亚国家为"东方的普遍的奴隶制"③。所谓"普遍的奴隶制"，岂不就是普遍的、全面的、全权的奴役制度？岂不就是极权的、全权的专制制度？

然而，细究起来，亚细亚生产方式之为东方专制政体的经济条件和经济根源，还在于这种生产方式是一种分散于辽阔疆域的、农业和手工业相结合的、村社家族宗法制的、封闭孤立的自给、自足经济。这是因为，一方面，分散于辽阔疆域的、农业和手工业相结合的、村社家族宗法制自给自足经济，具有极大的封闭性、孤立性和分散性，遂使民众的利益与国家政治变化没有多少关系，因而对国家政治漠不关心："居民对各个王国的崩溃和分裂毫不关心；只要他们的村社完整无损，他们并不在乎村社受哪一个国家或君主统治，因为他们内部的经济生活是仍旧没有改变的"④。这样一来，民众就难以产生自愿的联合、形成民主政体；而——特别是面临治水等大规模的公共工程和反抗外来侵略的迫切需要——势必造成中央集权和专制独裁："这种要求，在西方，例如在弗兰德和意大利，曾使私人企业家结成自愿的联合。但是，在东方，由于文明程度太低，幅员太大，不能产生自愿的联合，所以就迫切需要中央集权的政府来干预"⑤。

另一方面，这种亚细亚生产方式的村社家族宗法制度，显然是国家专制制度的基础："家族制度为专制主义之根据"⑥。因为家庭乃是国家的细胞——家庭是最小的社会而国家则是最大的社会——这样，亚细亚村社家族宗法制度使村社的权力集于家长一人，自然而然也就使国家的权力集于

---

① Friedrich A. Hayek, *The road to serfdom*, George Routledge & Sons Ltd., 1944, p. 78.
② 《马克思恩格斯选集》第3卷，人民出版社1977年版，第220页。
③ 《马克思恩格斯全集》第46卷上，人民出版社1979年版，第496页。
④ 《马克思恩格斯选集》第2卷，人民出版社1977年版，第6页。
⑤ 同上书，第64页。
⑥ 赵清、郑成编：《吴虞集》，四川人民出版社1985年版，第61页。

国家首脑一人，从而导致专制："家族制度之与专制政治，遂胶固而不可以分析"①。更何况，在亚细亚生产方式中，全国的土地和生产资料皆为国家首脑一人拥有：这样的一个人岂不就是应该独掌国家政权的国父？所以，桑弘羊说："天子者，天下之父母也"②。《孝经》——堪称亚细亚国家的治国典籍之一——也这样写道："父子之道，天性也，君臣之义也"。说到底，亚细亚村社家族宗法制度自然而然导致"家天下"的专制政体：宗法制是滋生专制的天然土壤。李大钊将这个道理归结为一句话："君主专制制度完全是父权中心的大家族制度的放大体"③。

可见，"分散于辽阔疆域的农业和手工业相结合的村社家族宗法制的封闭孤立的自给自足经济"这一亚细亚生产方式的基本特征，与其所由以产生的亚细亚生产方式的更为基本的特征——以"公有"或"国有"为其现象的"国王及其官吏阶级所有制"——一样，也是造成东方专制政体的重要经济条件和经济根源。所以，马克思恩格斯一再说："各个公社相互间的这种完全隔绝的状态，在全国造成虽然相同但绝非共同的利益，这就是东方专制制度的自然基础。从印度到俄国，凡是这种社会形态占优势的地方，它总是产生这种专制制度"④；"古代的公社，在它继续存在的地方，在数千年中曾经是从印度到俄国的最野蛮的国家形式即东方专制制度的基础"⑤；"俄国的'农村公社'有一个特征，这个特征是它的软弱性的根源，而且对它的各方面都不利。这就是它的孤立性，公社与公社之间缺乏联系，而保持这种与世隔绝的小天地，并不到处都是这种类型的公社的内部特征，但是，有这一特征的地方，它就把比较极权的专制制度矗立在公社的上面"⑥；"这些田园风味的农村公社不管初看起来怎样无害于人，却始终是东方专制制度的牢固基础"⑦；"我认为，很难想象亚洲的专制制度和停滞状态有比这更坚实

---

① 赵清、郑成编：《吴虞集》，四川人民出版社1985年版，第63页。
② 《盐铁论·备胡》。
③ 李大钊：《李大钊文集》下，人民出版社1984年版，第179页。
④ 《马克思恩格斯选集》第2卷，人民出版社1977年版，第624页。
⑤ 《马克思恩格斯选集》第3卷，人民出版社1977年版，第220页。
⑥ 《马克思恩格斯全集》第19卷，人民出版社1959年版，第436页。
⑦ 《马克思恩格斯选集》第2卷，人民出版社1977年版，第67页。

的基础"①。

与此相反，西方"古典的古代"生产方式则是民主制度的经济条件和牢固基础。因为，如上所述，在这种生产方式中，每个公民都是私有者，公民作为私有者都是自由、独立和平等的；公社和国家不过是这些自由、独立和平等的私有者的联合与保障；因而商品交换远远发达于亚细亚生产方式，具有重要的经济地位。这样一来，一方面，西方国家元首便不像中国国家元首那样，拥有国家的全部土地和生产资料；相反地，国家的公民和官员与国家元首一样，都独立拥有自己的财产，他们的财产并不像中国臣民那样，是通过国家元首的封赏而获得的，因而其生存并不依赖国家元首。所以，西方的部落酋长和国家元首便不拥有控制国民的全权，很难发展成为专制君主。另一方面，公民作为私有者都是自由、独立和平等的，商品交换远远发达于亚细亚生产方式而具有重要的经济地位，因而便能够产生自愿的联合和选举制度，从而造就民主政体。

西方"古典的古代"生产方式是民主制的经济条件和牢固基础，因而当其被封建制生产方式所取代，在长达一千多年的西方各封建制国家，除了佛罗伦萨共和国——威尼斯共和国则属于寡头共和国——统统实行专制等非民主制。这意味着：封建制生产方式是专制等非民主制的经济条件。可是，究竟为什么，封建制生产方式是专制等非民主制度的经济条件和牢固基础？

原来，西方封建制生产方式就是所谓的庄园制度："封建主义即庄园制度"②。封建制生产方式或庄园制度的核心，正如布洛赫所指出，就是领主与附庸的等级制度，就是人身依附的等级制度，就是保护和服从的等级制度，说到底，就是"一群卑微的人对少数豪强严格的经济从属"：

> 封建制度意味着一群卑微的人对少数豪强严格的经济从属。它在前一时期已经接受了罗马的农庄（在某些方面农庄预示了庄园的存在）和日耳曼的农村首领制之后，扩大并巩固了这些人剥削人的方

---

① 《马克思恩格斯〈资本论〉书信集》，人民出版社1976年版，第85页。
② 布洛赫：《封建社会》，商务印书馆2004年版，第699页。

法，并且将获得土地收入的权利和行驶权力的权利错综复杂地联系起来，从这一切中造就了中世纪的真正庄园。①

这种庄园制度，决定了封建社会人际关系，根本说来，是一种主从等级关系，是一种主子与从属的等级关系，是依附者与保护者的等级关系。"在关于封建主义的词汇中，任何词汇都不会比从属于他人之'人'这个词的使用范围更广，意义更广泛。在罗曼语系和日耳曼语系各种语言中，它都被用来表示人身依附关系，而且被用于所有社会等级的个人身上，而不管这种关系的准确度法律性质如何。如同农奴是庄园主的'人'一样，伯爵是国王的'人'。有时甚至在同一文件的数行文字之间，它表达出几种迥然殊异的社会身份。关于这一点，11 世纪末的一件事可为例证。诺曼修女们在一份请愿书中申诉说，她们的'人'即她们的农夫被一位身世显赫的男爵挟持到他的'人'——指男爵的附庸骑士——驻守的城堡中去劳动。这样含糊幽晦的文字并不会使任何人感到困惑，因为各种社会等级之间虽然存在着一条鸿沟，但它所强调的是根本的共同因素：即一个人对另一个人的从属。"② 冈绍夫则进而将封建主义定义为主从等级制，说封建主义就是：

> 一套制度，它们创造并规定了一种自由人（附庸）对另一种自由人（领主）的服从和役务——主要是军役——的义务，以及领主对附庸提供保护和生计的义务。③

诚哉斯言！在这样一种人们相互间普遍为依附者与保护者之主从等级关系的国家，民主——国民完全平等地共同执掌最高权力——显然是一种最不可思议的怪事。相反地，最高权力理所当然地应由那一个最强大的人、最高领导人或国王执掌：君主制是天经地义的。因为，正如布洛赫所言，弱小与强大、依附与保护的主从等级关系是相对的："弱小和强大的

---

① 布洛赫：《封建社会》，商务印书馆 2004 年版，第 701 页。
② 同上书，第 249 页。
③ 同上书，第 8 页。

概念总是相对的，所以在很多情况下，同一个人一身兼二任：他既是更强大之人的依附者，同时又是更弱小之人的保护者。于是，一种脉络纵横交错地贯穿于社会各阶层的庞大的人际关系体系开始形成"①。

这样一来，最强大的人——最高领导人或国王——便是所有人的保护者；而所有人都是他的依附者或附庸。因此，最高领导人或所有人的保护者，理所当然应该执掌国家最高权力：君主制原本是封建社会——亦即人们相互间普遍为依附者与保护者的主从等级关系的社会——应有之义。问题的关键在于，人们相互间普遍为依附者与保护者的主从等级关系，如上所述，源于封建生产方式或庄园制度，源于"一群卑微的人对少数豪强严格的经济从属"。因此，说到底，君主制乃是封建生产方式的应有之义：封建生产方式或庄园制度是君主制的经济条件和牢固基础。这就是为什么，封建生产方式取代古典的古代生产方式之后，西方竟然普遍实行君主制长达一千余年的根本原因。

然而，同为封建君主专制，中西却大相径庭：西方封建专制与中国封建专制比起来，简直就是自由与平等的乐园了。因为中国封建专制是一种"不服从者不得食"的专制，亦即家天下的、极权的、全权垄断的专制；专制君主不但垄断了最高政治权力，而且垄断了经济权力、社会权力和文化权力，拥有控制国民的全权。相反地，西方封建专制则是一种"不服从者亦得食"的专制，亦即非家天下的、非极权的、非全权垄断的专制；专制君主仅仅垄断了最高政治权力，而并未垄断经济权力、社会权力和文化权力，并不拥有控制国民的全权。究其原因，显然在于二者的经济条件——亚细亚生产方式与庄园制度——根本不同：亚细亚生产方式使专制君主拥有控制国民的全权；而庄园制度则使专制君主仅仅拥有控制国民的政治权力。

综观奴隶社会、封建社会民主与非民主制的经济条件可知，一方面，亚细亚生产方式——亦即以"公有"或"国有"为其现象"国王及其官吏阶级所有制"及其所产生的农业手工业相结合的家族宗法制的自给自足经济——乃是中国自原始社会向阶级社会转变以来，四千余年极权专制的经济条件和经济根源，是专制制度的最牢固的基础和最深刻的原因；反

---

① 布洛赫：《封建社会》，商务印书馆2004年版，第254页。

之，西方"古典的古代"生产方式——亦即每个公民都是真正私有者的自由和平等的私有制——则是西方原始社会向阶级社会转变及其奴隶社会所实行的民主制的经济条件和经济根源，是西方民主制度的最牢固的基础和最深刻的原因。另一方面，西方封建生产方式或庄园制度，是西方一千余年普遍实行封建君主制的经济条件和经济根源；而西方封建君主专制与中国封建君主专制之不同——亦即非极权专制与极权专制——亦源于庄园制度与亚细亚生产方式之不同。

亚细亚生产方式与古典的古代生产方式根本不同：这就是为什么在原始社会的民主制度向阶级社会过渡时代，东方、中国形成的是一个人——炎黄二帝和尧、舜、禹——独掌最高权力的专制统治，而同时代的西方希腊却是城邦民主统治之最深刻原因！这就是为什么古希腊的梭伦、克里斯梯尼和伯里克利的改革使民主政治繁荣鼎盛，而同时代的中国的管仲、李悝和商鞅的变法改制却是最大限度地加强专制之最深刻原因！这就是为什么古希腊苏格拉底、柏拉图和亚里士多德极其丰富地展示了专制与民主各种政体的广阔天地，而中国诸子百家——儒家、墨家、法家和阴阳五行思想家——却统统是倡导和主张专制的专制主义论者之最深刻原因！

3. 资本主义：现代化时代民主的经济条件

西方史学界，一般说来，将人类历史分为古代、中世纪和现代：公元5世纪下半叶西罗马帝国灭亡为古代结束和中世纪的开端；17世纪英国资产阶级革命的爆发为中世纪结束和现代的开端。但是，现代化理论家大都认为现代史开始于16世纪前后。布莱克说："到了十七、十八世纪，欧洲的历史学家们逐渐放弃了已被接受的基于基督纪元的历史分期，开始采用古代、中世纪和现代的分期。人们当初认为现代历史随着君士坦丁堡的衰落或美洲的发现而突然开始。如果想说得确定一点，也可以说现代史开始于1453年5月29日太阳升起之时，或1492年10月12日凌晨2时。但是，现在更流行的观点是：现代史开始于'1500年前后'。"[①]

[①] C. E. Black, *The Dynamics of Modernization: A Study in Comparative History*, New York: Harper Row, Publishers, Inc, pp. 5-6.

因此，所谓现代化，也就是向现代社会的转变过程，亦即非现代社会、前现代社会或所谓传统社会向现代社会转变的过程：对于西欧来说，就是中世纪封建社会——它相对现代社会而言亦即传统社会——向现代社会的转变过程；对于世界来说，则是各种不同类型的传统社会或前现代社会向现代社会的转变过程。艾森斯塔德说：

> 现代或现代化社会是从各种不同类型传统的前现代社会发展而来的。在西欧，它们发轫于有着兴盛的都市的封建或专制国家；而在东欧，它们则来自高度独裁而低等都市化的国家与社会。在美国和英属第一批自治领（加拿大、澳大利亚，等等），它们是经由殖民化和移民过程而形成的。[1]

就人类社会经济形态的类型来说，传统社会或前现代社会主要是封建社会，至少是封建社会以前的社会，而无论如何，都不可能是封建社会以后的社会，不可能是资本主义或社会主义社会。那么，现代社会就其经济形态的性质来说是什么社会？在马克思看来，现代社会就是资本主义社会。《资本论》写道："资本主义时代是从16世纪才开始的。""本书的最终目的就是揭示现代社会的经济运动规律。"[2]

但是，马克思没能看到，1917年10月革命以后的16个社会主义国家。这些国家经济形态虽然高级和先进于资本主义，但生产力水平和工业化程度却落后于资本主义，亦处于现代化过程之中。这些国家显然也属于现代社会而不属于传统社会或前现代社会。因此，现代社会固然主要是资本主义，但也包括社会主义。这样一来，现代化就可以分为两大类型：资本主义现代化与社会主义现代化。

令人困惑的是，在现代化过程中，民主化浪潮波及世界各国，到20世纪后期已是第三波，导致全世界60%多国家都实现了民主。但是，在这些国家中，竟然没有一个社会主义国家；社会主义现代化国家——中国除外——无不实行专制等非民主制。诚然，这并不是说社会主义现代化国

---

[1] 艾森斯塔德：《现代化：抗拒与变迁》，中国人民大学出版社1988年版，第1页。
[2] 马克思：《资本论》第一卷，人民出版社1975年版，第11页。

家不能实现民主。但是,这些国家,如苏东九国,一旦实行民主,立刻就转变成资本主义;或者毋宁说,只有变成资本主义现代化,才能实行民主?那么,究竟是什么因素导致资本主义现代化国家的民主化?又是什么因素导致社会主义现代化国家的专制等非民主制?现代化与民主化是什么关系?解决这些难题的起点恐怕是:现代化的动力究竟是什么?换言之,现代化诸方面——经济现代化和政治现代化以及社会现代化和文化现代化——的关系究竟如何?

不难看出,现代化的决定性力量或终极动力,正如许多现代化思想家所指出,乃是自然知识、自然科学和技术革命。布莱克的名著《现代化的动力》认为现代化包括理智、政治、经济、社会和心理五个方面:"从理智领域开始谈起是恰当的。因为在现代的变革过程中,人对环境全部复杂性的理解和控制能力的提高起着至关重要的作用。确实,就某种意义来说,真正发生变革的显然只有人的知识。因为人开始理解自然环境丰富的本性之前,它的丰富性早就如此,而且人和环境的进化变革在历史的长河中是无意义的。历史学家们将西欧现代知识的起源追溯到十二世纪的文艺复兴,那时,希腊和阿拉伯学者们的著作已渐为人知,持续有序的创造性工作已在各个领域展开。文艺复兴的根本就是这样一种认识:探寻自然和社会现象的理性解释是可能的。在自然科学方面,西欧十三、十四世纪达到了古希腊和阿拉伯所达到的水平,给现代烙下了深刻的印记。到了16世纪,对自然的理解发生了革命性的增长"[1]。

奥康内尔则进而将技术当作现代社会区别于传统社会的根本特征:"在社会科学中,有一个名词用以指一种过程,在这个过程中,传统社会或前技术的社会逐渐消逝,转变为另一种社会,其特征是具有机械技术以及理性的或世俗的态度,并具有高度差异的社会结构。这个名词就是现代化"[2]。

自然知识、自然科学和技术革命,真正讲来,也就是生产力革命:科学技术与生产力实为同一概念。因为所谓生产力,无疑是生产能力,也就

---

[1] C. E. Black, *The Dynamics of Modernization: A Study in Comparative History*, New York: Harper Row, Publishers Inc., pp. 9 – 10.

[2] 西里尔·E. 布莱克编:《比较现代化》,上海译文出版社1992年版,第19页。

是创造物质财富的能力，也就是改造自然界从而创造物质财富的能力，也就是改造自然界从而创造物质财富的智力和体力之和，说到底，也就是掌握自然科学知识的能力和用以改造自然界、创造物质财富的能力，亦即掌握和应用自然科学知识的能力：掌握自然科学知识的能力是生产力的智力方面；应用自然科学知识改变自然物的能力则是生产力的智力与体力之结合，叫做技术。这样一来，所谓生产力，说到底，岂不就是掌握自然科学和技术的能力？岂不就是人的科学技术能力？

因此，现代化的终极动力乃是生产力革命，是科学技术革命，是十五、十六世纪以来的科学技术革命。这就是为什么，广被引证的列维现代化定义，将科学技术或工具当作现代化程度的决定力量："一个社会现代化的程度，多少要视其成员利用无生命能源的程度，以及（或）利用工具来增加其努力的功效"①。布莱克也这样写道："现代化可以定义为一种过程，在这种过程中，历史传承下来的各种制度不断改造而适应迅速变化的各种功能，这些功能反映着人类控制环境的知识亘古未有的增长和相伴而来的科学革命。"②

问题的关键在于，生产力或科学技术革命最直接的结果，显然是工业革命，是工业化，是传统农业社会向现代工业社会的转变：这就是所谓经济现代化。经济现代化的最直接的结果，一方面，无疑是经济管理现代化，是政治现代化，因为对于经济活动的权力管理属于政治范畴；另一方面，则显然是城市化，是社会现代化，因为城市化属于社会范畴。科学技术革命、经济现代化、政治现代化与社会现代化的共同结果，是文化现代化；因为正如马克思所发现，社会意识是社会存在的反映：文化现代化是科学技术革命、经济现代化、政治现代化与社会现代化的反映。

于是，虽然现代化诸方面相互作用、互为因果，但生产力或科学技术发展或革命是现代化的根本原因和动力，经济现代化是现代化的核心和基础。所以，英格尔哈特一再说："现代化的核心内涵是，经济和技术发展

---

① 西里尔·E. 布莱克编：《比较现代化》，上海译文出版社1992年版，第524页。
② C. E. Black, *The Dynamics of Modernization: A Study in Comparative History*, New York: Harper Row, Publishers Inc., p. 7.

会带来大致可以预期的社会和政治变革"①;"现代化理论的核心主张认为,社会经济发展将带来系统性的、在一定程度上可以预测的文化和政治生活的改变"②。艾森斯塔德也这样写道:"在现代化的最初'起飞'之后,经济领域在发展和现代化方面居首要地位,经济问题的解决,对于现代社会及其政治体制的存活与发展、保障现代化的延续、持续增长,以及任何制度领域的持续发展(无论是政治的、经济的还是社会组织的领域),都具有头等重要的意义。"③

这意味着,资本主义现代化国家的民主化与社会主义现代化国家的专制等非民主制的根本原因,只应该到二者的经济现代化及其生产力发展水平中去寻找:资本主义生产力发展水平和经济现代化是民主化的经济条件和根本原因;社会主义生产力发展水平和经济现代化是专制等非民主制的经济条件和根本原因。

确实,资本主义社会的科技革命或生产力革命和经济现代化——不妨简称为经济现代化——乃是资本主义国家民主化的经济条件和根本原因。因为经济现代化在一定程度上可以达成实现民主所需要的主观条件——亦即庶民阶级争取实现民主的主观意识及其实际行动——和客观条件:文化条件与社会条件以及政治条件。经济现代化可以达成这些条件,一方面缘于市场经济或商品经济的独立、自由和平等的本性,另一方面则是因为经济现代化使财富急剧增长。

原来,与传统社会或封建社会意味着"一群卑微的人对少数豪强严格的经济从属"恰恰相反,资本主义社会人们相互间的经济关系是一种独立、自由和平等的关系。因为资本主义,如前所述,完全属于商品经济或市场经济范畴:资本主义就是使资本或财货能够增值的商品经济或市场经济制度,就是目的在于资本或物质财富增值而不是满足消费需要的商品经济或市场经济制度,说到底,就是资本通过雇佣劳动而增值的商品经济或市场经济制度。

问题的关键在于,商品经济与市场经济原本是同一概念:如果以经济

---

① 伊诺泽母采夫主编:《民主与现代化》,中央编译出版社2011年版,第131页。
② 同上书,第143页。
③ 艾森斯塔德:《现代化:抗拒与变迁》,中国人民大学出版社1988年版,第57—58页。

运行的目的特征为根据,就是为了交换而发生的经济,就叫做商品经济;如果以经济运行的手段的特征为根据,就是市场配置资源的经济,就叫做市场经济。市场经济或商品经济的根本精神就是自由。这可以从两方面看:

一方面,市场经济原本就是一种没有外在强制的自发的、自愿的、自由的经济,在这种经济体制下,每个人都享有经济自由:他生产什么和生产多少、如何生产、为谁生产都是由自己决定的。另一方面,市场经济是非统制经济、非指令经济,它不是由政府权力控制和指挥,而是通过市场经济的自由竞争机制,自发地调节经济资源在社会生产的各个部门之间的分配;在自由竞争条件下的市场价格完全由供求关系决定,等于边际成本,因而不但是自由价格和公平价格,而且实现了资源配置效率最佳状态。

市场经济的根本精神是自由,实已蕴含着:市场经济行为主体相互间必定是独立的、平等的关系。确实,作为市场经济的行为主体,不论是谁,都是完全平等的、独立的;而绝不存在谁高于谁、谁服从谁、谁依附谁的关系:他们都同样服从等价交换法则,他们的关系是讨价还价、你争我夺、谁也不肯吃亏的等价交换关系。因此,马克思说商品是个天生的平等派:"各个主体通过等价物而在交换中彼此发生关系,他们是价值相等的人,而且由于他们交换了彼此有利的物化形态,更加证明了他们是价值相等的人"①。

这样一来,与传统社会人们相互间普遍为依附者与保护者的主从等级关系恰恰相反,市场经济则正如马克思所指出,使人们相互间处于独立、自由和平等的关系:"如果说经济形式,交换,确立了主体之间的全面平等,那么,内容,即促使人们去进行交换的个人材料和物质材料,则确立了自由。可见平等和自由不仅在以交换价值为基础的交换中受到尊重,而且交换价值的交换是一切平等和自由的生产的、现实的基础"②。

传统社会人们相互间的依附者与保护者的主从等级关系,及其像马铃薯一样分散无力的状态,往往决定了他们不能自己捍卫自己的权益,而势

---

① 马克思:《政治经济学批判大纲》第二分册,人民出版社1975年版,第7页。
② 《马克思恩格斯全集》第46卷(上),人民出版社1979年版,第197页。

必寻求明君和清官的庇护，从而形成专制主义臣民文化。相反地，资本主义社会人们相互间的独立、自由和平等的关系，势必激发人们独立自主、个性解放、自由竞争和人人平等精神，造就人们对政治参与、政治自由和政治平等的诉求，产生政府及其官吏应由人民自由——言论自由与建党自由——选举产生的民主意识，从而形成民主主义的公民文化。

因此，在资本主义社会，不论是谁，显然都不会——也没有必要——将本来应该由自己执掌的那部分国家最高权力转让给别人，而势必要求平等地共同执掌国家最高权力，要求政治自由和政治平等。特别是，资本主义市场经济使人们从传统社会像马铃薯一样相互孤立隔离、分散无力的封闭状态解放出来，可以在全国乃至全球范围内自由交往流动。这样一来，庶民阶级——特别是中产阶级和资产阶级以及无产阶级——势必团结起来，结成各种独立于官方的社会团体，亦即公民社会，将其政治自由和政治平等的渴望付诸行动。

资本主义市场经济使这种建立公民社会、实现政治自由的行动具备了成功的条件。因为资本主义市场经济使经济权力与政治权力分离开来，将经济权力从官吏阶级转移到庶民阶级——特别是资产阶级与中产阶级——手中，形成与官方政治权力相抗衡的独立的经济权力。诚然，经济权力不是政治权力。但是，经济权力无疑是最重要最主要最根本的政治资源。赖有这种资源，庶民阶级——特别是中产阶级和资产阶级以及无产阶级——便可以将市场经济使他们形成的公民文化付诸行动，争取言论自由和结社自由，建立各种公民社会团体，直至获得建党自由，可以自由建立不同政党参加竞选，从而达成民主实现的政治条件。

因此，市场经济的发展不但可以达成民主的社会条件（公民社会）和文化条件（公民文化），而且在某种程度上可以达成民主的政治条件：言论自由的选举制度和建党自由的政党制度。对此，达尔多有论述。通过这些论述，他得出结论说：

> 当社会和经济发展时，要压制一切言论自由的纯代价急剧增加，不久就可能发展到超过政权可接受的程度。甚至在一个存在某种可选择信息来源和相当程度言论自由的国家，结社自由很可能对非民主的领导人极其危险，以致他们将为防止独立组织的产生而付出高昂的代

价,并同意付出相当代价来制止它们的建立。但是,随着社会和经济的进一步发展,他们因压制的纯代价可能变得如此巨大而被迫宽容至少某些相对独立的团体的存在。当这些制度都得以壮大时,压制它们的纯代价就会更大。

最后的防线,即自由公正的选举,对这个政权来说无疑是最危险的。因为如果采用了这个民主制度,这个政权的领导人就很可能要承受极其严重的后果:他们将丧失他们的权力。因此,他们可能同意承担为阻止自由公正的选举而付出高昂的代价。然而,到最后,政权领导人当中的一个有充分影响力的派别可能会意识到,无论他们仍然拥有多大的合法性,如果不举行相对自由公正的选举,他们都将彻底失败。如果没有选举,他们可能只是不能有效地进行统治。而要是没有有效的统治,从过去的社会经济发展中所获得的一切利益都会丧失。于是,终于跨过了这个最后的至关重要的防线。①

经济现代化在一定程度上可以达成实现民主所需要的各种客观条件和主观条件,另一方面的原因,则在于经济现代化使财富急剧增长。经济现代化或现代社会的经济增长,正如库兹涅茨和布莱克所指出,与传统社会的不同之处在于:现代经济增长"是以加速度的形式出现"②。"经济增长无疑对每一个人都发生着强大影响。在较发达的社会中,人均实际收入在过去二三百年里,大约提高了十到二十倍,甚至更多。这种增长的关键是科学技术革命,它通过劳动的机械化,可能使生产的增长令人惊诧。"③

确实,经济的加速度增长对每一个人都发生着重大影响。但是,这种影响,如果就其对国家政体的意义来看,无疑在于唤醒或增强了庶民阶级对于自由和自我实现的觉醒与想往。因为马斯洛发现,人的自由和自我实现需要,归根结底,乃是生理需要(亦即物质需要或生存需要)相对满

---

① 达尔:《多头政体》,商务印书馆2003年版,第8—9页。
② 西里尔·E. 布莱克编:《比较现代化》,上海译文出版社1992年版,第275页。
③ C. E. Black, *The Dynamics of Modernization: A Study in Comparative History*, New York: Harper Row, Publishers Inc., p. 19.

足的产物。① 这是千真万确的。试想，每个人都有食欲、性欲、安全欲、功名心、自尊心、道德感、自我实现的追求等。但是，一旦他处于饥饿之中而食欲得不到满足时，他的功名心和道德感以及自我实现等欲求便都退后或消失了：他一心要满足的只是食欲。只有食欲得到满足，其他的欲求才会出现，他才会去满足其他欲求。

不难看出，任何社会人们的物质需要或生存需要能否得到相对满足，说到底，均取决于人们所生活于其中的社会的经济发展速度：经济发展慢，财富的增加便慢，因而便不能适应人们物质需要的不断增长，不能满足人们不断增长的物质需要；经济发展快，财富的增加便快，因而便能够适应人们物质需要的不断增长，便能够满足人们不断增长的物质需要。

因此，现代社会便因其财富加速度增长而能够适应和满足人们不断增长的物质需要或生存需要，能够满足庶民阶级——特别是中产阶级和资产阶级——的物质需要。这样一来，伴随财富加速度增长所必然导致的文化和教育的普及及提高，便能够使庶民阶级产生自我实现——实现自己的创造性潜能从而成为可能成为的最有价值的人——的需要和欲求。而所谓创造性也就是独创性：创造都是独创的、独特的；否则便不是创造，而是模仿了。因此，一个人的创造潜能的实现，便必定以其独特个性的发挥和自由为必要条件：一个人越自由，他的个性发挥得便越充分，他的创造潜能便越能得到实现，他的自我实现的程度便越高；一个人越不自由，他的个性发挥便越不充分，他的创造潜能便越得不到实现，他的自我实现程度便越低。

这样一来，现代化经济的加速度增长最重要的结果，无疑是庶民阶级——特别是中产阶级和资产阶级——对自我实现和自由的欲求，说到底，就是对民主的诉求和公民文化的形成。因为唯有民主，每个人才能获得政治自由，每个人的思想自由和经济自由才有保障；而民主的诉求正是公民文化的核心：公民文化与民主主义文化原本是同一概念。这个道理，英格尔哈特曾有十分精辟的论述：

---

① Abraham H. Maslow: *Motivation And Personality*, second edition, New York: Harper & Row, Publishers, 1970, p. 59.

现代化使人们在经济上更安全，当大部分人口成长于视生存为理所当然之时，自我表达价值观会变得越来越普遍。对自由和自主的渴望是普遍的欲望。在生存不保的时候，这些渴望可能受制于对物质和秩序的需要。但是，当生存日益有了保障之时，这些欲望越来越受到重视。民主的基本动机——人对自由选择的渴望——开始起着越来越重要的作用。人们越来越注重政治中的自由选择并要求公民自由、政治自由和民主体制。①

以下三项存在着强有力的逻辑联系：（1）高水平的社会经济发展；（2）强调人的自主、创造力和自我表达的文化变迁；（3）民主化。②

相反地，传统社会——或经济发展缓慢、国民收入和普及教育低下的社会——庶民阶级物质需要、生存需要得不到满足，自我实现和自由的欲求也就几乎不可能产生，因而也就几乎不会有对自我实现和自由的欲求，说到底，也就不会有对民主的诉求，不会形成公民文化。这就是为什么，影响深远的利普赛特的杰作《政治人》通过对世界诸国调查发现，民主实现的可能性与国民富裕程度成正比：

国家越富裕，出现民主的可能性就越大。从亚里士多德迄今，一般的论点是，只有在没有什么真正的穷人的富裕社会中广大公众才可能有效地参与政治，不受不负责任的宣传鼓动的蛊惑。一个社会一边是大批贫穷的群众，一边是少数受到优待的精英，结果如不是寡头统治（少数上层的独裁）便是专制（有群众基础的独裁）。把这两种政治形式贴上现代的标签，后者可贴上共产主义或庇隆主义，前者则以传统主义独裁形式出现于部分拉丁美洲、泰国、西班牙或葡萄牙。

为了验证这一假设，我使用了各种显示经济发展的指数——财富、工业化、城市化与教育——并计算出在欧洲、盎格鲁—撒克逊世界以及拉丁美洲的民主较多或民主较少的那些国家的平均值。分别来

---

① 伊诺泽母采夫主编：《民主与现代化》，中央编译出版社2011年版，第150—156页。
② 同上书，第146页。

看，如表二所示，民主较多国家的财富、工业化、城市化程度及教育水平的平均数要高得多。如果把拉丁美洲与欧洲混合起来编在一个表中，差别将更大。

所用显示财富的指数主要是国民平均收入以及汽车、医生、收音机、电话、报纸在每千人中所占的比率。从数字来看差别显著。欧洲'民主较多'国家中每 17 人一部汽车，而'民主较少'国家为 143 人一部汽车；在拉丁美洲'独裁较少'国家每 99 人一部汽车，'独裁较多'国家则为 274 人一部汽车。收入的差别也很明显，欧洲'民主较多'国家国民平均收入为 695 美元，'民主较少'国家为 308 美元；在拉丁美洲相应的差别为 171 美元到 119 美元。各组变动范围情况也相同，国民平均收入最低的在'民主较少'的国家，最高的则在'民主较多'的国家。[①]

诚然，利普赛特的统计有很大缺陷：他本应该统计民主化之前或民主化发生时国民富裕程度，那样才能说明"国家越富裕，出现民主的可能性就越大"。可是，他统计的却是民主国家国民富裕程度，这岂不更能说明民主是国民富裕的原因？英格尔哈特弥补了这一缺憾，根据民主化发生时国家富裕程度的统计数字，肯定了利普赛特的结论：

50 年前，西摩·马丁·利普赛特指出，富国比穷国成为民主国家的可能性大得多。虽然这个主张多年来受到挑战，但是一再被证明有效。这一因果关系的方向也受到过质疑：富国更可能实现民主到底是因为民主使国家变富，还是发展有利于民主？今天，看起来清楚了，因果链的方向是从经济发展到民主化。在工业化早期，威权国家可能像民主国家一样获得高速增长。但是在超过一定水平以后，民主日益可能出现并存续下去。因此，1990 年左右发生民主化的数十个国家，大多数是中等收入国家。几乎所有高收入国家早已经是民主国家了，鲜有低收入国家发生这一转型。不仅如此，普沃斯基指出，1970 年到 1990 年间民主化的国家中，民主只在相当于阿根廷队经济

---

① 利普赛特：《政治人》，商务印书馆 1998 年版，第 33—37 页。

水平或更高水平的国家存续下来，在此水平以下的国家，民主的平均生存期只有8年。①

综上可知，资本主义经济现代化因其市场经济和财富加速度增长，不仅在一定程度上激发庶民阶级——主要是中产阶级和资产阶级以及无产阶级——争取实现民主的主观意识和实际行动，从而达成民主的主观条件；而且还在一定程度上达成了民主的客观条件，亦即民主的政治条件（言论、结社和建党自由）、社会条件（公民社会）和文化条件（公民文化）。这就是为什么，世界上绝大多数资本主义国家在现代化过程中都出现民主化的根本原因：经济现代化是资本主义国家民主化的经济条件和根本原因。

4. 社会主义与共产主义：全球化时代民主的经济条件

资本主义国家民主化的经济条件和根本原因，是经济现代化过程中出现的市场经济和财富加速度增长，意味着：社会主义经济现代化也势必造成民主化。因为社会主义经济现代化也势必出现市场经济和财富加速度增长。因此，现代化理论认为，民主是现代化——不论是资本主义现代化还是社会主义现代化——应有之义。然而，为什么事实却恰恰相反：除了中国，几乎所有社会主义现代化国家都实行专制等非民主制？

原来，如前所述，生产力产生和决定生产关系，生产关系高低与生产力高低成正比，因而生产力高度发达是实现社会主义——社会主义远比资本主义高级——的必要条件，乃是必然的不以人的意志为转移的客观规律。除了中国，几乎所有社会主义现代化国家都实行专制等非民主制，并不是因为现代化，更不是因为经济现代化；而是因为这些社会主义现代化国家都违背了生产力高度发达是实现社会主义必要条件的客观规律，强行在不发达的生产力基础上建立社会主义：落后生产力 + 公有制 = 社会主义现代化国家实行专制等非民主制的经济条件和根本原因。

因为，如前所述，生产力高度发展从而使每个人的物质需要得到相对满足，乃是国民思想品德和政治觉悟普遍提高的根本条件。在生产力不够

---

① 伊诺泽母采夫主编：《民主与现代化》，中央编译出版社2011年版，第149—150页。

发达、产品还不能满足全体社会成员物质需要的条件下,国民思想品德和政治觉悟绝不可能普遍提高。这样一来,生产力落后,意味着不具备民主的经济条件。国民政治觉悟低下,意味着臣民文化盛行和公民文化衰微,不具备民主的文化条件和主观条件。生产力落后和臣民文化盛行,意味着公民社会不发达,不具备民主的社会条件。因此,生产力不发达的社会主义国家的建立,几乎不可能通过民主的议会的道路,而势必通过非民主的、为民做主的武力征服、暴力革命道路:暴力革命实为生产力不发达的社会主义革命的普遍规律。暴力地、不民主地、为民做主地夺取的政权,势必成为一种暴力的、不民主的、为民做主的政权,势必继续为民做主执掌政权,从而导致专制等非民主制的社会主义。

专制等非民主制意味着政治权力垄断,意味着社会主义社会分化为两大群体:政治权力垄断群体叫做官吏阶级;没有政治权力的群体叫做庶民阶级。问题的关键在于,社会主义是生产资料公有制。因此,与资本主义专制国家的官吏阶级仅仅垄断政治权力根本不同,专制社会主义国家的官吏阶级不但垄断了政治权力,而且通过垄断国有资源和公有制生产资料而垄断了经济权力,进而垄断了社会权力(如结社权力)和文化权力(如言论出版权力),因而是全权垄断阶级;庶民群体不但没有政治权力,而且没有经济权力、社会权力和文化权力,是全权丧失阶级。

官吏阶级垄断了政治权力与经济权力,庶民阶级既没有政治权力又没有经济权力,意味着,庶民阶级如果不服从政府和官吏就没有工作,就将被活活饿死:不服从者不得食。官吏阶级垄断社会权力,意味着垄断建立社会组织的权力,取缔结社自由,使一切社会组织,如学生会、工会等,都成为官方控制的社会组织,从而消灭任何非官方控制的社会组织:公民社会。官吏阶级垄断文化权力,意味着取缔言论自由、出版自由和思想自由,灌输臣民文化,灭绝公民文化。生活于这样一种极端缺乏民主客观条件的不服从者不得食的社会,人们争先恐后将奴才的锁链当作花环来佩戴,也就不可能具备民主的主观条件:对自由和民主的渴望与斗争。

可见,社会主义现代化国家之所以不具备民主的主观条件和客观条件,直接说来,是因为暴力革命和官吏阶级全权垄断;根本说来,则是因为生产力不发达和公有制:落后生产力加上公有制乃是社会主义现代化国家实行专制等非民主制的经济条件和根本原因。因此,几乎所有社会主现代化国家都实行专制等非民主制，并不是因为现代化。恰恰相反，经济现代化无疑是有利于民主实现的重要经济条件。但是，在一种极度缺乏民主的主客观条件的社会，仅凭经济现代化显然不足以实现民主。

然而，不论社会主义社会如何缺乏民主的主客观条件，只要进行现代化建设，或迟或早，势必实现民主。因为即使是社会主义经济现代化，也必然不断创造民主的主客观条件，积累到一定阶段，民主势必出现。因为，如前所述，一方面，唯有市场经济是符合经济自由等国家制度价值标准和可以导致资源配置效率最佳状态的经济制度；而计划经济则违背国家制度价值标准，是不自由、非人道、不公正和低效率的经济制度；另一方面，在生产力不够发达、产品还不能满足全体社会成员物质需要的条件下，国民思想品德和政治觉悟决不可能普遍提高。这样一来，便唯有私有制才有效率；而公有制则注定无效率。因此，社会主义经济现代化进行到一定程度，势必废弃计划经济而代之以市场经济和进行私有化，不断缩小公有制的比例。否则，经济停滞不前，政权将丧失合法性，面临垮台的危险。

市场经济和私有化，一方面必定导致资源配置效率最佳状态，财富加速度增长，造就庶民阶级——特别是中产阶级和资产阶级——对自我实现、自由和民主的诉求，兴起公民文化；另一方面则意味着经济权力与政治权力分离开来，从官吏阶级转移到庶民阶级，消除了官吏阶级对经济权力的垄断，进而也就可以逐步消除官吏阶级对社会权力和文化权力的垄断，随之必定兴起公民社会和公民文化。这样一来，随着导致专制的原因——生产力不发达和公有制以及官吏阶级全权垄断——的逐渐消逝和民主的主客观条件逐步具备，民主的出现岂不在所难免？因此，经济现代化——市场经济和私有化以及财富加速度增长——乃是生产力不发达社会主义实现民主的经济条件和根本原因。

可见，虽然没有比在生产力不发达的社会主义国家实现民主更困难的了，但是，只要进行现代化建设，迟早总会出现民主：经济现代化具有造就民主的必然趋势。任何国家，不论如何根本不同，不论原来是封建社会还是殖民地，不论现在是资本主义还是社会主义，只要进行现代化建设，或迟或早，经济方面，势必选择市场经济，势必出现财富加速度增长；社会方面，势必兴起公民社会；文化方面，势必形成公民文化；政治方面，势必民主化。因此，正如大多数现代化理论家所指出，现代化具有趋同趋势，是一个同质化过程："实际上，世界各大洲所有正在进行现代化的社会都重复出现——相同的基本模式"①。

这种现代化的趋同趋势，还表现在社会形态演进的必然秩序和过程，亦即必定经过资本主义现代化，然后才能进行社会主义现代化，最后必定终结于共产主义全球化。任何国家，不论如何特殊，都必定要经过相当漫长的资本主义现代化，而决不可能跨越这一历史阶段——亦即跨越资本主义或充分发展的资本主义——直接进行社会主义现代化；否则，或迟或早，必定复辟资本主义，重新开始资本主义现代化。

因为，如前所述，生产力高度发达是实现社会主义的必要条件。在生产力不够发达从而国民思想品德和政治觉悟不可能普遍提高的条件下，唯有资本主义私有制才有效率，才能够创造废除私有制、实现社会主义所必需的高度发达的生产力；而社会主义公有制必定无效率，不但不可能创造高度发达的生产力，而且势必导致专制等非完全民主制，形成全权垄断的官吏阶级和全权丧失的庶民阶级。

这种全权垄断的阶级和剥削，就其压迫与剥削程度来说，不但远远恶于资本主义，而且不逊于奴隶制，乃是人类历史上最恶的阶级和剥削制度。因此，这种社会主义国家虽然当时成功地跨越了资本主义或充分发展的资本主义，但或迟或早，必然抛弃社会主义而选择或复辟资本主义。可以准确预期：当其实现民主之日，必是复辟资本主义之时。因为官吏阶级深得其利和庶民阶级深受其害，因而当庶民阶级执掌最高权力——亦即民主——之时岂不就是其覆灭之日？因此，资本主义现代化是任何国家都必然要经过的历史阶段。苏东九国半个多世纪的社会主义现代化最终无一不导致资本主义复辟的事实，充分证明了这一真理。

但是，当资本主义现代化进展至生产力高度发达之时，资本主义的末日就到来了。因为，如前所述，资本主义私有制意味着生产资料垄断，意味着经济权力垄断，说到底，意味着阶级、剥削、经济不公、经济异化和经济不自由。但是，在生产力还不够高度发达、国民思想品德和政治觉悟不可能普遍提高的条件下，如果废除资本主义而代之以社会主义，不但必

---

① 西里尔·E. 布莱克编：《比较现代化》，上海译文出版社1992年版，第498页。

定导致效率低下，而且势必导致人类最恶的阶级和剥削：全权垄断的阶级和剥削。因此，在生产力还不够高度发达条件下，资本主义私有制、阶级和剥削虽然是恶，却能够避免更大的恶——效率低下以及全权垄断的阶级和剥削——因而是必要恶。

然而，在生产力高度发达的条件下，国民政治觉悟、公民文化和思想品德势必普遍提高。这时废除资本主义而代之以社会主义，既能够保障公有制经济高效率发展，又能够实行民主制，从而消除政治权力和经济权力垄断，消除阶级和剥削，因而资本主义私有制、阶级和剥削便由必要恶而演进为纯粹恶。那时，废除资本主义民主而代之以社会主义民主的时代便必然到来了。因为执掌最高权力的思想觉悟普遍提高的人民，决不可能容忍已经变成纯粹恶的资本主义制度继续剥削和压迫自己，而必然选择无阶级无剥削的社会主义民主：生产力高度发达是名副其实的社会主义民主的经济条件和根本原因。

所谓名副其实的社会主义民主与生产力高度发达的社会主义民主实为同一概念。因为生产力不发达的社会主义几乎不可能实行民主：当其随着经济现代化的发展而终于实现民主之时，就是其覆灭而转化为资本主义民主之日。而当生产力高度发达的社会主义——不妨简称为发达社会主义——民主实现之日，距离共产主义民主实际上只有一步之遥，这一步就是：只有一个主权和一个世界政府的全球国家。因为，如前所述，共产主义乃是完全符合国家制度价值标准——公正与平等以及人道与自由——的理想国家，因而具有六大特征："生产资料公有制"、"高度发达的生产力"、"按劳分配"、"没有政府指挥——而只有政府适当干预——的市场经济"、"宪政民主"和"只有一个主权和一个世界政府的全球国家"。

不言而喻，发达社会主义民主意味着已经实现了共产主义的三大特征："高度发达的生产力"、"生产资料公有制"和"宪政民主"；而这些特征的实现，显然意味着"按劳分配"和"没有政府指挥的市场经济"也已经实现或极易实现，因而岂不也是发达社会主义应有和实有之义？所以，发达社会主义民主的实现，意味着：除了"只有一个主权和一个世界政府的全球国家"，共产主义其他五大特征都已经实现。因此，发达社会主义与共产主义的根本区别只在一点，亦即只有一个主权和一个世界政府的全球国家：发达社会主义就是尚未实现世界政府和全球国家的共产主义。

这样一来，共产主义及其民主，岂不就是现代化趋同趋势的最终结果？因为，正如亨廷顿所引证的布莱克的观点，现代化最终结果是形成只有一个主权和一个世界政府的全球国家："现代化是一个同质化的过程。传统社会以许多不同类型而存在。确实，有人认为传统社会除了缺乏现代性外，几乎没有其他共同之处。相反，现代社会却基本相似。现代化在社会之间产生了集中的趋势。现代化意味着'在政治上组织起来的社会趋向于它们之间的相互依存以及各个社会趋向于最终结合'的运动。'现代的思想和制度所具有的普遍性可能达到这样一个阶段，在这个阶段上，各个社会是那么同质，以致有可能形成一个世界国家。'"[1]

确实，现代化最终结果是形成只有一个主权和一个世界政府的全球国家。因为如前所述，一方面，人乃是社会动物，每个人的生存发展需要只有通过社会才能够获得满足，而且这些需要的满足程度，显然与社会规模的大小成正比：社会的规模越大，分工协作便越复杂，每个人需要获得满足的程度便越多越高越好。这样一来，人类就其本性而言，便不仅需要和追求社会，而且需要和追求最大的社会，需要和追求最大的国家，说到底，需要和追求只有一个主权和一个世界政府的全球国家。

另一方面，现代化最终能够实现人类的这一需要和追求。因为任何国家的现代化建设，或迟或早，势必选择市场经济；而市场经济的本性就是跨越国境，就是去国界，就是经济全球化，就是全球化：全球化就是无国界化，就是全世界所有国家向一个——只有一个主权和一个世界政府的——全球国家的转化；全球化的完成就是民族国家的终结，就是只有一个主权和一个世界政府的全球国家的形成。因此，戴维·赫尔德和乌·贝克以及赫尔伯特·迪特根等学者一再说："最好把全球化理解为'无领土的'"[2]；"全球化意味着非民族国家化"[3]；"民族国家正在终结"[4]。

因此，共产主义民主，最终说来，是现代化的结果；直接说来，则是

---

[1] 西里尔·E. 布莱克编：《比较现代化》，上海译文出版社1992年版，第46页。
[2] 戴维·赫尔德等著：《全球大变革：全球化时代的政治、经济与文化》，社会科学文献出版社2001年版，第38页。
[3] 乌·贝克：《全球化与政治》，中央编译出版社2000年版，第25页。
[4] 俞可平等：《全球化与国家主权》，社会科学文献出版社2004年版，第11页。

全球化的结果,是全球化完成的结果:共产主义就是全球化的完成,就是只有一个主权和一个世界政府的全球国家。现代化的根本原因和动力是生产力或科学技术革命。因此,共产主义民主是全球化完成的结果,意味着:全球化完成时代极度发达的生产力乃是共产主义民主的经济条件和根本原因。问题是:全球化完成将在何年?恩伯猜测最近是23世纪:"也许近在23世纪,最晚也不会晚于公元4850年,整个世界就会最终在政治上整合起来"①。这就是说,共产主义民主也许近在23世纪就会实现:23世纪极度发达的生产力乃是共产主义民主的经济条件和根本原因。

共产主义民主诞生于全球化完成时代,意味着:社会主义民主——社会主义民主与生产力高度发达的社会主义民主是同一概念——必定诞生于全球化完成之前,亦即全球化过程之中。因为,正如现代化是非现代国家向现代国家的转化,全球化则是非全球国家向全球国家的转化:全球化是全世界所有民族国家向一个全球国家的转化。因此,全球化开始应以全球化治理的权力机构——如欧盟、联合国、世界贸易组织、世界银行以及国际货币基金组织等——建立的时期为准。因此,正如斯图尔特所指出,全球化真正的起点是20世纪中叶:

> 若把全球化定义为超地域性的兴起,那么它对当代历史来说主要还是全新事物。只有在20世纪60年代以后,全球性才在大多数人的生活中具有持续、广泛而集中的影响力。②

这样一来,社会主义民主最早出现的时期也必定是在全球化开始之后。因为英国和法国国有化运动最终失败表明,直到20世纪90年代两国生产力还没有达到实现社会主义所必需的水平:高度发达的生产力。现在达到了吗?显然还没有。因此,社会主义民主最早出现的时期也不会早于21世纪初叶。所以,社会主义民主与共产主义民主都属于全球化时代——亦即现代化最高或最后阶段——全球化时代高度发达的生产力是社会主义民主的经济条件和根本原因;全球化完成时代极度发达的生产力则

---

① 恩伯:《文化的变异》,辽宁人民出版社1988年版,第414页。
② 简·阿特·斯图尔特:《解析全球化》,吉林人民出版社2003年版,第103页。

是共产主义民主的经济条件和根本原因。

5. 总结：民主经济条件的作用及其与民主其他条件的关系

综观民主的经济条件，首先，历时二三百万年的人类原始社会普遍实行民主，根本说来，只是因为生产力水平极端低下，没有剩余产品和平均分配，致使等级制——专制等非民主制赖以存在的主要支柱——成为不可能，结果人人平等，谁都没有必要让度本来应该属于自己的那部分最高权力，因而导致全体公民共同执掌最高权力：民主。

其次，就奴隶社会和封建社会来说，中国自原始社会向阶级社会转变以来，4000余年之所以始终实行极权专制，只缘经济形态属于所谓亚细亚生产方式，亦即以"国有"为其现象的"国王、官吏阶级所有制"及其所产生的农业手工业相结合的家族宗法制的自给自足经济。相反地，一方面，西方"古典的古代"生产方式——亦即每个公民都是真正私有者的自由和平等的私有制——则是西方原始社会向阶级社会转变及其奴隶社会实行民主制的根本原因；另一方面，西方从奴隶社会转变为封建社会，一千余年普遍实行封建君主制及其与中国封建君主专制之不同——亦即非极权专制与极权专制之不同——的根本原因，亦在于西方封建生产方式或庄园制度及其与亚细亚生产方式之不同。

再次，世界上绝大多数资本主义国家在现代化过程中都出现民主化的根本原因，就在于市场经济和财富加速度增长，不仅激发庶民阶级——主要是中产阶级和资产阶级以及无产阶级——争取实现民主的主观意识和实际行动，从而达成民主的主观条件；而且还达成了民主的客观条件，亦即民主的政治条件（言论、结社和建党自由）、社会条件（公民社会）和文化条件（公民文化）。

最后，除中国外，社会主义现代化国家几乎无不实行专制等非民主制的主要原因，则在于生产力不发达和公有制及其所导致的官吏阶级全权——政治权力和经济权力以及社会权力和文化权力——垄断。随着社会主义经济现代化的发展，市场经济和私有化以及财富加速度增长必然逐渐消除这些专制等非民主制的原因，不断创造民主的主客观条件，积累到一定阶段，社会主义民主势必出现：全球化时代高度发达的生产力是社会主义民主的根本原因。

可见，任何政体——民主制与非民主制——就其本性来说，虽然并不具有历史必然性，而都是偶然的、可以自由选择的、依人的意志而转移的；但是，所有人类社会——原始社会、奴隶社会、封建社会、资本主义社会和社会主义社会以及未来共产主义社会——的民主与非民主制之演变表明，生产力和经济发展水平对于人们自由选择何种政体却具有根本的、决定性的作用，可以使人们几乎不由自主地选择民主制或非民主制，最终使一个国家是否实行民主政体具有某种近乎不依人的意志而转移的必然趋势。

确实，历时二三百万年的人类原始社会普遍实行民主，岂不表明，生产力水平极端低下、没有剩余产品和平均分配，使实行民主政体具有某种近乎不依人的意志而转移的必然趋势？中国自原始社会向阶级社会转变以来，4000余年始终实行全权垄断的极权主义专制，岂不表明，亚细亚生产方式，使实行极权主义专制具有某种近乎不依人的意志而转移的必然趋势？西方封建社会，一千余年普遍实行封建君主制，岂不表明，西方封建生产方式或庄园制度，使实行君主专制具有某种近乎不依人的意志而转移的必然趋势？绝大多数资本主义国家在现代化过程中都出现民主化，岂不表明，经济现代化——市场经济和财富加速度增长——使实行民主制具有某种近乎不依人的意志而转移的必然趋势？社会主义现代化国家几乎无不实行专制等非民主制，岂不表明，生产力不发达和公有制及其所导致的官吏阶级全权垄断，使实行极权主义专制具有某种近乎不依人的意志而转移的必然趋势？

但是，生产力和经济发展水平对实行民主制或非民主制的决定作用，只是具有某种近乎不依人的意志而转移的必然趋势；而并不具有不依人的意志而转移的必然性，并不是必然的决定作用，并不必然导致民主制或非民主制。否则，如果原始社会生产力水平极端低下、没有剩余产品和平均分配必然导致民主制，那么，任何原始社会岂不统统只能实行民主制？但是，事实恰恰相反，在原始社会，正如摩尔根所指出，民主制只是主流；而不管怎样与人心背道而驰，还是出现过专制等非民主制。[①] 同样，封建

---

① Lewis H. Morgan, *Ancient Society*, The Belknap Press of Harvard University press Cambridge, 1964, pp. 110 – 111.

社会也并不都实行君主专制,也曾存在过共和政体,如中世纪的威尼斯共和国。资本主义社会也并不都实行民主制,也曾存在过君主专制,如拿破仑、墨索里尼与希特勒专制。

这些事实充分说明,生产力和经济发展水平对于是否实行民主制,并不具有必然的决定作用。因此,正如亨廷顿所言,一定的生产力和经济发展水平虽然是民主实现的经济条件,却既不是民主实现的充分条件,也不是民主实现的必要条件:"经济发展水平与民主之间存在着一种全面的相关性,然而,没有一种经济发展水平和模式自身是产生民主化的必要条件或充分条件"[①]。达尔也这样写道:"证据确实并不支持这样的假说:社会经济的高水平发展是竞争性政治体制的必要条件或充分条件。"[②] 这就是为什么,不论经济现代化对于民主的决定作用多么巨大,却并不是民主的充分条件或必要条件。经济现代化或经济发达不是民主的充分条件,因为有些国家,如新加坡和伊拉克,经济发展水平很高,实行的却不是民主制。经济现代化或经济发达也不是民主的必要条件,因为有些国家,如印度,是个穷国,却仍然实现了民主。

生产力和经济发展水平既不是民主的充分条件,也不是民主的必要条件,那么,其为民主的条件,究竟是什么条件?答案是:有利条件与不利条件。一定的生产力和经济发展水平对于民主制或非民主制的实行只具有有利还是不利的关系,因而只是有利条件或不利条件。原始社会生产力水平极端低下、没有剩余产品和平均分配是实行民主的极其有利条件和实行非民主制的极其不利条件;亚细亚生产方式是实行极权主义专制的极其有利条件和实行民主制的极其不利条件;西方封建生产方式或庄园制度是实行君主专制的有利条件和实行民主的不利条件;经济现代化——市场经济和财富加速度增长——是实行民主的有利条件和实行非民主制的不利条件。

可是,究竟为什么,民主的经济条件与社会条件以及文化条件一样,都只是民主实现的有利条件与不利条件,而唯独民主的政治条件是民主实

---

① Samuel P. Huntington, *The Third Wave: Democratization in the Late Twentieth Century*, Norman: Universityof Oklahoma Press, 1991, p. 59.

② Robert A. Dahl, *Polyarchy*, New Haven and London, Yale University Press, 1971, p. 71.

现的充分且必要条件？不难看出，民主的政治条件——言论自由的选举制度与建党自由的政党制度以及分权的政府制度——乃是民主的自身内在条件，也就是民主自身的结构、民主的构成要素，说到底就是民主的要件。这就是为什么，民主的三大政治条件——言论自由的选举制度与建党自由的政党制度以及分权的政府制度——分别开来都是民主的必要条件，而结合起来则是民主的充分且必要条件。相反地，民主的经济条件与社会条件以及文化条件，都不是民主的内在条件，而是民主的外在条件；都不是民主自身，而是与民主根本不同的事物；都不是民主的要件，而是产生民主要件的原因。这就是为什么，它们都不是民主实现的必要条件或充分条件，而仅仅是民主实现的有利条件或不利条件。

然而，问题还在于我们一方面说，经济条件对于是否实行民主并不具有必然的决定作用，并不是民主的必要条件和充分条件，而只是民主的有利条件或不利条件。另一方面却又说，只要进行现代化建设，迟早总会出现民主，经济现代化势必导致民主化，经济条件可以使一个国家是否实行民主具有某种必然趋势：这岂不是说经济条件对于是否实行民主具有必然的决定作用？这两方面岂不矛盾？

非也！民主的经济条件虽然与民主的社会条件、文化条件一样，都只是民主的有利条件或不利条件，但是，经济条件却是民主诸条件中的始源性条件，而其他条件都是派生性条件。换言之，经济条件是民主的最根本最重要最主要的条件，它最终产生和决定民主的其他客观条件（社会条件、文化条件和政治条件）以及民主的主观条件：对民主有利的经济条件能够且迟早势必——通过人的活动——创造和形成有利于实现民主的主观条件（庶民阶级争取民主的愿望和行动）、社会条件（公民社会）、文化条件（公民文化）和政治条件（言论、结社和建党自由）；相反地，对民主不利的经济条件则能够且迟早势必——通过人的活动——创造和形成不利于民主实现的主客观条件。

这样一来，一个国家如果具备有利于民主的经济条件，迟早势必具备民主实现的各种主客观条件，因而迟早势必实现民主；相反地，一个国家如果具备不利于民主的经济条件，迟早势必具备各种不利于民主实现的主客观条件，因而迟早势必实现专制等非民主制。因此，直接导致民主实现的，并不仅仅是经济条件，而是民主的全部主客观条件；经济条件仅仅是民主实现的间接的最终的根本的条件。这就是为什么经济条件对于是否实行民主并不具有必然的决定作用，却又能够势必导致民主的缘故，这就是为什么经济现代化对于是否实行民主并不具有必然的决定作用，却又势必导致民主的缘故：就经济现代化这一民主的经济条件自身来说，对是否实行民主并不具有必然的决定作用；但就经济现代化迟早势必造成实现民主的全部主客观条件来说，则势必导致民主，使民主的出现成为一种必然趋势。这个道理，达尔曾有所见："发达经济会自动产生多元社会秩序所要求的许多条件；而且随着多元社会秩序的发展，一些社会成员至少会以一种初级形式，要求采取更接近于竞争性政治体制而不是霸权政治体制的方式来参与决策。"①

试以中国为例。亚细亚生产方式，正如马克思所指出，虽然是东方专制的经济基础，却并不必然导致专制，而也有可能导致民主："统一体或者是由部落中一个家庭的首领来代表，或是由各个家长彼此间发生联系。与此相应，这种共同体的形式就或是较为专制的，或是较为民主的"②。因此，亚细亚生产方式只是实行专制的极其有利的经济条件和实行民主的极其不利的经济条件。这种经济条件之所以能够导致中国四千余年专制，使专制成为一种必然趋势，就是因为它能够造成全权垄断，使君主及其官吏阶级不仅垄断了政治权力和经济权力，而且垄断了社会权力和文化权力，从而不但根除了公民社会和公民文化，使臣民文化和官方社会无孔不入，而且灭绝了庶民阶级争取民主的观念和愿望，使人们无不争先恐后将奴才的锁链当作花环来佩戴。这样一来，亚细亚生产方式就不仅仅是专制的经济条件，而且它还产生和形成专制的其他客观条件——社会条件、文化条件和政治条件——和主观条件（庶民阶级没有争取民主的观念和愿望）：这就是为什么这种经济条件对于专制并不具有必然的决定作用，却又势必导致专制的缘故。

可是，无论如何，中国迟早势必进行经济现代化建设。经济现代化则是有利于民主的经济条件，这种经济条件则使中国实行民主成为一种必然趋势。因为或迟或早，经济现代化势必选择市场经济和私有化，因而一方

---

① Robert A. Dahl, *Polyarchy*, New Haven and London: Yale University Press, 1971, p. 78.
② 《马克思恩格斯全集》第 46 卷上，人民出版社 1979 年版，第 474 页。

面必定导致资源配置效率最佳状态，财富加速度增长，从而造就庶民阶级——特别是中产阶级和资产阶级——对自我实现、自由和民主的诉求，兴起公民文化；另一方面则意味着经济权力与政治权力分离开来，从官吏阶级转移到庶民阶级，消除了官吏阶级对经济权力的垄断，进而也就可以逐步消除官吏阶级对社会权力和文化权力的垄断，随之必定兴起公民社会和公民文化。这样一来，经济现代化就不仅仅是民主的经济条件，而且它还产生和形成民主的其他客观条件和主观条件：这就是为什么经济现代化对于实现民主并不具有必然的决定作用，却又势必导致民主的缘故。这就是为什么，亨廷顿曾援引一位埃及人1989年的话说："现在民主是不可逃避的"①。

---

① Samuel P. Huntington, *The Third Wave: Democratization in the Late Twentieth Century*, Norman: Universityof Oklahoma Press, 1991, p. 105.

第二十一章

民主实现的主观条件

本章提要

实现民主的主观条件,说到底,就是庶民阶级与官吏阶级争夺最高权力的阶级斗争。在这场斗争中,官吏阶级和地主阶级是民主的敌人;农民阶级和日渐萎缩的老中间阶级可能是民主的同盟军;资产阶级是民主强大的推动力量;无产阶级是普选制民主的主力军;日益强大的新中间阶级是普选制民主的先锋;而核心知识阶层则堪称普选制民主的领袖。但是,这种阶级斗争决不应该采取暴力征服等非民主方式。否则,庶民阶级领袖既然暴力地、不民主地、为民做主地夺取政权,势必继续暴力地、不民主地、为民做主地执掌政权,从而导致专制等非民主制:暴力征服是民主化最根本的负相关条件。因此,这种阶级斗争只应该通过非暴力的方法,只应该通过民主的方法,努力创造民主实现的客观条件和主观条件,使核心知识分子团结起来,领导新中间阶级和无产阶级,形成非民主政府的反对派,联合政府改革派领袖,反对政府保守派,通过谈判、示威、游行、妥协和协议等非暴力手段,最终实现民主,建立民主统治的三大制度:言论自由的选举制度和建党自由的政党制度以及分权的政府制度。

民主实现的客观条件,如前所述,就是人们争取实现民主的活动所面临且为实现民主所需要的国家各方面状况,分为经济条件、政治条件、社会条件和文化条件;民主实现的主观条件,则是人们在这些条件下所进行的争取实现民主的活动,说到底,亦即人们争取实现民主的欲求与行动。因此,民主实现的主观条件比较简单,可以分为两类,亦即民主化的主观条件与民主的运作或民主的治理和制度。

所谓民主化，顾名思义，亦即非民主制向民主制的转化过程："民主化是指从一种非民主的体制转化为一种民主体制的过程"①。这一过程，显然应该包括非民主制与民主制的各种过渡区或卡罗瑟斯所谓的"灰区"，因而应该包括民主的巩固不巩固、民主的倒退、民主的崩溃等。因此，民主化（democratization）不仅包括民主的诞生，而且包括民主的巩固（democratic consolidation）。于是，所谓民主化的主观条件，说到底，乃是民主政权如何诞生和巩固的主观条件。

民主政权诞生和巩固之后，人民如何执掌最高权力进行统治和治理的活动，则是实现民主的另一类主观条件，可以称之为"民主的治理和制度"，亦即所谓"民主的运作"。因为国家制度是国家统治和治理活动的决定性因素：制度是大体，是决定性的、根本性的和全局性的，是实质；统治和治理活动则是小体，是被决定的、非根本的和非全局性的，是现象。因此，民主实现的主观条件"人民如何执掌最高权力进行统治和治理的活动"，说到底，可以归结为"人民如何执掌最高权力进行统治和治理的制度"，亦即"民主的制度"或"民主运作机制"；全面地说，则应该称之为"民主的治理和制度"："民主的治理和制度"与"民主的运作"是同一概念。言论自由的选举制度和建党自由的政党制度以及分权的政府制度结合起来，如前所述，乃是民主实现的充分且必要条件。因此，民主的运作分为三个方面：选举和政党以及政府。

一 民主化的主观条件：民主化动力

1. 民主化的主观条件：民主化的直接决定因素

民主的客观条件——亦即民主的经济条件和社会条件以及政治条件和文化条件——无论如何有利于民主，有利于民主化，民主化和民主的实现也决不是必然的，决不具有不以人的意志而转移的必然性；而至多不过是一种必然的趋势，不过是近乎不以人的意志而转移的必然趋势。反之亦然，客观条件无论如何不利于民主和民主化，专制等非民主制也决不是必

---

① 王绍光：《民主四讲》，生活·读书·新知三联书店 2008 年版，第 74 页。

然的，而至多不过是一种必然的趋势。

因为人类社会——经济和政治以及文化等——无不是人的活动创造的，无不是人的活动的结果。因此，英格尔哈特说："现代化不会自动带来民主。"① 确实，民主的经济条件是通过人的活动——而决不会自动——产生和形成民主的社会条件、文化条件、政治条件以及民主的主观条件，最终造就民主：民主及其条件都是人的活动的直接产物。

人们实行民主的活动——实行民主的欲求与行动——就是民主实现的主观条件，就是民主化的主观条件。因此，民主化或民主能否实现的直接决定因素，乃是民主的主观条件，是人们实行民主的欲求和行动；而民主的客观条件不过是有利或不利民主实现的条件，属于民主能否实现的间接的、最终的决定因素。这个道理，亨廷顿多有论述。通过这些论述，他得出结论说：

> 一般的因素创造了有利于民主化的各种条件。这些因素并不必然导致民主化，而且它们与直接导致民主化的因素还有所不同。一个民主政权是由人民——而不是由民主化的潮流建立起来的。民主不是由肇因（causes）创造的，而是由肇事者（causers）创造的。政治领袖和公众必须采取行动……有利于民主的社会、经济和外部条件的出现绝不足以产生民主。不论一些政治领袖的动机是什么，他们都必须有实现民主的欲求，采取行动，诸如局部的自由化，这样才可能导致民主的出现。②

因此，一个国家民主化能否成功，该国家是否实行民主的直接决定者，乃是当时人们的欲求和行动，是民主化的主观条件；经济等客观因素不过赋予人们实行民主以条件和可能："经济发展使民主成为可能，而政治领导则使民主成为现实"③。这就是为什么，尽管原始社会的经济条件极其有利于实现民主，却仍然存在非民主制；尽管封建社会的经济条件极

---

① 伊诺泽母采夫主编：《民主与现代化》，中央编译出版社 2011 年版，第 134 页。
② Samuel P. Huntington, *The Third Wave: Democratization in the Late Twentieth Century*, Norman: University of Oklahoma Press, 1991, pp. 107 - 108.
③ Ibid., p. 316.

其有利于实现专制,却仍然有封建共和国;尽管资本主义社会的经济条件极其有利于实现民主,却仍然有拿破仑和希特勒专制;尽管印度不但贫穷,而且其经济类型原本属于亚细亚生产方式,极其不利于实现民主,却仍然实现了民主。一言以蔽之,民主与专制等非民主制在任何经济等客观条件下都具有实行的可能性。

这是因为,如前所述,任何一种政体,不论是民主制还是专制等非民主制,在任何历史条件下,不论是否具备实现的经济等客观条件,都具有实行的可能性,都是绝对可能的、绝对偶然的、绝对可以自由选择的和绝对依人的意志而转移的,都是绝对超经济超历史超社会超阶级超时代的,都绝对能够实行于任何国家任何时代任何生产力和经济发展水平,都具有绝对的普世性;人们对民主与非民主制的欲求和行动——亦即民主的主观条件——是民主制与非民主制由可能向现实转化的唯一途径,是民主化的唯一直接决定因素,是能否实现民主的唯一直接决定因素。

2. 民主化的主观条件:庶民阶级与官吏阶级争夺最高权力的阶级斗争

民主化的主观条件,民主实现的主观条件,固然是人们实行民主的欲求和行动;但是,究竟言之,却必定是一种阶级斗争。因为非民主制意味着政治权力垄断,意味着国民分为两大群体:垄断政治权力的官吏阶级与没有政治权力的庶民阶级。任何一个国家究竟实行民主制还是非民主制,都不过是官民斗争的结果,都不过是官吏阶级与庶民阶级斗争的结果:官吏阶级必然反对民主制而维护非民主制;相反地,赞成民主制而反对非民主制的力量必然存在于庶民阶级之中。

因为,如前所述,等级制是非民主制的最高权力执掌者——一个君主或几个寡头——是绝大多数国民服从其统治的秘密。等级制,一方面意味着官民之间等级森严:君主和寡头赋予官吏阶级享有他们在民主制中得不到的巨大的政治权利、经济权利和机会权利。就拿专制国家小小的七品芝麻官县长来说吧。他所享有的权利,从很多方面来说,恐怕都远远大于和多于一个民主国家的总统!至于非民主制国家的高官所享有的特权之大就更不必说了。因为等级制的另一方面,就意味着官吏之间等级森严:官大一级压死人,官越大所享有的特权就越大。专制等非民主制国家的每个官员都享有他在民主制中不可能得到的巨大特权和权益，意味着，官吏阶级是非民主制的受益者，是民主制的受损者。因此，虽然总会有个别官吏及其领袖反对非民主制而拥护民主制，但是，整个官吏阶级必然拥护专制等非民主制统治，必然反对民主制，从而成为维护专制等非民主制统治的主要力量。

等级制赋予官吏阶级多少特权，就意味着庶民阶级被剥夺和丧失多少权利，就意味着庶民阶级被强加多少不公正的义务。这样一来，庶民阶级在民主制中所应该享有的权利，便因专制等非民主制统治而遭受双重的剥夺和侵犯：一方面被专制者和寡头剥夺原本应该人人平等执掌最高权力的权利，亦即各种自由权利、平等权利和人权等；另一方面被整个官吏阶级的特权剥夺各种政治权利、经济权利、机会权利和社会权利。因此，庶民阶级是非民主制的受害者。那么，庶民阶级是民主制的受益者吗？

答案是肯定的。因为民主就其实质来说，是全体公民平等执掌最高权力；就其实现原则——多数裁定原则——来说，只能是多数公民执掌最高权力，说到底，是庶民执掌最高权力：庶民无疑占据公民多数。这就是为什么全体公民执掌最高权力的政体叫做民主的缘故：民主制就是庶民执掌最高权力的政体。庶民阶级是民主制的受益者和非民主制的受损者，显然意味着，属于庶民阶级的各个阶级，如农民阶级，纵然在分散无力的条件下可能信奉臣民文化，寻求明君清官、官吏阶级和专制等非民主制的庇护，而不是反抗官吏阶级和争取实行民主制；但是，反对非民主制、官吏阶级和实行民主制的力量，必定存在于庶民阶级之中。

任何社会都既有实行民主制的可能，也有实行专制等非民主制的可能。它究竟将哪一种可能变成现实，究竟实行民主制还是非民主制，完全取决于官与民、官吏阶级与庶民阶级争夺最高权力的阶级斗争：如果庶民阶级争取最高权力或民主的力量大于官吏阶级争取非民主制的力量，该社会就会实行民主制；否则，就会实行非民主制。因此，民主实现的主观条件，抽象地看，是人们实行民主的欲求和行动；具体讲来，则是庶民阶级与官吏阶级争夺最高权力的阶级斗争。

3. 庶民阶级分析：各阶级在民主化中的作用

实现民主的社会阶级状况与实现社会主义的社会阶级状况根本不同。

因为只有在具备了实现社会主义客观条件的社会才应该实现社会主义；而具备实现社会主义客观条件的社会，只能是生产力高度发达的民主的资本主义社会。它是民主的社会，每个人平等执掌国家最高权力，因而虽然存在官吏与庶民，却不存在政治权力垄断，不存在垄断政治权力的群体（官吏阶级）和没有政治权力的群体（庶民阶级）。它是生产力高度发达的资本主义社会，因而不存在地主阶级与农民阶级，而仅仅存在资产阶级和无产阶级以及中间阶级。因此，实现社会主义的阶级斗争只应该关涉三个阶级：资产阶级和无产阶级以及中间阶级。

与此不同，实现民主的阶级斗争则应该关涉七个阶级。因为，一方面，争取实现民主的社会是非民主制，因而存在政治权力垄断：垄断政治权力的群体叫做官吏阶级；没有政治权力的群体叫做庶民阶级。另一方面，争取实现民主的社会不必生产力发达，因而不仅存在资产阶级和无产阶级以及中间阶级，而且存在地主阶级与农民阶级。

官吏阶级，大体说来，无疑独立于所有阶级——资产阶级、无产阶级、中间阶级以及地主阶级和农民阶级——之外，是一个单纯的、非复合的阶级。因为，大体说来，一个官吏，不论如何富有，他都不会是雇主，因而不会是资本家和地主；不论如何贫穷，他都不会是农民，不会是雇佣劳动者，因而不会是工人或无产者；他更不会是经理或自我雇佣者，因而不会是中间阶级。但是，庶民阶级显然并不独立于资产阶级、无产阶级、中间阶级以及地主阶级和农民阶级之外；而恰恰是由其构成，因而是由五个阶级结合起来的复合阶级。

官吏阶级是一个单纯的非复合阶级，意味着：不论其成员的观点、立场和利益如何不同，但作为一个阶级，他们阶级利益是完全一致的。因此，不论有多少官吏赞成民主，整个官吏阶级必然反对民主而主张专制等非民主制，是实现民主的最坚决的、毫不动摇的反对力量，是民主的死敌。相反地，庶民阶级是由五个阶级结合起来的复合阶级，意味着，虽然庶民阶级是民主的受益者和非民主制的受损者，但庶民阶级所由以构成的五个阶级的阶级状况和阶级利益不同，甚至根本对立，因而各个阶级对民主的态度并不一致。

地主阶级就其本性来看，无疑是民主化的敌人；而农民阶级就其本性来看，也不会主动拥护和支持民主化。因为，众所周知，就地主阶级和农民阶级的社会人际关系来说，乃是一种人身依附的等级关系，是一种主从等级关系，是一种主子与从属的等级关系，是依附者与保护者的等级关系。这样一来，对于地主阶级和农民阶级来说，最强大的人——最高领导人或国王——便是所有人的保护者；而所有人都是他的依附者或附庸。因此，最高领导人或所有人的保护者，理所当然应该执掌国家最高权力：君主制原本是地主与农民社会的主从等级关系应有之义。

因此，地主阶级与农民阶级的社会，是一种典型的庇护—附庸型的等级制社会；地主阶级与农民阶级的文化，是一种典型的臣民文化。这就是地主阶级与农民阶级拥护君主制而反对民主的根本原因。诚然，民主对地主阶级与农民阶级的利害关系根本不同。民主虽然可以使地主阶级参与执掌国家最高权力，却必定因其平等原则而废除人身依附关系，从而使地主不再是地主：这对地主的损害无疑是致命的。这就是为什么，巴林顿·摩尔等众多学者一再说：地主阶级是民主的敌人。①

相反地，农民阶级无疑是民主的受益者和非民主制的受损者。但是，一方面，农民阶级所具有的臣民文化和庇护—附庸型的等级制社会关系，使他们认为民主是最不可思议的咄咄怪事，而君主制理所当然。另一方面，农民像马铃薯一样分散无力状态，也决定了他们不能自己捍卫自己的权益，而势必寻求明君和清官的庇护，从而形成庇护—附庸型的等级制垂直社会关系和臣民文化。普特南甚至认为，农民等庶民阶级在分散无力的情况下求助于庇护—附庸关系的臣民文化是合理的：

> 对于那些处于悲惨弱势的农民来说，在一个分裂的社会里，求助于庇护—附庸关系是可以理解的……在没有诸如互助会一类的横向联合的情况下，为了生存而选择垂直的依附，是一种合理的策略，即便是依附者意识到它存在的缺陷。②

但是，农民阶级毕竟是民主的受益者，因而与地主阶级不同，并不是

---

① Barrington Moore, JR., *Social Origins of Dictatorship and Democracy_ Lord and Peasant in the Making of the Modern World*, Boston: Beacon Press, 1972, p. 309.

② 普特南：《使民主运转起来》，江西人民出版社 2001 年版，第 169 页。

民主的死敌，而具有两面性：一方面，农民阶级的社会关系与思想文化可能使其主动拥护君主制和反对民主，成为民主的障碍力量；另一方面，农民阶级的利益则使其可能在拥护民主的阶级和阶层的带动下，被动地拥护民主制和反对非民主制，成为民主力量的同盟军。然而，使农民阶级成为民主同盟军和消除地主阶级抗拒民主的根本途径，正如摩尔所言，无疑是农业市场经济化，从而根除人身依附关系：

> 英国经验告诉我们，摆脱农业这种人类的主要社会活动，是民主获得成功的一个重大的前提条件。必须打破土地贵族的政治权力垄断或对其加以改造，从而使农民面向市场进行农业生产，而不再囿于本人及领主的消费。[1]

可是，当农民和地主面向市场进行农业生产之时，他们就不再属于农民阶级与地主阶级，而转变为资产阶级与无产阶级了。资产阶级与无产阶级则都属于拥护民主和反对专制等非民主制的阶级。因为与地主阶级和农民阶级社会人们相互间普遍为依附者和保护者的主从等级关系恰恰相反，市场经济使人们相互间处于独立、自由和平等的关系。作为市场经济的行为主体，不论是谁，都是自由、平等、独立的；而绝不存在谁高于谁、谁服从谁、谁依附谁的关系。

这种关系势必激发人们——不论是无产阶级还是资产阶级——独立自主、个性解放、自由竞争和人人平等精神，造就人们对政治参与、政治自由和政治平等的诉求，产生政府及其官吏应由人民自由——言论自由与建党自由——选举产生的民主意识。并且，市场经济使人们从传统社会像马铃薯一样相互孤立隔离、分散无力的封闭状态解放出来，可以在全国乃至全球范围内自由交往流动。这样一来，无产阶级与资产阶级势必结成各种独立于官方的社会团体，亦即公民社会，将其民主化的渴望付诸行动。

特别是，就阶级利益来说，无产阶级与资产阶级也都是民主的受益者和专制等非民主制的受损者。因为所谓资产阶级，就是拥有生产资料并作

---

[1] Barrington Moore, JR., *Social Origins of Dictatorship and Democracy_ Lord and Peasant in the Making of the Modern World*, Boston: Beacon Press, 1972, p. 301.

为资本和经济权力雇佣劳动者的资本家群体；而所谓资本主义，就是资本通过雇佣劳动而增值的商品经济或市场经济——商品经济与市场经济是同一概念——制度。因此，正如人身依附关系是地主阶级生死存亡的根本条件一样，自由平等的市场经济制度是资产阶级生死存亡的根本条件，说到底，实行经济自由和经济平等原则的没有政府指挥——而只有政府适当干预——的市场经济制度是资产阶级生死存亡的根本条件。

这样一来，资产阶级必然拥护民主而反对专制等非民主制。因为等级制赋予官吏阶级享有他们在民主制中得不到的巨大的政治权利、经济权利和机会权利等，因而是专制等非民主制统治的诀窍，是专制等非民主制的固有特征。但是，等级制显然意味着经济不自由与经济不公正、经济不平等。因为等级制赋予官吏阶级多少经济特权，就意味着庶民阶级被剥夺多少经济权利，就意味着庶民阶级被强加多少不公正的经济义务。因此，专制等非民主制国家因其固有的等级制而不可能实行经济自由与经济平等或经济公正标准，不可能实行没有政府指挥——但有政府适当干预——的市场经济制度。这就是为什么资产阶级反对专制等非民主制的根本原因。

相反地，只有民主制才能因每个公民完全平等地共同执掌最高权力而消除了政治权力垄断和等级制，消除了政治权力垄断群体与没有政治权力群体之分以及人与人之间的主奴之分，消除了政治权力垄断群体和等级制对没有政治权力群体的压迫和剥削，从而能够实现经济自由与经济平等或经济公正标准，说到底，能够实行没有政府指挥——但有政府适当干预——的市场经济制度。这就是为什么资产阶级拥护民主的根本原因。

因此，亨廷顿逐一列举民主实现的条件时写道："一个强大的资产阶级（巴林顿·摩尔的简单公式：'没有资产阶级，就没有民主'）"[1]。但是，资产阶级就其阶级本性来说，拥护的自然是限选制民主，而不可能拥护普选制民主。因为普选制民主的原则是一人一票，因而意味着无产阶级的政治权力可能超过资产阶级，意味着资产阶级剥削和压迫无产阶级的权利可能被剥夺：瑞典《雇员投资基金法案》就是明证。

无产阶级无疑是实现普选制民主的主力军，因为普选制民主不但是无

---

[1] Samuel P. Huntington, *The Third Wave: Democratization in the Late Twentieth Century*, Norman: University of Oklahoma Press, 1991, p. 37.

产阶级获得经济解放和政治解放的武器——至少可以使资产阶级剥削压迫最小化和无产阶级的利益最大化——而且无产阶级的工作条件赋予其根本不同于以往劳动者的内在组织能力,特别是创造工会和政党的强大组织能力。19世纪以来民主化第一波和第二波历史已经充分证明,普选制民主的实现主要是无产阶级及其政党和工会奋斗的结果。

诚然,随着经济发展,老中间阶级(拥有小量生产资料的小资产阶级和农民)日渐萎缩;而新中间阶级(没有生产资料或资本的管理人员群体)日益强大,日益成为民主实现的极其重要的力量。如果说无产阶级是民主化的主力军,日益强大的新中间阶级与核心知识阶层——在各个阶级和阶层之外独立存在的专门从事精神财富的研究、创造、传播、传授和学习的知识分子群体——则堪称民主化的先锋队。因为新中间阶级与核心知识阶层属于对民主的渴求最强烈最持久的群体:远远强烈于无产阶级等任何群体。

究其原因,乃在于新中间阶级与核心知识阶层属于对自由和自我实现——实现自己创造性潜能成为可能成为的最有价值的人——的渴求最强烈最持久的群体。因为自由和自我实现需要诉求的强烈程度,无疑是物质需要的相对满足和文化教育提高的结果。新中间阶级与核心知识阶层显然属于物质需要已经得到相对满足和文化教育程度最高的群体。因此,他们对自由和自我实现的渴求最强烈持久,从而对民主的渴求也就最强烈持久;因为唯有民主,每个人才能获得政治自由,每个人的自由和自我实现才有保障。事实也是如此。利普赛特曾援引多国民意调查,证实了无产阶级对于自由和民主的诉求远远低于中间阶级:

> 许多国家的民意调查指出低层阶级对民主政治制度的责任感远远低于城市中层及上层阶级……在13个不同的国家中所作的民意调查,结果显示低阶层对民主准则的责任感低于中层阶级,这一发现又为心理学方面的研究者所证实,他们研究的课题是"权力主义个性"与社会相关体。在这一领域内,许多研究显示了权力主义与低层阶级地位之间的一致关系。对洛杉矶460位成人的一项调查报道说:与中层及上层阶级相比,工人阶级中有较高比例的"权力主义者",并且说工人中那些自称属于"工人阶级"而非属于"中产阶级"的人当中,

权力主义者也较多。①

利普赛特还在该书首页"亚里士多德论政治人及民主秩序的条件"中，援引亚里士多德一大段话，说明中产阶级的强大是民主最主要的主观条件："很明显，最好的政治社会是中产阶级公民组成的，而且，很可能治理好的国家里，其中中产阶级为数众多……由此可见，公民拥有适量的、足够的产业是那些国家的大幸；若是有的产业很多，有的却一无所有，就可能产生极端民主，或者纯粹的寡头统治；或者从任何一级——最散漫的民主或寡头——产生专制；但这一切都不大可能产生于中产阶级或接近中产阶级组成的国家……民主国家比寡头统治更为安全更为持久，因为它们拥有为数众多而且在政府中有较大发言权的中产阶级。"②

综上可知，官吏阶级和地主阶级是民主的敌人；农民阶级和日渐萎缩的老中间阶级可能是民主的同盟军；资产阶级是民主强大推动力量；无产阶级是普选制民主的主力军；日益强大的新中间阶级是普选制民主的先锋；而核心知识阶层则堪称普选制民主的领袖。第三波民主化运动证实了这一结论。亨廷顿在总结第三波民主化运动的阶级分析——他所谓的中产阶级无疑包括核心知识阶层——时便这样写道：

> 第三波民主化运动不是地主、农民或产业工人（除了在波兰）领导的。几乎每个国家民主化最积极的支持者都是来自城市中间阶级。……"正是这些从经济奇迹的年代中受益最多的人们，要求回到民主统治的呼声最高：他们就是大且发达城市中的居民和中产阶级。"……相比之下，在城市中产阶级较小或较弱的地方，如中国、缅甸、苏丹、保加利亚和罗马尼亚，要么民主化没有成功，要么民主不稳定。③

这样一来，实现民主的主观条件，也就是新中间阶级和无产阶级在核

---

① 利普赛特：《政治人：政治的社会基础》，商务印书馆1993年版，第73—76页。
② 同上书，第1页。
③ Samuel P. Huntington, *The Third Wave: Democratization in the Late Twentieth Century*, Norman: University of Oklahoma Press, 1991, pp. 67-68.

心知识阶层领导下，团结农民阶级、老中间阶级，而与官吏阶级以及地主阶级所进行的民主化和反民主化的阶级斗争：前者的胜利就意味着民主的实现。那么，新中间阶级和无产阶级在核心知识阶层领导下，究竟应该通过怎样的途径才能真正取得胜利从而实现民主呢？

二　民主化的主观条件：民主化过程

1. 民主化的途径：暴力革命是民主化最根本的负相关政治条件

亨廷顿在总结民主化——摆脱非民主或威权政体从而实现民主——的途径时，曾援引刚哈尔的"两条道路论"："选举是摆脱威权主义的一种途径，革命则是另一种途径。革命家们曾拒绝选举。非洲人国民大会一位主战派的头目在评论南非 1988 年议会选举时说道：'我们不该让傀儡组织来提出候选人，我们应该用革命的暴力来阻止黑人与其合作。'葡萄牙共产党领导人阿尔瓦罗·刚哈尔在 1976 年曾很好地总结了两条道路之不同：'在葡萄牙革命中，有两种动力以完全不同的特征介入进来。一方面，是革命的动力，通过物质力量——民众的和军事的——的介入而产生，直接改变了形势，夺取并运用了自由，击败并推翻了法西斯主义者，镇压了反革命的企图，带来了深刻的社会和经济变革，试图建立一个服务于革命的国家，创造一种权力机构（包括军事组织）以保证民主进程和响应革命性的变革作。另一方面，是选举过程，亦即通过普选中的抉择来建立权力机构，它趋向于使社会变革服从于先前宪法上的合法性，而不承认军队对政治生活的干预和大众在革命过程中的创造性的或主导性的介入。'在第三波中，'选举的动力'曾导致民主而摆脱威权主义；'革命的动力'则使威权主义从一种形式走向另一种形式"[①]。

诚哉斯言！因为暴力革命、武力征服或武装夺取政权意味着：通过暴力强制建立、缔建和产生一个新国家。建立、缔建和产生一个新国家，意味着：重新缔结一份关于国家最高权力的契约。因为任何权力，直接说来，必然都产生、形成和起源于社会成员的普遍同意或契约：失去社会成

---

① Samuel P. Huntington, *The Third Wave: Democratization in the Late Twentieth Century*, Norman: University of Oklahoma Press, 1991, pp. 191 - 182.

员普遍同意的权力便不再是权力,而仅仅是强制力量。因此,最高权力或国家——国家就是拥有最高权力的社会——直接说来,必然产生、形成和起源于国民的普遍同意或契约。

因此,暴力革命、武力征服或武装夺取政权,意味着:征服者强迫被征服者以及所有国民,缔结一份暴力强制的新国家或最高权力的契约,意味着缔结一份暴力的、强制的、非民主的契约,意味着为民做主、强奸民意和强迫人民缔结最高权力契约,因而极端违背契约自由标准,是不应该的、恶的、具有负价值的;夺取国家政权、建立一个新国家、重新缔结一份关于国家最高权力的契约,显然只有通过民主的方式——所谓选举道路——才符合契约自由价值标准,才是应该的、善的、具有正价值的。

武力征服、暴力革命或武装夺取政权,就其自身来说,违背契约自由价值标准,是一种内在恶;就其结果来说,则势必导致专制等非民主政体,违背国家制度价值标准,是一种外在恶。因为武力征服、暴力革命或武装夺取政权所缔结的最高权力契约,既然是一种暴力的、强制的、非民主的、为民做主的契约,那么,不论这种契约内容如何民主,这种契约的实际执行——新国家的实际政治——势必是非民主的,充其量不过是形式民主而实质专制。

因为征服者既然暴力地、不民主地、为民做主地夺取政权,势必继续暴力地、不民主地、为民做主的执掌政权,从而导致专制等非民主制。特别是,武力征服、暴力革命或武装夺取政权,就其行为类型来说,无异于军事行为,因而需要高度集权。因为正如拿破仑所言,一庸将胜过二良将:这就是为什么一切军事行动都必须听从司令一个人指挥的缘故。这样一来,武力征服、暴力革命或武装夺取政权必然导致高度集权,导致最高领导一人独掌最高权力:"诉诸暴力增加了政府和反对派中擅长暴力的专家们的权力"[1]。

然而,问题的关键在于,"暴力政治组织领导人独掌最高权力"与"军队最高统帅独掌军事最高权力"根本不同:前者执掌的是政治最高权力,因而属于专制政体;后者独掌军事最高权力,并非政体类型,根本谈

---

[1] Samuel P. Huntington, *The Third Wave: Democratization in the Late Twentieth Century*, Norman: University of Oklahoma Press, 1991, p. 207.

不上专制抑或民主与否。更何况，武力征服或暴力革命的最高领导人，当然是新国家最高领导人。他既然在武力征服或暴力革命中独掌最高权力，势必继续独掌新国家最高权力而成为专制者。

这就是为什么，世界史表明，古今中外，那一件件一桩桩武力征服、改朝换代或暴力革命的历史故事的结局几乎无不是专制的缘故。即使以民主为目的的武力征服和暴力革命，也难逃这一专制等非民主制结局之怪圈和宿命。因为暴力革命最高领导人绝不会乖乖将他枪林弹雨九死一生中夺取的最高权力，拱手奉献给毫无政治权力的平民百姓，兑现他建立民主国家的诺言；只不过他会慷慨让与民主的形式和外表给拥戴他的人民，而将专制的内容和实质留给自己。这就是为什么通过暴力革命实现的所有社会主义国家——中国除外——几乎都是形式民主而实质专制的缘故。

可见，武力征服、暴力革命或武装夺取政权乃是民主实现的最根本的负相关政治条件。因此，亨廷顿说："通观历史，武装的叛乱几乎从未产生过民主政权。在1860年到1960年的11个不成功的民主化努力当中，有9个在民主化尝试前20年出现过大规模的民间暴力活动。在同一时期的8个成功的民主化努力中，只有两个曾以大规模的民间暴力活动为先导。同样，在1974年与1990年间，暴力动乱在尼加拉瓜、也门、埃塞俄比亚、伊朗、海地、罗马尼亚和其他地方结束了威权政权；但是没有一个国家——除了罗马尼亚作为一个可能的但具有高度争议的例外——造成民主。诉诸暴力增加了政府和反对派中擅长暴力的专家们的权力。折中和妥协所创造的政府亦通过折中和妥协来统治。暴力产生的政府也只能由暴力来统治。"[①]

那么，民主政体是怎么产生的呢？究竟应该通过怎样的途径才能实现民主？只应该通过非暴力的方法，只应该通过民主的方法，从而努力创造民主实现的客观条件和主观条件，最终实行民主。具体说来，核心知识分子应该团结起来，领导新中间阶级和无产阶级，形成非民主政府的反对派，联合政府改革派领袖，反对政府保守派，通过谈判、示威、游行、妥协和协议等非暴力手段，创造民主实现的各种客观条件和主观条件：

---

① Samuel P. Huntington, *The Third Wave: Democratization in the Late Twentieth Century*, Norman: University of Oklahoma Press, 1991, p. 207.

首先，推动经济体制改革，建立民主的经济条件：有政府适当干预而没有政府指挥的市场经济。其次，争取言论自由和结社自由权利，建立工会、学会等各种非官方团体，实现民主的社会条件：公民社会。再次，进行破除臣民文化和传播公民文化的启蒙活动，确立民主实现的文化条件：公民文化。最后，推动政治体制改革，实现自由公正的选举，使政府由全体公民自由——言论自由与建党自由——竞选产生。这种选举，正如达尔在总结民主实现的途径时所指出，乃是非民主政权的最后防线：

> 最后的防线，即自由公正的选举，对这个政权来说无疑是最危险的。因为如果采用了这个民主制度，这个政权的领导人就很可能要承受极其严重的后果：他们将丧失他们的权力。因此，他们可能同意承担为阻止自由公正的选举而付出高昂的代价。然而，到最后，政权领导人当中的一个有充分影响力的派别可能会意识到，无论他们仍然拥有多大的合法性，如果不举行相对自由公正的选举，他们都将彻底失败。如果没有选举，他们可能只是不能有效地进行统治。而要是没有有效的统治，从过去的社会经济发展中所获得的一切利益都会丧失。于是，终于跨过了这个最后的至关重要的防线。①

这就是民主化的唯一方法，这就是实现民主的唯一方法。倘若一个国家不具备使用这种方法的条件，那就只有首先创造这种条件，然后再用此法；不论需要多么漫长的时间，也都只能如此，舍此别无他法。否则，倘若用暴力的非民主的方法，就会像世界史告诉我们的那样，势必陷入一种专制被另一种专制更替的怪圈。诚然，就是自由竞选的方法，也只是一般——而非必然——说来，才可以产生民主政体；因为民选政府还必须进一步分权，才必定是民主政府：民主就是政府分权且由自由竞选产生的政体。但是，自由——言论自由和建党自由——竞选毕竟是民主实现的必要条件，因而只有经过自由竞选的方法，只有通过非暴力的民主的方法，才能创造名副其实的民主政体。因此，亨廷顿在总结世界民主化浪潮时这样写道：

---

① 达尔：《多头政体》，商务印书馆 2003 年版，第 8—9 页。

民主究竟是怎样产生的？民主是通过民主的方式产生的：没有其他方式。民主是通过谈判、妥协和协议产生的。民主是通过示威、竞选和选举产生的，是通过非暴力解决分歧而产生的。民主是政府和反对派中的政治领袖创造的：这些领袖都有勇气向现状挑战，并使其追随者的眼前利益服从于民主的长远需要；这些政治领袖能够抵制反对派激进分子和政府中保守派，并且有智慧承认在政治上没有一个人可以垄断真理或美德。妥协、选举、非暴力是第三波民主化的特征。在不同程度上，这些也是第三波民主化中绝大多数变革、取代和移转的特征。①

2. 执政势力：全权垄断是民主化的最强大负相关政治条件

民主化能否成功，民主能否实现，在一定条件下，无疑取决于非民主当局执政势力的大小而与之成反比：势力越大，便越难实现；势力越小，越易实现。那么，非民主当局执政势力的大小取决于什么？主要讲来，取决于执政的合法性、执政者的政治权力性质和国外支持。

非民主当局执政势力的大小取决于其合法性高低、强弱和有无。因为权力、政权的根本特征就是合法性：权力、政权就是具有合法性的强制力量；而所谓合法性，亦即权力、政权被国民普遍同意或承认的性质。所以，一种政权的合法性或国民同意的程度越高，该政权的势力就越强大；合法性或国民同意的程度越低，该政权的势力就越薄弱。执政当局政权的合法性，主要讲来，无疑取决于政府绩效、产生方式和政体传统。

政府有绩效，如经济繁荣、文化兴盛，就会获得国民高度同意和承认，就具有高度合法性；否则，政府绩效不好，经济停滞，就具有低度的合法性，甚至丧失合法性："缺乏效率——特别在经济成长方面——趋向于维持低水平的合法性"②。

政府经由国民选举产生，就意味着全体国民的同意承认，因而具有高

---

① Samuel P. Huntington, *The Third Wave: Democratization in the Late Twentieth Century*, Norman: University of Oklahoma Press, 1991, pp. 164 – 165.

② Ibid., p. 258.

度合法性；否则，合法性就会处于低水平，甚至不具有合法性。因此，正如亨廷顿所指出，非民主政权或威权政权——因其非由国民选举产生——的合法性几乎完全建立于政绩；民主政权的合法性则不仅建立于其政绩，更在于其选举等程序："威权政权（末了包括共产主义政权）的合法性几乎完全基于其政绩。民主政权的合法性则部分基于政绩；此外，它还依靠过程和程序"①。

政体的历史传统或被取代的政体如果是民主政体，专制等非民主制就难以具有合法性；政体的历史传统——或被取代的政体——如果是专制等非民主制，专制等非民主政体就具有合法性。因此，亨廷顿说："人们往往以为废除专制会导致民主的建立。然而，事实上，一个非民主的政权更可能被另一个非民主政权——而不是被一个民主的政权——所取代"②。

因此，民主化成功、民主实现的难易程度，直接说来，取决于非民主政权势力大小；根本说来，则取决于非民主政体的合法性高低。但是，专制等非民主政体，一般说来，不可能经由全体公民选举产生，因而就这一点来说，都不具有合法性。因此，非民主政权的合法性主要在于绩效和政治传统。

因此，民主化的成功、民主的实现，一方面，取决于非民主政权的绩效：执政者越昏庸无德，绩效越差，合法性就越低，非民主政权势力就越薄弱，民主就越易于实现；执政者越明智有德，绩效越好，合法性就越高，非民主政权势力就越强大，民主就越难于实现：明君是民主化的劲敌。另一方面，取决于政体传统：政体的传统如果是民主制，专制等非民主政权就难以具有合法性，因而势力比较薄弱，民主就越易于实现；如果是专制等非民主制，非民主政权就具有合法性而势力比较强大，民主就难于实现：非民主制传统是民主化的障碍机制。

然而，长久说来，任何非民主制，即使是明君精英的非民主制，如果与民主制比较，绩效必定不好；明君精英的非民主制如果真有什么好绩效，只是相对昏庸无德的非民主制来说，才可能成立。这样一来，专制等

---

① Samuel P. Huntington, *The Third Wave: Democratization in the Late Twentieth Century*, Norman: University of Oklahoma Press, 1991, p. 258.

② Ibid., p. 35.

非民主制的合法性便主要在于历史传统。可是，遍布全球的民主化浪潮已经使这一传统越来越难以赋予当代非民主政权以合法性。因为正如萨托利所指出，到了20世纪40年代后期，已经没有理论家和政治家公然捍卫非民主制而反对民主制：

> 到了40年代后期，有人断言"在世界历史上第一次没有任何原理是作为反民主的理论提出，对反民主的行为或态度的指责经常是针对别人，实干的政治家和政治理论家都一致强调他们所捍卫的制度和鼓吹的理论的民主性"。①

因此，亨廷顿一再强调，民主化的首要准则，瓦解非民主制而代之以民主的首要准则，就是攻击非民主政权的绩效：

> 取代的历史表明，温和的民众反对派，试图推翻威权应遵循以下一些准则：（1）关注威权政权的非法性或其薄弱的合法性；这是它最薄弱的环节。就普遍关心的问题——如腐败和残暴——对该政权进行攻击。如果该政权治理成功（特别是在经济方面），这些攻击可能无效。一旦其表现恶劣（一定会如此），就集中攻击其非法性，这是瓦解其权力的最重要手段。②

民主化的负相关和正相关政治条件，诚如亨廷顿所言，还应该包括国外力量："外国政府或机构的行动可能会影响、甚至是决定地影响到一个国家的民主化。正如罗伯特·达尔所指出，在1970年29个民主国家中，有15个民主政权或者是在外国统治期间建立起来的，或者是从外国统治下独立后建立起来的。显然，外国的势力也可以推翻民主政权，或阻止一些国家走向民主"③。但是，真正讲来，这些——再加上合法性条件——

---

① Giovanni Sartori, *The Theory Democracy Revisited*, Chatham House Publisher, Inc. Chartham, New Jersey, 1987, p. 3.

② Samuel P. Huntington, *The Third Wave: Democratization in the Late Twentieth Century*, Norman: University of Oklahoma Press, 1991, pp. 149–150.

③ Ibid, pp. 85–86.

并没有包括民主化的最重要最强大最严重的负相关政治条件。因为这些条件不能说明，为什么与西方根本不同，中国自大禹开创家天下的专制制度，4000年来，一直没有实现民主？

原来，中国4000年一直是专制制度的根本原因就在于中国的专制政权的性质，亦即在于，中国的专制政权乃是一种全权垄断或极权主义的专制政权：全权垄断的专制政权是民主实现的最强大的负相关政治条件。因为，根本说来，非民主当局执政势力大小，取决于官吏阶级所垄断的政治权力的大小。因为民主是全体公民执掌最高权力，意味着消除政治权力垄断，因而不存在垄断政治权力的官吏阶级与没有政治权力的庶民阶级，而只存在拥有政治职务的官吏阶层与没有政治职务的庶民阶层；相反地，非民主是君主或寡头执掌最高权力，意味着政治权力垄断，意味着存在垄断政治权力的官吏阶级与没有政治权力的庶民阶级。

所谓非民主当局的执政势力，不言而喻，也就是垄断政治权力的官吏阶级的执政势力。官吏阶级的执政势力，根本说来，取决于国有生产资料或国有经济资源的多少：国有生产资料越多，官吏阶级的执政势力就越大。因为国有生产资料的控制权完全执掌于官吏阶级，国有生产资料越多，官吏阶级所拥有的经济权力就越大，进而所拥有的社会权力（如结社权力）就越大，所拥有的文化权力（如言论出版权力）就越大，就越接近全权（政治权力与经济权力以及社会权力与文化权力）垄断。

全权垄断出现于国有生产资料居于支配地位的非民主制国家：当一个非民主制国家的生产资料或经济资源主要属于国有的时候，垄断了政治权力的官吏阶级便通过控制国有生产资料而同时垄断了国家的主要经济权力，进而垄断了国家的社会权力和文化权力，从而成为全权垄断阶级。全权垄断的典型是亚细亚生产方式和非民主制社会主义。因为如前所述：

一方面，亚细亚生产方式的典型是古代中国、印度和俄国；该生产方式的最根本特点，就是以土地国有为其形式的国王及其官吏阶级所有制：普天之下，莫非王土；率土之滨，莫非王臣。因此，以国王为代表的官吏阶级不但垄断了政治权力，而且垄断了经济权力；进而垄断了社会权力和文化权力。另一方面，非民主制的社会主义意味着政治权力垄断：垄断了政治权力的官吏阶级通过控制国有资源和公有制生产资料，同时也垄断了经济权力，进而垄断了国家的社会权力和文化权力。

全权垄断的非民主国家官吏阶级的执政势力最为强大，民主的实现最为困难：全权垄断是民主实现的最根本的负相关政治条件。因为这种国家的官吏阶级不但垄断了政治权力，而且垄断了经济权力、社会权力和文化权力，成为全权垄断阶级，是人类历史上权力垄断最多最大的官吏阶级；相反地，庶民阶级不但丧失了政治权力，而且丧失了经济权力、社会权力和文化权力，成为全权丧失阶级，是人类历史上权力丧失最干净最彻底的庶民阶级。

这样一来，首先，官吏阶级垄断了社会权力，不容许独立于官方的组织或公民社会的存在，庶民阶级像马铃薯一样处于分散无力状态，决定了他们不能自己捍卫自己的权益，而势必寻求明君和清官的庇护，从而形成庇护—附庸型的等级制垂直社会关系和臣民文化；其次，官吏阶级杜绝了公民社会和垄断了文化权力，使公民文化或民主文化无从生长，从而必定盛行臣民文化或主奴文化；再次，官吏阶级垄断了经济权力，庶民阶级不服从政府和官吏就意味着没有工作，就意味着饿死：不服从者不得食。

这就是为什么在这种国家中，人们争先恐后将奴才的锁链当作花环来佩戴的缘故！这就是为什么在这种国家中，人们自愿过着自由丧失殆尽的奴才般的"失掉尊严的、停滞的、苟安的生活"[1]的缘故！这就是为什么，中国自大禹开创家天下——全权垄断——的专制制度以来，直至清朝，4000年来一直是专制制度的根本原因！这就是为什么，非民主制的社会主义国家极难民主化、极难实现民主的根本原因！

因此，全权垄断或极权主义政权是民主化的最强大的负相关政治条件，以致达尔这样写道："如果一个政府垄断了暴力和社会经济制裁，可以随意使用这些资源压迫反对派，就不可能有实现竞争性政治的机会"[2]。所以，消除全权垄断或极权主义也就是民主化成功和民主实现的极其重要的政治条件。然而，全权垄断的专制统治无疑极难推翻，以致孙哲这样写道："极权政权只有遭到外来暴力的毁灭性打击，才能被推翻，不能期望它内部和平演变，过渡到民主制度"[3]。

---

[1] 《马克思恩格斯选集》第二卷，人民出版社1977年版，第67页。
[2] Robert A. Dahl, *Polyarchy*, New Haven & London：Yale University Press, 1971, p. 50.
[3] 孙哲：《权威政治》，复旦大学出版社2004年版，第50页。

依靠国内力量推翻全权垄断的专制统治,虽然几乎是不可能的;却可以通过现代化建设,争取逐步实现市场经济、私有化以及结社自由和思想自由等方法,逐步消除全权垄断。因为市场经济和私有化意味着经济权力脱离政治权力,意味着消除政治权力对经济权力的垄断;结社自由意味着建立公民社会,意味着社会权力脱离政治权力,意味着消除政治权力对社会权力的垄断;思想自由意味着文化权力脱离政治权力,意味着消除政治权力对文化权力的垄断。这样一来,消除了全权垄断,也就可能进一步废除专制而代之以民主了。

3. 伟大政治领袖:民主实现最危险的负相关政治条件

不难看出,伟大政治领袖对于民主化成功、民主实现和巩固的作用,根本说来,取决于政治职务的本性和政治职务担任者的人性。从政治职务担任者的人性来看,每个人无不追求个人利益,尤其是个人权力。那些放弃个人权力的人们,如释迦牟尼和庄子之流,之所以放弃王位和相位等权力,并不是因为不渴望个人权力,而是因为他们更加渴望其他东西——如得道成佛——而已。因为人是社会动物,每个人的一切利益,归根结底,无不是社会和他人给予的;他的最根本最重要的利益,就是社会和他人必须且应该给予他的利益,亦即他的受到权力和法律保障的利益,说到底,亦即他的权利:权利就是权力所保障的利益。

这样一来,权力本身岂不就是最大的利益?因此,人无不渴求权力,亦即求贵而避贱,以致连认为义利相反的道义论代表人物孔子和孟子也不得不承认:"欲贵者,人之同心也"①;"富与贵,人之所欲也"②。人们对于贵或权力的追求的努力程度,显然与其高低大小成正比:权力越大,人们便越是努力追求。所以,人们对于一个国家的最高权力的追求,往往可以达到父子相残而置一切于不顾的疯狂地步。

问题的关键还在于,权力的大小,正如马起华所言,与同一权力握有者的人数成反比:"就同一权力行使的人数言,人数愈少,每人权力愈大;人数愈多,每人权力愈小。所以独任制首长的权力大于合议制首长的

---

① 《孟子·梁惠王章句上》。
② 《论语·里仁》。

权力"①。因此，如有可能，每个人必定拼命追求或渴求一个人独掌社会或国家的最高权力。

另一方面，任何社会，不论大小，不论人数多少，它存在与发展的最根本的条件，无疑是统一，是"完整地结合为一个单位"。只有当社会如同一个人那样"构成一个整体"，亦即成为一个统一体、一个"公共的大我"、一个"公共人格"，它才能够存在发展；否则，四分五裂、各行其是，势必崩溃灭亡。这就是为什么，从政治职务本性来看，任何一种社会或国家的政治首脑、最高政治职务担任者或最高政治领导人，一般说来，必定都是一个：一个酋长、一个军务总司令、一个州长、一个国家主席。即使是民主国家的最高领导人——总统——也只是一个。对于这个道理，考茨基曾有十分精辟的论述：

> 每一社会结构，正如每一个动物机体一样，必须有一个首脑，以统一它的愿望和行动。在动物或人的社会里，这样的首脑只能以该类中的一个个体来充当。一个社会意志只是一个抽象，只有单个的动物或单个的人才能够有愿望。动物社会没有一个带头的动物已经不行，人群更不能没有一个首领。甚至最无拘束的九柱戏俱乐部也需要一个主席。有时居于一个社会组织之首的不是一个个人，而是一个团体，一个委员会，但要交涉，执行职能时，它也必须选出一个主席。②

最高政治职务执掌者或最高政治领导人是一个人，当然并不意味着，最高权力的执掌者是一个人：政治权力与政治职务根本不同。因为拥有政治职务固然拥有政治权力，但是，没有政治职务的庶民，也可以拥有政治权力，如通过选举而委任被选举者以政治职务的权力。古希腊民主国家的陶片放逐法，岂不充分显示没有政治职务的公民的巨大政治权力？

因此，政治职务与政治权力根本不同；最高政治职务的执掌者与最高政治权力的执掌者根本不同。在专制国家，最高政治职务执掌者与最高政治权力执掌者是同一个人：专制君主。相反地，在一个民主国家，主权在

---

① 马起华：《政治理论》第二册，台湾商务印书馆1977年版，第163页。
② 考茨基：《唯物主义历史观》第四分册，上海人民出版社1964年版，第322页。

民，人民、庶民执掌最高权力；而最高政治职务执掌者、最高政治领导人或总统虽然是该政治权力最大最多最重的一个人，却并不掌握最高政治权力。对于最高权力来说，他与任何一个公民是完全一样的："一个顶一个，不能一个顶两个"。这就是说，总统与每个公民是完全同等地掌握国家最高权力；否则，就不是民主国家了。

最高政治职务与最高政治权力虽然根本不同，但是，最高政治职务执掌者或最高领导人，就其人性来说，必定渴求独掌社会或国家的最高权力，因而也就使"最高领导人是一个人"，极易蜕变为"最高权力的掌握者是一个人"，从而变成专制君主：这就是专制产生和存在的"最高政治职务的本性及其执掌者的人性"之根源。

可见，最高政治职务执掌者的人性（渴求最高权力）和最高政治职务的本性（只能由一人执掌），决定了专制等非民主制远比民主更容易实现和巩固。因为专制就是一个人执掌国家最高权力的政体，因而完全符合最高政治职务执掌者的人性和最高政治职务的本性；而民主则是全体公民共同执掌国家最高权力的政体，因而极端背离最高政治职务执掌者的人性和最高政治职务的本性。

即使国家最高领导人是一个庸庸碌碌之辈，也很容易——因最高政治职务的本性及其执掌者的人性——独掌国家最高权力而成为专制君主。那么，如果这个最高领导人是伟大的领袖，岂不更容易独掌最高权力而成为专制君主？伟大政治领袖实乃民主的最危险的负相关政治条件。因为伟大领袖也是人，人所固有的，伟大领袖无不具有：他身居国家最高领导人也必定渴求独掌国家的最高权力。他不但渴求独掌国家最高权力，而且势必远比庸碌之辈更加强烈渴求独掌国家最高权力。因为正如普列汉诺夫论及伟大领袖所言，他的情商必定与其智商一样，远比庸碌之辈更加强烈："他的见识要比别人的远些，他的愿望要比别人的强烈些"[①]。

问题的关键在于，与人类其他领域——如艺术和科学——的杰出人物一样，越是伟大，就越稀少；最伟大的政治领袖往往只有一个，只有他堪称先知先觉、高瞻远瞩的天才，而其他领袖只是围绕他旋转和弘扬他思想

[①] 《普列汉诺夫哲学著作选集》第二卷，生活·读书·新知三联书店1961年版，第373页。

的能者。对于这个道理，普列汉诺夫曾援引泰恩的话说："泰恩说得对：'当文明发展进程中新的进步产生出一种新的艺术时，总会有几十个以一两个天才人物为中心的杰出人物应运而生。几十个杰出人物只能把社会思想表现出一半，而一两个中心天才人物却能把这种思想完全表现出来'"①。

因此，伟大的政治领袖堪称韦伯所说的"魅力型"的统治者，他凭借其独一无二和无与伦比的天才、智慧等人格魅力，而赢得其他领袖的服从，赢得人民的崇拜和热爱："在魅力型的统治下，服从具有魅力素质的领袖本人，在相信他的这种魅力的活动范围内，由于个人信赖默示、英雄主义和楷模榜样而服从他"②。

这样一来，他作为最高领导人，似乎顺理成章就掌握了最高权力，成为国民景仰的专制者：他夺取最高权力的渴望借助最高政治职务本性——亦即只能一人担任——和他的人格魅力自然而然就实现了。因此，如果排除其他条件——诸如防止身居最高领导的伟大政治领袖篡夺最高权力的措施等条件——抽象地看，那么，就可以得到一个等式：最高政治职务的本性（只能由一人执掌）+最高领导人的人性（渴求最高权力）+伟大领袖＝一人执掌最高权力＝君主专制。

因此，有一利必有一弊。不论我们多么需要伟大政治领袖，不论伟大政治领袖有多大贡献，他却是民主的最危险的敌人，是民主化成功和民主实现的重大负相关条件。这就是为什么，托克维尔会发现，美国人民有一种天然本能："这种天然本能在使人民排斥卓越人物当权"③。究竟言之，一方面，人类只需要伟大的政治理论家，如洛克、孟德斯鸠、托克维尔和穆勒等；另一方面，人类只需要开创民主制度的伟大政治领袖，如古希腊的梭伦、克利斯提尼、伯利克里和美国的国父华盛顿、杰弗逊等。

但是，已经实现伟大政治领袖所开创的民主制度——特别是比较完善的民主制度——的国家，就不再需要伟大政治领袖；而只需要按照民主制度进行治理的平庸政治领袖，亦即需要马克斯·韦伯所谓的"合法型"

---

① 《普列汉诺夫哲学著作选集》第二卷，生活·读书·新知三联书店 1961 年版，第 368 页。
② 马克斯·韦伯：《经济与社会》上卷，商务印书馆 2006 年版，第 241 页。
③ 托克维尔：《论美国的民主》上卷，商务印书馆 1996 年版，第 225 页。

的统治者。① 民主国家不需要伟大政治领袖！因为在真正实现了民主的国家，物质财富和精神财富的繁荣兴盛主要依靠制度——如经济自由与言论出版自由——保障，而并不需要伟大政治领袖的天才创造：任何这种创造就其最好的可能来说也不过是画蛇添足而已。因为政治原本是一种必要恶；而唯有经济（物质财富的创造）和文化（精神财富的创造）才是内在善。所以，只要经济和文化能够繁荣，政治越少越好、政治领袖越平庸越无为越妙。

这就是为什么，美国建国200年来，就从一个贫弱的农耕国家，崛起而为世界唯一超级大国；但是，除了几位国父，所有的政治领袖却都是庸庸碌碌之辈。这岂不充分证明了那句名言：民主制唯有天才能够创造却可以由傻瓜来实行！因此，民主国家不需要伟大政治领袖；除非当其陷入战争、动乱或革命等巨大社会危机的非常时期。就是在这种非常时期，民主国家对于伟大政治领袖的需要，也远逊于专制帝国：一人统治显然需要且造就了那一个人的伟大。这就是那个令托克维尔困惑不解的吃惊发现之根本原因：

> 我到美国后，就吃惊地发现，被统治者中间真正人才荟萃，而统治者当中却很少有名流。今天，在美国，最卓越的人士很少去当官，乃是一个常见的现象。而且必须承认，这也是随着民主超出其原来的一切界限而产生的结果。显而易见，半个世纪以来，美国的政治世家大大减少了。②

因此，在正常情况下，民主国家只需要——并且思想自由等民主制度也确实能够诞生——伟大的思想家、理论家、艺术家等；而并不需要伟大政治领袖。不但不需要伟大政治领袖，恰恰相反，倒是需要像谨防最危险的敌人那样，谨防身居高位的伟大政治领袖篡夺国家最高权力。这就是雅典为什么会创造陶片放逐法，放逐那些著名政治家——非常时期又被召回——的缘故。这就是为什么，古往今来的民主国家为什么会挖空心思地

---

① 马克斯·韦伯：《经济与社会》上卷，商务印书馆2006年版，第241页。
② 托克维尔：《论美国的民主》上卷，商务印书馆1996年版，第223页。

设计防止伟大政治领袖篡权的种种措施的缘故。

早在原始社会，易洛魁氏族社会就曾——因防止身居最高职务的人篡夺最高权力——违背"最高政治职务势必一人"之本性而设立两名最高领导人："创立两名而不是一名主要的军务首长，并且授予同等权力，昭示精明而深思熟虑的防止一人专权的政策甚至于军务。他们这样做并无经验可循，却与罗马人废止列克斯（Rex）职务之后设立两名而不是一名执政官的政策毫无二致"①。

古希腊防止最高领导人篡夺最高权力最为有效的方法，恐怕就是陶片放逐法。该法是克利斯提尼改革——古希腊最彻底最伟大的民主改革——的重要措施之一，目的在于防止影响广泛的人民领袖或著名政治家篡夺最高权力、颠覆民主制。该法规定，一年最多只能放逐一人。每年专门召开一次公民大会，讨论是否实施陶片放逐法；如果与会者有一半以上赞同，就决定实施。公民在陶罐碎片上刻上他要放逐的人——绝大多数都是著名政治家——的名字，然后由执政官清点票数。如果总票数没有达到 6000，便宣布无效；如果达到 6000，则得票最多的那一个人就会遭到放逐，离开雅典。10 年后，被放逐者自动获得公民权并返回雅典。从公元前 488 年第一次实施到公元前 416 年最后一次，雅典约进行了 15 次陶片放逐。结果正如波普所言：

> 在雅典，任何人无须犯罪，只要太受人民欢迎，就会被流放。几位善于控制人心的政治家，阿里斯提得斯、地米斯托克利都是因此遭到流放……流放制度先发制人，杜绝他往独裁的方向继续前进。②

现在看来，陶片放逐法未免不公且可笑；因为我们已经有更为完善和公正的防止伟大领袖篡权方法，如自由——言论自由与建党自由——竞选、三权分立、宪政民主、两党制和多党制等。但是，这些制度无疑是古希腊民主制度历经 2000 余年发展完善之结果。就当时还相当简陋不完善的雅典民主制度来说，陶片放逐法无疑有效避免了伟大政治领袖篡夺最高

---

① Lewis H. Morgen, *Ancient Society*, Chicago: Charles H. Kerr & Company, 1907, p.151.
② 刘军宁编：《民主二十讲》，中国青年出版社 2008 年版，第 146 页。

权力,捍卫了民主制度,因而具有莫大价值,堪称古希腊民主制度的最伟大的创造之一。

三 民主的运作:选举

1. 选举概念:民主选举类型

就中文词源来看,"选"就是挑选、选择。《说文》:"选,一曰择也。"《小尔雅·广言》:"选,择也。""举"就是抬起、往上托。李白诗曰:"举头望明月。""选举"就是选拔,就是挑选提高,引申为选拔贤能优良者。《礼记·礼运》:"选贤与能,讲信修睦。"因此,选举的概念含义,全面地看,就是从众多事物中选拔优者——优良的人和决策——使其地位发生由低到高的变化;主要讲来,就是从多人中选拔优良的人,使其社会角色发生由低到高的变化;说到底,就是从多人中选拔官员。选举,主要地讲,就是选举官员,就是从多人中选拔官员的活动,就是从庶民中选拔官员和从低级官员选拔高级官员的活动:这就是选举概念的基本含义。中国古代史书中的《选举志》、《选举典》、《选举略》和《选举考》中的"选举"皆是此意:选拔官员。

西文选举 Elections 的词源含义和概念含义亦然。《布莱克维尔政治学百科全书》"选举"词条写道:"该词源于拉丁语动词 eligere,意为挑选。它是一种具有公认规则的程序形式,人们据此而从所有人或一些人中选择几个人或一个人担任一定职务。"[1]《美利坚百科全书》说:"选举是由那些合格的人正式参加投票来选择公职人员或决定有关政策的一项程序。"《大不列颠百科全书》亦如是说:"选举是通过投票作出政治抉择的一种手段。"

那么,是否可以说选拔官员及其决策的活动就是选举概念之定义?答案是肯定的。选举的概念定义,主要讲来,就是官员之选拔活动,就是从多人中选拔官员的活动;全面地看,则是优良者之选拔活动,就是从多人及其决策中选拔优良者的活动:从多人中选拔官吏和从若干决策中选拔最佳决策。决策选举之最重要者,当推创制与复决:

---

[1] 米勒等编:《布莱克维尔政治学百科全书》,中国政法大学出版社 1992 年版,第 215 页。

创制是由一定人数发起的全民投票，用以提出特定法律草案、修正案或公共政策；"复决"单在法、美及其他国家采用，借着全民投票直接决定重大问题。①

这样一来，选举就是世袭的对立面，无疑远远优良于世袭。但是，选举未必就是民主选举。即使最高权力执掌者经选举产生，也未必是民主选举。德国皇帝曾由选举产生，而非世袭。但是，这种选举却属于君主专制范畴，是一种非民主选举：选举有民主选举与非民主选举之分。

民主选举与非民主选举的根本区别显然在于谁享有选举权和被选举权。民主选举的选举权和被选举权必定为全体公民平等享有：民主选举就是全体公民都享有选举权和被选举权的选举。因为民主制就是全体公民执掌最高权力的政体。全体公民执掌最高权力的最主要的方式就是选举——包括罢免——官吏。因此，民主或全体公民执掌最高权力意味着，全国任何一个公民都可以按照自己的意志，选举全国任何一个公民担任任何官职：每个公民都享有选举权和被选举权。

这样一来，全体公民都享有选举权和被选举权岂不就是民主选举应有之义？因此，民主选举的根本特征，就在于拥有选举权和被选举权的人乃是全体公民。因此，黑格和哈罗普在界定民主选举时这样写道："选举是以全体人所有正式表达的偏好为基础的公职竞争。这些偏好意见汇集成有关具体哪一位候选人获取胜利的集体决定。"② 然而，问题的关键还在于，民主实际运作的根本原则是多数裁定，是少数服从多数。全体公民的多数显然是庶民、人民。因此，可以顾名思义，民主选举，说到底，就是庶民选举，就是庶民裁定的选举，就是庶民说了算的选举。

相反地，专制等非民主制的选举主体或选举者，不可能是庶民或人民，而只能是专制者、寡头统治者及其官吏阶级。中国古代选举——荐举和科举——的选举者都是地方官员、中正官、考官和皇帝。德国皇帝的选

---

① 《大美百科全书》，外文出版社1999年版，第13页。
② 罗德·黑格、马丁·哈罗普：《比较政府与政治导论》，中国人民大学出版社2007年版，第208页。

举者起初是组成帝国的德意志的 5 个支族的头领或公爵，后来也不过一二百人的帝国诸侯。因此，非民主选举的根本特征是庶民没有选举权：非民主制选举是庶民没有选举权的选举。

然而，细究起来，非民主选举的最重要的类型，并非这些名义与实际一致的非民主选举，而是名义民主实际非民主的选举。换言之，民主选举可以分为真民主选举与假民主选举：真民主选举是名义与实际相符的民主选举；假民主选举是名义民主而实际却非民主的选举。真民主选举与假民主选举的根本区别，说到底，全在于有无言论结社自由和建党自由：真民主选举是拥有言论结社和建党自由的民主选举；假民主选举是没有言论结社和建党自由的民主选举。

因为民主选举的根本特征是全体公民都拥有选举权和被选举权。这样一来，全体公民必须了解每一个竞选者；每个竞选者也必须让全体公民了解自己。因此，每个竞选者便都应该有平等的机会向全体公民宣传自己的施政纲领，都应该有平等的机会反对其他人的施政纲领；全体公民也都应该有平等的机会听取每个竞选者的施政纲领，都应该有平等的机会知晓竞选者们的相互反对和斗争。

要想做到这一点，每个公民不但必须平等享有言论自由和出版自由，而且必须平等享有结社自由和建党自由。因为选民和候选人数不胜数，彼此互不相识，政治偏好千差万别、极为分散，如何表达和形成数以百万计的公民之公意？无疑只有一个办法，那就是允许一些抱有共同政治目标的选民和候选人由少到多、由近及远滚雪球式地聚集起来，结成不同的社会团体，最终结成不同的政党——政党就是一些人为了实现共同的政治目标而自愿结成的社会团体——每个政党都协议推荐候选人，将候选人及其政党介绍给全体选民。

这样，各个政党的候选人便可以通过自己政党的宣传而使数以百万计的选民了解自己和自己的政党，认同其政治目标乃至加入其政党，形成共同的政治目标和政策，选举他们认为能够代表自己的候选人。当选的候选人就是全体选民的代表，因而当选的候选人及其政党的政治目标和政策就是代表全体选民的公意。

这样一来，岂不就解决了民主选举的两大难题——众多公民如何选举代表和如何形成众多公民之公意——从而使民主选举得到实现？否则，如果没有政党,每个候选人便不可能使数以百万计的选民了解自己,数以百万计的选民和候选人势必各自为政,如同一盘散沙,不可能形成公意,不可能形成共同的政治目标和政策,从而选票必定至于涣散,选举必定归于失败,因而也就不可能实现民主选举。

可见,言论自由、结社自由和建党自由,乃是真民主选举的根本特征;没有言论、结社和建党自由的民主选举,必定是政府操纵的假民主选举。这就是为什么,世界上一切名副其实的民主国家无不保障言论出版自由、结社自由和建党自由的缘故。这就是为什么,言论自由、出版自由和结社自由乃是民主国家最重要的宪法条款之一。然而,真民主选举未必正确。因为真民主选举可以进一步分为普选(普选制民主选举)与限选(限选制民主选举):唯有普选制的真民主选举堪称正确无误。

原来,所有民主都是全体公民执掌最高权力;所有民主选举都是全体公民享有选举权和被选举权的选举:如果所有人都是公民而普遍享有选举权和被选举权就是普选;如果只有一些人才是公民而享有选举权与被选举权的就是限选。

更确切些说,所谓普选,就是所有人都是公民而普遍享有选举权与被选举权的民主选举,就是没有性别、财产和文化程度等资格限制的民主选举,就是所有人不受限制而普遍享有选举权与被选举权的民主选举,就是每个国民都平等享有选举权与被选举权的民主选举:"所谓普通选举权或一般选举权,依其字义,可以说是一般的赋予一切人民以选举权,没有例外的"[①]。

相反地,限选则是只有一些人才是公民而享有选举权和被选举权的民主选举,就是只有一些人才是公民而享有——另一些人则不是公民而不享有——选举权与被选举权的民主选举,就是具有性别、财产和文化程度等资格限制的民主选举。大部分欧洲民主国家"二战"前后才取消性别、财产和受教育程度等资格限制而实行普选,而此前则是限选。古希腊雅典民主选举堪称典型的限选,因为当时雅典奴隶和女人都不是公民而不享有选举权和被选举权;只有十分之一左右的人是公民而享有选举权和被选举权。

---

① 森口繁治:《近世民主政治论》,商务印书馆1925年版,第61页。

联合国 1966 年通过的《公民权利和政治权利国际公约》第二十五条和第二条的规定堪称完善的普选制。第二十五条规定:"每个公民应有下列权利和机会,不受第二条所述的区分和不受不合理的限制:(甲)直接或通过自由选择的代表参与公共事务;(乙)在真正的定期的选举中选举和被选举,这种选举是普遍的和平等的。"第二条规定:"本公约每一缔约国承担尊重和保证在其领土内和受其管辖的一切个人享有本公约所承认的权利,不分种族、肤色、性别、语言、宗教、政治或其他见解、国籍或社会出身、财产、出生或其他身份等任何区别。"

为什么第二条规定的是"一切个人",而第二十五条规定的是"每个公民"?因为第二次世界大战以后,公民资格已逐渐为每个人或每个国民所平等拥有:每个人都是公民。所以,将这两条结合起来可知,普选就是选举权与被选举权不受性别、财产和受教育程度等限制而为一切人普遍享有的民主选举,就是每个人都同样享有选举权与被选举权的民主选举。

普选是每个人——而不是每个公民——都同样享有选举权与被选举权的制度。因为每个公民与每个人显然并不是同一概念。如果说普选制是每个公民都同样拥有选举权与被选举权的制度,古希腊岂不就已经实现了普选制?因为,如所周知,古希腊每个公民都享有选举权与被选举权,却不是每个人都享有选举权与被选举权:妇女和奴隶都不是公民因而都不享有选举权与被选举权。

然而,问题是:为什么选举权与被选举权不应该受性别、财产和受教育程度等任何限制而为一切人普遍享有?因为,一方面,选举权与被选举权无疑是基本的最低的起码的政治权利,因而属于人权范畴。因此,根据人权应该完全平等原则,每个人都应该完全平等地享有选举权与被选举权。未成年人、痴呆或精神病人和罪犯也与其他人一样,完全平等享有选举权与被选举权。只不过,罪犯所享有的选举权与被选举权因其罪行而被剥夺和丧失;当其刑罚完成,被剥夺的选举权与被选举权就归还他们了。未成年人、痴呆或精神病人因其无能而仅仅享有却不能行使选举权与被选举权:当其长大成人或病患痊愈时,就可以行使其所享有的选举权与被选举权了。

另一方面,每个人都应该具有公民资格,都应该是公民,因而都应该享有选举权和被选举权。因为人是政治动物,每个人都具有政治能力,都具有从事管理社会和国家等公务活动的政治能力：或者是实在的或者是潜在的。对于那些实际上不具有从事管理社会和国家等公务活动能力——而仅仅具有从事管理社会和国家等公务活动的潜能——的国民，根据人权原则，政府负有通过公民教育而使这些国民具有从事管理社会和国家等公务活动能力的义务：保障每个国民政治潜能得到实现乃是国家的义务和国民的权利。

因此，不但专制等非民主制选举和假民主选举是错误的，而且限选制的真民主选举也是错误的，而唯有普选是正确的。但是，普选的实现十分艰难，历经相当漫长的奋斗过程。大部分欧洲民主国家直到"一战"和"二战"前后才取消性别、财产和受教育程度等资格限制而实行普选制；而此前则是限选制代议民主。美国直到20世纪70年代才真正实行普选；而此前则是限选。英国从1688年光荣革命所确立的限选制民主选举制度到1948年的普选制民主选举制度建立，历时近300年。美国由建国所确立的限选制到1979年生效的第27条宪法修正案废除性别歧视的普选制，历时近200年。

2. 选举方式：投票与抽签

民主选举方式与专制等非民主制选举方式根本不同。因为，如前所述，选举是民主的固有的必然的属性，是专制等非民主制的外在的、偶然的属性。选举并非专制等非民主制固有的、必然的属性，只是专制者一人或几个寡头意志的体现，因而选举方式极其随意多样，如科举、荐举、考试、欢呼、鼓掌、举手、投票和抽签等。相反地，选举是民主制的固有属性，乃是全体公民意志的体现，因而选举方式极其有限。诚然，古希腊民主制的选举方式已经有欢呼、鼓掌、举手、投票和抽签等。但是，事实并非应该如此。真正能够实现民主——全体公民完全平等地共同执掌国家最高权力——的选举方式，充其量，恐怕只有抽签和投票。

然而，细究起来，恐怕只有抽签才是能够——而投票则不能够——完全实现民主的选举。因为全体公民完全平等地执掌最高权力，说到底，就是全体公民完全平等地享有选举权和被选举权。抽签选举，不言而喻，一方面意味着，每个公民被选举的机遇和可能完全一样，因而每个人完全平等地享有被选举权；另一方面意味着，每个人的选举权利完全平等：完全一样委托抽签进行随机选举。因此，抽签能够保障全体公民完全平等享有选举权和被选举权，从而实现全体公民完全平等共同执掌国家最高权力。

诚然，抽象地看，投票也意味着每个人完全平等享有选举权和被选举权。因为，一方面，一人一票，每个人都平等享有选举权；另一方面，每个人都同样可以成为候选人，因而平等享有被选举权。就拿英国选举法来说，每个公民同样只要有一名提议人、一名附议人和8名选民书面同意，就同样都能够成为候选人。但是，实际上，金钱、能力和出身等因素左右着投票，结果只有所谓的精英才能够成为候选人，而绝大多数公民势必被排除在外，因而并不能平等享有被选举权。更何况，政党提名候选人已经成为今日世界各国选举惯例，因而候选人实为政党精英和寡头垄断，每个人都可以成为候选人的权利不过是一句空话而已。因此，投票选举虽然能够保障每个公民平等享有选举权，却不能保障每个公民平等享有被选举权，使被选举权为精英和寡头垄断享有。

因此，亚里士多德说："拈阄（抽签）素来被认为属于平民性质，选举法则属于寡头性质"①。孟德斯鸠亦如是说："用抽签的方式进行选举是属于民主政治的性质。用选择的方式进行选举是属于贵族政治的性质。"②卢梭进一步解释道："孟德斯鸠说：'以抽签来进行选举，乃是民主制的本性。'我同意这种说法……如果我们能注意到选举首领乃是政府的一种职能，而并不是主权的一种职能，那么我们就可以看出为什么抽签的办法最具有民主制性质；因为在民主制那里，行政机构的行为愈少，则行政机构也就愈好。"③

然而，为什么抽签在古代雅典是主要的选举方法，尔后逐渐衰微，至18世纪中叶以后，则完全被投票选举所取代？最直接的原因，恐怕因其违背政治职务分配原则。因为按照该原则，每个人因其政治贡献（政治才能＋道德品质）的不平等而应担任相应不平等的政治职务。换言之，每个人所担任的政治职务的不平等与自己的政治贡献（政治才能＋道德

---

① 亚里士多德：《政治学》，商务印书馆1996年版，第201页。
② 孟德斯鸠：《论法的精神》上册，商务印书馆1982年版，第11页。
③ 卢梭：《社会契约论》，商务印书馆1994年版，第142页。

品质）的不平等的比例应该完全平等。这就是政治权利比例平等原则，亦即政治职务分配原则。最早确立这一原则的是亚里士多德。他这样写道："合乎正义的职司分配应该考虑到每一受任的人的才德或功绩。"①

抽签选举显然违背这一原则。因为抽签选举完全是随机的，每个人都拥有同等中签的机会，不论是谁，不论其才能和品德如何，只要中签就可以当官，甚至是最高级官员，因而违背按照德才分配政治职务的原则。问题是，民主选举方式只有抽签和投票。那么，投票是否符合按照德才分配政治职务的原则？答案是肯定的。诚然，投票难免为金钱财富、竞选谋略等左右，似乎并不符合政治职务分配的原则。但是，不论如何，选民所选举的候选人和中选者毕竟才能出众——所谓精英——因而基本符合按照德才分配政治职务的原则。这也就是为什么，孟德斯鸠等思想家断言投票选举具有贵族或精英性质的缘故。

那么，是否可以由此得出结论说：民主选举应该投票而非抽签？否！恰恰相反，应该抽签而非投票。因为政治权利平等原则分为政治自由权利完全平等原则（亦即人民主权原则）和政治职务权利比例平等原则（亦即按照德才分配政治职务原则）。按照前者，每个人不论德才如何，都应该完全平等地享有政治自由权利，亦即完全平等地共同执掌国家最高权力，说到底，人民应该执掌国家最高权力；按照后者，每个人因其德才不平等而应该享有担任相应不平等的政治职务权利：前者对于后者具有绝对的优先性。

抽签选举虽然违背按照德才分配政治职务原则，却能够保障全体公民完全平等享有选举权和被选举权，从而实现全体公民完全平等地共同执掌国家最高权力，因而符合政治自由权利完全平等原则，说到底，符合人民主权原则。投票选举虽然符合按照德才分配政治职务原则，却使被选举权为精英和寡头垄断，不能保障每个公民平等享有被选举权，最终违背全体公民平等地共同执掌国家最高权力原则，违背政治自由权利完全平等原则，说到底，违背人民主权原则。人民主权原则对于按照德才分配政治职务原则具有绝对的优先性：这就是为什么民主选举应该抽签而不应该投票的缘故。

---

① 亚里士多德：《政治学》，商务印书馆1996年版，第136页。

不但此也！抽签选举违背按照德才分配政治职务原则，抽象地孤立地看，确实是不应该的、恶的、具有负价值的。但是具体讲来，抽签选举不但因其保障每个人都平等享有选举权和被选举权而是可以达到更大的善的必要恶；而且还因其破除精英垄断政权、扼杀伟大政治领袖于摇篮和降低官吏的价值，因而是可以防止更大的恶的必要恶。

因为如前所述，伟大政治领袖乃是民主的最危险的负相关政治条件：最高政治职务的本性（只能由一人执掌）＋最高领导人的人性（渴求最高权力）＋伟大领袖＝一人执掌最高权力＝君主专制。这就是雅典为什么会创造陶片放逐法，放逐那些著名政治家的缘故。这就是为什么，古往今来的民主国家为什么会挖空心思地设计防止伟大政治领袖篡权的种种措施的缘故。

然而，防止伟大政治领袖篡权的最根本的方法，莫过于使伟大政治领袖无法诞生。抽签选举无疑可以扼杀伟大领袖于摇篮，使伟大政治领袖无法诞生，堪称防止伟大政治领袖篡权的不二法门。思想家们大都因此诟病抽签选举。殊不知，民主国家绝不需要伟大政治领袖；而只需要按照民主制度进行治理的平庸政治领袖。因为在真正实现了民主的国家，物质财富和精神财富的繁荣兴盛主要依靠制度——如经济自由与言论出版自由——的保障，而并不需要伟大政治领袖的天才领导。民主国家只需要并且必定能够诞生创造精神财富和物质财富的伟大领袖。

抽签选举使人人都可以担任官吏，无疑极大地降低了官吏和政治权力的重要性或价值。思想家们大都因此诟病抽签选举。殊不知，政治和法律都是一种必要恶；而唯有经济（物质财富的创造）和文化（精神财富的创造）才是内在善。所以，只要经济和文化能够繁荣——经济和文化的繁荣恰恰依靠经济自由与言论出版自由而不是强化政治权力——政治和官吏以及政治权力和政治强制越少越好：一个国家的政治和官吏以及政治权力和政治强制，应该保持在这个国家的存在所必需的最低限度；一个国家的自由，应该广泛到这个国家的存在所能容许的最大限度。因此，抽签极大地降低了官吏和政治权力的重要性或价值，实乃抽签的优越而非缺陷。这就是为什么卢梭会说：

如果我们能注意到选举首领乃是政府的一种职能，而并不是主权的一种职能，那么我们就可以看出为什么抽签的办法最具有民主制性质；因为在民主制那里，行政机构的行为愈少，则行政机构也就愈好。①

相反地，投票选举符合按照德才分配政治职务原则，抽象地孤立地看，确实是应该的、善的、具有正价值的。但是具体讲来，投票选举却是一种导致更大恶的善，是净余额为恶的纯粹恶。因为投票选举不但使被选举权为精英垄断而违背每个人都享有被选举权的人民主权原则，而且还导致精英垄断官职，赋予官吏和政治权力以极大的重要性，最终难免精英——特别是最伟大的那一个精英之精英——篡夺最高权力，遂使"选举"成为"选主"，葬送民主而沦为专制等非民主制。

如果谁怀疑这一点，就请看一看今日的民选总统普京和昔日的大独裁者奥古斯都吧：二者何其相似乃尔！奥古斯都曾装模作样13次竞选执政官，跟别人一样去拉选票！普京第2次竞选总统，就俨然成了俄罗斯人民的大救星。有谁还会怀疑，普京才是——而人民则不是——俄罗斯的真正主人呢！这就是投票选举的恶果：选主。当此际，不由令人想起卢梭评论英国选举的话。如果这些话是对今日俄国人说的，那真是再确切没有了：

> 英国人民自以为是自由的；他们是大错特错了。他们只有在选举国会议员期间，才是自由的；议员一旦选出之后，他们就是奴隶，他们就等于零了。在他们那短促的自由的时刻里，他们运用自由的那种办法，也确乎是值得他们丧失自由的。②

然而，问题的关键在于：抽签选举出来的庸庸碌碌之辈怎么能够胜任其政治职务？我们都晓得不应该用抽签的方法选举舵手，为什么反倒应该抽签选举国家领导人？这就是苏格拉底等人否定抽签的主要理由："用抽签法选举国家领导人是非常愚蠢的，没人愿意以抽签法雇佣舵手、建筑师、吹笛子的人或任何其他行业的人，而这些事情上如果出现错误的话，

---

① 卢梭：《社会契约论》，商务印书馆1994年版，第142页。
② 同上书，第125页。

其危害是要比管理国家方面的失误轻得多的。"①

这种否定抽签选举的主要理由是不能成立的。诚然，我们不应该以抽签法雇佣舵手、建筑师和吹笛子的人。因为凡是需要专业知识和特殊技能的职务，如舵手、建筑师和将军，都不应该抽签选举，而应该投票选举。但是，国家领导人等政治职务每个人都有能力担任，并不属于需要专业知识和特殊技能的职务。因为正如亚里士多德所指出："人类在本性上，也正是一个政治动物。"② 每个人都是政治动物，都具有管理社会和国家等公务活动的政治能力：实在的或潜在的。这就是为什么，每个人都应该是公民，都具有公民资格：公民资格就是执掌政治权力管理国家公务活动的能力。

每个人都是政治动物，都具有执掌政治权力——从中央到地方各级政治权力——管理国家公务活动的能力：实在的或潜在的。这意味着，抽签选举的国家领导人也必定是政治动物，必定具有管理国家公务活动的能力：实在的或潜在的。苏格拉底不懂得，民主国家领导人与专制等非民主制国家领导人根本不同。专制等非民主制国家领导人一人或几个寡头执掌国家最高权力，因而国家领导人需有非凡的智慧和能力。相反地，民主国家则是全体公民平等执掌国家最高权力，因而国家领导人并不需要非凡的智慧和能力：民主国家乃是由天才创造的连傻瓜都可以领导的国家。

当然，一个庸碌之辈的能力和知识远远不如一个优秀人物的能力和知识。但是，三个臭皮匠，抵个诸葛亮，如果所有庸碌之辈的能力和知识集合起来，就可能超过任何优秀人物，至少必定胜任执掌最高权力，担任最高领导职务，进行民主统治。这个道理，就连"最优秀人统治论"的代表人物亚里士多德，也曾有论述。③ 他还由此得出结论说，责难群众担任最高领导职务的理由是不充分的：

---

① 转引自王绍光《民主四讲》，生活·读书·新知三联书店 2008 年版，第 49 页。
② 亚里士多德：《政治学》，商务印书馆 1965 年版，第 7 页。
③ 亚里士多德这样写道："就多数而论，其中每一个别的人常常是无善足述；但当他们合而为一个集体时，却往往可能超过少数贤良的智能。多人出资举办的宴会可以胜过一人独办的宴会。相似地，如果许多人共同议事，人人贡献一份意见和一份思虑；集合于一个会场的群众就好像一个具有许多手足、许多耳目的异人一样，他还具有许多性格，许多聪明。"（亚里士多德：《政治学》，商务印书馆 1996 年版，第 143 页）

辩难者认为，无论是选举执政或审查行政功过都不宜于平民，对于群众就不该使他们执掌最高统治权。可是这些辩难的理由是不充分的。我们前面曾经说过的集体异人的论点，实际上可以拿来答复这种质询。假如群众不是很卑贱的（带有奴性的）人们，他们的判断力不及专家，但当他们集合起来，就可能胜过或至少不比专家们有所逊色。又，在某些技术中，创作者不一定是最好的评判家，当然更不是唯一的评判家。这些技术作品，在没有学习过这门技术的人看来，也是可以识别而加以评判的。例如，一幢房屋就是非建筑者也能懂得的事物；实际上房屋的所有者，即住户，有时竟比建筑师更善于评判房屋的好坏。相似地，对于一只舵，舵师比一位造船木匠就更善于鉴别。对于一席菜肴，最适当的评判者不是那位厨师，而是食客。经过这番论辩，关于平民群众议事和审判权力的责难可说已有了充分的答复。①

诚然，群众集合起来胜过一个优秀者，并不意味着每一个群众都胜过一个优秀者。群众良莠不齐，中签者难免有不称职者，难免有仅仅潜在具有——而实在说来并不具有——管理国家公务活动的能力的人。因此，抽签选举官员程序中，一方面，必须有对中签者任职资格的一系列考核，用以淘汰不合格者，选举合格者：这就是为什么雅典抽签选举设有对中签者任职资格的考核制度。另一方面，较高级的政府部门不妨设立智囊团，这样既可以弥补官员之平庸无知，又能够避免非民主制。谁都看得见专制等非民主制的高官们何等愚昧无知，却也能够进行统治，在很大程度上，岂不因其有智囊团出谋划策？

总而言之，投票选举，就其自身来说，符合按照德才分配政治职务原则，因而是善的；但就其结果来说，却使被选举权为精英垄断，赋予官吏和政治权力以极大的重要性，最终难免精英篡夺最高权力，遂使"选举"成为"选主"，因而罪莫大焉。因此，投票选举"自身善"与"结果恶"的净余额是极大的恶，属于纯粹恶范畴，是不应该的、恶的和具有负价值的民主选举方式。相反地，抽签选举，就其自身来说，违背按照德才分配

---

① 亚里士多德：《政治学》，商务印书馆 1996 年版，第 146 页。

政治职务原则，因而是恶；但就其结果来说，不但保障了每个人都平等享有选举权和被选举权，而且还破除精英垄断政权、扼杀专制者于摇篮和降低官吏的价值，最终实现人民主权，因而善莫大焉。因此，抽签选举"自身恶"与"结果善"的净余额是极大的善，属于必要恶范畴，是应该的、善的和具有正价值的民主选举方式。

但是，这并不意味着民主国家所有官吏的选举统统都应该抽签而不应该投票。因为那些需要特殊知识和技能的职务，如将军，显然应该投票选举。凡是需要特殊知识和技能的官职，显然完全从属于国家各级最高政治职务。因此，只要国家各级最高官职抽签选举，那么，需要特殊技能的职务投票选举，与普选权以及人民主权原则并不发生冲突。因此，民主国家官吏，正如卢梭所指出，应该采用抽签选举而辅之以投票选举，亦即国家各级政治职务都应该抽签选举，只有极少数需要特殊知识和技能的职务才应该投票选举：

> 当选举与抽签两者并用的时候，凡是需要专门才能的地方，例如军事职务，就应该由选举来充任；而抽签则适宜于只需要有健全理智、公正与廉洁就够了的地方，例如审判职务，因为在一个体制良好的国家里，这些品质是一切公民所共有的。①

这种真正堪称民主的选举方式，如所周知，乃是古希腊民主选举的伟大创造。梭伦首创意义深远的"抽签投票混合法"：投票选举官吏候选人，然后再通过抽签从候选人中选举官吏。这一方法极大降低了官吏的神圣性和卓有成效地防止了专制，堪称人类选举的划时代飞跃，但仍然不能保障弱势群众享有被选举权。这一缺憾直至厄菲阿尔特和伯利克里时代才得以克服，进而改革为"完全抽签选举法"：官吏候选人也通过抽签选举。结果当时雅典每年大约选举1100名官吏，除100名需要特殊技能的官职，皆由抽签选任。显然，唯有这种完全抽签法才能够保障每个公民平等享有选举权和被选举权：完全抽签法是唯一名副其实的民主选举方法。

可是，我们仍不禁再行追问：究竟为什么，抽签选举尔后逐渐衰微，

---

① 卢梭：《社会契约论》，商务印书馆1994年版，第144页。

至 18 世纪中叶以后，则完全被投票选举所取代？归根结底，无疑与民主制被专制等非民主制取代有关。因为专制等非民主制必定导致等级制，必定形成崇拜官职、政治职务和政治权力的臣民文化。这种源远流长的官职崇拜即使在民主取代专制之后，在相当长的时期内，必定仍然支配人们思想，使人们普遍信奉"优秀人物统治论"而囿于"按才德分配官职原则"，从而必定选择投票而废弃抽签：只有投票才符合官职崇拜文化和按才德分配官职原则。但是，随着民主的逐步发展，官吏崇拜的臣民文化必将逐步被官吏即人民公仆的公民文化取代，按才德分配官职原则必将从属于人民主权原则，从而抽签选举必将取代投票选举：那将是雅典抽签选举的伟大复兴。

抽签法虽然是唯一名副其实的民主选举方法，但该法的实行却无疑是有条件的，说到底，需要双重条件：一方面，民主制度已经比较完善、巩固，因而不需要伟大政治领袖；另一方面，国民政治觉悟普遍提高，以致普遍具有管理国家的政治能力。因为不言而喻，一方面，抽签选举几乎不可能产生伟大政治领袖：平庸者中签的可能性远远大于出类拔萃者；另一方面，如果国民尚未普遍具有管理国家能力，而是绝大多数并不具有管理国家能力，那么，中签者便势必大都不能胜任。

因此，开创民主制度的时代，便因为需要伟大的天才的政治领袖而不宜于抽签选举，应该完全投票选举：候选人和正式官员都投票选举。但是，这样一来，国家最高权力便很可能被精英寡头垄断，最终被那一个最伟大的精英篡夺而沦为专制。因此，投票选举必须伴随防止精英垄断和篡权的一系列有效措施，如宪政民主、政府分权、两党制和多党制、短任期、言论自由和结社自由等。

宪政民主制度一旦比较完善和巩固，就不再需要伟大政治领袖，因而应该废止投票选举而代之以抽签选举。不过，如果国民政治觉悟尚未普遍提高，以致绝大多数国民尚未实现政治动物之潜能，实际并不具有管理国家的政治能力，那么，显然应该投票抽签混合选举，亦即候选人投票选举和正式官员抽签选举：候选人投票可以避免无能者被选举；正式官员抽签可以防止伟大领袖中签而导致专制。

宪政民主制度比较完善和巩固的国家，只有当其国民政治觉悟普遍提高，以致绝大多数国民已经实现了政治动物之潜能——亦即实际具有管理国家的政治能力——的时候，才应该完全抽签选举：候选人和正式官员都抽签选举。因为只有这时，才具备了候选人和正式官员都抽签选举的两个条件：不需要伟大政治领袖和国民普遍具有管理国家的政治能力。卢梭将具备这样条件的民主制叫做"真正的民主制"：

> 在真正的民主制之下，抽签选举并不会有什么不方便；因为那里人人都平等，不论是在道德和才能方面，还是在品行和财富方面，所以无论选择什么人几乎都无所谓。然而我已经说过，真正的民主制是根本就不存在的。①

卢梭最后这句话是错误的。因为这种完全抽签选举的真正的民主制，曾经存在于古希腊厄菲阿尔特和伯利克里时代，必将复兴于生产力极度发达的全球化终结时代，亦即全世界只有一个主权、一个世界政府的全球国家，说到底，亦即共产主义国家。因为到那时，不但宪政民主制度相对完善和巩固，因而不需要伟大政治领袖；而且生产力极度发达，国民品德和政治觉悟普遍极大提高，因而皆具有管理国家的政治能力；特别是，官职崇拜的根源——等级制——将彻底消灭，官职将是名副其实的公仆，因而与其他工作一样，与其说是权利不如说是责任。这岂不就是卢梭所谓应该实行完全抽签选举的"真正的民主制"：

> 在一切真正的民主制之下，行政职位并不是一种便宜，而是一种沉重的负担；人们无法公平地把它加给这一个人，而不加给另一个人。唯有法律才能把这种负担加给中签的人。因为抽签时，人人的条件都是平等的，而且选择也并不取决于任何人的意志，所以就绝不会有任何个人的作用能改变法律的普遍性。②

3. 选举制度

没有规矩，不成方圆。投票和抽签等选举活动的规矩、规范或规则体

---

① 卢梭：《社会契约论》，商务印书馆1994年版，第144页。
② 同上书，第142页。

系，就叫做选举制度。因为所谓制度，正如罗尔斯和诺斯所言，是一定的行为规范体系："我将把制度理解为一种公开的规范体系"①；"制度是为约束在谋求财富或本人效用最大化中个人行为而制定的一组规章、依循程序和伦理道德行为准则"②；康芒斯讲得就更为形象了："制度似乎可以比作一座建筑物，一种法律和规章的结构，正像房屋里的居住人那样，个人在这结构里面活动"③；制度之为行为规范体系的根本特征，显然在于：它的制定者或认可者不是个人，而是国家和社会，是国家和社会的领导者或国家和社会的权力机构：制度是国家和社会制定、认可或奉行的一定的行为规范体系。所以，汤因比说："制度是人和人之间的表示非个人关系的一种手段"④；康芒斯说："如果我们要找出一种普遍的原则，适用于一切所谓属于制度的行为，我们可以把制度解释为'集体行为控制个体行动'"⑤。

可见，制度是国家和社会制定、认可或奉行的一定的行为规范体系，亦即一定的法（包括法律、政策和纪律）和道德的体系。所以，所谓选举制度，也就是国家和社会制定、认可或奉行的关于选举的行为规范体系，亦即国家和社会制定、认可或奉行的关于选举的法——包括习惯法——和道德体系，简言之，选举制度就是选举行为规则总和："选举制度就是有关进行选举的一系列规则的总和"⑥。因此，民主选举制度，全面地看，乃是抽签和投票选举规则体系。但是，抽签选举规则极其简单，依靠经验就可以解决而构不成科学研究对象；相反地，投票选举规则极其复杂，至今学术界仍然众说纷纭，莫衷一是，实乃选举科学的主要研究对象。

这样一来，所谓选举制度，要言之，便是投票选举规则体系，说到底，亦即如何将选票转换为席位的规则体系。因为正如黑格和哈罗普所

---

① John Rawls, *A Theory of Justice* (Revised Edition), Massachusetts: The Belknap Press of Harvard University Press Cambridge, 2000, p.47.
② 罗尔斯：《正义论》，中国社会科学出版社1988年版，第195页。
③ 康芒斯：《制度经济学》上册，商务印书馆1997年版，第86页。
④ 汤因比：《历史研究》上，上海人民出版社1986年版，第59页。
⑤ 康芒斯：《制度经济学》上册，商务印书馆1997年版，第87页。
⑥ 罗德·黑格、马丁·哈罗普：《比较政府与政治导论》，中国人民大学出版社2007年版，第211页。

说:"有关选举制度的大多数争论集中于将票数转换为席位的各种规则。这些规则既十分重要又是属于技术性的。它们构成了民主制度的内部运作之关键。"① 韦农·波格丹诺在《布莱克维尔政治学百科全书》中则干脆将选举制度定义为选票转换为席位的规则体系:"选举制度:向候选人和政党分派公职、把选票转换成席位的一种方法。"②

选举制度主要是选票转换为席位之规则体系,意味着:选举制度主要包括选区划分规则、选票计算规则(亦即所谓选举公式)和当选门槛。所以,李帕特说:"我以选举制度三个最基本的属性来描述各种不同的选举制,它们分别是选举公式(例如,相对多数决定制、各种不同形式的比例代表制亦即其他,等等)、选区规模(每一个选区应选名额)以及当选门槛(一个政党为取得代表权所需的最低支持度)"③。

选区划分规则比较简单,主要依据所选举的代表的人数而分为大选区制和小选区制。小选区制,又叫单名选区制或单数选区制,亦即每个选区只能选举一名代表的制度。英国、美国等都采用此制。1995年英国全国划定659个选区,每个选区选举一名下院议员,共659名。大选区制,又叫复数选区制或多名选区制,亦即每个选区可选举两名以上代表的制度。意大利等国采用此制。意大利全国分为32个选区,每个选区选举4至47名众议员,共计630名。

选票计算规则比较复杂,分为多数制与比例制以及混合制。多数制,亦即多数代表制或多数决定制,是获得多数选票的候选人或其政党当选的制度,是最为早远和简单的选举制度。多数制虽然既可以实行于小选区,也可以实行于大选区,但实际上大都实行于小选区:"多数决定公式在原则上可适用于单一选区乃至更大规模的选区。然而实际上,将多数决定公式适用于单一选区已经成了一种规则,适用于应选两席的选区已经相当罕见,适用于更大规模的复数选区更是绝无仅有,在全国为一个选区的选举中则是从未被使用过。"④

---

① 罗德·黑格、马丁·哈罗普:《比较政府与政治导论》,中国人民大学出版社2007年版,第215页。
② 米勒等编:《布莱克维尔政治学百科全书》,中国政法大学出版社1992年版,第219页。
③ 阿伦·李帕特:《选举制度与政党制度》,上海世纪出版集团2008年版,第1页。
④ 同上书,第45页。

多数制分为相对多数制与绝对多数制。相对多数制，亦即简单多数制，是候选人及其政党只要选票较多而无须超过半数即可当选的制度。英国、加拿大和印度的下院选举和美国两院及总统选举都采用此制。绝对多数制，亦即过半数制，候选人及其政党的选票必须达到半数以上才能当选的制度。法国、奥地利、葡萄牙和希腊等国采用此制。

比例制是按照各政党候选人所得到的选票数比例而分配相同比例议席的当选制度，也就是各政党所获议席的比例与其所获选票的比例尽量吻合的当选制度，亦即各政党所得议席与其所得票数成正比的选票计算制度。比例制的当选票额，亦即所谓当选基数。当选基数比较著名的计算方法是黑尔发现的计算公式，叫做黑尔基数，亦即当选基数等于某选区有效选票总数除以该选区应选名额："黑尔基数，也就是以选区规模（M，每一选区应选之名额）除以总有效票数（V）：V/M。政党赢得多少基数即分配多少议席"[1]。

显然，比例制只能实行于大选区，而不可能实行于小选区："比例代表制在理论上的适用范围可以从应选两席的选区至全国为一选区的规模，而且实际上，比例代表制曾经在这个选区规模范围内的大多数情况下被使用过，但它适用于极小选区规模（2席至5席）的情况相当罕见"[2]。比例制的出现晚于多数制，直到20世纪才得到比较广泛的采用。但是，比例制却堪称最普遍的选举制度，因为北欧和包括东欧在内的大多数欧洲大陆国家以及拉美大部分国家都实行比例制。

混合制是将多数制与比例制结合起来——部分议席按多数制选举而其他议席按比例制选举——的制度。混合制最早出现在"二战"后联邦德国：全体议员中的一半以小选区制选举，获多数票者当选；另一半议员则按全国选区选举，各政党提出候选人名单，根据各政党所得票数按比例制当选。德国、匈牙利、日本、俄罗斯和新西兰等国家采用此制。

究竟何种选举制度优良？有一利必有一弊，每种选举制度都各有其优劣短长。那么，是否可以由此得出结论说，没有哪一种是最好的或最坏的？黑格和哈罗普的回答是肯定的："许多文献也会讨论一些相关的问

---

[1] 阿伦·李帕特：《选举制度与政党制度》，上海世纪出版集团2008年版，第23页。
[2] 同上书，第45页。

题，例如哪一种选举制度是'最好'的。事实上并无这种定论，只能说不同的方法适用于不同的环境。"① 此言差矣！因为选举制度的目的，正如黑格和哈罗普所言，全在于实行民主："它们构成了民主制度的内部运作之关键"②。因此，是否符合民主或符合民主的程度便是评价选举制度优劣之唯一标准：一种选举制度，只要符合民主，不论它有多少缺陷，都是好的、应该的和具有正价值的选举制度；只要不符合民主，不论它有多少优越，都是坏的、不应该的和具有负价值的选举制度。

然而，如此说来，是否褊狭？否！因为，如前所述，唯有民主符合国家制度价值标准体系——国家制度根本价值标准"公正与平等"和国家制度最高价值标准"人道与自由"以及国家制度终极价值标准"增进每个人利益总量"——因而是唯一好的国家制度；专制等非民主制都程度不同地违背国家制度价值标准体系，因而都程度不同地属于坏的国家制度。这样一来，是否符合民主或符合民主的程度是评价选举制度优劣之唯一标准，归根结底岂不意味着：国家制度价值标准体系——公正、平等、人道、自由与增进每个人利益总量——是评价选举制度优劣之标准？

准此观之，唯有比例制是好的，多数制是坏的，混合制则介于二者之间。因为所谓民主，就其定义来说，乃是全体公民——而不是多数公民——执掌最高权力的政体；多数裁定并非民主，而是民主的议事原则。因为全体公民及其代表议事时，意见不可能完全一致，而势必存在着分歧和不一致，因而全体公民及其代表完全平等地共同作出决定是不可能的；于是只好少数服从多数、多数裁定：多数裁定最接近——亦即比少数裁定和一人独裁更接近——全体公民完全平等地共同作出决定。

因此，民主——亦即全体公民执掌最高权力——的议事原则，只能是多数裁定：多数裁定是民主议事的无奈选择。但是，多数裁定与多数公民执掌最高权力根本不同。因为多数裁定乃是所有公民共同执掌最高权力之议事原则和实现途径，显然并没有剥夺少数公民所执掌的最高权力；少数公民仍然与多数公民共同执掌最高权力。然而，自柏拉图和亚里士多德以

---

① 罗德·黑格、马丁·哈罗普：《比较政府与政治导论》，中国人民大学出版社2007年版，第221页。

② 同上书，第215页。

来，人们却将民主（所有公民执掌最高权力）与民主的议事原则、实现途径（多数裁定）等同起来，将多数裁定与多数公民执掌最高权力等同起来，因而误以为民主就是多数人执掌最高权力。对于这种错误，密尔曾痛加指责：

> 两个很不同的观念在民主之名下常常混为一谈。纯粹的民主观念，根据其定义来说，是拥有平等代表权的所有人进行统治的全民政府。通常所认为的或迄今所实行的民主，则是排除少数人代表权的所有人的简单多数所治理的全民政府。前者和所有公民完全平等是同一概念；后者——奇怪地和前者混淆在一起——则是特权政府，有利于多数，实际上唯有这个多数在国家有发言权。这是现在的选举方法的不可避免的结果，完全剥夺了少数的选举权。[①]

诚哉斯言！密尔所谓"目前采取的选举方法"，如所周知，亦即多数制。这种选举制度确实违背民主精神。因为民主代议机关或代议士之"代表"与"议事"乃是根本不同的两码事。"议事"无疑只能多数裁定，决策只能由多数人作出，而不可能全体公民一致同意。但"代表"却是全体公民的代表，亦即多数公民与少数公民的代表；而绝不仅仅是多数公民的代表。因此，多数人与少数人都应该拥有发言权，都应该有自己的代表。只不过，多数人的代表应该多；少数人的代表应该少：多数人与其代表的量的比例，与少数人与其代表的量的比例应该相等。这就是说，如果多数人是少数人的10倍，那么，多数人代表就应该是少数人代表的10倍。

这样一来，显然唯有比例制符合民主的代表原则——少数人与多数人都有相应比例的代表——因而是唯一好的、应该的和具有正价值的选举制度；相反地，多数制则必定导致少数人没有自己的代表，所有代表都仅仅代表多数人，因而完全违背民主的代表原则，是坏的、不应该的和具有负价值的选举制度；混合制则无疑介于二者之间。究其错误原

---

① John Stuart Mill, *On Liberty* · *Representative government*, *Utilitarianism*, Chicago: Encyclopaedia Britannica Inc., 1952, p.370.

因，显然在于将"代表"与"议事"混同起来。民主议事、做决策，只能多数裁定，少数服从多数。但是，民主代表、竞选代表，却绝不可以多数裁定，少数服从多数，而必须少数人和多数人都有代表；否则，就导致多数人——而不是全体公民——执掌最高权力，就不是民主政体了。多数制的错误，就在于混同"代表"与"议事"，将民主的议事原则——多数裁定——滥用于竞选代表。对于多数制的这种混同，密尔曾有极为透辟的阐释：

> 在这里两种观念极为混淆……少数必须服从多数，较少数的人服从较多数的人，这是大家都熟悉的观念；从而人们就以为不必要多动脑筋，他们也就想不到在允许少数同多数一样强有力，和根本抹煞少数之间有什么中间的办法。在实际上进行审议问题的代表团里，少数当然应该被多数压倒；在一个平等的民主政体（因为选民的意见，如果加以坚持，当然决定着代表团的意见），人民的多数通过他们的代表将得到较多票数和战胜少数及其代表。但能否由此得出结论说少数根本不应该有自己的代表呢？因为多数应当战胜少数，多数是否就应该有全部的票数，少数则一票也没有呢？少数的意见甚至不必要听取吗？只有习惯和旧的联系能使一个有理性的人同意这种不必要的不公正。在一个真正民主制的国家里，每个部分或任何部分的人都会有其代表，当然不是不按比例的，而是按比例的。选举人的多数总会有多数的代表；但选举人的少数也总会有少数的代表。就人对人来说，少数和多数一样将得到充分的代表权。要不是这样，就不是平等的政府，而是不平等和特权的政府，即人民的一部分统治其余部分，就会有一部分人被剥夺他们在代表制中公平而平等的一份影响。这违反一切公正的政府，但首先是违反民主制原则，民主制是声言以平等作为它的根柢和基础的。①

密尔此论真乃千古绝唱也！然而，遗憾的是，密尔却进而断言多数制是"民主制的虚伪装潢"，是"虚假的民主制"；而唯有比例制才是"真

---

① 密尔：《代议制政府》，商务印书馆1997年版，第102页。

正的民主制"。① 实在是言过其实。殊不知，如果根据多数制选举的代表不能代表全体公民，就可以断言多数制是假民主，那么，比例制也同样是假民主。因为实行任何选举制度，不论多数制还是比例制，当选代表都不可能代表所有少数，都不可能代表全体公民。李帕特的《选举制度与政党制度》考察了69个民主国家选举制度：12个多数制的当选门槛都是35%；57个比例制的当选门槛平均为6.6%。这意味着，即使实行比例制，票数6.5%以下的选民也都没有自己的代表。② 因此，李帕特援引雷伊的结论说："雷伊所强调的两项普遍性结论是，所有的选举制度都倾向于比例性偏差，不过有些选举制（尤其是多数决定制）比例性偏差的情况超过其他选举制（尤其是比例代表制）。"③

这样一来，民选代表代表全体公民，实乃民主制的纯粹理想状态和原则。实际上，任何选举制，不论多数制还是比例制，所选出的代表都不可能代表全体公民，只不过比例制与多数制更接近代表全体公民罢了。因此，比例制与多数制的关系并非真正民主制与虚假民主制的关系，而是民主的程度有所不同——亦即代表全体公民的程度有所不同——的两种民主选举制的关系：比例制比多数制更加民主，因而是好的民主选举制度，而多数制则是坏的民主选举制度。

确实，多数制与比例制都属于民主选举制范畴。因为，如前所述，是否拥有言论、结社和建党自由，才是民主选举与非民主选举的根本区别：民主选举制就是拥有言论、结社和建党自由的选举制度；非民主选举制度就是没有言论、结社和建党自由的选举制度。多数制与比例制岂不同样可以是拥有言论、结社和建党自由的选举制度？因此，三宅一郎说："不论是多数决定制还是比例代表制都可以根据国民主权原理合法进行。"④

民主制之真假的根据，并不在于当选代表是否代表全体公民；而在于——正如达钦斯基所指出——多数选民（亦即庶民或人民）是否执掌

---

① John Stuart Mill, *On Liberty · Representative government · Utilitarianism*, Chicago: Encyclopaedia Britannica Inc., 1952, p. 372.
② 阿伦·李帕特：《选举制度与政党制度》，上海世纪出版集团2008年版，第47页。
③ 同上书，第46页。
④ 三宅一郎：《投票行动》，经济日报出版社1991年版，第9页。

主权，从而能否雇佣和解雇代表及其政府。① 真正的民主制——庶民执掌主权从而能够雇佣和解雇政府——之充分且必要条件，如前所述，乃是"言论自由的选举制度+建党自由的政党制度+分权的政府制度"。显然，多数制与比例制同样能够达成这三大条件，从而使庶民执掌主权，实现真正民主制。

试看英国与美国，都实行多数制，岂不都实现了"言论自由的选举制度+建党自由的政党制度+分权的政府制度"？特别是，多数制造就了他们的两党制，并且两党轮流执政。那么，究竟是谁决定哪一个政党执政呢？显然是庶民、人民，是庶民的选票。因此，庶民拥有主权，能够任意雇用和解雇任何政党执政，能够任意雇用和解雇自己的代表及其政府："选民是真正的主人，而政治家则是恳求者。"② 所以，英美两国虽然实行多数制，却都是名副其实的真正民主制。

多数制的两党轮流执政，不但意味着主权在民、真正民主制，而且意味着，多数制的代表性接近比例制的代表性，亦即接近既代表多数公民又代表少数公民。因为两党轮流执政，岂不意味着：执政者此一时是"多数公民"的代表而彼一时则是"原来的少数公民"的代表？因此，两党轮流执政的多数制，近似存在于不同时期的比例制，相当接近比例制当选代表的代表性偏差。这个道理，黑格和哈罗普早有所见：

> 比例代表制能够为那些少数族裔群体至少提供某些代表席位。通过这种方式，多数暴政的危险得以降低。但在那些多数代表制下定期出现政府更替的国家如英国，这一支持比例代表制的理据就会丧失其说服力。随着时间的流逝，钟摆的摆动使每个政党都有轮流执政的机会，这是一种没有比例代表的比例任期制。③

诚然，多数制未必两党制，印度实行多数制，却是一党独大。即使两党制也未必轮流执政，即使轮流执政，也可能几十年都由一党连续执

---

① 罗德·黑格、马丁·哈罗普：《比较政府与政治导论》，中国人民大学出版社2007年版，第222页。
② 同上书，第208页。
③ 同上书，第221页。

政。即使轮流执政的典范，如英美，也仅仅是接近而毕竟不如比例制的代表性。因为就多数制的原则来说，两党轮流执政，至多也只能轮到原来的第一少数或最多的少数的代表执政，第二少数以下的公民则可能永远没有代表，而且第一少数在多数公民的代表执政年代一直没有自己的代表。

可见，多数制虽然与比例制同属民主制选举制度，但多数制是坏的民主选举制度，而比例制是好的民主选举制度，混合制则介于二者之间。这不但因为，就选举制度自身来说，比例制的代表性偏差小于多数制；而且还因为选举制度结果，亦即所谓选举制度的政治结果或政治影响。因为就选举制度结果来说，虽然人们对"迪韦尔热定律"争论不休，但毫无疑义，一方面，多数制容易产生两党制，比例制容易产生多党制（多党制无疑比两党制更加民主、代表性偏差更小）；另一方面，多数制比比例制更容易产生一党独大和一党制（一党独大无疑代表性偏差最大，而一党制则已经不是民主制了）。

四　民主的运作：政党

1. 政党概念

或许除了"国家"，政党就是最难界定的政治学概念，因而至今仍然众说纷纭、莫衷一是。就汉语来说，政党是一个外来词；在中国古籍词汇中，只有"党"而没有"政党"。古汉语的"党"，原本是指亲族和社区行政的基层单位。《周礼·坊记》云："睦于父母之党，可为孝矣！"《周礼·官记·大司徒》云："五家为比，五比为闾，五闾为族，五族为党。"后来便渐有以类相从之义，指一部分志同道合的人所结成的伙伴或朋友团体。《论语·里仁》云："子曰：'人之过也，各于其党'。"《离骚》云："惟党人之偷乐兮，路幽昧以险隘。"《左传·僖公十年》云："晋遂杀丕郑、祁举及七舆大夫……皆里克、丕之党也。"

今日中文"政党"一词来自日语，日语又译自英语：party 或 political party。Party 源于中世纪英语和古法语 parti 和 partie，其含义是"分开"。Party 的拉丁文是 partiri，源于 pars，义为"部分"。从词源上看，西文 party 与中文"党"的含义相同，都是指一部分志同道合的人与其他人分离出来所结成的伙伴或朋友团体。所以,"*Webster's Dictionary English Language Unabridged*"在解析"党"的词义时写道:"一些人为了实现共同的治国主张、奋斗目标和观念信仰等而结成的团体,特别是那种为了使自己的代表当选政府要职而结成的有组织的政治集团""*The Oxford Illustrated Dictionary*",也这样写道:"党是在竞争等活动中一些立场相同的人所结成的团体,是一些人为了实现他们的奋斗目标和政策原则而结成的反对另一些人的团体"。

那么,党是否也可以这样来定义呢?是的。党的概念定义与其词义或词源含义完全一致。因为从概念的定义来看,就是一些人为了实现共同的目标而自愿结成的与反对者进行斗争的团体。毫无疑义,任何党都是一些人为了实现共同的目标而自愿结成的团体。试想,东汉的钩党,唐代的牛党和李党,北宋的熙丰党、元祐党,明代的东林党,今日的国民党和共产党以及西方古代罗马的贵族党和平民党,近代英国的辉格党和托利党,今日美国的民主党和共和党等,岂不都是一些人为了实现共同的目标而自愿结成的团体吗?但是,反过来,一些人为了实现共同的目标而自愿结成的团体,并不都是党。举例说,自唐代以来,经济互助性的结社团体纷纷出现,如元代农民自愿结合的耕作互助组织"锄社"、清末北京以慈善为目的的互助团体"窝窝头会"。这些都是一些人为了实现共同的目标而自愿结成的团体,但显然都不是党。那么,这些团体与党的区别何在?

原来,党的最为根本的特征就是所谓的"派性":党就是一些人为了实现共同的目标而自愿结成的与反对派进行斗争的团体。试想,"窝窝头会"、"锄社"以及今日的各种社会团体,如伦理学会、工会乃至工厂、学校等,都是一些人为了实现共同的目标而自愿结成的社会团体,却为什么都不是党?岂不就是因为这些团体都不是与反对派进行斗争的团体?如果忽然出现了窝窝头会的反对派,出现了"反窝窝头会",那么,窝窝头会和反窝窝头会就都是一种党了。确实,清末上海的流氓所结成的志同道合的社会团体,如"拆梢党"、"擦白党"、"豆腐党"等,为什么都叫做党呢?岂不就是因为这些团体都具有对反对派进行斗争的性质吗?钩党、牛党和李党、熙丰党、元祐党、东林党、国民党和共产党以及辉格党和托利党、民主党和共和党等,为什么都叫做党呢?岂不就是因为这些团体都具有对反对派进行斗争的性质吗?所以,伏尔泰说:"政党是宗派,追求被认为是与他人敌对的利益或权力"①。博林布鲁克说:"政党,即使它们在完全堕落为纯粹的宗派之前,仍然是一些人为追求某种目标、某种利益而进行的联合,而不是为了其他人所组成的共同体的目标或利益而组成的联合。"② 麦迪逊说:"党争就是一些公民,不论是全体公民中的多数或少数,团结在一起,被某种共同情感或利益所驱使,反对其他公民的权利,或反对社会的永久的和集体利益。"③

可见,党之所以是党,一方面在于它是一些人为了实现共同的目标而自愿结成的团体;另一方面则在于它是一些人对另一些人进行斗争的派系、派别。合而言之,党亦即派,就是一些人为了实现共同的目标而自愿结成的对反对者进行斗争的团体。不过,说党是宗派是不正确的。党是一种派、派别、派系,却未必是宗派。因为党是一些人为了实现共同的目标而自愿结成的对反对者进行斗争的团体:如果一些人的共同目标乃是社会和国家的公利,那么,这些人所结成的团体就不是宗派,而只是党,只是派、派别、派系;如果一些人的共同目标不过是他们的私利,那么,这些人所结成的团体就不仅是党、派,而且是宗派:宗派是图谋私利的党。这一点,萨托利说得很清楚:"宗派这个词在通常的用法上并没有失去其最初的含义,也就是说,宗派表达的仅仅是个人的钩心斗角,关心私利而不是公益的行为。用柏克的话说,宗派相争所代表的只是为权位和薪酬而进行卑劣而偏私的争夺"④。

但是,萨托利认为党与宗派是一对外延毫不相干的对立范畴,因而断言宗派不是党:这是不能成立的。难道宗派不也是一些人为了实现共同的目标而自愿结成的对另一些人进行斗争的团体——党——吗?只不过,宗派是一些人为了实现共同的私利目标而自愿结成的对另一些人进行斗争的团体:宗派是一种特殊党派,是图谋私利的党,而不是图谋公利的党。所以,党不都是宗派,但宗派却都是党。宗派与党并不是对立关系,而是从属关系:宗派都是党,党不都是宗派。

界定了党的概念,便不难理解何谓政党了。因为不言而喻,政党就是

---

① 萨托利:《政党与政党体制》,商务印书馆2006年版,第11页。
② 同上书,第16页。
③ 汉密尔顿等:《联邦党人文集》,商务印书馆1995年版,第45页。
④ 萨托利:《政党与政党体制》,商务印书馆2006年版,第52页。

政治型的党,而不是经济型的党,也不是文化生活型的党:政党就是政治党派,就是政治派系,就是政治派别,因而就是一些人为了实现共同的政治目标而自愿结成的与反对者进行斗争的团体。任何政治目标实现的充分且必要条件无疑是执掌政治权力。于是,说到底,政党也就是一些人为了夺取政治权力、实现共同的政治目标而自愿结成的对另一些人——反对者——进行斗争的团体。因此,萨茨奈德说:"政党是首先企图夺取政治权力的组织。"① 熊彼特说:"政党是人们在争取政治权力的竞争性斗争中为协调行动而组成的集团。"② 萨孟武说:"政党是一部分国民要利用统治权,以实行一定政见而组织的较永久性团体"。③

然而,按照政党的主流定义,政党却是一种通过选举或革命等争取民众的手段取得政治权力、实现共同政治目标的有纲领有组织有纪律的团体。《国际社会百科全书》说:"'政党'一词在十九世纪随着欧美代议制的发展和选举权的扩大而产生。它指的是与一个或更多的政党竞争而赢得公职选举为目标的组织而言。后来'政党'的意义逐渐引申,亦包括并非从事竞争选举的政治组织,诸如无法通过选举而取得公职的小党,寻求废止选举竞争的革命组织,以及集权国家的统治集团。"萨托利说:"政党是被官方认定在选举中提出候选人,并能够通过选举把候选人安置在公共职位上去的政治集团。"④ 哈罗德·德姆塞茨说:"政党就是为竞争政治职位和影响政治决策进行持久合作的人的组织。"⑤ 张金鉴说:"政党就是一部分人要以集体的能力与奋斗,去争取民众,控制政府,借以实现其共同主张时,依志愿结合成功的一种有组织、有纪律的政治团体。"⑥

不难看出,用这些主流定义来界定现代政党或许是完全正确的。因为现代政党确实是一种通过选举或革命等争取民众的手段取得政治权力、实现共同政治目标的有纲领有组织有纪律的团体。那么,为何主流政党学者将政党与现代政党完全等同起来?原来,主流政党学者以为古代、中世纪

---

① 萨托利:《政党与政党体制》,商务印书馆2006年版,第87页。
② 同上书,第87页。
③ 赵晓呼主编:《政党论》,天津人民出版社2002年版,第14页。
④ 高鹏怀:《比较政党与政党政治》,知识产权出版社2008年版,第51页。
⑤ 萨托利:《政党与政党体制》,商务印书馆2006年版,第51页。
⑥ 谷光宇:《政党论》,黎明文化事业公司1983年版,第13页。

乃至近代并没有真正的政党，真正的政党乃是现代的产儿，是现代立宪和民主政体的产儿："政党者，立宪政体下之产儿也"①。在他们看来，17—18世纪英国的托利党与辉格党是最早的政党雏形；两党直到19世纪发展为保守党与自由党才堪称真正的政党，是最早的政党。这样一来，真正的政党便都是现代的，政党与现代政党是同一概念；这就是为什么主流政党学者用现代政党的定义——通过选举或革命等争取民众的手段取得政治权力、实现共同政治目标的团体——来界定政党的缘故。所以，政党的主流定义能否成立，全在于政党是不是现代的产儿？

谁都知道，"党"是古今中外从来就有的。古希腊有"山地党"、"平原党"、"海滨党"，古罗马有"贵族党"和"平民党"。中国古代，汉朝有"钩党"，唐朝有"牛党"、"李党"，宋朝有"熙丰党""元祐党"、"蜀党"、"洛党"、"朔党"，明朝有"东林党"、"阉党"等。难题在于：这些党是政党吗？破解这一难题的关键或许在于鉴别：17—18世纪英国的托利党与辉格党是不是真正的政党？

1679年5月，英国议会在讨论王位时发生争执，结果形成两党：辉格党与托利党。辉格党代表新贵族和资产阶级利益，主张限制王权，提高议会权力，因而反对国王弟弟詹姆士继承王位；托利党代表地主和旧贵族利益，拥护君权至上，因而赞成詹姆士继承王位。1688年政变后，辉格党成为议会中占多数席位的执政党，建立了一党内阁，初步确立了诸如"议会中的多数党进行组阁"等内阁制和政党政治的原则。那么，辉格党与托利党是不是真正的政党呢？

主流学者的回答是否定的，因为两党的活动局限于议会之内的辩论和协商，没有严格的组织纪律和行动纲领，没有全国性的组织系统，因而只是议会内的不同政治派别："这两个党当时都还局限于议会中的活动，还没有全国性的公开组织和系统，故不是严格意义的政党"②。"它们既没有持续的组织形式，也没有正规的中央组织和地方组织的联系，充其量不过是活跃在当时政治舞台上的精英们（特别是在议会中担任议员的精英们）

---

① 刘文岛：《政党政治论》，商务印书馆1928年版，第1页。
② 梁琴、钟德涛：《中外政党制度比较》，商务印书馆2000年版，第32页。

的政治俱乐部。"① 那么，在主流学者看来，真正的政党究竟产生于何时何处？

18世纪60年代，英国开始工业革命，至19世纪30—40年代完成。这期间，资产阶级迅速壮大，议会权力逐步向下院以及下院中的资产阶级代表倾斜。为了争取选民，获得议会多数席位，两党都开始重组，并分别更名为自由党与保守党。在主流学者看来，自由党与保守党是真正且最早的政党，因为二者都突破了议会的狭小圈子，竞相在全国发展自己的组织，建立了全国性的党的组织机构，形成了自己的组织系统，拥有各自的社会基础："到19世纪中叶，两党都建立了全国性的党的组织机构，形成了自己的组织系统，拥有各自的社会基础，也更能影响国家政权和社会政治生活。这样，具有近现代意义的英国两大政党便正式形成了"②。

不难看出，主流观点是难以成立的。衡量一个党是不是现代政党，确实可以根据两条标准或两个特征：是否突破了议会的狭小圈子因而在全国发展自己的组织？是否有持续的组织机构、严格的组织纪律和系统的行动纲领？根据辉格党和托利党没有达到这两条标准只能断定两党不是现代政党，却绝不能否定两党是政党。围绕国家最高权力问题而形成的辉格党与托利党怎么能不是政党呢？执政的辉格党怎么能不是政党呢？成为议会中占多数席位的执政党怎么能不是政党呢？建立了一党内阁的辉格党怎么能不是政党呢？确立了"议会中的多数党进行组阁"等内阁制和政党政治原则的辉格党怎么能还不是政党呢？辉格党与托利党无疑是政党，只不过不是现代意义的政党或现代政党罢了。主流观点的错误就在于以偏赅全，将现代政党的特征当作政党的普遍特征，从而根据辉格党与托利党不具有现代政党的特征而断言两党不是真正的政党。

如果辉格党与托利党是政党，那就更没有理由否定古罗马的贵族党与平民党是真正的政党了。因为平民党与贵族党是古罗马共和国全国性的、民众直接参与的党，两党围绕政治权力和经济利益斗争长达一个多世纪，最终平民获准担任国家最高官职——执政官——和跻身元老院，打破了传统世族贵族对国家政权的垄断，从而导致世族贵族与平民新贵共同执掌国

---

① 王长江：《现代政党执政规律研究》，上海人民出版社2002年版，第35页。
② 梁琴、钟德涛：《中外政党制度比较》，商务印书馆2000年版，第33页。

家政权。这样的两个党不是真正的政党又是什么呢？

如果古罗马的贵族党与平民党是政党，那也就没有理由否定古希腊的"山地党"、"平原党"和"海滨党"是政党了。这样一来，也就没有理由否定中国历代的新旧两党——改革派与保守派——是真正的政党。确实，没有理由否定以商鞅为首的改革派与以甘龙、杜挚为首的保守派是真正的政党；没有理由否定以王安石为首的改革派与以司马光为首的保守派是真正的政党；没有理由否定钩党与东林党是真正的政党，因而也就没有理由否定钩党、东林党的反对党——阉党——是真正的政党，因而也就没有理由否定那些纯粹图谋私利的戚、后党和帝党是真正的政党。

然而，主流学者却以为图谋私利的团体乃是宗派而非政党：政党是图谋公利的团体。萨托利亦持此见，他赞成柏克的政党定义，认为宗派不是政党，政党与宗派根本不同："柏克的一个被多次引用却很少能被人理解的定义是：'政党是建立在一些人们集体认同的特别的原则之上、以共同努力促进国家利益的联合起来的实体。'……'政党的如此坦坦荡荡地争取权力的意图……和那些为地位和薪水而进行的卑劣而自私的斗争是很容易区别的。'这句话的后半部分是关于宗派的一个精彩的定义"[①]。

确实，宗派是图谋私利的团体。但是政党一定是图谋公利吗？难道没有图谋私利的政党吗？更何况，政党无疑是很容易腐败堕落的。一个政党，即使是现代民主国家的政党，比如说自民党，当它刚刚建立生气勃勃图谋公利的时候是政党；但当它逐渐腐败堕落图谋私利的时候难道就不是政党了？这说得通吗？所以，宗派固然皆图谋私利，但政党未必皆图谋公利。政党不仅仅是为了实现图谋公利的共同政治目标而结成的团体，而且也包括为了实现图谋私利的共同政治目标而结成的团体：前者不是宗派，而只是政党；后者不仅是政党，而且是宗派：宗派是图谋私利的政党。主流学者之所以认为政党是图谋公利的团体，显然也是将政党等同于现代政党的结果。因为现代政党——特别是现代民主国家的政党——的宗旨和纲领，正如萨托利所言，都是"服务于集体的福祉的，是服务于不仅仅是竞争者个人的福利这一目的的"[②]。

[①] 萨托利：《政党与政党体制》，商务印书馆2006年版，第22页。
[②] 同上书，第53页。

综上可知，政党自古有之，因为政党就是政治党派，就是政治派系，就是政治派别，就是一些人为了夺取政治权力、实现共同的政治目标而自愿结成的对另一些人——反对者——进行斗争的团体：该团体共同政治目标如果是私利，就不但是政党而且是宗派；如果是公利，就只是政党而不是宗派。政党自古有之，因而有古代政党、近代政党和现代政党之分。所以，韦伯说："古代的和中世纪的党也可以称为政党。"① 詹姆斯·布赖斯说："政党是一切国家中都有的；一切政体下都可存在的。"② 主流观点的错误就在于以偏赅全，将现代政党的特征当做政党的普遍特征，因而误以为政党是一种通过选举或革命等争取民众的手段取得政治权力、实现共同政治目标的有纲领有组织有纪律的图谋公利的团体。

2. 政党价值

政党虽然自古有之而存在于任何社会、任何国家和任何政体，但其存在的性质有所不同：政党的存在只有在代议民主国家中才是必需和必然的；在其他国家中则不具有必然性和必需性，而只是可能的、可有可无的。因为代议民主是所有公民通过其代表来进行统治——而不是自己直接进行统治——的民主，是所有公民将最高权力委托给政府及其官吏来代表自己进行统治的民主。所以，与直接民主和寡头以及君主政体不同，代议民主政体遭遇一个莫大的难题：数以百万计的公民如何选举代表？如何表达和形成数以百万计的公民之公意？

因为在代议民主国家，每个公民都拥有选举权与被选举权，因而选民和候选人数不胜数，往往数以百万计，彼此互不相识，政治偏好千差万别、极为分散，绝不可能在自发地形成公意或共同的政治目标和政策。因此，一些抱有共同政治目标的选民和候选人就必须由少到多由近及远滚雪球式地聚集起来，结成不同团体，亦即结成不同政党：政党就是一些人为了实现共同的政治目标而自愿结成的团体。每个政党都协议推荐候选人，将候选人及其政党介绍给全体选民。这样，各个政党的候选人便可以通过自己政党的宣传而使数以百万计的选民了解自己和自己的政党，认同其政

---

① 萨托利：《政党与政党体制》，商务印书馆2006年版，第50页。
② 詹姆斯·布赖斯：《现代民治政体》上，吉林人民出版社2001年版，第112页。

治目标乃至加入其政党,形成共同的政治目标和政策,选举他们认为能够代表自己的候选人。当选的候选人就是全体选民的代表,因而当选的候选人及其政党的政治目标和政策就是代表全体选民的公意。这样一来,岂不就解决了代议民主两大难题——众多公民如何选举代表和如何形成众多公民之公意——从而使代议民主得到实现?否则,如果没有政党,每个人都自己宣言做候选人,不但宣传能力微不足道,而且候选人和选民同样数不胜数。这样一来,每个候选人便不可能使数以百万计的选民了解自己,数以百万计的选民和候选人势必各自为政,如同一盘散沙,不可能形成公意,不可能形成共同的政治目标和政策,从而选票必定至于涣散,选举必定归于失败,因而也就不可能实现代议民主。

这个道理,罗威尔曾有很好的论述:"在一个较小的地区,选民数目既少,意见的交换又可以自然地用非正式的会议进行,公务官员是可以不需要任何提名的机构径由人民投票选举的;但是,在一个大的选区里,选民们彼此不相识,抱有同一目标的人就必须聚集起来,协议一个候选人,然后再推荐给公众。否则,选票就会因分散而失去作用,而结果是否符合真正的民意,只是取决于机会。简单地说,必须有提出候选人的某种方法,也就是说,某种政党组织;选民愈多,这种需要就愈迫切"①。

布赖斯也这样写道:"在行代议政治的国家中,政党是有两种主要的任务:宣传政策和办理选举。……从前选举区很小而选举权又有财产限制的时候,选民团的人数是很少的;所以一个人可以自己宣言做候选人,或者使几个有势力的选民把他提出来。……但是后来选民团的人数一天多于一天了,平等的观念也逐渐发达了;所以候选人的选择不得不靠政党了。……选举时,假使政党没有指定候选人的权力,其党内的投票力必至于涣散的,并且有许多选举人必定不知道拿选票来选举什么人好。"②

罗威尔甚至以美国为例进而断言:"可以更正确地说,美国的政党是为遴选候选人而存在的。"③ 西格勒和盖茨也这样写道:"现在的政党机器主要是为了要在竞选中取胜而开动的。"④ 这恐怕就是为什么众多学者误

---

① 罗威尔:《英国政府:政党制度之部》,上海人民出版社1959年版,第6页。
② 詹姆斯·布赖斯:《现代民治政体》上,吉林人民出版社2001年版,第114—115页。
③ 罗威尔:《英国政府:政党制度之部》,上海人民出版社1959年版,第7页。
④ 高鹏怀:《比较政党与政党政治》,知识产权出版社2008年版,第26页。

将选举代表作为种差来界说政党,如萨托利所说:"政党是被官方认定在选举中提出候选人,并能够通过选举把候选人安置在公共职位上去的政治集团。"① 拉斯韦尔和卡普兰说得更简明:"政党是一个阐述复杂问题并在选举中提出候选人的集团。"②

然而,由此亦可足见政党实为众多公民选举代表所必需,实为表达和形成众多公民之公意所必需。表达功能(表达和形成公意)和代表功能(政党的当选候选人是选民的代表):这就是任何团体皆不具有而为政党所独具的两大功能。因此,萨托利在总结政党的独特功能时这样写道:"我以如下方式有时是可以互换地说明了政党:(1)代表机构,(2)表达工具。与此相关联的是,它们的主要行为可以被认为是代表性功能和表达功能"③。

中外学者大都将政党功能归结为四种:一是表达和代表功能,亦即代表、表达、综合和形成民意;二是政治社会化功能,亦即对公民进行政治教育;三是政治精英形成与挑选功能,亦即推选和培养本党候选人,使他们赢得选举,从而担任政府公职;四是政治目标和政策的形成与制定,实际上也就是制定政治目标与政策,通过政治社会化,得到选民认同,使之达成公意,从而形成共同的政治目标与政策。

不难看出,一方面,政治社会化和政治目标和政策的形成与制定实际上都属于表达功能,亦即表达、综合和形成民意;另一方面,政治精英形成与挑选实际上则属于代表功能,因为政治精英无非就是政党的候选人,而当选的政党候选人就是选民的代表。但是,将政党特有功能如此归结为四种或五种是不科学的。因为唯有表达和代表两大功能为政党所特有;而政治社会化、政治精英形成与挑选、政治目标和政策的形成与制定等功能,一般说来,岂不是其他任何团体——乃至政府——都可以具有吗?

因此,政党的独特功能只应该归结为代表与表达。政党的表达功能和代表功能显然为代议民主所必需,是代议民主最根本的必要条件:没有代

---

① 高鹏怀:《比较政党与政党政治》,知识产权出版社2008年版,第51页。
② 同上书,第4页。
③ 萨托利:《政党与政党体制》,商务印书馆2006年版,第56页。

表与表达也就没有代议民主。问题的关键恰恰在于,代表和表达乃是任何团体皆不具有而为政党所独具的两大功能。所以,政党实为代议民主所必需,是代议民主最根本的必要条件——没有政党就不可能有代议民主——因而政党在代议民主政体或国家中的存在具有必然性。

反之,在其他任何政体——亦即直接民主、寡头政体和君主政体——中,政党的存在即使在所难免,也绝非必需,因而其产生和存在纯属偶然而不具有必然性。因为直接民主是全体或多数公民亲自行使最高权力;寡头政体是少数公民执掌最高权力;君主政体是一人执掌最高权力:三者皆不存在众多公民选举代表和形成公意之难题,因而政党的存在皆非其必需,皆不具有必然性。

有鉴于此,布赖斯一再说:"政党是必不可免的。哪一个大的自由国家没有政党呢?代议政府没有政党怎样可以实行呢?"① "我始终不能找到代议的国家如何可以没有政党的答案来。"② 夏特·施耐德也这样写道:"应该直截了当地说,政党创造了民主,现代民主没有政党是难以想象的。"③ 不过,很多学者只见政党系代议民主的必然产儿,却不见政党亦可偶然存在于其他任何政体,遂误以为政党只是代议民主的产儿。康有为便如是说:"夫立宪者,政党之父。国会者,政党之母。多数裁决者,政党之胎也。"④ 张君劢亦如是说:"世界无无政党之立宪国,亦无有政党之专制国。"⑤ 殊不知,政党可以存在于任何政体;只不过,唯有在代议民主政体中政党的存在才具有必然性:政党是代议民主最根本的必要条件。

政党是代议民主最根本的必要条件,意味着:政党对于社会的存在发展具有莫大价值。但是,有一利必有一弊。政党对于社会的存在发展也具有相当大的负价值。不但所谓"小人"结成的图谋私利的政党——亦即宗派——具有负价值,而且所谓"君子"结成的图谋公利的政党也具有相当大的负价值。因为任何政党都同样是一些人为了实现共同的政治目标

---

① 詹姆斯·布赖斯:《现代民治政体》上,吉林人民出版社2001年版,第120页。
② 同上书,第124页。
③ 王绍光:《民主四讲》,生活·读书·新知三联书店2008年版,第169页。
④ 康有为:《康有为与保皇会》,上海人民出版社1983年版,第314页。
⑤ 杨德山:《中国近代资产阶级政党学说研究》,人民出版社2002年版,第97页。

而结成的对另一些人——反对者——进行斗争的团体,因而都同样固有排他性和封闭性,势必党同伐异,甚至形成所谓"政党分赃制",严重违背任人唯贤的社会公正原则。这恐怕就是为什么古今中外众多思想家否定政党的缘故。

对于这一缘故,博林布鲁克讲得最透辟:"政党之治理……必终结于宗派之政府。……政党乃政治之邪恶,而宗派则为所有政党中最恶者"[①]。这种否定对于无关乎代议民主的政党或许能够成立;但对于为实现代议民主而结成的政党来说无疑是错误的。因为不论政党的负价值多么大,与其正价值——代议民主最根本的必要条件——相比较,其净余额无疑都是巨大无比的正价值。所以,政党所固有的"邪恶"完全属于"必要恶"范畴,因而也就是一种真正的"善"了。更何况,政党之"恶"或"负价值",显然是完全可以随着代议民主和政党制度之日趋完善而不断最小化。不过,政党价值因政党制度不同而不同。更确切些地说,政党之为代议民主最根本的必要条件并不是无条件的,而是有条件的,是以一定类型的政党制度为前提的。

3. 政党制度:政党数量计数规则

何谓政党制度?所谓制度,如前所述,就是国家和社会制定、认可或奉行的一定的行为规范体系,亦即一定的法(包括法律、政策和纪律)和道德的体系。因此,所谓政党制度(Party system),可以顾名思义,也就是国家和社会制定、认可或奉行的关于政党的行为规范体系,亦即国家和社会制定、认可或奉行的关于政党的法——包括习惯法——和道德体系。因此,首先,政党制度可以是宪法规范,如法国1958年颁布的第五共和国宪法第4条规定:"各政党和政治团体协助选举表达意见。它们可以自由地组织起来并开展活动。它们应该遵守国家主权原则和民主原则"。其次,政党制度可以是专门法律规范,如德国《政党法·基本法》第21条规定:"根据党的宗旨或者党员的行为表明,某些政党企图侵犯自由民主的宪法秩序,或者推翻、危害德意志联邦共和国的生存,均属违反宪法"。最后,政党制度也可以是习惯法的规定,如

[①] 萨托利:《政党与政党体制》,商务印书馆2006年版,第16页。

英国在大选中获得多数席位的政党为执政党和该党领袖出任首相等惯例。

各国政党制度的类型往往各不相同。这种类型的不同对于代议民主的实现显然具有根本意义：只有一定类型的政党制度才可能实现代议民主。因此，政党制度的分类对于代议民主具有根本意义。关乎代议民主能否实现的政党制度分类，正如杜维杰尔所发现，无疑是以政党数量为根据的分类：一党制、两党制与多党制。但是，这样一来，我们就走进了一座迷宫："政党体制的分类是一个迷宫，'术语的混乱和多样成了一条通则'"[1]。造成这种混乱和困惑的难题主要在于，作为一个国家政党制度分类根据的政党数量，并不是该国存在的所有政党，而只是其中一部分政党。例如，英国目前有200多个政党登记在册，但英国并不是多党制而是两党制，因为作为政党制度分类根据的政党数量只有两个：工党与保守党。那么，为什么200来个政党都可以被忽略不计而只有工党与保守党才应该被计数？究竟什么样的政党才应该被计数？

学者们大都认为应该根据政党的大小或实力，说到底，应该根据政党的"席位实力"。但对此萨托利不以为然。他将应该被计数的政党叫做"相关的政党"："政党有多大的实力才能使其是相互关联的，政党多么虚弱才能使其是相互无关的？由于没有一个更好的解决办法，我们通常设置一个门槛，在这个门槛之下的政党是忽略不计的。这根本不是一个解决方案，因为并不存在评价规模相关性的绝对标准。如果这个门槛设立在5%议席的水平上——通常正是这样做的——将会导致严重的忽略。另一方面，门槛越低，包括不相关政党的机会也就越大。"[2] 那么，究竟应该怎样计数呢？

萨托利提出两个计数规则。按照规则1，一个政党，不论多么小，只要参加了执政联盟，就应该被计数。按照规则2，如果没有参加执政联盟，却是一个相当大的政党，有竞争力量影响定位于执政的政党之间的竞争策略，如意大利共产党，也应该被计数。[3] 规则1无疑是正确的。不

---

[1] 萨托利：《政党与政党体制》，商务印书馆2006年版，第169页。
[2] 同上书，第171页。
[3] 同上书，第173—174页。

过，我们可以进一步追问：为什么一个政党只要参加了执政联盟就应该被计数？显然因为它属于执政党范畴。因为所谓执政党，不言而喻，就是执掌政权的政党，就是单独执政、轮流执政或联合执政的政党。

然而，规则2不能成立。英国第55届下议院工党有356席，保守党197席。第三大党民主党63席，无疑有竞争力量影响工党和保守党的竞争策略，按照萨托利的规则2，就应该被计数了。但是，这样一来，英国岂不是多党制？这岂不荒唐至极！因为英国无疑是两党制而绝非多党制。

再看萨托利所列举的意大利共产党，它是意大利战后以来第二大党，与第一大党天民党所获得的选票有些年相当接近。但该党自从1947年就被排斥在政府之外，长期处于反对党地位。按照规则2，正如萨托利所言，该党应该被计数。这样一来，如果天民党不是联合其他小党共同执政，而是一党独自执政，那么，应该被计数的党就是天民党与共产党两个，因而就是两党制：难道还有比这更荒唐的吗？殊不知，如果天民党不是联合其他小党共同执政，而是一党独自执政，那么，不论意共如何强大，它都应该与其他没有参加执政联盟的小党一样，不应该被计数，因而意大利就是一党独大的一党制，而不是两党制。

可见，一个政党，不论如何大，只要它不属于执政党范畴——不能单独执政、轮流执政或参加执政联盟——就不应该被计数；不论多么小，只要参加了执政联盟，因而属于执政党范畴，就应该被计数。因此，政党应该被计数与否，与其大小强弱并无直接关联，而完全取决于是否执政：应该被计数的政党只是执政党。这就是说，划分政党制度的最重要的根据固然是政党数量，却不是实际存在的所有政党的数量，也未必是实力强大的大党的数量，而只应该是执政党的数量。为什么？

原来，任何政党的根本问题都是执掌政权，因为政党之所以为政党、政党区别于其他团体的根本性质，就在于它是一些人为了执掌政权、实现共同的政治目标而结成的对反对者进行斗争的团体。于是，所谓政党制度，说到底，也就是国家制定、认可和奉行的围绕各政党如何执掌政权的行为规范体系，也就是围绕各政党如何执掌政权问题而形成的法和道德体系。这个道理，王长江曾有所见："政党都是以取得和控制政权为目标的政治组织。在政党开展活动的过程中各政党之间、政党与政权之间形成的关系网络或结构，就是政党体制"①；"由于政党体制表示各政党围绕执掌政权这个核心问题而形成的比较稳定的、制度化的相互联系，所以，在许多情况下，它和政党从政模式是一个意思"②。

可见，政党制度的核心问题是各政党如何执掌政权。各政党如何执掌政权的最重要最主要最根本的问题，无疑是执政党的数量：一党独掌政权还是两党轮流执政抑或多党联合执政？所以，执政党的数量乃是政党制度最重要最主要最根本的性质，因而是划分政党制度的最重要最主要最根本的根据。这就是为什么，政党应该被计数与否与其大小强弱无关而完全取决于是否执政的缘故。

无党制 以执政党数量为根据，政党制度可以分为四大类型：无党制、一党制、两党制和多党制。在一种政党制度中，如果规定执政党的数量是零，亦即不允许政党存在，就可以称之为"无党制"：无党制就是不允许政党存在的制度，就是视政党为非法的政党制度。无党制主要存在于专制国家，如中国自大禹开创家天下的专制制度直至清朝，在制度层面一直不允许政党存在，因而实行的都是无党制。不过，有些民主国家也可能实行无党制，如美国建国之初，因为国父们反对任何政党，实行的就是一种无党制。今日的乌干达实行的也是无党制，亦即所谓无党派民主：这种无党制还在2000年的全民公决中取得了胜利。

然而，萨托利和王绍光等众多学者却将无党制与无党等同起来，认为无党的国家实行的都是无党制，因而将无党制分为无党与不允许政党存在两种类别："无党观念实际上包括两种不同情况：（1）没有政党的、主要是未出现政党的国家，如沙特阿拉伯、也门、约旦、阿富汗、尼泊尔；（2）敌视政党的国家，即政府镇压先前存在的政党的那些国家，它们采取敌视政党的立场，或者坚持敌视政党的教条"③；王绍光还举例说："雅典民主就是一种无党制"④。

这就将无党与无党制混为一谈了。殊不知，无党制与无党根本不

---

① 王长江：《现代政党执政规律研究》，上海人民出版社2002年版，第108页。
② 王长江：《政党现代化》，江苏人民出版社2004年版，第156页。
③ 萨托利：《政党与政党体制》，商务印书馆2006年版，第62页。
④ 王绍光：《民主四讲》，生活·读书·新知三联书店2008年版，第173页。

同：前者是制度；后者是事实。因此，一方面，无党的国家未必实行无党制。古代雅典民主没有政党，只是一种事实，却不是制度，因而不是无党制。今日科威特也没有政党，却允许政党合法存在，因而其无党纯属事实而绝非制度；就其制度而言，实为有党制而绝非无党制。

另一方面，有党的国家，却可能实行无党制。中国古代，政党林立。汉朝有"钩党"，唐朝有"牛党"、"李党"，宋朝有"熙丰党""元祐党"、"蜀党"、"洛党"、"朔党"，明朝有"东林党"、"阉党"等。这些党都是一些人为了夺取政治权力、实现共同的政治目标而自愿结成的对另一些人进行斗争的团体，因而都属于政党范畴。不过，这些政党的存在只是事实而不是制度。中国4000年来不论事实上有多少政党，也不论事实上存在多少执政党；政党一直都是非法的，在制度层面都是一直不允许政党存在，因而实行的一直都是无党制。

可见，无党国家未必实行无党制；有党国家却可能实行无党制。因此，无党制与事实上有无政党无关，而只是一种不允许政党存在的制度。

一党制执政党的数量如果是一个，是一党独掌政权，就叫做一党制：一党制就是一党独掌政权的政党制度。一党制分为一党独裁制与一党独大制两种。一党独裁制是一党独掌政权且不允许他党存在或竞争政权的非竞争性政党制度。一党独大制则是一党独掌政权且允许其他政党竞争政权的竞争性政党制度。

这就是说，一党独裁制与一党独大制都是一党独掌政权，因而都属于一党制。但一党独大制允许多党自由竞争政权，一党独掌政权完全是多党自由竞争政权的结果，因而是一种竞争性一党制，如日本自民党独掌政权的一党制、墨西哥革命制度党独掌政权的一党制、印度国大党独掌政权的一党制等。反之，一党独裁制不允许其他政党与自己竞争政权，甚至不允许其他政党存在，一党独掌政权完全是一党垄断国家政权的结果，因而是一种非竞争性一党制，如德国纳粹党的一党制、意大利法西斯党的一党制和苏联共产党的一党制等。

显然，我们对于一党制的理解与多数学者一致，接近传统的一党制概念。但是，这种理解在萨托利看来过于宽泛："很多学者是在非常宽泛的意义上提到'一党'的，所指的是一党对其他党的霸权、主导或优势"①他自诩自己的创新在于将传统的一党制分为三个类别：一党制、霸权党制和主导党制。②

他的"主导党制"也就是一党独大制，亦即一党独掌政权且允许其他政党竞争政权的竞争性政党制度："就主导党制所要指出的第一点就是，它们毫无疑问属于政党多元主义这一范畴。大党之外的政党不仅被允许存在，而且也作为主导党法律上且合法的竞争者而确确实实地存在，尽管它们不一定是有效的竞争者"③。

他的"霸权党制"与他的"一党制"合起来，则构成我们所谓的"一党独裁制"：一党独掌政权且不允许他党存在或竞争的非竞争性政党制度。因为，一方面，他将"一党独掌政权且不允许他党存在"叫做一党制："一党制的情况我们就很清楚了：政治权力被一个政党所垄断，精确地讲没有任何其他政党是被允许存在的"④。另一方面，他将"一党独掌政权且不允许他党竞争"叫做霸权党制："霸权党制可以描述如下：霸权党既不允许正式的、也不允许事实的权力竞争，尽管允许其他政党存在"⑤。

显然，将"一党独掌政权且允许其他政党竞争"叫做一党独大制还是主导党制都是可以的，萨托利的失误不在这里。他的失误甚至也不在霸权党制，虽然他的霸权党制的外延狭窄于一党独裁制，但将一党独裁制叫做霸权党制似乎也未尝不可。他的失误乃在于将霸权党制与主导党制排除于一党制之外，因而回避一党独裁制和一党独大制的分别而称其为霸权党制和主导党制。说到底，他的失误乃在于他的一党制定义：一党制是只允许存在一个党的制度。细究起来，可以看出他这一失误的原因，全在于其政党数量计数规则。

他计数政党数量的根据，如前所述，是政党的实力或大小强弱；而不是执政党数量。如果按照执政党数量计数，只要执政党是一个，就都是一

---

① 萨托利：《政党与政党体制》，商务印书馆2006年版，第75页。
② 同上书，第178页。
③ 同上书，第287页。
④ 同上书，第181页。
⑤ 同上书，第321页。

党制，因而一党制无疑包括一党独裁制和一党独大制，亦即包括萨托利所谓主导党制和霸权党制。然而，如果按照政党实力或大小计数，一党制确如萨托利所言，应该是只允许一个党存在的制度，而不包括主导党制和霸权党制。因为，如果按照主导党制和霸权党制，允许存在两个以上的党，那么，其他的政党——特别是那些非主导党——就有可能实力逐渐增强，以致成为应该被计数的党。这样一来，岂不就成了两党或多党制而不是一党制？所以，萨托利一党制定义失误的原因，全在于不懂得应该将执政党数量——而不是政党实力或大小——作为计数根据。

两党制与多党制 执政党的数量如果是两个，是两党轮流执政或联合起来共同执政，就叫做两党制：两党制就是两个政党轮流（或联合）执政的竞争性政党制度。执政党的数量如果是三个以上政党轮流执政或联合起来共同执政，就叫做多党制：多党制就是三个以上政党联合（或轮流）执政的政党制度。典型的两党制国家有英国、美国、新西兰和加拿大等；而多党制国家则有法国、德国、意大利、丹麦、瑞典和以色列等。

两党制与多党制都是竞争性政党制度，因而实行这两种制度的国家都存在着众多自由竞争政权的政党。但是，在多党制国家，没有形成一个能够赢得议席绝对多数或可以单独执政的大党，而必须多党联合才能执政，因而执政党的数量是三个以上。反之，在两党制国家，虽然存在着众多政党，每个政党都被允许通过自由竞争执掌政权，但占据主导地位的却只有两个势均力敌的大党。这两大政党都可能赢得议席绝对多数或单独执政而无须与其他政党联盟，其他任何政党皆无法与之抗衡，不可能执掌政权。

这样一来，与多党制国家的政权必定执掌于三个以上政党不同，两党制国家政权则只可能执掌于两个大党；并且两个大党差距足够小，因而可以期望轮流（或联合）执政。换言之，在两党制国家，尽管一个党可能长期占据优势，甚至事实上长期执政，但任凭哪一个党都不可能期望永远独掌政权，而或迟或早势必轮流（或联合）执政。这一点，萨托利讲得十分透辟："'轮流执政'，应该作宽泛理解，它意味着对政府更替的期望而不是事实上发生。那么，'轮流执政'只能意味着两个大党之间的差距足够小，或者说有足够的信誉，可以期望在野党有机会把执政党赶下台"①。

因此，两党制国家即使一党长期单独执政，也同样是两党轮流执政，因而执政党是两个而不是一个。然而，人们往往以为两党制国家只有一个政党是执政党：一个是执政党，另一个是在野党。因此，他们以为两党制的执政党是一个而不是两个：这恐怕就是人们不把执政党的数量当做政党制度分类根据的根本原因。

殊不知，两党制之所以为两党制，决不是因为甲党执政、乙党在野；而是因为两党轮流执政。否则，如果不是轮流执政，而总是甲党执政、乙党在野，岂不成了一党独自执政？岂不成了一党制？所以，两党制是一党执政一党在野地轮流执政的政党制度：它的根本性质和特征不是一党执政一党在野，而是两党轮流执政。因此，萨托利说："当我们问两党制的特征是什么时，则会引起更加复杂的争论。如果说两党制的主要特点是一党单独执政，我们还必须马上补充道，单独执政不是无限期地执政。如果在一次次的选举之后总是同一政党执政，那则是一个主导性体制而不是两党制。这等于说，轮流执政是两党制机制的区别性标志"②。

可见，两党制国家的执政党是两个而不是一个。更何况，谁都承认两党制就是两个政党轮流执政的制度。两个政党轮流执政：这不明明说执政党是两个而不是一个吗？只不过两个执政党是轮流而不是同时执政罢了。因此，两党制国家里一党执政一党在野的现象并没有否定两党制国家的执政党是两个，并没有否定执政党的数量之为政党制度分类的根据。

不过，界定两党制为两个政党轮流执政的制度并不确切。因为一般说来，两党制确实是两党轮流执政；但是，在某些特殊条件下，两党也可能联合执政，如英国"二战"时期就是工党与保守党联合执政。所以，确切地说，两党制是两个政党轮流（或联合）执政的竞争性政党制度。同样，界定多党制为三个以上政党联合执政的制度也不确切。因为一般说来，多党制确实是三个以上政党联合执政；但是，在某些特殊条件下，多党也可能轮流执政，如德国的多党制便是某种轮流执政：两个大党——基督教民主联盟与社会民主党——轮流与其他小党联合执政。所以，确切地

---

① 萨托利：《政党与政党体制》，商务印书馆2006年版，第271页。
② 同上书，第271页。

说，多党制就是三个以上政党联合（或轮流）执政的政党制度。

半党制 一些学者提出存在所谓"半党制"。他们说，日本是一个半党制；澳大利亚、德国和英国则是两个半党制。然而，萨托利认为"半党制"是不能成立的，因为"德国在半党的说法下，也变成和英国一样的了（这当然是错误的）……上述说明表明，分为半党的做法不仅没有消除反而增加了由于缺少计数规则而产生的混乱。当我们在玩弄半党或把政党一分为几的时候，我们错过的正是问题的本质"①。

遗憾的是，萨托利虽然看到了问题的本质乃在于政党数量的计数规则，但是，他却与绝大多数学者一样，仍然将政党的实力（大小强弱）作为计数根据。准此观之，比较弱小的政党被当做半个比较强大的政党就确实有一些道理了。这样一来，日本就可以叫做一个半党制，因为1969年第一大党自民党59席位，是一个党；第二大党社会党19席位，可以算作半个党。同理，英国是两个半党制。因为英国第55届下议院工党有356席，保守党197席。第三大党民主党63席，堪称半个党。德国也是两个半党制：与两大党——基督教民主联盟和社会民主党——联盟执政的小党（自民党）可谓"半个党"。澳大利亚也是两个半党制：工党与自由党是两个党，而与其联盟的小党（乡村党）是半个党。

然而，即使将政党的实力（大小强弱）作为计数根据是正确的，半党制也难以成立。它无法解决：小党究竟要强大到什么程度才可以叫做半个党？它无法解决：在所谓一个半与两个半党制的国家，为什么分别只有第二大党与第三大党才可以算做半个党？如果第二大党与第三大党才可以算做半个党，那么，其他几个更小的党就可以相加而折合成半个党或一个党。这样一来，任何国家就都会是三个党以上，因而都是多党制，而不可能存在一党制和两党制以及一个半党制和两个半党制了：岂不荒唐至极？

可见，半个党制理论正如萨托利所指出，只能造成荒唐和混乱。这种荒唐和混乱，一方面证实了以政党大小作为政党数量的计数根据之错误；另一方面则显示了以执政党作为政党数量的计数根据之正确。因为将执政党的数量作为政党制度分类根据，就不会出现所谓半个党制的错误、荒唐和混乱了。首先，以执政党数量为根据，英国无疑是两党制，而不是两个

---

① 萨托利：《政党与政党体制》，商务印书馆2006年版，第278页。

半党制或多党制。因为不论自由党大小，只要它与工党或保守党联合执政，英国就是三个以上执政党，就是多党制，而不是两个半党制。但是，英国的第三党不论如何强大，毕竟没有执政联盟，因而不属于执政党范畴。英国的执政党始终只有两个，两党都不依靠联合其他政党就能够取得执政党所需要的多数，因而都不需要与其他政党联合执政，而始终两党轮流执政。

其次，以执政党数量为根据，日本无疑是一党独大制，因为日本执政党只是一个自民党，并不存在执政党联盟。德国无疑是多党制，因为德国执政党是三个以上：轮流执政的两个大党——基督教民主联盟与社会民主党——并不是单独执政，而是与其他小党联合执政。澳大利亚无疑也是多党制，因为澳大利亚的执政党是三个：工党、自由党和乡村党。只不过，这三个党是联合且轮流执政：轮流执政的一边是工党，而另一边是自由党和乡村党的联盟。

4. 政党制度之优劣

政党制度有无党制、一党制、两党制和多党制之分，那么，究竟何种政党制度优良？达尔对此亦一再追问："哪一个更好？围绕两党制和多党制的相对价值，一直争论不休。"[①] 问题的关键在于，民主政党制度的目的，与其选举制度的目的一样，全在于实行民主。因此，正如达尔所言，实现与符合民主的程度便是评价民主政党制度优劣的唯一标准："哪一种选举和政党体制能够最好地实现民主的目的？"[②] 准此观之，多党制是最好的民主政党制度；两党制是比较好的民主政党制度；一党独大是坏的民主政党制度。因为民主是全体公民——而不是多数公民——执掌最高权力的政体，说到底，是多数公民与少数公民共同执掌最高权力的政体。因此，少数公民应该与多数公民一样，都应该拥有自己的代表执政；只不过多数公民的代表应该相应地多，少数公民的代表应该相应地少罢了。

一党独大是一党独掌政权，意味着：政府仅由多数公民的代表组成，

---

① Robert A. Dahl, *On Democracy*, New Haven & London: Yale University Press, 1998, p. 135.
② Robert A. Dahl, *How Democratic Is the American Constitution?*, New Haven & London: Yale University Press, 2001, p. 61.

而少数公民没有自己的代表。因此，一党独大违背"多数公民与少数公民共同执掌最高权力"的民主根本原则，因而是坏的、不应该的和具有负价值的民主政党制度。诚然，一党独大比一党独裁和无党制好得多：一党独大不是最坏的政党制度。最坏的政党制度是一党独裁和无党制。但是，一党独裁和无党制不是最坏的民主政党制度，因为二者属于非竞争性政党制度，属于专制等非民主政党制度。

两党制是两党轮流（或联合）执政，意味着，政权轮流执掌于多数公民代表和少数公民代表，基本符合"多数公民与少数公民共同执掌最高权力"的民主根本原则，因而是好的、应该的和具有正价值的民主政党制度。但是，两党制不是最好的民主政党制度；最好的民主政党制度是多党制。因为多党制是三个以上政党联合（或轮流）执政。这意味着，多党制与两党制有所不同：两党制是多数公民代表与第一少数公民代表轮流执政，第二少数公民以下的所有少数派都没有自己的代表执政；多党制则是多数公民代表与第一少数派以及第二少数派以下的众多少数派代表联合执政，最接近完全符合"多数公民与少数公民共同执掌最高权力"的民主根本原则，因而是最好的、最优良的民主政党制度。王绍光说：

> 一般研究政党制度的学者基本上同意这样一个结论，即多党制在代表选民方面比两党制要好，能够更充分地代表选民。由于选民不必违心地在两个政党之间做选择，他们参与政治的意愿更强烈。这反映在投票率上，多党制下投票率比两党制下要高。另外，多党制让极端政党也有机会通过制度渠道参与政治生活，更有利于政局稳定。①

诚然，问题是，多党制的执政党数量越多，代表性就越强越大，就越接近代表全体公民，就越接近完全符合"多数公民与少数公民共同执掌最高权力"的民主根本原则。那么，能否说多党制的执政党数量越多越好？否！因为在一定的历史条件下——如在生产力尚未高度发达因而国民

---

① 王绍光：《民主四讲》，生活·读书·新知三联书店 2008 年版，第 178 页。

觉悟未能普遍提高的历史条件下——可能确如亨廷顿所言,"政党数量与政党稳定成反比例"①,亦即执政党的数量与政局的稳定成反比:数量越多,政局就可能越不稳定;多到碎片化,就可能崩溃,甚至沦为专制等非民主政体。因此,只有在民主政体能够运作而不致崩溃的前提下,多党制执政党的数量才越多越好:多党制执政党的数量应该多到民主政体的运作所能容许的最大限度。这个最大限度,就是分配议席最低门槛的科学依据。

这样一来,两党制便因其基本符合"多数公民与少数公民共同执掌最高权力"的民主根本原则而是比较优良的民主政党制度;多党制则因其最接近完全符合"多数公民与少数公民共同执掌最高权力"的民主根本原则而是最优良的民主政党制度。然而,正如韦尔所指出,在很多人看来,两党制优于多党制:"在很多政治学家看来,两党制是一种较好的形式——它存在于稳定的民主政体中,多党制则与不稳定政体相联,诸如魏玛德国或法兰西第四共和国,它们似乎总有崩溃成独裁统治的危险"②。

即使果真两党制政体稳定有效率,而多党制政体不稳定无效率,也不能说两党制优于多党制。因为,一方面,有一利必有一弊。任何政党制度必定都既有好的、优良的方面,又有坏的、恶劣的方面。评价民主政党制度好坏的标准只能是民主政党制度的目的:实行民主。因此,实现与符合民主的程度乃是评价民主政党制度优劣的唯一标准;而政体稳定和效率等并不是评价标准。王绍光说:"到底哪一种政党制度更好呢?这里有两个'好'的标准:一是在多大程度上代表选民,二是对政治稳定是不是有利……批评两党制的人认为,这种体制有明显的美国倾向。它首先在代表性上不及格,因为它与其说是代表各种各样的选民,不如说是强迫选民忍痛割弃自己的政治偏好,在两大党提供的菜单里做选择。其次,不应把'内阁稳定'与'政局稳定'混为一谈。在多党制政体里,内阁的更换也许相当频繁,但这并不妨碍政体本身是相当稳定的。何况现存政权的

---

① 亨廷顿:《变动社会的政治秩序》,上海译文出版社1989年版,第456页。
② 艾伦·韦尔:《政党与政党制度》,北京大学出版社2011年版,第140页。

'政局稳定'本身不应该成为价值判断的标准。"①

另一方面，如前所述，唯有民主制符合国家制度价值标准体系（公正、平等、人道、自由和增进每个人利益），因而长久说来必定稳定和有效率；而专制等非民主制都程度不同地违背国家制度价值标准，因而长久说来必定不稳定和无效率。这意味着，更加符合民主原则的多党制比两党制更加符合国家制度价值标准，更加公正，更加平等，更加人道，更加自由，更加能够增进每个人利益，因而长久说来，势必更加有效率，亦可能更加稳定："诸如荷兰和斯堪的那维亚国家，堪称务实的改革与稳定相结合的真正典范。"② 某些多党制国家的不稳定和无效率乃至沦为专制等非民主制，必定是多党制之外的因素所致。因此，随着民主制的发展和进步，多党制势必取代两党制和一党独大而日益普遍：共产主义社会必定是多党制一统天下。这就是为什么，目前世界上236个政体中，只有35个是两党制，而多党制则有126个。这就是为什么，黑格和哈罗普说：

> 在巩固的民主制度下，一党制和两党制目前都处于衰落之中，而多党制已经成为最常见的格局了。为争夺权力而展开持续对抗的英美两党制模式也许还会有重要影响，但目前却是相当不寻常的。③

5. 政党制度成因

如果说多党制最为优良，那么，多党制究竟如何才能取代两党制和一党独大？取代的关键是什么？说到底，一党独大、两党制和多党制等各种政党制度的成因究竟是什么？答案恐怕是：任何政党制度的成因都是偶然任意的。换言之，一个国家究竟实行哪一种政党制度是偶然任意的。因为，如前所述，一个国家究竟实行何种经济形态，究竟实行原始公有制还是资本主义抑或社会主义，取决于生产力发展水平，具有历史必然性，是

---

① 王绍光：《民主四讲》，生活·读书·新知三联书店2008年版，第178页。
② Robert A. Dahl, *On Democracy*, New Haven & London: Yale University Press, 1998, p. 136.
③ 罗德·黑格、马丁·哈罗普：《比较政府与政治导论》，中国人民大学出版社2007年版，第277页。

历史的、必然的、不以人的意志而转移的因而不具有普世价值。但是，一个国家究竟实行何种政体，是民主制还是专制等非民主制，则与生产力发展水平没有必然联系，不具有历史必然性，不是历史的、必然的、不以人的意志而转移的；而完全取决于执掌最高权力的人数，是偶然任意的、可以自由选择的，因而具有普世价值。这就是为什么，任何政体，不论是民主制还是专制等非民主制，几乎都曾出现于生产力和经济形态发展的任何阶段：原始社会、奴隶社会、封建社会和资本主义社会。

既然如此，既然一个国家究竟实行民主制还是非民主制都是偶然任意的，那么，它究竟实行何种民主政党制度和何种非民主政党制度岂不更是偶然任意的？既然一个国家实行民主制都是偶然任意的，那么，它究竟实行何种民主政党制度——两党制还是多党制抑或一党独大——岂不更是偶然任意的？因此，一个国家实行任何政党制度都是偶然任意的：政党制度的成因是偶然任意的。必然性是普遍的，因而只有一个；而偶然性则是特殊的，因而多种多样。因此，一个国家政党制度的成因必定是多种多样的。

一个国家究竟实行民主还是非民主制，如前所述，取决于当时社会的地理环境、生产力、经济、政治、文化、法律、道德、意识形态、阶级结构、争夺最高权力的斗争、国民的人格、传统习俗、国内外形势和思想家们的理论等多种因素的具体的特殊的偶然的情况。一个国家究竟实行何种政党制度，是两党制还是多党制抑或一党独大，也直接或间接取决于诸如此类的具体的特殊的偶然的因素，特别是多数制还是比例制抑或混合制及其当选门槛之高低、阶层和阶级的分化和冲突、宗教分歧、种族分歧、文化分歧、语言分歧、城乡差距、地域主义等。

这些因素对于导致某种政党制度虽然有根本与非根本、内因与外因以及主因与次因之分，但是，无论是哪一种因素抑或所有这些因素之和，都只是某种政党制度的偶然性原因，都不足以必然导致某种政党制度，都不可能必然决定某种政党制度的诞生；充其量，都只是有利于或不利于某种政党制度的诞生，只是某种政党制度形成的有利条件或不利条件：任何政党制度的成因都是偶然任意和多种多样的。这就是为什么，学者们解释某国政党制度成因时往往竞相提出众多原因，如对美国两党制的成因的解释就有"制度论"、"两种冲突论"、"文化传统论"、"社会意见一致论"、

"宗教宽容论"、"政党忠诚论"、"无封建社会论"和"无限边疆论"等。①

然而，问题的关键，正如里普逊所言，在政党制度众多的成因中，究竟哪一种是根本的决定性的原因："谁也不能否认，像政党制度这样复杂的东西，一定会受到几个因素的影响，尽管影响的程度和力量有所不同，或者某一种影响以后还能够在它的起因上发生作用，从而加强这个起因。真正争执之点是，哪个起因是最初的最基本的，到了后来它的影响还在继续发生作用"②。

那么，政党制度的根本成因究竟是什么？政党制度，亦即两党制还是多党制抑或一党独大制，说到底，无疑是选民投票选举的结果，是选票分布的结果："一个国家存在两个还是更多的政党，民主制度产生稳定的还是动荡的政府，新政党是不断取代旧政党还是仅扮演配角，在相当大的程度上取决于选民分布这一决定因素"③。那么，究竟是什么决定选民如何投票？是什么东西决定选票的分布？主要讲来，显然只有两个东西：一个是选举制度，亦即多数制还是比例制抑或混合制；另一个是社会分层，特别是阶级分化，亦即选民所属的社会阶层和阶级。因此，一个国家政党制度的根本成因必定存在于二者之中：或者是二者之一；或者是二者兼而有之。因此，围绕政党制度根本成因的争论，正如韦尔所指出，可以归结为两大流派：一派可以称之为"阶层论"，认为社会阶层，特别是阶级，乃是政党制度的根本成因；另一派可以称之为"制度论"，认为选举制度等国家制度是政党制度的根本成因：

> 不同政体的政党制度为什么会存有差异，此问题是政治学最重要的研究领域之一，对于这一问题，持社会学方法与持制度主义方法的研究者给出的答案截然不同。早期的制度主义者曾把选举制度看作是导致各国政党制度出现差异的原因，而持社会学方法的研究者则强调社会分野尤其是阶级分野在政党制度形成中的重要性。④

---

① 李道揆：《美国政府与美国政治》，商务印书馆1999年版，第166—169页。
② 里普逊：《民主新诠》，香港新知出版社1972年版，第112页。
③ 安东尼·唐斯：《民主的经济理论》，上海人民出版社2005年版，第130页。
④ 艾伦·韦尔：《政党与政党制度》，北京大学出版社2011年版，第170页。

阶层论者恐怕不胜枚举，因为选民所属的阶层和阶级决定着他们的政治偏好和选票分布，原本是自明之理。但阶层论的系统阐述者却屈指可数，最主要的代表人物，无疑是李普塞特和罗坎。李普塞特径直将投票选举看作阶级斗争，他的名著《政治人》第七章和第八章的题目分别是"选举：民主的阶级斗争的表现形式"和"选举：民主的阶级斗争的表现形式——持续与变革"。在这两章中，李普塞特详尽论证了选民所属的阶层和阶级如何决定着他们对政党的偏好和投票，从而给出结论说：

> 在所有现代民主国家，不同群体的矛盾是通过政党而表现出来的，这些政党基本上代表着"阶级斗争的民主的转化"。虽然许多政党否认阶级冲突或阶级效忠的原理，分析一下他们所要求的与所拥护的，就知道他们的确代表着不同阶级的利益。在世界范围内，大致情况是有的政党主要是以低层阶级为基础的，有的则系以中、上层阶级为基础的。即使就传统视为不同于欧洲阶级分裂模式的美国政党而言，情况也是这样。民主党从它有史以来即从社会的低级阶层取得支持，而联邦党、辉格党及共和党则一直获得特权较多群体的效忠。①

尔后，李普塞特和罗坎在《共识与冲突》中，进而否定制度论，否定选举制度是政党制度的成因，而将政党制度的成因归结为"中心—边缘"、"国家—教会"、"土地—工业"和"业主—工人"四大社会冲突、社会分裂："从统计学的角度上看，在我们所考察的事例中，至少有一半情形用第四条分裂线更能解释成年人投票分布的不同。我们之所以强调头三条分裂线，是因为这些分裂线看来可以解释制度之间的大部分差异，'中心—边缘'、国家—教会、土地—工业分裂之间的相互作用，比由工人阶级运动的壮大所产生的其他分裂在国家的政党制度之间产生了更为明显的、也更难以弥合的差异。"②

李普塞特等人的"阶层论"能否成立？答案是否定的，因为该论将

---

① 李普塞特：《政治人》，商务印书馆1993年版，第173页。
② 李普塞特：《共识与冲突》，上海世纪出版集团2011年版，第172页。

政党的成因与政党制度的成因混为一谈。政党就是政治党派，就是政治派系，就是政治派别，就是一些人为了夺取政治权力、实现共同的政治目标而自愿结成的对另一些人——亦即反对者——进行斗争的团体。因此，诚如李普塞特所言，政党是社会阶层分化和冲突——特别是阶级分化和冲突——的结果，代表社会各阶层和阶级的利益，因而阶层和阶级之分化冲突是政党的成因：

> 政党斗争就是阶级之间的斗争，而且关于政党支持者有一个最使人不能忘怀的事实，那就是几乎在每一个经济发达国家，低收入群体的选票，主要给左派，而高收入群体的选票主要投给右派。①

然而，各阶层和阶级之分化冲突仅仅是各政党形成的原因，只能说明一个政党为什么会得到下层阶级的支持和选票，而另一个政党会得到中上层阶级的支持和选票；只能说明某国为什么会产生某政党，为什么某政党会得到较多选票而是大党，为什么某政党会得到较少的选票而是小党；只能说明为什么一个政党兴盛起来而另一个却衰落下去，为什么一个国家政党林立，另一个国家却寥若晨星、屈指可数，如此等等。但是，它不能够说明，为什么一个国家的两个大党可以和一个或几个小党联合执政而实行多党制，另一个国家却只有两个大党轮流执政而实行两党制；它不能说明，为什么各国同样政党林立，一个国家却只有两个党是执政党从而实行两党制；而另一个国家却有三四个政党是执政党从而实行多党制。因为执政党究竟是几个虽然是选民投票的结果，但说到底，却无疑取决于投票选举制度，亦即取决于多数制还是比例制抑或混合制及其当选门槛之高低。

试想，阶层和阶级的分化冲突，岂不只能说明，英国为什么会产生保守党、工党、自由党、共产党、绿党、威尔士民族党和苏格兰民族党？岂不只能说明，为什么保守党的选票主要来自垄断财团、企业老板、公司经理、农场主、教会等中上等阶层，而工党的选票主要来自工会？岂不只能说明，为什么只有保守党和工党是大党、为什么工党崛起而自由党衰落？

---

① 李普塞特：《政治人》，商务印书馆1993年版，第173—176页。

却不能说明，英国为什么只有保守党和工党是执政党而实行两党制？不能说明为什么自由党和共产党就不能成为执政党而实行多党制？英国两党制的成因显然与阶层和阶级的分化冲突无关，而主要取决于多数选举制及其高达35%的当选门槛。因为在这种单一选区相对多数选举制度下，只有一位得票最多的候选人当选，因而小党很难获得席位；选民也不愿意将自己的选票浪费给没有获胜希望的小党，而倾向于在大党候选人中选择。这些岂不就是英国只有两个大党是执政党的根本原因？

否则，如果英国不是实行多数制，而是实行比例制，势必出现多党制。因为实行这种选举制，不但得票不多的小党可以获得相应比例的议席，而且当选门槛比多数制低得多。李帕特的《选举制度与政党制度》考察了69个民主国家选举制度：12个多数制的当选门槛都高达35%；57个比例制的当选门槛都很低，平均为6.6%。① 这样一来，实行比例制岂不很容易出现三个以上的执政党？这就是为什么，小党反对多数制赞成比例制而大党则恰恰相反；这就是为什么英国工党成立之初，作为一个小党，曾反对多数制而赞成比例制。但是，多数制对大党有利，两个大党控制着下院绝大多数议席：这就是英国一直实行两党制的根本原因。

可见，阶层与阶级的分化冲突仅仅是政党的根本成因，而不是政党制度的根本成因；政党制度的根本成因是选举制度。这是不难理解的。因为政党制度——两党制还是多党制抑或一党独大——无疑取决于选民投票选举，说到底，取决于选民投票选举制度，亦即取决于多数制还是比例制抑或混合制及其当选门槛：国家制度是决定性的、根本性的和全局性的；而国民行为则是被决定的、非根本的和非全局性的。那么，除了选举制度，是否还有决定政党制度的重要成因？

安东尼·唐斯的回答是肯定的："社会中有两个政党还是两个以上的政党取决于：（1）投票人分布形状；（2）选举方式是以多数票制为基础还是以比例代表制为基础。"② 唐斯此见深得韦尔重视，称之为"竞争方

---

① 阿伦·李帕特：《选举制度与政党制度》，上海世纪出版集团2008年版，第47页。
② 安东尼·唐斯：《民主的经济理论》，上海人民出版社2005年版，第129页。

法"而与"制度论"和"阶层论"相抗衡。① 然而，唐斯此见看似全面而实是不能成立的。因为所谓投票人分布形状，显然一方面决定于社会阶层与阶级的分化冲突，另一方面决定于选举制度，亦即决定于多数制还是比例制。这样一来，唐斯关于政党制度的两个成因，说到底，也就是社会阶层分化和选举制度。殊不知，社会阶层分化仅仅是政党的根本成因，而不是政党制度的根本成因。

最早发现政党制度的根本成因是选举制度并予以系统证明的理论家，如所周知，是迪韦尔热。他发现，相对多数选举制倾向于产生两党制，因为这种选举制具有将所有小党都淘汰出局——从而导致两大党轮流执政的两党制——的"机械因素"和"心理因素"：

> 淘汰（重建两党制的第二个方式）本身是由两个因素混合而成的：一个是机械因素，一个是心理因素。前一个是第三党的'损失代表名额'作用（第三党即最弱党），即它所得的席位百分比低于它所得选票的百分比。……心理因素也有着同样的隐晦之处。当第三党在一轮投票多数选举制之内运行时，选民很快就明白，如果他们继续投票支持第三党，他们的票是白投了，于是，他们会将选票转投给其余两个政党中没有那样坏的一个，以防止最坏的一党得胜，这是自然的倾向。②

迪韦尔热进而发现，与相对多数制促成两党制相反，两轮投票多数制和比例代表制促成多党制："两轮投票促成多党制这个趋势则是毫无疑问的。其原理相当简单：在此制度下，相类政党的多元性无损于它们的总体代表性，因为相类的政党可以在第二轮投票时集结起来。两极化和损失代表席位的现象在这里都不会发生，或者只会在第二轮投票时才会发生，因而每个政党在第一轮投票时都可以完整地保留机会。……第二轮投票制和比例代表制都具有促使政党数目增加的作用，因此，此两种制度的分别不在于它们所促成的政党数目，而在于政党内部结构所出现的变化……两轮

---

① 安东尼·唐斯：《民主的经济理论》，上海人民出版社2005年版，第176页。
② 莫里斯·迪韦尔热：《政党概论》，香港青文文化事业有限公司1991年版，第204页。

投票制促成数目众多、个人性质和松散结构的政党，比例代表制促成数目众多但结构严密的政党"①。

迪韦尔热的发现无疑是正确的，甚至可以说是划时代的。但是，正像所有划时代理论都有夸大其适用范围的倾向一样，迪韦尔热尽管有所保留，仍然说："我们可以仿效马克思的提法，将促成政党二元性发展视作一轮投票多数制的'铁律'"②。这恐怕就是为什么"多数制促成两党制和比例制促成多党制"被称为"迪韦尔热定律"的缘故。这是不能成立的。因为，一方面，如上所述，任何政党制度的出现和成因都是偶然任意的，而不可能是必然的。任何选举制度都不可能必然产生某一政党制度，而只可能有利于或不利于促成某一政党制度。另一方面，迪韦尔热自己也承认："选举制可以促成两党制，但不是可以摆脱一切障碍必然地和绝对地如此；这个基本趋向还会和很多其他的趋向结合，因而可以令之减弱、放慢或停顿。"③ 35年之后，亦即1986年，迪韦尔热又进一步修正说：

> 选举规则与政党制度之间的关系，并非机械的与自动的，某一特定的选举制度并不必然会产生某一特定的政党制度，影响一个政党制度的形成有诸多助力与阻力的因素，而选举制度仅仅是助力因素之一。④

综观政党制度成因可知，一方面，阶层和阶级的分化冲突只是政党的根本成因而非政党制度的根本成因，李普塞特所代表的"阶层论"的错误就在于，将政党成因当作政党制度成因，因而误以为阶层和阶级的分化冲突是政党制度的根本成因。另一方面，政党制度的根本成因是选举制度，因为执政党究竟是两个还是三个以上抑或一个，无疑取决于选民投票选举，说到底，取决于选民投票选举制度，取决于多数制还是比例制抑或混合制之投票选举制度，因而迪韦尔热所代表的"制度论"是真理。但是，任何政党制度的出现和成因都是偶然任意的，因而多数制只是有利于促成两党制，是两党制最根本的有利条件；比例制只是有利于促成多党

---

① 莫里斯·迪韦尔热：《政党概论》，香港青文文化事业有限公司1991年版，第218页。
② 同上书，第205页。
③ 同上书，第205页。
④ 转引自王业立《比较选举制度》，五南出版公司2001年版，第50页。

制,是多党制最根本的有利条件。王绍光对世界上195个国家的实证研究证实了这个道理:

> 图表3—16在一定程度上证实了杜佛杰定律。我们能同时找到选举制度与政党制度资料的政体共195个,目前在实行两党制的32个政体里,21个或66%采取简单多数或相对多数代表制;在实行多党制的107个政体里,57个或53%采取比例代表制。这说明杜佛杰定律不是铁律,而是出现概率较高的现象。要找到不符合杜佛杰定律的例外十分容易,在选举上实行多数代表制的印度、英国、加拿大并不完全是两党制。其实,杜佛杰本人也不认为他的论断是绝对真理,只不过多数代表制倾向遏制新兴政治力量的出现,加速淘汰衰落的政治势力;而比例代表制的作用正好相反。图表3—16也印证了杜佛杰的这个判断,我们看到,多数代表制不仅容易产生两党制,也容易孕育一党独大、一党制和无党制。①

图表3—16 选举制度与政党制度的关系②

选举制度/政党制度	两党制	多党制	一党独大	一党制	无党制	总计
简单多数/相对多数	21(66%)	32(30%)	20(51%)	5(100%)	10(83%)	88
比例制	9(28%)	57(53%)	7(18%)	0(0%)	0(0%)	73
混合制	1(3%)	14(13%)	12(31%)	0(0%)	1(8%)	28
其他	1(3%)	4(4%)	0(0%)	0(0%)	1(8%)	6
总计	32(100%)	107(100%)	39(100%)	5(100%)	12(100%)	195

五 民主的运作:政府

1. 政府概念:民主政府与非民主政府

粗略地看,所谓政府,顾名思义,就是政治权力机关、政治权力组

---

① 王绍光:《民主四讲》,生活·读书·新知三联书店2008年版,第177页。
② 同上。

织，就是国家各级政治权力机关组织：中央政府就是国家中央政权组织；地方政府就是国家的地方政权组织。然而，细考较去，却不尽然。因为政治就是权力管理。一所大学的管理机关也是权力机关，也属于政治权力机关，却不能称之为政府或政府机构。所以，政府并不能定义为政治权力机关。那么，政府究竟是什么？

中文"政府"一词，据《词源》考证，原本指国家官吏办公的地方和机关："政府，谓政事堂"。引申为管理国家的官吏团体组织或管理国家的政治权力机关、政治权力组织。《宋史·欧阳修传》说："其在政府，与韩琦同心辅政。"西文政府（Government）一词，源于希腊文 Kubernan 和拉丁文 gubinere，义为指导、驾驭、管理和统治，引申为管理国家的政治权力组织、官吏组织，因而《简明不列颠百科全书》写道："政府是治理国家或社区的政治机构"。

不难看出，政府的概念定义与其词源含义完全一致：政府就是管理国家的政治权力机关，就是管理国家的官吏组织。这就是说，政府属于政治权力机关、机构或组织范畴，属于官吏团体、官吏组织范畴。但是，政治权力机关、机构或组织并不都是政府，官吏团体组织并不都是政府；只有管理国家的政治权力机关或组织才是政府，只有管理国家的官吏团体组织才是政府。

因此，美国《新标准百科全书》说："政府是一个民族、一个帝国、一个公国、一个国家、一个城市或其他政治单元中的主要官员组成的政治组织或团体的形式。"美国《科里尔百科全书》说："政府是指在一个有组织的社会中执行国家职能的机构或者执行这些职能的人们。"我国政治学的开拓者邓初民亦如是说："政府不过是执行政治任务、运用国家权力的一种机关罢了。"[①]

可是，国家是什么呢？所谓国家，如前所述，乃是拥有最高权力或主权的社会。因此，政府是管理国家的政治权力机关，意味着：所谓政府，说到底，也就是国家最高权力机关，亦即执掌和行使最高权力（或主权）的一切管理组织，亦即掌握与行使最高权力的一切官吏组织，亦即掌握与行使最高权力的中央及地方的组织机关。

[①] 邓初民：《新政治学大纲》，中国社会科学出版社1984年版，第110页。

因此，卢梭说："政府只不过是主权者的执行人。"① 达尔说："政府是指在一特定领土内成功地支持了独掌合法使用武力的权利以实施法规的任何治理机构。"② 《布莱克维尔政治学百科全书》"政府"词条写道："政府是国家的权威性表现形式"；我国学者杨幼迥也这样写道："政府是国家的机关，是行使国家主权的工具，亦即是国家意志所借以发表的机关。"③

可见，政府只是国家的管理机关，只是管理国家的一种组织，是国家的领导集团；因而只是构成国家的一种要素，只是构成国家的一部分，也就是能够代表国家的那个部分，是国家的代表；正如一切社会的领导者和管理者都是该社会的代表一样。这个道理，在拉斯基那里曾有十分精辟的阐述："国家需要一个人的团体替它行使它所掌握的最高的强制性的权威；而这个团体就被我们唤作国家的政府。政治学的基本原则之一，就是我们必须把国家和政府区分得清清楚楚。政府只是国家的代理人；它的存在，就是要贯彻执行国家的意旨。它本身并不是那个最高的强制权力，它不过是使那个权力的意旨发生效力的行政机构"④。

这样一来，任何国家，不论民主制还是专制等非民主制，都必定同样存在着政府。但是，民主的政府与专制等非民主制政府必定根本不同。那么，民主政府的根本特征是什么？换言之，怎样的政府才能实现民主？怎样的政府不可能实现民主？这一问题无疑只有联系政府的职能和民主的本性才能科学说明。首先，政府究竟有什么职能？

原来，人类社会的基本活动，不言而喻，表现为两大方面：一方面是创获物质财富的活动，亦即对物质财富的生产、交换、分配、消费，叫做"经济"；另一方面则是创获精神财富的活动，也就是对精神财富的创作、出版、发行、教育、表演、学习、欣赏等，如著书立说、戏剧舞蹈、绘画雕刻、讲课听课等活动，叫做"文化"。经济和文化都是创获财富的活动，都与财富有必然的、不可分离的关系。反之，那些与财富没有必然的、不可分离关系的活动，亦即完全不创造财富的活动，如自由结社、组

---

① 卢梭：《社会契约论》，商务印书馆 1994 年版，第 76 页。
② 罗伯特·A. 达尔：《现代政治分析》，上海译文出版社 1987 年版，第 28 页。
③ 杨幼迥：《各国政府与政治》上册，台湾中华书局 1981 年版，第 1 页。
④ 拉斯基：《国家的理论与实际》，商务印书馆 1959 年版，第 7 页。

织活动、朋友来往、同学交往、血缘关系、同事交际、爱情婚姻、拐骗盗窃、打架杀人等，不妨名之为"人际交往"活动，属于与"经济"、"文化"和"政治"并列的狭义的"社会"范畴。

经济和文化以及人际交往，皆系社会性活动，因而要存在和发展，就必须互相配合、有一定秩序而不可互相冲突、乱成一团。这就需要对这些活动进行管理。于是便产生了管理活动。不过，管理活动有的创造财富，有的不创造财富。创造财富的管理活动，如生产调度的工作和乐队指挥的工作，无疑仍然分别属于经济与文化：生产调度的工作属于经济范畴；乐队指挥的工作属于文化范畴。

不创造财富的管理活动也分为两类：政治和德治。孙中山早就说过，政治是一种管理活动："政就是众人之事，治就是管理，管理众人之事就是政治。"① 不过，正如马起华所说，管理众人之事，并非都是政治；政治仅仅是一种权力管理："权力可以说是政治的标志"。② 反之，德治则是非权力管理，是社会依靠非权力力量——如教育和舆论强制——对于人们行为的管理。

然而，没有规矩，不成方圆。唯有借助行为规范，才能实现对行为的管理，才能实现政治和德治，从而保障经济、文化和人际交往以及一切具有社会效用的活动之存在和发展。不言而喻，这种行为规范也无非两种。一种是政治规范，亦即权力规范，说到底，亦即具有重大社会效用的行为应该且必须如何的权力规范：这就是法。另一种则是德治规范，亦即非权力规范，说到底，亦即具有社会效用的行为应该而非必须如何的非权力规范：这就是道德。社会就其动态结构来说，显然无非由经济、文化、人际交往、政治、德治、法和道德7类活动构成，如图。

不难看出：经济、文化和人际交往三种活动与政治、德治、法、道德四种活动根本不同。经济和文化创造物质财富和精神财富，直接满足人的物质需要和精神需要；人际交往活动虽然不创造财富，却直接满足人的社会交往需要。因此，三者——特别是经济和文化——就其自身来说，就对人有益，就是人的目的，就是人所追求的善，因而都属于"内在善"或

---

① 马起华：《政治学论》，台湾商务印书馆1977年版，第6页。
② 同上书，第12页。

"目的善"范畴。

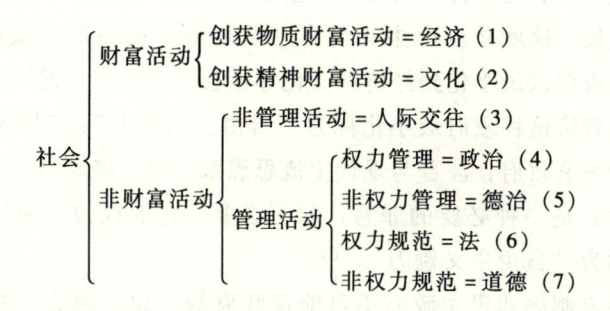

$$\text{社会}\begin{cases}\text{财富活动}\begin{cases}\text{创获物质财富活动}=\text{经济}(1)\\\text{创获精神财富活动}=\text{文化}(2)\end{cases}\\\text{非财富活动}\begin{cases}\text{非管理活动}=\text{人际交往}(3)\\\text{管理活动}\begin{cases}\text{权力管理}=\text{政治}(4)\\\text{非权力管理}=\text{德治}(5)\\\text{权力规范}=\text{法}(6)\\\text{非权力规范}=\text{道德}(7)\end{cases}\end{cases}\end{cases}$$

反之，政治、德治、法、道德，就其自身来说，不但不创造财富，而且是对人的行为的管理及规范，是对人的某些欲望和自由的限制、约束、侵犯，因而其本身对人非但无益而且有害；对人有益的，并非这些管理和规范本身，而是这些管理和规范通过对人的损害所达成的结果、目的：经济、文化和人际交往的存在发展。所以，政治与法、道德、德治，就其自身来说，不过是对人的某些欲望和自由的压抑、侵犯，因而是一种害和恶；就其结果和目的来说，却能够防止更大的害或恶（经济、文化和人际交往的崩溃）和求得更大的利或善（经济、文化和人际交往的存在发展），因而是净余额为善的恶，是必要的恶，属于"外在善"或"手段善"范畴。

不难理解，政治与法是必要的恶。这一理解的经典，便是边沁的那句名言："每一则法律都侵犯了自由。""每一则法律"，柏林进而解释说，"虽然可能增进某一种自由，但也都消减了某些自由。它是否能够增进可获致之自由的总量，当然要看每一个特殊的情况而定。一项规定'每一个人在一个特定的范围内，都不能对别人施加强制力'的法律，虽然很明确地增进了大多数人的自由，但是即使是这样的法律也'侵犯'了潜伏的暴徒及警察的自由。在这种情况下，这种侵犯，可能很值得我们去追求，但是它却仍然是一种'侵犯'"[①]。

可见，政治是一种必要恶，其基本的目的和职能在于保障经济和文化

[①] 柏林：《自由四论》，台北联经出版事业公司1986年版，第53页注。

的存在发展。政府属于政治范畴,因而凡是政治所具有的属性,政府无不具有。因此,政府是一种必要恶,其基本的目的和职能在于保障经济和文化的存在发展。这就是自由主义名言"管得最少的政府是最好的政府"之真谛:政府应该最小化到经济和文化等社会活动的存在发展所必需的最小限度。波普将这种政府最小化称为"自由主义剃刀":"国家(此处所谓国家是指国家政府,波普与现代主流思想家一样,将政府与国家混同起来——引者)是一种必要的罪恶:如无必要,它的权力不应增加。可以把这原则称为'自由主义剃刀'。"①

然而,专制等非民主政府不可能使政府最小化。因为专制等非民主制意味着:只有专制者一个人或几个寡头执掌最高权力,是主人;而绝大多数国民都被剥夺自由权利、平等权利和人权而沦为奴才。专制者或几个寡头将绝大多数国民都变成奴才而服从其统治的秘密,如前所述,就是等级制:等级制使非民主制国家的每个官员都享有他们在民主制中不可能得到的巨大特权和权益,从而使官吏阶级成为维护非民主制的主要力量。

这样一来,专制等非民主制政府,不论就其本性来说,还是就其现实来看,都必定是大政府。因为,一方面,专制者、寡头和官吏阶级及其政府不但垄断政治权力,而且必须尽可能垄断经济权力、文化权力和社会权力,从而才能享有他们在民主制中不可能得到的巨大特权和权益:大政府是等级制的必然产儿。另一方面,官吏阶级是维护专制等非民主制的力量,庶民阶级是反对专制等非民主制的力量,因而专制等非民主制存在的根本条件就是官吏阶级足够庞大,亦即大政府。

唯有民主制才可能使政府最小化。因为,一方面,民主政府的基本职能——保障经济和文化的存在发展——主要依靠经济自由与言论出版自由实现,并不需要政府指挥;另一方面,民主制意味着每个公民完全平等地共同执掌国家最高权力,因而不但消除了等级制及其所固有的大政府,不但消除了政府对政治权力的垄断,而且消除了政府对经济权力和文化权力以及社会权力的垄断。因此,民主政府,不论其现状如何,就其固有本性来说,必定是小政府。

---

① 波普:《猜想与反驳》,上海译文出版社1986年版,第499页。

第二十一章 民主实现的主观条件

因此,民主政府与专制等非民主政府的区别,就其固有属性来说,是小政府与大政府:专制等非民主政府必定是大政府;唯有民主政府才可能是小政府。这意味着,民主政府,就其本性来说,是小政府;但就其现实性来说,却未必是小政府。因为正如各个现实的个人对于同样生而固有的人性的实现程度有所不同一样,各个现实的民主政府对其固有属性的实现程度,也必定因诸多条件不同而有所不同。这就是为什么,很多现实的民主政府,往往因自身的不完善和国内外不利于小政府实现的环境之影响,以致不断扩张而成为大政府的缘故。就拿当代来说,美国等民主国家国内外条件都不利于小政府实现,以致1980年美国联邦政府,据徐鸿武等学者统计,有13个部和120个管理机构和国有企业,受雇人员达288万人,加上各地方政府及其他隶属政府管理的研究人员、非正式雇员,就达2300万人,这个数字意味着每六个美国人中就有一人为美国各级政府工作。① 然而,沃克等学者却由当代美国等民主政府机构急剧膨胀断言,民主政府的扩张是不可逆的而且必将绝对地继续下去:

用数种方法衡量,在可以预见的未来,所有政府的扩张是否可逆或可能中止?记载普遍表明:绝对的扩张必将继续下去。②

任何人都不再有可能推行那种有力的经济自由主义,巨大的转向注定了一个更具有干涉主义特征的时代必然来临。③

这种观点是不能成立的。因为评价政府扩张等任何国家制度善恶好坏的科学方法,只能看其是否符合公正与平等以及人道与自由等国家制度价值标准。主张政府干涉、指挥市场经济的干涉主义或混合经济,无疑违背经济自由价值标准,因而是恶的。只不过,在一定历史条件下,如战争、突发事件、两极分化、经济危机和长期的大萧条使经济人权得不到保障的条件下,或者福利国家制度还不够成熟因而必须大政府的历史条件下,在

---

① 徐鸿武等:《当代西方民主思潮评析》,北京师范大学出版社2000年版,第3页。
② John F. Walker, Harold G. Vatter, *The Rise of Big Government in the United States*, Armonk, New York, London, England: M. E. Sharpe Inc., 1997, pp. 251–252.
③ Ibid., p. 20.

这些条件下，大政府和干涉主义虽然是一种恶，却可以避免更大的恶——不公正与无人权——因而是一种必要恶。

但是，随着全球化的发展，生产力必将高度发达，公有制必将取代私有制，必将形成只有一个主权和一个世界政府的全球国家，因而将不存在在战争、两极分化和经济危机，福利国家制度将臻于完善，干涉主义和大政府将不再是一种必要恶，而是纯粹恶。那时，大政府的末日就到来了，经济自由和思想自由价值标准以及被二者所决定的民主政府的本性——小政府——必将得到充分实现，经济和文化亦必将因经济自由和思想自由而繁荣兴盛：未来的共产主义社会必将是自由主义和小政府的复兴。沃克等人以为政府扩张是不可逆的观点，不过是囿于今日美国等大政府兴起的皮相之见罢了。

可见，小政府虽然是民主政府的固有本性，这一本性却只有在一定条件下才能得到实现。这样一来，政府大小虽然是非民主政府与民主政府的固有本性，极其重要，却不能够使现实的民主政府与非民主政府区别开来。那么，是否有现实的民主政府区别于非民主政府的根本特征？答案是肯定的，那就是分权，亦即将国家最高权力或主权分割成几部分，分别委托给不同组织独立行使。因为，如前所述，民主政府的根本特征，亦即民主政府的充分且必要条件，乃是言论自由的选举制度和建党自由的政党制度以及分权的政府制度：民主政府是分权且由全体公民自由——言论自由与建党自由——竞选产生的政府。这意味着，民主政府的根本特征，就政府产生的方式来说，是由全体公民自由——言论自由与建党自由——竞选产生的政府；但就政府自身来说，则是分权政府。对于这个道理，博特·A. 罗克曼曾有所见：

> 可以用几种方式来对政府进行分类。对当代政府的一个简单划分是将其区分为自由立宪政府和各种形式的独裁政府。自由立宪政府可以是实质上的共和国（如美国和法国），也可以是立宪君主制（如英国和荷兰）。在前一种情况下，国家元首是一位民选的官员；在后一种情况下，国家元首是一位世袭的君主。自由立宪政府的这两种形式在政治上的主要特点是：竞争性的政党；由一个多数党或能够取得控制多数的政党联盟来执政；以及对国家权力进行宪法性

或规范性的限制。①

因此，如果就政府自身——而不是就其产生方式——的根本特征来说，民主政府就是政府权力受宪法性或规范性限制的政府，说到底，就是分权政府，就是最高权力分割为几部分而分别执掌于不同部门和不同官吏的政府；相反地，专制等非民主政府就是非分权政府，就是最高权力不进行分割而执掌于一人或一个组织的政府。因为民主政府就是人民、庶民执掌最高权力的政府。可是，庶民就是没有官职的人，就是政府之外的人：政府完全属于官吏团体范畴。因此，庶民虽然是最高权力的唯一合法所有者，日常却不可能亲自行使最高权力，而只能委托政府及其官吏代表自己行使。这样一来，政府及其各级最高官吏岂不极其容易篡夺原本属于人民所有的国家最高权力？那么，如何保障民主或主权在民，从而防止最高权力被最高官吏滥用和篡夺呢？

只有分权。因为所谓分权，也就是将最高权力分割为几部分，分别委托给不同的代表和代议组织独立行使，从而既相互制约监督又相互配合平衡。这样一来，无论哪一个代表或代议组织所行使的权力有多么重大，都不可能是国家最高权力，因而也就不可能篡夺国家最高权力了。那么，国家最高权力究竟应该分为几部分呢？

亚里士多德早就发现，一切国家权力或政治权力无非立法、行政和司法三部分："一切政体都有三个要素……三者之一为有关城邦一般公务的议事机能部分；其二为行政机能部分……其三为审判（司法）机能。"②因此，人民应该将最高权力分为立法、行政和司法三部分，分别委托不同的官吏和代议组织独立行使，相互制约：这就是所谓的分权。

这样一来，任何官吏，不论所执掌和行使的权力多么重大，便都不可能是国家最高权力。因此，分权既可以将国家最高权力委托给政府及其官吏，又可以有效防止政府及其官吏篡夺和滥用国家最高权力，从而保障人民永远拥有国家最高权力，政府及其官吏只能行使最高权力。

---

① 戴维·米勒等编：《布莱克维尔政治学百科全书》，中国政法大学出版社1992年版，第297页。
② 亚里士多德：《政治学》，商务印书馆1965年版，第215页。

相反地，非分权民主政府的致命弊端，就在于没有最高权力的分割化、无相互制约机制，因而使政府及其官吏行使的就是国家最高权力。这样一来，就违背了"权力极易被滥用而必须以权力制约权力"的普遍真理，最高权力势必被政府及其官吏滥用和篡夺，沦为名义民主而实为寡头统治：寡头统治是集权民主政府的铁律。

总而言之，民主政府与非民主政府的区别，就其固有本性来说，是政府大小：唯有民主政府才可能是小政府；而非民主政府必定是大政府。民主政府与非民主政府的区别，就其现实性来说，是分权与否，就是最高权力或主权分割与否：民主政府就是分权政府；非民主政府则是非分权政府。显然，民主政府与非民主政府的支配性决定性根本性的区别，是分权与否而非政府大小。那么，民主政府究竟如何分权？分权的模式有哪些？这就是所谓的民主政府制度问题。

2. 民主政府制度：最高权力分立模式

民主政府就是分权政府。这里所谓的分权，如前所述，乃是最高权力或主权的分立、分割；而不是其他政治权力的分割、分立。这意味着，如果一国政府最高权力存在着分割，那么，不论其他政治权力如何集中，都是民主政府；相反地，如果最高权力不存在分割，那么，不论其他权力如何分割、分散，都是非民主政府。因为任何政府都存在着政治权力的分割，即使是极权主义专制政府，独裁者也不可能执掌全部政治权力，因而也必定存在着政治权力的分割、分立，如宰相和大臣们都执掌某部分政治权力，而独裁者只可能独掌最高权力。所以，民主政府与非民主政府的根本区别，只是最高权力分割与否，而与其他权力如何无关。那么，民主政府究竟如何分割最高权力或主权呢？最高权力的分割无疑有两大方面：一方面是最高权力在中央政府自身内部的分割；另一方面则是最高权力在中央政府与地方政府相互间的分割。因最高权力在中央与地方政府的分割与否，而形成三种政府制度：联邦制与单一制以及邦联制。因最高权力在中央政府自身内部的分割方式而形成四种政府制度：总统制、议会内阁制与半总统制以及委员会制。

联邦制 实行联邦制的国家，如所周知，比较典型的有美国、瑞士、加拿大和澳大利亚；此外，还包括墨西哥、德国、捷克斯洛伐克、南斯拉夫、印度、巴基斯坦、马来西亚、尼日利亚和苏联等国。这是没有什么争议的。但是，究竟何谓联邦制，联邦制的定义是什么，却众说纷纭，莫衷一是。究其原因，乃在于存在着一种二律背反：一方面，联邦制区别于单一制的根本特征，无疑是中央与地方政府分权；可是，另一方面，单一制也可能存在着中央与地方政府的分权，甚至有过之而无不及："新近实行地方授权的不列颠国家并不比某些联邦国家更加集权"①。那么，联邦制与单一制的根本区别究竟何在？

原来，中央与地方政府分权确实是联邦制的根本特征；但是，作为其根本特征的分权，乃是最高权力的分割，而与其他政治权力分割与否无关。因为任何政府，即使是专制政府，更不用说单一制政府，必定都存在着中央与地方政府的分权；只不过，单一制的中央与地方政府所分的并非最高权力罢了。否则，如果中央与地方政府分享最高权力，那就是联邦制而不是单一制了。因为，所谓联邦制，正如黑格和哈罗普所指出，就是中央与地方政府分享主权或最高权力的政府制度，就是中央与地方政府共同执掌最高权力或主权的政府制度，也就是将最高权力分割为两部分，一部分由中央政府执掌，另一部分则由地方政府执掌的政府制度："联邦制的突出特征，就是合法主权由联邦政府与有制宪权的各个'州'分享，州即是联邦制国家内对省的称呼。联邦宪法产生两级政府，各有具体职能。中央政府负责对外关系，即国防、外交和移民，以及一些共同的对内职能例如发行货币；州的职能却大不相同，但一般包括教育和执法。"②

因此，就中央与地方所分享的最高权力来说，二者并无高低从属关系，而同样是最高权力、最终决定权或主权。因此，利普哈特说："学术界在联邦制定义的问题上众说纷纭，但对于联邦制最基本的特征却达成了广泛的一致：确保在中央政府和地方政府之间进行分权。威廉·H. 赖克给联邦制下了一个权威性定义：'联邦制是指一种政治组织，在该组织中，政府行为被划分为各级地方政府的行为和中央政府的行为，每一级政府都对某些行为拥有最终决定权'"③；海伍德也这样写道："联邦制要求

---

① 罗德·黑格、马丁·哈罗普：《比较政府与政治导论》，中国人民大学出版社2007年版，第333页。

② 同上书，第323页。

③ 阿伦·利普哈特：《民主的模式》，北京大学出版社2006年版，第136页。

有两个不同层次的政府存在，它们中的任何一方在法律上或政治上都不隶属于另一方。因此，其核心特征便是主权共享的意向"①；高纳亦将此当作联邦制的定义："联邦制政府，可以下一个定义，是中央和地方政府联合在一个共同的主权之下，而二者在宪法，或创造联邦的议会所制定的法律所规定的范围以内，都是最高的一种制度"②。

这样一来，就联邦制的根本特征——中央与地方政府分享最高权力——来说，联邦制乃是一种二元政府。因此，李剑农援引柏哲士和蒲徕士的话说："柏哲士对于联邦制有一个简明的界说：'联邦云者，亦即二元政府立于同一萨威梭贴之下耳'。意思就是'邦'政府与中央政府，在宪法上立于对等的位置；单一制的地方政府则否：这个界划最确切。英国蒲徕士尝说：'联邦政府，政权分寄于中央立法机关与地方立法机关：某项立法权属于中央，某项立法权属于地方，各有其所守之范围，由联邦宪法所决定，彼此不相侵越。故在北美联邦，对于某种事项，中央议会有无上之立法权，对于其他事项，则各邦在其本邦内亦有无上之立法权。'蒲氏这段话，就是所谓'二元政府'的注脚"③。

单一制 联邦制的界说，使何谓单一制迎刃而解：单一制与联邦制恰恰相反，亦即国家最高权力或主权完全执掌于中央政府的政府制度，也就是只有中央政府执掌最高权力——而地方政府只能执掌非最高权力——的政府制度，说到底，就是一元——亦即地方政府完全从属于中央政府——的政府制度。因此，黑格和哈罗普说："大多数现代国家都是单一制的，这就意味着主权完全掌握在中央政府手中。次国家政府当局，无论是地区政府还是地方政府，都可以制定并落实政策，但是它们必须经过中央政府的允许。从理论上讲，如果中央政府愿意，就可以废除下级组织。单一制政府自然地产生于那些拥有最高主权的皇帝或君主统治历史的社会，例如英国、法国和日本"④；高纳则一言以蔽之曰："宪法授全权于中央的一个或数个机关，而地方政府的职权或自治权乃至其本身的存在都是由中央赋

---

① 安德鲁·海伍德：《政治学核心概念》，天津人民出版社 2008 年版，第 299 页。
② 高纳：《政治学大纲》，世界书局 1935 年版，第 301 页。
③ 李剑农：《政治学概论》，商务印书馆 1934 年版，第 275 页。
④ 罗德·黑格、马丁·哈罗普：《比较政府与政治导论》，中国人民大学出版社 2007 年版，第 334 页。

予的制度,便是单一制政府。"①

邦联制 邦联制则是与单一制恰恰相反而介于联邦制另一极端的政府制度。因为联邦制是中央与地方政府分享国家主权;单一制是地方没有主权,主权完全执掌于中央政府;邦联制则是主权完全执掌于各成员国而中央机关没有主权的政府制度。因此,高纳说:"邦联政府是一个各会员邦保留其主权,但合组一共同的中央机关,以资彼此援助并共御外侮的政府制度。"② 黑格和哈罗普则举例说:

> 在邦联制下,中央的权威维持着初级伙伴的身份,而成员国居于支配地位。经典的邦联例证是1871年美国所短暂采用的那种制度。大陆会议所体现的那个弱小的中央权威,既不能征税也不能管制贸易;它还缺少对人民的真正权威。正是邦联条例的这些缺陷导致了1787年联邦宪法的起草和合众国的诞生。当代松散式邦联的例证是1991年由原苏联的各共和国成立的独立国家联合体。而阿塞拜疆的总统则把独联体当作一个"金玉其外败絮其中的、纯粹的肥皂泡"而不予理睬。③

总统制 何谓总统制?如果顾名思义,以为总统制就是设有总统的政府制度,那就大错特错了。因为德国、意大利和法国都有总统,却并非总统制国家。总统制原本为美国的国父们创造,美国堪称总统制的典范。世界上绝大部分民主国家都实行总统制,据1982年统计,实行总统制的国家多达84个。所谓总统制,正如高纳所指出,就是最高行政首脑或总统与立法部门,都分别由选民直接选出,因而相互独立而不对立法部门负责的政府制度:"总统制的政府,与内阁制或国会制政府相对的,是一个行政部(包括国家元首和他的阁员),在宪法上,关于他或他们的任期是对立法院独立,而关于他或他们的政治政策也不对立法院负责的制度。"④

---

① 高纳:《政治学大纲》,世界书局1935年版,第299页。
② 同上书,第307页。
③ 罗德·黑格、马丁·哈罗普:《比较政府与政治导论》,中国人民大学出版社2007年版,第324页。
④ 高纳:《政治学大纲》,世界书局1935年版,第293页。

在这种政府制度下,行政部门与立法机构是分离独立的,成员之间互不重叠。总统和议会任期固定,都不能推翻对方而垄断全部权力。行政权集中在总统手中,内阁和部长只是作为顾问对总统负责。总统制的最根本特点,无疑是三权——行政权、立法权和司法权——的明确分立。不过,正如里普森所指出,三权并非完全地绝对地分离独立,而是主要的全局的权力分离与次要的局部的权力混合,以使三个权力组织相互部分参与和支配彼此的行动,从而既相互制约、有效防止最高权力被篡夺和滥用,又协调一致、保障国家成为一个统一整体而不致分崩离析。①

内阁制 欧洲的民主国家,如英国、德国和意大利等,大都实行议会内阁制。据统计,实行议会内阁制的国家有40多个。所谓议会内阁制,亦即议会制或内阁制,就是最高行政部门或内阁由议会选出并对议会负责的政府制度:"所谓内阁制政府,就是一个真正的行政部——内阁或阁部——在它自己的政治的政策和行为上是直接的和合法的,对立法部或立法部的一院(平常是众议院)负责而间接是对选举团负责的一种制度;同时,那有名义上的行政部——国家元首——却居于不负责任的地位。"②在这种政府制度下,选民选出议会,议会选出首相,首相挑选内阁阁员形成最高行政部门:内阁。

内阁制的最根本的特点,无疑是内阁对议会负责,受议会监督。如果议会通过对内阁的不信任案,那么,内阁或者全体辞职,或者解散议会,重新举行大选,选出新议会。如果新议会仍然对原内阁不信任,内阁必须辞职。但是,内阁是由议会多数党组成的,首相就是多数党领袖,阁员通常都是议会的议员,因而内阁实际上就是议会的核心,堪称议会的常务委员会。因此,罗威尔说:

> 内阁是被称为下议院的一个委员会的,并且是它的最重要的一个委员会;但实际上,它还不止此。它不像一个普通委员会,是没有议员的议案交付它的。相反地,它有创制和编制它向下议院所提出的议案的独有权利;并且,在事实上,这些议案包括了差不多所有制成法

---

① 莱斯利·里普森:《政治学的重大问题》,华夏出版社2001年版,第227—228页。
② 高纳:《政治学大纲》,世界书局1935年版,第282页。

律的重要议案。所以，绝大多数的立法是专门由阁员们创制的。①

半总统制 何谓半总统制？利普哈特说："存在着普选产生的总统和议会选出的内阁首脑并存的制度，即通常所说的'半总统制'或'首相—总统制'。在我们所考察的36个民主国家中有6个实行半总统制：奥地利、芬兰、法国、冰岛、爱尔兰和葡萄牙。"② 黑格和哈罗普也这样写道："总统制政府和议会制政府是政治行政部门的纯粹形态。论及半总统制政府或二元行政部门，我们已进入一个更为复杂多变的领域。半总统制行政部门将民选总统与对议会负责的总理和内阁结合在一起。半总统制的经典定义来自法国学者杜维尔热，他指出：'如果宪法确立的政体把下述三个要素结合在一起，这种政体就是半总统制：（1）共和国总统由普选产生；（2）总统拥有相当大的权力；（3）然而，总统有对立面存在，即总理和各部部长；他们拥有行政和管理权力，并且只要议会不反对他们就可以保住职位。'"③ 可见，所谓半总统制，也就是民选总统与议会选出的内阁及其首脑相结合的政府制度，亦即行政首脑——国家总统与内阁总理——分别由选民和议会选举产生的政府制度：总统民选是总统制的根本特征；内阁及其总理由议会选举是议会制的根本特征，因而属于半总统半议会制的混合制政府制度。

委员会制 所谓委员会制，就是几个委员完全平等执掌最高行政权并受议会控制的政府制度，亦即废除首相特权的议会制。瑞士是委员会制的典型。瑞士联邦宪法规定，联邦议会、联邦委员会和联邦法院分别行使联邦的立法权、行政权和司法权。委员会由议会选举7人组成，7人轮流担任主席，任期1年，不得连任，7人地位完全平等，集体议事，多数裁定，委员会任期4年。委员会是议会的执行机关，最终受议会监督和控制。因此，委员会制与其说是"集体总统制"，不如说是"无首相议会制"、"无首相内阁制"。所以，高纳论及委员会制时这样写道：

---

① 罗威尔：《英国政府·中央政府之部》，上海人民出版社1959年版，第304页。
② 阿伦·利普哈特：《民主的模式》，北京大学出版社2006年版，第87页。
③ 罗德·黑格，马丁·哈罗普：《比较政府与政治导论》，中国人民大学出版社2007年版，第393页。

这个制度是一个由立法院由其自己的议员中选出与其同任期的七人所组成的行政委员会。这个委员会即担负政府的责任。此制有些与内阁制相似，因其委员会是一个立法院的委员会，选以行使政府的行政功能的；每一委员是一部的部长；各委员在两院均有议席，他们可以动议，发言（但不得投票）并被质问，关于他们的公务行为和政策；他们大部分是受立法院（下议院）的控制，当立法院坚持的时候，他们通常须接受其要求。①

3. 内阁制：是否违背权力分立原则？

内阁由议会多数党组成，无疑就是议会的核心，堪称议会的常务委员会。然而，众多思想家由此却进一步以为，内阁制实际上使立法权与行政权执掌于同一机构，因而背离权力分立原则。安德鲁·海伍德说："议会制政府是这样一种制度，即政府在议会中并通过议会或议院来实施统治，因此把立法机关和行政机关'融合'在一起了。尽管议会和行政机关在形式上是不同的，但实际上二者却以背离权力分立原则结合在一起，从而使得议会制政府与总统制政府明显地区别开来。"② 白芝浩也这样写道："总统制的特性是立法权和行政权相互间的独立，恰如二者的融合构成内阁制政府的精确原则一样。"③ 中国学者王绍光亦如是说："在议会制下，立法权与行政权是合一的：行使行政权的那些人来自议会的下院，包括总理也是由议会推举的（往往是议会多数党领袖），他们同属立法部门和行政部门。换句话说，立法权和行政权并不是分离的。"④

这种观点看似有理，实则大谬不然。它没有看到内阁制的深刻本质：竞争性政党制度或两个以上政党轮流（或联合）执政的政府制度。罗威尔在论及下院对内阁的监督时，极为看重这一本质，因而一再说："责任内阁制度的含义，是对当前问题抱着不同政见的两个政党轮流执政的制度"⑤；"责任内阁制度，只有在立法机关分成两个政党的情形下，才能得

---

① 高纳：《政治学大纲》，世界书局1935年版，第297页。
② 安德鲁·海伍德：《政治学核心概念》，天津人民出版社2008年版，第214页。
③ 沃尔特·白芝浩：《英国宪法》，商务印书馆2010年版，第66页。
④ 王绍光：《民主四讲》，生活·读书·新知三联书店2008年版，第182页。
⑤ 罗威尔：《英国政府·中央政府之部》，上海人民出版社1959年版，第323页。

到正常的健康的发展"①。杨幼炯亦如是说:"政党运用为内阁制的精神所在。"②

诚哉斯言!两党制意味着执政党是两个;多党制意味着执政党是三个以上。因此,无论两党制或多党制的内阁制如何融合立法权与行政权,甚至集三权于一身,都只是一种现象;而其实质则是分权:两党制的内阁制是分权于两党;多党制的内阁制则是分权于多党;一党独大内阁制(如日本)则主要是分权于党内之派系(如日本自民党之主流派和反主流派以及非主流派)。否则,如果不是分权而是融合立法权和行政权于多数党垄断的议会或内阁,那就是一党独裁制而不是竞争性政党制度,亦即不是一党独大、两党制与多党制,说到底,不是民主政府制度。

这种竞争性政党制度的内阁制之分权,细究起来,不但直接通过联合执政来实现,不但最终通过轮流执政来实现,而且更主要的是通过议会——特别是议会的反对党或反对派——对内阁的质询、辩论、审查和监督等方式来实现。对此,考克瑟等人曾有极为透辟的阐述:

> 政府向议会负责,并通过议会向人民负责。因此,政府必须在议会中为自己的行为作出解释和进行辩护。下议院审查与影响政府立法的主要方式,包括议会质询和一般性的、休会期间的以及紧急情况的辩论,还有紧急动议、成立特别委员会以及与大臣的通信。公共责任委员会是一个古老而重要的特别委员会,该委员会在下院审议政府预算中发挥着决定性作用。它拥有15名委员,主席是反对党的高层成员。该委员会尤其关注确保纳税人能够从公共开支中受益。1983年以来,它得到来自国家审计委员会的强有力支持;而国家审计委员会又是在审计员与审计总长指导下,拥有900名职员的独立机构,每年都会提出50份左右的审计评估报告。公共责任委员会以及审计员与审计总长的报告通常都会对政府部门极尽批评鞭笞之能事。③

---

① 罗威尔:《英国政府·中央政府之部》,上海人民出版社1959年版,第348页。
② 杨幼炯:《各国政府与政治》上册,台湾中华书局1981年版,第34页。
③ Bill Coxall, Lynton Robins and Robert Leach, *Contemporary British Politics* (4th edition), Gosport: Ashford Colour Press Ltd., 2003, pp. 238–239.

诚然，议会中的反对党是少数派，似乎不起决定作用。但是，正如考克瑟等人所言，内阁制的议会实乃国民辩论之舞台，少数派凭借国民的视听和参与，足以成功阻挠内阁独裁而实现分权，最终轮流执政：

> 议会在所有场合均以其他机构无法比及的方式，成为国民辩论的中心舞台。这些场合包括：首相的质询时间，常规状态下重大议题的开始与结束；还有像威斯特兰事件（1986）那样更热烈的情形：其时攸关政府的、首相的或是某位内阁大臣的声誉，空气中甚至弥漫着辞职的味道；最后，还有那伟大的历史性场合，当其时也，下院或多或少将超脱政党纷争。于是就有了保守党人艾默里在1940年著名的挪威辩论中对工党人士格林伍德发出的著名呼吁："亚瑟，你要为了英格兰而发言！"就是在这场辩论中，张伯伦下台而丘吉尔成为联合政府的首脑。这一场议会辩论产生了重大影响，决定性地扭转了战局，甚至根本改变了历史的进程。①

可见，竞争性政党制度使内阁制呈现现象和本质的背离。一方面，多数党执政意味着，在通常情况下，必定是内阁领导议会，从而立法权与行政权融合一起。然而，这仅仅是现象。因为，另一方面，从本质上看，两党轮流执政等竞争性政党制度意味着，议会与内阁融合的主流深处，一直流淌着议会与内阁分权的暗流，这种暗流时隐时现，时强时弱，最终势必通过不信任案等方式导致内阁倒台："不信任案在执政党占据优势多数的情况下通常很少提出；但是当相反的情形发生时，就比较频繁出现：1976—1979年间议会曾提出三次不信任案，最后一次是在1979年3月，结果导致工党政府的倒台。"② 因此，正如爱尔伯德所指出，内阁制与总统制一样，也是分权的政府制度，只不过"行政部与立法部权力分立是没有如美国宪法所规定的那样分明"③。那种以为内阁制背离权力分立原则的观点，不过是只见现象而不知本质的皮相之见罢了。

---

① Bill Coxall, Lynton Robins and Robert Leach, *Contemporary British Politics* (4th edition), Gosport: Ashford Colour Press Ltd., 2003, p. 240.
② Ibid., p. 248.
③ 高纳：《政治学大纲》，世界书局1935年版，第283页。

4. 政府制度：优劣之辩

因最高权力在中央与地方政府的分割与否而形成的三种政府制度——联邦制与单一制以及邦联制——之优劣，原本不言而喻。因为，如前所述，一方面，分权——亦即最高权力的分割——是民主的根本保障；另一方面，民主政府制度优劣评价标准，乃是民主政府制度的目的：民主的实现和巩固。准此观之，分权的政府制度必定优良于不分权的政府制度，因而联邦制必定优良于单一制。因为单一制是国家最高权力完全执掌于中央政府的政府制度；相反地，联邦制则将国家最高权力分割为两部分，一部分由中央政府执掌，另一部分则由地方政府执掌的政府制度。因此，与单一制中央政府独掌全国最高权力不同，联邦制中央政府执掌的最高权力，实际上仅仅是国家某个领域的最高权力，而并不是国家或全国最高权力；国家最高权力乃执掌于人民。这样一来，联邦制就能够避免——单一制则难以避免——人民所执掌的国家最高权力被中央政府篡夺而沦为非民主制，因而联邦制优良于单一制，堪称最优良的民主政府制度。因此，孟德斯鸠说：

> 要是人类没有创造出一种政制，既具有共和政体的内在优点，又具有君主政体的对外力量的话，则很可能，人类早已被迫永远生活在单人统治的政体之下了。我说的这种政制就是联邦共和国。……联邦共和国能够抗拒外力，保持它的威势，而国内也不致腐化；这种社会的形式，能够防止一切弊害。如果有人想在联邦共和国内篡夺权力的话，他几乎不可能在所有各邦中得到同样的拥护。如果它在某一成员国中获得过大的权力的话，其余诸成员国便将发生恐慌。如果他把一个地方征服了的话，则其余还保有自由的地方就要用尚未被篡夺的那部分力量来和他对抗，并且在他的地位确立以前把他粉碎。①

高纳则进一步总结孟德斯鸠以来的研究，最后得出结论说："总而言之，单一制政府是地方创制的重大打击，公共利益的摧残者，地方政府的

---

① 孟德斯鸠：《论法的精神》上册，商务印书馆1988年版，第130—131页。

致命伤,只是赞助集权官僚政治的发展罢了。……蒲徕士说过,在联邦政府之下,吾们可以免除专制集权政府之兴起及人民权利之被剥夺的危险。联邦制政府的好处,自孟德斯鸠而至今日,是常为著作家所赞同的。约翰菲斯克说过:联邦政府,近代的思想,是永久可以适用于全大陆的政府。英国作家薛几微也说,吾人应追随美国之后,使联邦扩展至西欧各国。德国布里于潜心研究联邦制政府之余,发表意见说,联邦制是国家思想的最高表现。"[1]

邦联制与单一制一样,都是最高权力不在中央与地方政府进行分割的制度,只不过单一制是地方政府毫无最高权力,最高权力完全执掌于中央政府;而邦联制是中央机关毫无最高权力,最高权力完全执掌于各成员国。这样一来,单一制虽然不及联邦制优良,却远远优良和高级于邦联制。因为邦联制的中央机关没有最高权力,意味着邦联不是国家,而是若干国家的不能够成为一个真正统一体的松散联合:最高权力是任何社会成为一个统一体的最根本的必要条件。因此,邦联原本是一种最低级的人类社会,邦联制是一种最低级的政府制度。它的实质和使命是转化和过渡:小国向大国过渡,最终过渡到只有一个主权和一个政府的联邦制全球国家。

然而,最高权力在中央与地方政府的分割与否——因而形成联邦制与单一制以及邦联制——对于一个国家是否民主并不具有决定性的作用;具有决定性作用的,乃是最高权力在中央政府自身内部的分割与否,说到底,亦即是否实行总统制与议会内阁制以及委员会制。因为一个国家即使实行单一制,如英国,却仍然是民主国家;但是,如果它的最高权力在中央政府内部不进行分割,如果它的立法权与行政权以及司法权不是分立的,那么,它就不可能是民主国家:中央政府内部分权是民主的必要条件。因此,最高权力在中央政府内部的分割及其形成的内阁制、总统制和委员会制之优劣,乃是民主政府制度的核心问题:这也就是为什么围绕它学术界一直争论不休的缘故。

19世纪下半叶,英美学者白芝浩与威尔逊就曾探讨内阁制与总统制

---

[1] 高纳:《政治学大纲》,世界书局1935年版,第356—358页。

之优劣，认为前者优越于后者。① "二战"期间，争论又起，普莱斯认为内阁制优越于总统制，拉斯基则认为各有千秋。② 到了20世纪90年代，美国政治学家胡安·林茨重启争端，引发了内阁制与总统制孰优孰劣的激烈大论战。③ 这些争论，发人深省，不乏真知灼见。遗憾的是，真知灼见有余，而科学方法不足。因为双方都未曾论及政府制度优劣评价标准，而只是逐条列举两种政府制度之优劣。通过这种优劣的逐条清点，卢瑞钟得出结论说：

> 综合以上分析，总统制之优点为13加10，共23点，其总缺点为3加33，共36点，两者相抵，为负13点。而内阁制之优点为13加19，共32点，总缺点为3加6，共9点，两者相抵得正23点。总计之下，两制之相差点为36点，内阁制较为优越。④

这种枚举方法是不科学的。因为有一利必有一弊，任何政府制度都不可能尽善尽美，而必定利弊兼具。因此，科学的评价方法无疑是确立政府制度优劣评价标准：符合标准的政府制度，不论有多少缺陷，都是优良的；不符合标准的政府制度，不论有多少优越，都是恶劣的。那么，内阁制与总统制等民主政府制度优劣评价标准究竟是什么？显然只能是民主政府制度的目的：民主的实现和巩固。

准此观之，如果内阁制果真如众人所言，是立法权与行政权合一的制度，那么，无论内阁制有多少优越，也都只能是恶劣的民主政府制度；而总统制无论有多少缺陷，也仍然是优良的民主政府制度。因为，如前所

---

① 参阅白芝浩《英国宪法》，商务印书馆2010年版，第66—73页；威尔逊：《国会政体》，商务印书馆1986年版，第93—104页。

② 参阅 Don K. Price, *The Parliamentary and Presidential Systems*, Public Administration Review, Vol. 3, No. 4, 1943; Harold J. Laski, *The Parliamentary and Presidential Systems*, Public Administration Review, Vol. 4, No. 4, 1944。

③ 参阅 Juan J. Linz, *The Perils of Presidentialism*, Journal of Democracy, Vol. 1, No. 1, 1990; Donald L. Horowitz, *Comparing Democratic Systems*, Journal of Democracy, Vol. 1, No. 4, 1990; Juan J. Linz, *The Virtues of Parliamentarism*, Journal of Democracy, Vol. 1, No. 4, 1990; Arend Lijphart, *Parliamentary Versus Presidential Government*, New York: Oxford University Press, 1992。

④ 卢瑞钟：《内阁制优越论》，台北开山书店1995年版，第Ⅸ页。

述，权力分立乃是民主制的必要条件。这意味着：立法权与行政权合一的政府制度，违背权力分立原则，已经不是民主政府制度。然而，以为内阁制立法权与行政权合一的观点，如前所述，是大谬不然的皮相之见。殊不知，就其本质来说，内阁制乃是两个以上政党轮流（或联合）执政——因而分权于两个以上政党——的政府制度；这种内阁制之分权，不但直接通过联合执政来实现，不但最终通过轮流执政来实现，而且更主要的是通过议会——特别是议会的反对党——对内阁的质询、辩论、审查和监督等方式来实现。

这就是说，内阁制之为分权的政府制度，完全以竞争性政党制度为前提。如果没有政党和竞争性政党制度，那么，内阁制确实就是立法权与行政权合一的非民主政府制度。美国国父们——1787年费城制宪会议的设计者们——之所以创造总统制而没有采用内阁制，说到底，就是因为不懂得竞争性政党制度乃是民主制的必要条件，却极端厌恶政党，不允许政党存在而实行无党制。这样一来，如果实行内阁制，势必立法权与行政权合一，违背权力分立原则，也就不是民主政府制度，因而也就只有总统制才是分权的民主政府制度。这就是美国国父们创造总统制的最深刻的原因：无党制的内阁制确实是违背分权原则的非民主政府制度。

然而，美国国父们错了！总统制既非唯一亦非最好的民主政府制度：内阁制比总统制更加优良。因为政府制度优劣的标准是民主的实现和巩固。由是观之，不分权的政府制度固然最为恶劣，但也并非分权越彻底越极端越过度越好。因为分权虽然是民主制的必要条件，但是，民主的巩固程度，一般说来，却与分权的程度成反比：分权过度势必导致民主灭亡。因为不独民主政府，而且任何政府乃至任何社会，其存在与发展的最根本的条件，无疑是统一，是"完整地结合为一个单位"。只有当政府等社会如同一个人那样"构成一个整体"，亦即成为一个统一体、一个"公共的大我"、一个"公共人格"，它才能够存在发展；否则，四分五裂、各行其是，势必崩溃灭亡。这个道理，阿奎那曾有十分精辟的阐述：

"无论何物，只要统一即可存在。"这就是为什么我们会看到，各种事物都极力避免分裂，而一物的分裂则源于其某种内在缺陷。因此，不论管理众人者是谁，他的首要目标就是统一或和平。①

那么，政府或社会如何才能够成为一个统一的整体呢？显然不但需要权力，而且需要一种统率所有权力的最高的不可抗拒的权力。因为正如狄骥所言，如果只有权力而没有最高的不可抗拒的权力，人们势必各行其是，政府、社会便会处于四分五裂无政府状态而崩溃瓦解："如果两种权力同等的效力并且平均发展，那么处在这种情况下就没有国家存在，而在语源学意义上讲便是无政府状态，这种状态一直将继续到组成一种不可抗拒的权力时为止。"② 因此，最高权力乃是政府等社会成为一个统一的整体的最根本的必要条件。

问题在于，分权恰恰就是分割政府所行使的最高权力而使其不再是最高权力，因而说到底，岂不就意味着使政府分裂、不统一而灭亡？因此，民主政府要成为一个统一体而不致灭亡，就必须适度分权。所谓适度分权，就是既能够三权分立或立法权与行政权分立，又能够使其中一权成为最高权力而统率其他权力，以保障民主政府成为一个统一体，从而能够巩固、存在和发展。

内阁制——源于以立法权为最高权力的洛克分权理论——恰恰就是这样一种适度分权的政府制度。因为内阁制，说到底，意味着议会主权，意味着内阁对议会负责，意味着唯有议会行使而内阁则不能行使最高权力，意味着唯有议会才能行使人民所拥有和委托的最高权力。这样，内阁制，一方面，便因其竞争性政党制度而实现了分权，使议会主权分掌于两个以上政党，因而导致议会的立法权与多数党内阁的行政权的分立，最终实现人民主权或民主；另一方面，这种内阁制毕竟因其议会主权而使内阁执掌的行政权从属于议会执掌的立法权，从而使民主政府成为一个统一体，保障了民主的巩固、存在和发展。

相反地，总统制则属于分权过度的民主政府制度。因为总统制的根本原则是三权分立，亦即使议会的立法权与总统的行政权以及法院的司法权

---

① A. P. D'entreve: *Aquinas Selected Political Writings*, Barnes & Noble Books Totowa New Jersey, 1981, p. 54.

② 狄骥：《宪法论》，商务印书馆1959年版，第383页。

分立且平等，因而也就使政府任何部门都既不能拥有也不能行使最高权力，说到底，政府三权并列，不存在最高权力。这样一来，固然可以避免最高权力被政府篡夺而确保人民主权或民主的实现；但是，三权并列而没有最高权力，无疑会导致政府各部门的僵局，难以成为一个统一体，难以巩固。这就是从白芝浩到林茨几乎所有内阁制优越论者都强调的总统制最根本的弊端。① 这就是为什么，众多学者的实证研究都表明内阁制存活率高于总统制：

> 跨国跨时段研究一般支持议会制优于总统制的看法。议会制对比总统制的优势表现在两方面，一是对民主质量的影响，一是对民主存活率的影响。先看对民主质量的影响。德国的一个机构最新的研究发现，如果把议会制、总统制和半总统制分开，在24个成熟的民主国家里，18个采取了议会制，2个采取总统制，4个采取半总统制；在20个巩固的新兴民主国家里，13个采取议会制，5个采取总统制，2个采取半总统制。另外还有50个虚有其表的、"残缺的民主"，其中12个采取议会制，26个采取总统制，12个采取半总统制。这种分布表明，质量比较高的民主往往出现在那些采取议会制的国家，质量比较低的'民主'往往出现在那些采取总统制的国家。再看议会制或总统制对民主存活率的影响。有一项较早的研究分析了1949—1979年间独立的93个国家，其中41个国家采取议会制，36个国家采取总统制，3个国家采取半总统制。到1980—1989年间，在本来采取总统制和半总统制的39个国家里，民主体制全部灰飞烟灭，死亡率是100%；而在采取议会制的41个国家里，还有15个保留了民主体制（其中包括印度、以色列、博斯瓦纳），存活率是37%。其后，另一项研究分析了53个在1973—1989年间经过民主转型的非OECD国家，如果以连续十年保持民主体制为标准，议会制的存活率是61%，总统制的存活率是15%；反之，议会制发生政变的可能是18%，总

---

① 参阅白芝浩《英国宪法》，商务印书馆2010年版，第66—73页；Juan J. Linz, *The Perils of Presidentialism*, Journal of Democracy, Vol. 1, No. 1, 1990; Juan J. Linz, *Presidential or Parliamentary Democracy: Does It Make a Difference*, in Juan J. Linz, Arturo Valenzuela (eds.), *The Failure of Presidential Democracy*, Baltimore: The Johns Hopkins University Press, 1994。

统制发生政变的可能性是40%。2002年发表了一份更新的研究，它发现在1946—1999年间，每23个总统制民主会死亡一个，而每58个议会制民主才会死亡一个；在1950—1990年间，总统制民主的平均预期寿命是21岁，议会制民主的平均预期寿命是73岁。[①]

可是，究竟为什么，同样实行议会制，有些能够巩固存活，而另一些却不够巩固而灭亡？为什么同样实行总统制，有些灭亡而另一些却存活下来？为什么美国实行总统制，不但从开始至今存活200余年而毫无灭亡迹象，而且日益强盛？这是因为，正如林茨及其批评者所见，政府制度仅仅是政府存活的因素之一；决定政府存活的还有其他众多因素，如选举制度、政党制度以及民主的经济条件、社会条件、文化条件和政治条件等。[②]

因此，一方面，那些议会制政府之所以灭亡，并非因其实行议会制，而是因其选举制度和政党制度以及不利于民主巩固的经济条件、政治条件、社会条件和文化条件。如果这些因素相同，那么，议会制政府的存活率，因其易于成为一个统一体，必定高于难以成为一个统一体的总统制政府。另一方面，美国等总统制政府存活至今，甚至日益兴盛，绝非因其实行总统制，而是因其有利于民主巩固的经济条件、政治条件、社会条件、文化条件以及政党制度等。如果这些因素相同，那么，总统制政府——因其难以成为一个统一体——的存活率必定低于议会制政府：议会制政府易于成为一个统一体。这就是为什么，从统计学的意义来说，全世界议会制政府的存活率大大高于总统制政府的缘故。

总而言之，总统制政府因其三权分立平等而使最高权力化为乌有，难以成为一个统一体，难以巩固；议会制政府因其议会主权和竞争性政党制度，既实现了分权，又保全了最高权力，易于成为一个统一体，易于巩固。这样一来，议会制便比总统制更加符合民主政府制度优劣评价标准：

[①] 王绍光：《民主四讲》，生活·读书·新知三联书店2008年版，第182页。

[②] 参阅 Donald L. Horowitz, *Comparing Democratic Systems*, Journal of Democracy, Vol.1, No.4, 1990; Juan J. Linz, *The Virtues of Parliamentarism*, Journal of Democracy, Vol.1, No.4, 1990; Scott Mainwaring, Matthew Soberg Shugart, *Presidentialism and Democracy in Latin America*, New York, N Y: Cambridge University Press, 1997.

民主的实现和巩固。因此，议会制不论有多少缺陷，都是比较优良的民主政府制度；总统制不论有多少优越，都是比较恶劣的民主政府制度。更何况，正如林茨等众多学者所指出，就其他方面来说，不但议会制与总统制相比优越多而缺陷少，而且更重要的，议会制实现民主的程度也高于总统制。[①] 利普哈特曾将这一点作为议会制与总统制的第三个根本差别：

> 总统制政府与议会制政府的第三个根本差别是，议会制下的行政机关是集体的、团队式的；总统制下的行政机关是个人的、非团队的……在议会制内阁中，内阁首脑的地位差别很大，有的十分突出，有的与其他内阁成员实际上是平等的，在决策时总是存在着较高程度的团队合作；而在总统制内阁中，内阁成员仅仅是总统的顾问和下级。在议会制下，最重要的决策必须由整个内阁集体作出，而不是由内阁首脑个人来决定；在总统制下，最重要的决策由总统来作，总统可以采纳内阁的建议，也可以不理睬甚至反对内阁的建议。[②]

然而，议会制优越于总统制，是否意味着混合制——亦即半总统制——的价值介于其间？否。半总统制恐怕是最坏的民主政府制度。因为总统制的一个根本弊端，就是总统权力过大，以致被称为暂时的独裁者；而半总统制中总统的权力却更加巨大："这种体制中的总统通常对外交负有特殊责任，并且能够任命部长，包括总理，发起全民公决，否决立法以及解散议会。总统能够对外交事务提供一致的领导，而议会和政府对总统负责，专职处理错综复杂的国内事务"[③]。

这样一来，半总统制中总统，正如迈耶所指出，实际上超过了美国总统的权力："总统不但制定国家政策及其实施程序，而且具有制定法律程序的权力，其掌握的权力甚至超过美国总统。总理由总统任命，在受到信任的前提下对议会负责，但并非议会必然成员。直到戴高乐主义者希拉克

[①] 参阅 Juan J. Linz, *The Virtues of Parliamentarism*, Journal of Democracy, Vol. 1, No. 4, 1990; Juan J. Linz, *The Perils of Presidentialism*, Journal of Democracy, Vol. 1, No. 1, 1990。

[②] 阿伦·利普哈特：《民主的模式》，北京大学出版社 2006 年版，第 85 页。

[③] 罗德·黑格、马丁·哈罗普：《比较政府与政治导论》，中国人民大学出版社 2007 年版，第 393 页。

就任该职之前，总理最多只是总统的代理人以及总统与国会间的联络人"①。

诚然，一般说来，问题的关键取决于总统是否属于议会多数党。如果总统不属于议会多数党，那么，实权可能不在总统而在总理。但是，如果总统属于议会多数党，那么，正如黑格等人所言，他就可能像戴高乐那样成为独掌国家最高权力的君主："戴高乐以其皇帝般的作风把总统的权力发挥到宪法限制的边缘，有时甚至可能超越了宪法的限制。实际上，第五共和国也常常被叫做'共和君主国'"②。

因此，如果说议会制因其既民主又巩固而是优良的民主政府制度，总统制因其虽民主却不巩固而是比较恶劣的民主政府制度，那么，半总统制则因其本身就蕴涵严重非民主因素而是最恶劣的民主政府制度。但是，议会制还不是最优良的民主政府制度：最优良的民主政府制度无疑是委员会制。因为委员会制就是无首相的内阁制，就是废除首相特权的内阁制：委员会制是几个委员轮流担任主席而完全平等执掌最高行政权；内阁制则是首相与阁员不平等地执掌最高行政权。所以，委员会制所实现的民主程度远远高于内阁制，是更加民主的政府制度，因而也就更加符合民主政府制度优劣的评价标准，是更加优良的民主政府制度。诚然，委员会制如今只有瑞士一国实行而已。但这并不足以否定其为最优良的民主政府制度。恰恰相反，大凡最优良者，皆因其最为理想而难以实现，更难以普遍，而只能寄希望于未来。未来社会乃是人类理想之实现，到那时，抽签制选举将普遍取代投票制选举，委员会制必将如火之燃上和水之就下而不可防止于天下。

---

① 劳伦斯·迈耶等著：《比较政治学》，华夏出版社2001年版，第178页。
② 罗德·黑格、马丁·哈罗普：《比较政府与政治导论》，中国人民大学出版社2007年版，第395页。

本书所引证的主要书刊文献

按书名字首拼音顺序排列

A

《爱因斯坦文集》，商务印书馆 1979 年版。

B

班固：《白虎通·三纲六纪》。

赖特·米尔斯：《白领——美国的中产阶级》，浙江人民出版社 1987 年版。

高放：《百年来科学社会主义与民主社会主义关系的演变》，曹天予编：《社会主义还是社会民主主义》，大风出版社 2008 年版。

柏拉图：《柏拉图全集》，人民出版社 2003 年版。

保罗·库尔茨：《保卫世俗人道主义》，东方出版社 1996 年版。

《北大法律评论》，法律出版社 1998 年版。

李春玲主编：《比较视野下的中产阶级形成》，社会科学文献出版社 2009 年版。

西里尔·E. 布莱克编：《比较现代化》，上海译文出版社 1992 年版。

王业立：《比较选举制度》，五南出版公司 2001 年版。

高鹏怀：《比较政党与政党政治》，知识产权出版社 2008 年版。

罗德·黑格、马丁·哈罗普：《比较政府与政治导论》，中国人民大学出版社 2007 年版。

劳伦斯·迈耶等著：《比较政治学》，华夏出版社2001年版。
亨廷顿：《变动社会的政治秩序》，上海译文出版社1989年版。
《伯恩斯坦文选》，人民出版社2008年版。
罗宾逊：《不完全竞争经济学》，商务印书馆1961年版。
包亚明主编：《布尔迪厄访谈录——文化资本与社会炼金术》，上海人民出版社1997年版。
戴维·米勒等编：《布莱克维尔政治学百科全书》，中国政法大学出版社1992年版。
易建平：《部落联盟与酋邦》，社会科学文献出版社2004年版。

C

波普：《猜想与反驳》，上海译文出版社1986年版。
克拉克：《财富的分配》，商务印书馆1984年版。
霍布森：《财富的科学》，上海人民出版社1968年版。
卢梭：《忏悔录》，人民文学出版社1980年版。
安东尼·吉登斯：《超越左与右：激进政治的未来》，社会科学文献出版社2000年版。
吴晓明编选：《陈独秀文选》，上海远东出版社1994年版。
《陈独秀文章选编》，生活·读书·新知三联书店1984年版。
任建树等编：《陈独秀著作选》，上海人民出版社1993年版。
宋冰编：《程序、正义与现代化》，中国政法大学出版社1998年版。
罗维：《初民社会》，江苏教育出版社2006年版。
董仲舒：《春秋繁露》。
金耀基：《从传统到现在》，中国人民大学出版社1999年版。
刘玉安、蒋锐等著：《从民主社会主义到社会民主主义》，人民出版社2010年版。
周辅成编：《从文艺复兴到十九世纪资产阶级哲学家政治思想家有关人道主义人性论言论选辑》，商务印书馆1965年版。
海德格尔：《存在与时间》，生活·读书·新知三联书店1987年版。
萨特：《存在与虚无》，生活·读书·新知三联书店1987年版。
萨特：《存在主义是一种人道主义》，上海译文出版社1988年版。

叶文宪：《重新解读19世纪前的中国》，中国文史出版社1999年版。

D

《大美百科全书》，外文出版社1999年版。
郭为桂：《大众民主》，武汉大学出版社2008年版。
密尔：《代议制政府》，商务印书馆1997年版。
哈维兰：《当代人类学》，上海人民出版社1987年版。
张世鹏：《当代西欧工人阶级》，北京大学出版社2001年版。
李兴耕：《当代西欧社会党的理论和实践》，黑龙江人民出版社1988年版。
比尔·考克瑟等：《当代英国政治》，北京大学出版社2009年版。
李琮主编：《当代资本主义论》，社会科学文献出版社2007年版。
胡连声、杨玲：《当代资本主义新变化与社会主义的新课题》，人民出版社2000年版。
藏秀玲：《当代资本主义新发展研究》，山东大学出版社2004年版。
乔纳森·沃尔夫：《当今为什么还要研读马克思》，高等教育出版社2006年版。
康德：《道德形而上学原理》，上海人民出版社1986年版。
张东荪：《道德哲学》，中华书局1930年版。
《德国社会民主党纲领汇编》，北京大学出版社2005年版。
《邓小平文选》，人民出版社1994年版。
亨廷顿：《第三波：20世纪后期》，上海三联书店1998年版。
安东尼·吉登斯：《第三条道路：社会民主主义的复兴》，北京大学出版社2000年版。
玛丽·莫斯特：《独立宣言：渴望自由的心声》，中共党史出版社2006年版。
罗伯特·达尔：《多头政体》，商务印书馆2003年版。
庄锡昌等编：《多维视野中的文化理论》，浙江人民出版社1987年版。

E

辛向阳：《20世纪西方民主理论论析》，山东人民出版社2011年版。

F

康德：《法的形而上学原理》，商务印书馆1991年版。
郭华榕：《法国政治思想史》，人民出版社2010年版。
伯恩·魏德士：《法理学》，法律出版社2003年版。
博登海默：《法理学——法哲学及其方法》，华夏出版社1987年版。
海耶克：《法律、立法与自由》，中国大百科全书出版社2000年版。
迈克尔·D.贝勒斯：《法律原则》，中国大百科全书出版社1996年版。
凯尔森：《法律与国家》，台北正中书局1976年版。
吴学义：《法学纲要》，中华书局1935年版。
王勇飞编：《法学基础理论参考资料》，北京大学出版社1984年版。
凯尔森：《法与国家的一般理论》，中国大百科全书出版社1996年版。
黑格尔：《法哲学原理》，商务印书馆1962年版。
恩格斯：《反杜林论》，生活·读书·新知三联书店1954年版。
罗伯特·韦尔、凯·尼尔森编：《分析马克思主义新论》，中国人民大学出版社2002年版。
余文烈：《分析派的马克思主义》，重庆出版社1993年版。
冯天瑜：《封建考论》，武汉大学出版社2006年版。
布洛赫：《封建社会》，商务印书馆2004年版。
顾俊礼主编：《福利国家论析》，经济管理出版社2002年版。
《费尔巴哈哲学著作选集》，生活·读书·新知三联书店1959年版。

G

杨幼炯：《各国政府与政治》，台湾中华书局1981年版。
哈贝马斯：《公共领域的结构转型》，学林出版社1999年版。
詹姆斯·博曼：《公共协商：多元主义、复杂性与民主》，中央编译出版社 2006 年版。

杨云彪：《公民的选举》，中国大百科全书出版社 2008 年版。

何增科主编：《公民社会与第三部门》，社会科学文献出版社 2000 年版。

郭忠华等编：《公民身份与社会阶级》，江苏人民出版社 2007 年版。

阿尔蒙德·维巴：《公民文化：五个国家的政治态度和民主制》，东方出版社 2008 年版。

曾昭宁：《公平与效率》，石油大学出版社 1994 年版。

盛庆来：《功利主义新论》，上海交通大学出版社 1996 年版。

李普塞特：《共识与冲突》，上海世纪出版集团 2011 年版。

梅因：《古代法》，商务印书馆 1959 年版。

贡斯当：《古代人的自由与现代人的自由》，商务印书馆 1999 年版。

摩尔根：《古代社会》，商务印书馆 1981 年版。

涅尔谢相茨：《古希腊的政治学说》，商务印书馆 1991 年版。

徐海山主编：《古希腊简史》，中国言实出版社 2006 年版。

威廉·威斯特曼：《古希腊罗马奴隶制》，大象出版社 2011 年版。

北京大学哲学系编：《古希腊罗马哲学》，生活·读书·新知三联书店 1957 年版。

苗力田主编：《古希腊哲学》，中国人民大学出版社 1989 年版。

米歇尔斯：《寡头统治铁律：现代民主制度中的政党社会学》，天津人民出版社 2003 年版。

杜尔阁：《关于财富的形成和分配法考察》，华夏出版社 2007 年版。

鲍桑葵：《关于国家的哲学理论》，商务印书馆 1995 年版。

布劳恩塔尔：《国际史》，上海译文出版社 1985 年版。

《国际运动史研究资料》，人民出版社 1982 年版。

约翰·A.霍尔等：《国家》，吉林人民出版社 2007 年版。

贾恩弗朗哥·波齐：《国家：本质、发展与前景》，上海世纪出版集团 2007 年版。

周鲸文：《国家论》，天津大公报馆 1935 年版。

拉斯基：《国家的理论与实际》，商务印书馆 1959 年版。

严家其：《国家政体》，人民出版社 1982 年版。

斯密：《国民财富的性质和原因的研究》，商务印书馆 2002 年版。
瓦尔特·欧肯：《国民经济学基础》，商务印书馆 1995 年版。
维克塞尔：《国民经济学讲义》，上海译文出版社 1983 年版。
门格尔：《国民经济学原理》，上海人民出版社 1958 年版。
沈恒炎、燕宏远主编：《国外学者论人和人道主义》，社会科学文献出版社 1991 年版。

H

丹尼尔·贝尔：《后工业社会的来临》，商务印书馆 1984 年版。
赖特：《后工业社会中的阶级》，辽宁教育出版社 2004 年版。
彼得·德鲁克：《后资本主义社会》，上海译文出版社 1998 年版。
罗尔斯顿：《环境伦理学》，中国社会科学出版社 2000 年版。

J

斯蒂文 E. 兰德博格：《价格理论与应用》，机械工业出版社 2003 年版。
王玉梁主编：《价值和价值观》，陕西师范大学出版社 1988 年版。
培里等著：《价值和评价》，中国人民大学出版社 1989 年版。
李德顺：《价值论》，中国人民大学出版社 1987 年版。
李德顺：《价值新论》，中国青年出版社 1993 年版。
李德顺主编：《价值学大词典》，中国人民大学出版社 1995 年版。
张问敏等编：《建国以来社会主义商品生产和价值规律论文选》，上海人民出版社 1979 年版。
赖特：《阶级》，高等教育出版社 2006 年版。
斯凯思：《阶级》，吉林人民出版社 2005 年版。
简·阿特·斯图尔特：《解析全球化》，吉林人民出版社 2003 年版。
森口繁治：《近世民主政治论》，商务印书馆 1925 年版。
马基雅维利：《君主论》，商务印书馆 2005 年版。
海耶克：《经济、科学与政治》，江苏人民出版社 2000 年版。
熊彼特：《经济分析史》，商务印书馆 1991 年版。
色诺芬：《经济论·雅典的收入》，商务印书馆 1961 年版。

晏智杰：《经济价值论再研究》，北京大学出版社 2005 年版。

亨利·威廉·斯皮格尔：《经济思想的成长》，中国社会科学出版社 1999 年版。

惠特克：《经济思想流派》，上海人民出版社 1974 年版。

萨缪尔森：《经济学》，商务印书馆 1986 年版。

罗杰·A. 阿诺德：《经济学》，中信出版社 2004 年版。

弗兰克·N. 马吉尔：《经济学百科全书》，人民大学出版社 1998 年版。

于宗先：《经济学百科全书·经济理论》，台北联经出版事业公司 1964 年版。

布莱克等编：《经济学的边际革命》，商务印书馆 1987 年版。

哈奇森：《经济学的革命与发展》，北京大学出版社 1992 年版。

薛治龙：《经济学通论》，经济管理出版社 2009 年版。

韩太祥、陈宪：《经济学原理》，立信会计出版社 2004 年版。

马歇尔：《经济学原理》，商务印书馆 1965 年版。

凯斯、费尔：《经济学原理》，中国人民大学出版社 1994 年版。

晏志杰：《经济学中的边际主义》，北京大学出版社 1987 年版。

马克斯·韦伯：《经济与社会》，商务印书馆 2006 年版。

爱尔维修：《精神论》，辛垦书店 1928 年版。

托克维尔：《旧制度与大革命》，商务印书馆 1992 年版。

K

考夫曼：《卡多佐》，法律出版社 2001 年版。

波谱：《开放的社会及其敌人》，山西高校联合出版社 1992 年版。

陈瑞华：《看得见的正义》，中国法制出版社 2000 年版。

康有为：《康有为与保皇会》，上海人民出版社 1983 年版。

马林诺夫斯基：《科学的文化理论》，中央民族大学出版社 1999 年版。

科宾：《科宾论合同》，中国大百科全书出版社 1997 年版。

L

刘益：《劳动价值论的核心逻辑》，经济科学出版社 2004 年版。

晏志杰：《劳动价值论新探》，北京大学出版社 2001 年版。

米克：《劳动价值学说的研究》，商务印书馆 1979 年版。

李大钊：《李大钊文集》，人民出版社 1984 年版。

塞缪尔·鲍尔斯等：《理解资本主义：竞争、统制与变革》，中国人民大学出版社 2010 年版。

柏拉图：《理想国》，商务印书馆 1994 年版。

康德：《历史理性批判文集》，商务印书馆 1990 年版。

汤因比：《历史研究》，上海人民出版社 1986 年版。

黑格尔：《历史哲学》，商务印书馆 1963 年版。

霍布斯：《利维坦》，商务印书馆 1987 年版。

汉密尔顿等：《联邦党人文集》，商务印书馆 1995 年版。

《列宁全集》，人民出版社 1953 年版。

李宏：《另一种选择：欧洲民主社会主义研究》，法律出版社 2003 年版。

《柳宗元集》，中华书局 1991 年版。

《鲁迅选集》，人民文学出版社 1952 年版。

袁林：《两周土地制度新论》，东北师大出版社 2000 年版。

《梁启超全集》，北京出版社 1999 年版。

斯宾诺莎：《伦理学》，商务印书馆 1962 年版。

叔本华：《伦理学的两个基本问题》，商务印书馆 1996 年版。

R. T. 诺兰：《伦理学与现实生活》，华夏出版社 1988 年版。

考茨基：《伦理与唯物史观》，教育研究社 1927 年版。

卢梭：《论不平等的起源和基础》，商务印书馆 1959 年版。

密尔顿：《论出版自由》，商务印书馆 1996 年版。

倪力亚：《论当代资本主义社会的阶级结构》，中国人民大学出版社 1989 年版。

孟德斯鸠：《论法的精神》，商务印书馆 1982 年版。

霍布斯：《论公民》，贵州人民出版社 2003 年版。

西塞罗:《论共和国 论法律》,中国政法大学出版社 1997 年版。
洪堡:《论国家的作用》,中国社会科学出版社 1998 年版。
马基雅维利:《论李维》,上海人民出版社 2005 年版。
托克维尔:《论美国的民主》,商务印书馆 1996 年版。
达尔:《论民主》,商务印书馆 1999 年版。
科恩:《论民主》,商务印书馆 1988 年版。
托马斯·迈尔等:《论民主社会主义》,东方出版社 1987 年版。
卢梭:《论人类不平等的起源和基础》,商务印书馆 1962 年版。
普列汉诺夫:《论一元论历史观之发展》,生活·读书·新知三联书店 1965 年版。

M

《马克思恩格斯〈资本论〉书信集》,人民出版社 1976 年版。
《马克思恩格斯全集》,人民出版社 1974 年版。
康斯坦丁诺夫主编:《马克思主义哲学原理》,人民出版社 1959 年版。
巴尔本:《贸易论》,商务印书馆 1982 年版。
肖德甫:《美国沉思录》,中国华侨出版社 2008 年版。
约翰·H.沃克等:《美国大政府的兴起》,重庆出版社 2001 年版。
吉尔伯特·卡尔:《美国阶级结构》,中国社会科学出版社 1992 年版。
帕灵顿:《美国思想史》,吉林人民出版社 2002 年版。
达尔:《美国宪法的民主批判》,东方出版社 2007 年版。
李道揆:《美国政府与美国政治》,商务印书馆 1999 年版。
费正清:《美国与中国》,商务印书馆 1987 年版。
安东尼·阿伯拉斯特:《民主》,吉林人民出版社 2005 年版。
戴伊·齐格勒:《民主的嘲讽》,世界知识出版社 1991 年版。
安东尼·唐斯:《民主的经济理论》,上海人民出版社 2005 年版。
阿伦·利普哈特:《民主的模式》,北京大学出版社 2006 年版。
刘军宁:《民主二十讲》,中国青年出版社 2008 年。
何包钢:《民主理论:困境和出路》,法律出版社 2008 年版。

巴林顿·摩尔：《民主和专制的社会起源》，华夏出版社1987年版。
达尔：《民主及其批评者》，吉林人民出版社2006年版。
雅克·德罗兹：《民主社会主义》，上海译文出版社1985年版。
殷叙彝：《民主社会主义论》，中央编译出版社2007年版。
汪恩键主编：《民主社会主义与科学社会主义比较研究》，中央编译出版社1998年版。
王绍光：《民主四讲》，生活·读书·新知三联书店2008年版。
萨托利：《民主新论》，东方出版社1993年版。
里普逊：《民主新诠》，香港新知出版社1972年版。
刘军宁编：《民主与民主化》，商务印书馆1999年版。
亚当·普沃斯基：《民主与市场》，北京大学出版社2005年版。
俞可平：《民主与陀螺》，北京大学出版社2006年版。
伊诺泽母采夫主编：《民主与现代化》，中央编译出版社2011年版。
中国社会科学杂志社编：《民主再思考》，社会科学文献出版社2000年版。

N

亚里士多德：《尼各马可伦理学》，中国社会科学出版社1998年版。
卢瑞钟：《内阁制优越论》，台北开山书店1995年版。

O

鲁塞弗尔达特等：《欧洲劳资关系——传统与转变》，世界知识出版社2000年版。
何秉孟等编著：《欧洲社会民主主义的转型：与德国、瑞典学者对话实录》，社会科学文献出版社2010年版。
圭多·德·拉吉罗：《欧洲自由主义史》，吉林人民出版社2001年版。

P

《潘恩选集》，商务印书馆1963年版。
阿瑟·奥肯：《平等与效率》，华夏出版社1987年版。

普列汉诺夫：《普列汉诺夫哲学著作选集》，生活·读书·新知三联书店1961年版。

Q
陈乐民：《启蒙札记》，生活·读书·新知三联书店2009年版。
鲁迅：《且介亭杂文》，中国人民大学出版社2006年版。
孙哲：《权威政治》，复旦大学出版社2004年版。
罗德里克·马丁：《权力社会学》，河北人民出版社1992年版。
戴维·赫尔德等著：《全球大变革：全球化时代的政治、经济与文化》，社会科学文献出版社2001年版。
俞可平等：《全球化与国家主权》，社会科学文献出版社2004年版。
乌·贝克：《全球化与政治》，中央编译出版社2000年版。

R
吕大吉：《人道与神道》，上海人民出版社1990年版。
戴维·埃伦费尔德：《人道主义的僭妄》，国际文化出版公司1988年版。
罗国杰编：《人道主义思想论库》，华夏出版社1993年版。
大卫·戈伊科奇等编：《人道主义问题》，东方出版社1997年版。
马斯洛等：《人的潜能与价值》，华夏出版社1987年版。
马里旦：《人和国家》，商务印书馆1964年版。
戈森：《人类交换规律与人类行为准则的发展》，商务印书馆1997年版。
洛克：《人类理解论》，商务印书馆1958年版。
张品兴主编：《人生哲学宝库》，中国广播电视出版社1992年版。
休谟：《人性论》，商务印书馆1983年版。
德沃金：《认真对待权利》，中国大百科全书出版1999年版。
袁群：《瑞典社会民主党的历史、理论与实践》，云南人民出版社2009年版。

S

冯友兰:《三松堂全集》,河南人民出版社1988年版。
邵祥能等主编:《商品经济新论》,中国财政经济出版社2008年版。
迈克尔·帕伦蒂:《少数人的民主》,北京大学出版社2009年版。
和春雷:《社会保障制度的国际比较》,法律出版社2001年版。
殷寿彝主编:《社会党国际文件集》,黑龙江人民出版社1989年版。
中联部编译小组编:《社会党国际重要文件选编》,当代世界出版社2005年版。
对外联络部资料编辑中心选编:《社会党国际和社会党重要文件选编》,中共中央党校出版社1989年版。
科尔曼:《社会理论的基础》,社会科学文献出版社1999年版。
维·勃兰特:《社会民主与未来》,重庆出版社1990年版。
托马斯·迈尔:《社会民主主义导论》,中央编译出版社1996年版。
托玛斯·迈尔:《社会民主主义的转型》,北京大学出版社2001年版。
考茨基:《社会民主主义对抗共产主义》,生活·读书·新知三联书店1958年版。
殷叙彝:《社会民主主义概论》,中央编译出版社2011年版。
卢梭:《社会契约论》,商务印书馆1994年版。
迈克尔·莱斯诺夫等:《社会契约论》,江苏人民出版社2005年版。
迈克尔·曼:《社会权力的来源》,上海世纪出版集团2005年版。
阿罗:《社会选择与个人价值》,上海世纪出版集团2010年版。
克特·W. 巴克:《社会心理学》,南开大学出版社1984年版。
伊恩·罗伯逊:《社会学》,商务印书馆1990年版。
龙冠海:《社会学》,三民书局1986年版。
安东尼·吉登斯:《社会学》,北京大学出版社2003年版。
横山宁夫:《社会学概论》,上海译文出版社1983年版。
谢康:《社会学研究》,商务印书馆1974年版。
孙本文:《社会学原理》,商务印书馆1934年版。
张德胜:《社会原理》,巨流图书公司1986年版。

爱德华·伯恩斯坦:《社会主义的前提和社会民主党的任务》,生活·读书·新知三联书店 1965 年版。

曹天予编:《社会主义还是社会民主主义》,大风出版社 2008 年版。

柯尔:《社会主义思想史》,商务印书馆 1977 年版。

格兰特:《社会主义与中间阶级》,商务印书馆 1964 年版。

林南:《社会资本:关于社会结构与行动的理论》,世界出版集团、上海人民出版社 2005 年版。

李惠斌、杨雪冬主编:《社会资本与社会发展》,社会科学文献出版社 2000 年版。

戴维·加尔森:《神话与现实》,工人出版社 1986 年版。

《圣西门选集》,商务印书馆 1982 年版。

哈斯:《史前国家的演进》,求实出版社 1988 年版。

吉登斯:《失控的世界》,江西人民出版社 2001 年版。

《十八至十九世纪俄国哲学》,商务印书馆 1988 年版。

周敏凯:《十九世纪英国功利主义思想比较研究》,华东师大出版社 1991 年版。

普特南:《使民主运转起来》,江西人民出版社 2001 年版。

《世界百科全书》,中国大百科出版社 1961 年版。

苏联科学院主编:《世界通史》,生活·读书·新知三联书店 1961 年版。

林志纯主编:《世界上古史纲》,天津教育出版社 1998 年版。

威尔·杜兰:《世界文明史·希腊的生活》,东方出版社 1999 年版。

威尔·杜兰:《世界文明史·凯撒与基督》,东方出版社 1999 年版。

林德布鲁姆:《市场体制的秘密》,江苏人民出版社 2002 年版。

托马斯·戴伊:《谁掌管美国》,世界知识出版社 1983 年版。

拉斯基:《思想的阐释》,贵州人民出版社 2002 年版。

J. B. 伯里:《思想自由史》,吉林人民出版社 1999 年版。

《斯大林全集》,人民出版社 1954 年版。

朱熹:《四书集注》,中华书局 1988 年版。

《孙中山选集》,人民出版社 1956 年版。

《苏联大百科全书选译》,生活·读书·新知三联书店 1956 年版。

T

巴甫洛夫：《条件反射演讲集》，人民卫生出版社1964年版。

庞德：《通过法律的社会控制 法律的任务》，商务印书馆1984年版。

哈耶克：《通往奴役之路》，中国社会科学出版社1997年版。

三宅一郎：《投票行动》，经济日报出版社1991年版。

W

刘泽华等：《王权与社会》，崇文书局2005年版。

郑成伟主编：《外国政体概要》，江苏人民出版社2001年版。

瓦尔特·尼科尔森：《微观经济理论：基本原理与扩展》，中国经济出版社1999年版。

平狄克、鲁宾费尔德：《微观经济学》，中国人民大学出版社2000年版。

威廉·A.迈克易切恩：《微观经济学》，财经科学出版社2004年版。

萨缪尔森、诺德豪斯：《微观经济学》，人民邮电出版社2004年版。

克鲁格曼、韦尔斯：《微观经济学》，中国人民大学出版社2009年版。

考茨基：《唯物主义历史观》，上海人民出版社1964年版。

夏勇：《为权利而斗争》，中国法制出版社2000年版。

恩伯：《文化的变异》，辽宁人民出版社1988年版。

贺麟：《文化的体与用》，商务印书馆1947年版。

塞缪尔·亨廷顿、劳伦斯·哈里森：《文化的重要作用》，新华出版社2002年版。

怀特：《文化科学》，浙江人民出版社1988年版。

马凌诺斯基：《文化论》，华夏出版社2002年版。

陈华文：《文化学概论》，上海文艺出版社2001年版。

李荣善：《文化学引论》，西北大学出版社1996年版。

贺麟：《文化与人生》，商务印书馆1988年版。

勒庞：《乌合之众：大众心理研究》，新世纪出版社2010年版。

考茨基：《无产阶级专政》，生活·读书·新知三联书店1958年版。

赵清、郑成编：《吴虞集》，四川人民出版社 1985 年版。
周策纵：《五四运动史》，岳麓书社 1999 年版。

X
荣卡格利亚：《西方经济思想史》，上海社会科学院出版社 2009 年版。
陈及：《西方经济学》，中国财政经济出版社 1996 年版。
周辅成编：《西方伦理学名著选辑》，商务印书馆 1987 年版。
沈宗灵、黄楠森主编：《西方人权学说》，四川人民出版社 1994 年版。
阿伦·布洛克：《西方人文主义传统》，生活·读书·新知三联书店 1997 年版。
艾德勒、范多伦编：《西方思想宝库》，吉林人民出版社 1988 年版。
李宪堂：《先秦儒家的专制主义精神》，中国人民大学出版社 2003 年版。
梁启超：《先秦政治思想史》，中华书局 1986 年版。
艾森斯塔德：《现代化：抗拒与变迁》，中国人民大学出版社 1988 年版。
西里尔·E. 布莱克：《现代化的动力》，四川人民出版社 1988 年版。
斯考森：《现代经济学的历程》，长春出版社 2009 年版。
詹姆斯·布赖斯：《现代民治政体》，吉林人民出版社 2001 年版。
樊纲：《现代三大经济理论体系的比较与综合》，生活·读书·新知三联书店 1990 年版。
王长江：《现代政党执政规律研究》，上海人民出版社 2002 年版。
罗伯特·A. 达尔：《现代政治分析》，上海译文出版社 1987 年版。
白永秀等主编：《现代政治经济学》，高等教育出版社 2008 年版。
程恩富等主编：《现代政治经济学新编》，上海财经大学出版社 2008 年版。
伟·桑巴特：《现代资本主义》，商务印书馆 1958 年版。
埃尔斯特：《宪政与民主》，生活·读书·新知三联书店 1997 年版。
狄骥：《宪法论》，商务印书馆 1959 年版。

古尔德纳：《新阶级与知识分子的未来》，人民文学出版社 2001 年版。

邓初民：《新政治学大纲》，中国社会科学出版社 1984 年版。

麦克尼尔：《新社会契约论》，中国政法大学出版社 1994 年版。

陈瑞华：《刑事审判原理论》，北京大学出版社 1997 年版。

休谟：《休谟政治论文选》，商务印书馆 1993 年版。

让·马里·科特雷等：《选举制度》，商务印书馆 1996 年版。

阿伦·李帕特：《选举制度与政党制度》，上海世纪出版集团 2008 年版。

约翰·S. 德雷泽克：《协商民主及其超越：自由与批判的视角》，中央编译出版社 2006 年版。

陈家刚主编：《协商民主与政治发展》，社会科学文献出版社 2011 年版。

詹姆斯·博曼等主编：《协商民主：论理性与政治》，中央编译出版社 2006 年版。

Y

胡寄窗：《1870 年以来的西方经济学说》，经济科学出版社 1988 年版。

《亚里士多德全集》，中国人民大学出版社 1992 年版。

卢云昆编选：《严复文选》，上海远东出版社 1996 年版。

萨特：《厌恶及其他》，上海译文出版社 1987 年版。

梁启超：《饮冰室合集·文集第七册》，中华书局 1937 年版。

沃尔特·白芝浩：《英国宪法》，商务印书馆 2010 年版。

罗威尔：《英国政府：政党制度之部》，上海人民出版社 1959 年版。

罗威尔：《英国政府：中央政府之部》，上海人民出版社 1959 年版。

杨桢：《英美契约法论》，北京大学出版社 2003 年版。

泰勒：《原始文化》，上海文艺出版社 1992 年版。

芮逸夫主编：《云五社会科学大辞典·人类学》，台湾商务印书馆 1976 年版。

Z

罗默：《在自由中丧失：马克思主义经济学导论》，经济科学出版社 2003 年版。

贾春峰：《怎样认识民主社会主义》，中国青年出版社 1991 年版。

李连科：《哲学价值论》，中国人民大学出版社 1991 年版。

慈继伟：《正义的两面》，生活·读书·新知三联书店 2001 年版。

罗尔斯：《正义论》，中国社会科学出版社 1988 年版。

沃尔泽：《正义诸领域》，译林出版社 2002 年版。

莫里斯·迪韦尔热：《政党概论》，香港青文文化事业有限公司 1991 年版。

谷光宇：《政党论》，黎明文化事业公司 1983 年版。

赵晓呼主编：《政党论》，天津人民出版社 2002 年版。

王长江：《政党现代化》，江苏人民出版社 2004 年版。

萨托利：《政党与政党体制》，商务印书馆 2006 年版。

艾伦·韦尔：《政党与政党制度》，北京大学出版社 2011 年版。

刘文岛：《政党政治论》，商务印书馆 1928 年版。

洛克：《政府论》，商务印书馆 1993 年版。

边沁：《政府片论》，商务印书馆 1995 年版。

许涤新主编：《政治经济学辞典》，人民出版社 1980 年版。

西尼尔：《政治经济学大纲》，商务印书馆 1997 年版。

萨伊：《政治经济学概论》，商务印书馆 1963 年版。

李嘉图：《政治经济学及赋税原理》，商务印书馆 1972 年版。

宋涛主编：《政治经济学教程》，中国人民大学出版社 1999 年版。

杰文斯：《政治经济学理论》，商务印书馆 1997 年版。

马克思：《政治经济学批判大纲》，人民出版社 1975 年版。

马尔萨斯：《政治经济学原理》，商务印书馆 1962 年版。

杜冈—巴拉诺夫斯基：《政治经济学原理》，商务印书馆 1989 年版。

穆勒：《政治经济学原理》，商务印书馆 1997 年版。

莫斯卡：《政治科学要义》，上海世纪出版集团 2005 年版。

杨幼炯：《政治科学总论·现代政府论》，中华书局 1967 年版。

迦纳：《政治科学与政府》，商务印书馆1935年版。

斯宾诺莎：《政治论》，商务印书馆1999年版。

马起华：《政治理论》，台湾商务印书馆1977年版。

波朗查斯：《政治权力与社会阶级》，中国社会科学出版社1982年版。

李普塞特：《政治人》，商务印书馆1993年版。

亚里士多德：《政治学》，商务印书馆1965年版。

迦纳：《政治学大纲》，世界书局1935年版。

莱斯利·里普森：《政治学的重大问题》，华夏出版社2001年版。

安德鲁·海伍德：《政治学核心概念》，天津人民出版社2008年版。

马起华：《政治学论》，台湾商务印书馆1977年版。

萨拜因：《政治学说史》，商务印书馆1986年版。

桂崇基：《政治学原理》，商务印书馆1933年版。

巴路捷斯：《政治学与比较宪法论》，商务印书馆1932年版。

李剑农：《政治学概论》，商务印书馆1934年版。

莫里斯·迪韦尔热：《政治社会学》，华夏出版社1987年版。

迈克尔·欧克肖特：《政治中的理性主义》，上海译文出版社2003年版。

麦考密克、魏因贝格尔：《制度法论》，中国政法大学出版社1994年版。

康芒斯：《制度经济学》，商务印书馆1997年版。

哈耶克：《致命的自负》，中国社会科学出版社2000年版。

葛承雍：《中国古代等级社会》，陕西人民出版社1992年版。

王亚南：《中国官僚政治研究》，中国社会科学出版社1981年版。

刘泽华：《中国的王权主义》，上海人民出版社2000年版。

杨德山：《中国近代资产阶级政党学说研究》，人民出版社2002年版。

胡奇光：《中国文祸史》，上海人民出版社1993年版。

冯友兰：《中国哲学简史》，北京大学出版社1985年版。

冯友兰：《中国哲学史》，河北人民出版社1988年版。

谢维扬：《中国早期国家》，浙江人民出版社1995年版。

林甘泉等：《中国古代史分期讨论五十年》，上海人民出版社 1982 年版。

马克尧：《中西封建社会比较研究》，学林出版社 1997 年版。

瞿同祖：《中国封建社会》，上海世纪出版集团 2006 年版。

梁琴、钟德涛：《中外政党制度比较》，商务印书馆 2000 年版。

郭象：《庄子集释·齐物论》。

马克思：《资本论》，人民出版社 1975 年版。

马克思恩格斯：《资本论通信集》，人民出版社 1976 年版。

庞巴维克：《资本实证论》，商务印书馆 1981 年版。

约瑟夫·熊彼特：《资本主义、社会主义与民主》，商务印书馆 1999 年版。

弗里德曼：《资本主义与自由》，商务印书馆 1986 年版。

《资产阶级政治家关于人权、自由、平等、博爱言论选录》，世界知识出版社 1963 年版。

布罗代尔：《资本主义动力》，生活·读书·新知三联书店 1997 年版。

维塞尔：《自然价值》，商务印书馆 1997 年版。

范伯格：《自由、权利和社会正义》，贵州人民出版社 1998 年版。

柏林：《自由四论》，台北联经出版事业公司 1986 年版。

詹姆斯·M. 布坎南：《自由、市场和国家》，北京经济学院出版社 1989 年版。

弗里德曼：《自由选择》，商务印书馆 1982 年版。

阿克顿：《自由与权力》，商务印书馆 2001 年版。

哈耶克：《自由秩序原理》，生活·读书·新知三联书店 1997 年版。

彼得·里尔巴克：《自由钟与美国精神》，江西人民出版社 2010 年版。

李强：《自由主义》，中国社会科学出版社 1998 年版。

霍布豪斯：《自由主义》，商务印书馆 1996 年版。

顾肃：《自由主义基本理念》，中央编译出版社 2003 年版。

霍伊：《自由主义政治哲学》，生活·读书·新知三联书店 1992 年版。

罗素：《宗教与科学》，商务印书馆1982年版。

高放：《纵览世界风云》，中国书籍出版社2002年版。

曹荣湘选编：《走出囚徒困境：社会资本与制度分析》，上海三联书店2003年版。

毛里西奥·帕瑟林·登特里维斯：《作为公共协商的民主：新的视角》，中央编译出版社2006年版。

A

Lewis H. Morgan: *Ancient Society*, The Belknap Press of Harvard University press Cambridge, 1964.

William A. Haviland: *Anthropology* (NinthEdition), New York: Harcourt College Publishers, 2000.

A. P. D'entreve: *Aquinas Selected Political Writings*, Barnes &Noble Books Totowa New Jersey, 1981.

Lewis H. Morgen: *Ancient Society*, Chicago: Charles H. Kerr & Company, 1907.

Robert Nozick, *Anarchy, State And Utopia*, Beijing: China Sciences Publishing House Chengcheng Books Ltd., 1999.

C

Milton Friedman, *Capitalism and Freedom*, The University of Chicago Press, 1962.

Eugen V. Böhm – Bawerk, *Capittal and Interest—A Critical history of Economical Theory*, New York: Brentano's, 1922.

Joseph A. Schumpeter, *Capitalism, Socialism, and Democracy* (3rd Edition), New York: Harper & Brothers Publishers, 1950.

Bill Coxall, Lynton Robins and Robert Leach, *Contemporary British Politics* (4th edition), Gosport: Ashford Colour Press Ltd., 2003.

Gabriel A. Almond Sidey Verba, *The Civic Culture: Political Attitudes and Democracy in Five Nations*, Sage Publications Inc., 1989.

John Burton: *Conflict, Human Needs Theory*, The MACMILLAN Press

Ltd. , 1990.

James E. White, : *Contemporary Moral Problems* (Fourth Edition) (St. Cloud State University) West Publishing Company, 1994.

Friedrich A. Hayek, *The Constitution of Liberty*, The University of Chicago Press, 1978.

Donald L. Horowitz: *Comparing Democratic Systems*, Journal of Democracy , Vol. 1 , No. 4 , 1990.

Arthur Linton Corbin, *Corbin On Contracts* (One volume Edition) , West Publishing Co. , 1952.

Robert A. Dahl, *Considerations on Representative Government*, Beijing: China Social Sciences Publishing House Chengcheng Books Ltd. , 1999.

D

C. E. Black, *The Dynamics of Modernization: A Study in Comparative History*, New York: Harper Row, Publishers, Inc. , 1966.

Robert A. Dahl, *Democracy and its Critics*, New Haven and London: Yale University Press, 1989.

Michael Parenti, *Democracy for the Few* (5th Edition), New York: St. Martin's Press, 1988.

Thomas Hobbes, *Decive, or, The citizen*, Greenwood press, publishers Westport, Connecticut, 1982.

E

Rae, Douglas W, *Equalities*, Cambridge, Mass. : Harvard University Press, 1981.

Louis P. Pojman, *Ethical Theory , Classical and Contemporary Readings* (*Second Edition*), Wadsworth Publishing Company, 1995.

Stevn M Cahnand Peter Markie, *Ethics : History, Theory , and Contemporary Issues*, New York Oxford, Oxford Univertasity Press , 1998.

J. L. Mackie, *Ethics, Inventing Right and Wrong* , Singapore Ricrd Clay Pte Ltd. , 1977.

F

Isaiah Berlin, *Four Essay on Liberty*, Oxford University Press, 1969.

John E. Roemer, *Free to Lose*, Cambridge, Mass: Harvard University Press, 1988.

G

Ralph Barton Perry, *General Theory of Value its Meaning And Basic Principles Construed In Terms Of Interest*, Longmans, Green And Company 55 Fifth Avenue, 1926.

John StuartMill, "On Liberty", Robert Maynard Hutchins, *Great Books of the Western World*, Vol. 43, Encydop Aedia Britannica Inc. , 1980.

H

Joseph A. Schumpeter, *History of Economic Analysis*, London: George Allen & Unwin Ltd, 1955.

Robert A. Dahl, *How Democratic Is the American Constitution?* New Haven & London: Yale University Press, 2001.

I

Adam Smith, *An Inquiry into the Nature And Causes of the Wealth of Nationsv* (volume 1), Oxford: Clarendon Press, 1979.

Jeremy Bentham, *An Introduction to the Principles of Morals and Legislation*, Oxford: the Clarendon Press , 1823.

J

Edgar Bodenheimer, *Jurisprudence, The Philosophy and Method of The Law*, Cambridge, Massachusetts, Harvard University Press, 1967.

L

Knut Wicksell, *Lectures on Political Economy*, London: George Routledge and Sons, Ltd. , 1934.

F. A. HAYEK, *Law, Legislation and Liberty* (Volume 1), Beijing: China Social Sciences Publishing House Chengcheng Books Ltd. , 1999.

Thomas Hobbes, *Leviathan, A Touchstone Book*, Published by Simon & Schuster, 1962.

Sissela Bok, *Lying , Moral Choice in Public and Private Life*, New York : Vintage Books, 1989.

M

Paul A. Samuelson, William D. Nordhaus, *Microeconomics* (16th Edition), Boston: The McGraw - Hill Companies, Inc. 1998.

Robert A. Dahl, Bruce Stinebrickner, *Modern Political Analysis* (6th edition), New Jersey: Upper Saddle River, 2003.

John Passmore, *Man' Responsibility for Nature*, London Duckworth Press, 1974.

Bernard Gert, *Moraility—A New Justification of The Moral Rules*, New York Oxford: University Press, 1988.

Abraham H. Maslow, *Motivation And Personality* (second edition), New York: Harper & Row, Publishers, 1970.

Henry Sidgwick, *The Methods of Ethics*, St. Martin S Street: Macmillan and Co. , Limited, London.

Julia Annas, *The Morality Of Happiness*, New York: Oxford University Press, 1993.

N

Friedrich Von Wieser, *Natural Value*, New York: Kelley & Millman, Inc. , 1956.

O

Robert A. Dahl, *On Democracy*, New Haven & London: Yale University Press, 1998.

Karl A. Wittfogel, *Oriental Despotism, A Comparative Study of Total Power*, New Haven: Yale University Press, 1957.

P

Eugen V. Böhm - Bawerk, *The Positive Theory of Capital*, New York: G. E. Stechert & Co. , 1930.

Divid Ricardo, *Principles of Political Economy and Taxation*, London: George Bell and Sons, 1908.

Tom L. Beauchamp, *Philosophical Ethics*, New York: McGraw - Hill Book Company, 1982.

Tsunesaburo Makiguchi, *Philosophy of Value*, Tokyo: Seikyo Press, 1964.

Niccolo Machiavelli, *The Prince*, Grolier Enterprises Corp. Danbury, Connecticut, 1981.

Don K. Price, *The Parliamentary and Presidential Systems*, Public Administration Review, Vol. 3 , No. 4 , 1943.

Harold J. Laski, *The Parliamentary and Presidential Systems*, Public Administration Review, Vol. 4 , No. 4, 1944.

Juan J. Linz, *The Perils of Presidentialism*, Journal of Democracy, Vol. 1 , No. 1 , 1990.

Arend Lijphart, *Parliamentary Versus Presidential Government*, New York: Oxford University Press , 1992.

R

John F. Walker, Harold G. Vatter, *The Rise of Big Government in the United States*, Armonk, New York, London, England: M. E. Sharpe Inc. , 1997.

E. j. Bond, *Reason and Value*, Cambridge University Press, 1983.

Roderrick Frazier Nash, *The Rights of Nature*, London: A History of Environmental Ethics, The University of Wisconsin Press, 1989.

Friedrich A. Hayek, *The Road to Serfdom*, George Routledge & Sons

Ltd., 1944.

S

Barrington Moore, JR., *Social Origins of Dictatorship and Democracy_ Lord and Peasant in the Making of the Modern World*, Boston: Beacon Press, 1972.

Mortimer J. Adler, *Six Great Ideas*, New York: A Touchstone Book Published by Simon & Schuster, 1997.

Joel Feinberg, *Social Philosophy*, PRENTICE_ HALL INC., 1973.

Gianfranco Poggi, *The State: Its Nature, Development and Prospects*, Cambridge: Published by arrangement with polity Press Ltd., 2007.

T

John Rawls, *A Theory of Justice* (Revised Edition), Cambridge, Massachusetts: The Belknap Press of Harvard University Press, 2000.

W. Stanley Jevons, *The Theory Political Economy* (Fourth Edition), London: Macmillan and Co., 1911.

Samuel P. Huntington, *The Third Wave: Democratization in the Late Twentieth Century*, Norman: Universityof Oklahoma Press, 1991.

John Locke, *Two Treatises on Civil Government*, London: George Routledge and Sons, Ltd., 1884.

David Hume, *A Treatise of Human Nature*, Oxford: At The Clarendon Press, 1949.

Giovanni Sartori, *The Theory Democracy Revisited*, New Jersey: Chatham House Publisher Inc.

Adam Smith, *The Theory Of Moral Sentiments*, Beijing: China Sciences Publishing House Chengcheng Books Ltd, 1979.

U

Samuel Bowles, Richard Edwards and Frank Roosevelt, *Understanding Capitalism: Competition, Command, and Change* (Third Edition), New

York: Oxford University Press, 2005.

John Stuart Mill, *Utilitarianism*, China Social Sciences Publishing House Chengcheng Books Ltd. , 1999.

V

Bryan Wilsons, *Values Humanities*, Press International Inc. , 1988.

Juan J. Linz, *The Virtues of Parliamentarism*, Journal of Democracy, Vol. 1 , No. 4 , 1990.

W

Adam Smith, *The Wealth of Nations* (Books Ⅰ - Ⅲ), England Penguin Inc, 1970.

C. Wright Mills, *White Collar: The American Middle Classes*, London: Oxford University Press, 1956.

索　引

国家分类　85—92，100，138，145，174，240

资本主义　4，7，8，89—91，138，146—151，165，167—169，171—175，177，180，212，216，217，221，223，224，236，239，240，272—274，375，376，437，474，475，477，478，597，599，600，609，610，669，670，676，704，728，742，760—762，765，767，769，775—777，783，791，803，804，825—828，841，842，847，855，858，861—864，867，869，871，872，876，878，880—884，886—888，890—894，899，903，904，908—913，915，918，920，925—937，939—941，943，945，946，949，951—958，962，963，966，971—976，979，980，985，986，988，991，992，994，995，1003—1010，1012，1016—1018，1021—1023，1026，1027，1029—1037，1044—1047，1049—1061，1063，1064，1069，1070，1090，1110，1132，1141，1143，1151—1153，1155，1157，1162—1166，1170，1171，1178，1180，1182，1247，1248，1284，1287，1289，1296，1299，1300

半总统制　132，1264，1269，1278，1280，1281

暴力革命　916，919，925，938，959，961—966，969，970，974，993，1002，1003，1008，1010，1012—1014，1016，1021—1026，1038，1049—1056，1063，1163，1186—1188

暴力社会主义　1001—1003，1013

比例平等　204，296，313，334，339，341—344，346，349—352，363，364，480，523，525，533，534，578，641，922，982，1208

比例制　113，130，1217—1224，1248，1249，1251—1255

边际　216，347，348，351，413，437，480，536，670，681，694，697—699，708—710，721，730，735，742，749，750，752，755，758，759，761，762，766—769，804—807，809，813，816—822，826，848，855，862，863，951，1288

索　引　1309

边际成本　216，412，413，417，437，536，719，721，723，724，729—731，734，735，737—740，742，759，761，795，813，826，848，855，863，951，1156

边际效用　8，259，288，347，412，413，672，673，677—680，690，691，694—701，707，709，713，722—724，729—731，735，749，766，771，779，794，800，801，803—813，815，816，818—824

边际效用递减定律　680，690，691，694，698，699，701，702，707，800，801，803，822

不服从者不得食　447，588，876，964，973，1027，1039，1052，1055，1126，1150，1163，1194

不服从者亦得食　447，867，1052，1150

不可能性定理　653，654

不人道　135，270，373，374，425，435，544，568，572，588，827

不完全竞争　537，731—733，735，736，739，740，761，762，855，856，1283

不完全君主制　95，98—100

部落　26，44，45，58，152—159，597，598，600，839，850—852，885，886，1098，1132—1138，1140，1142，1148，1173，1283

部落国家　49，88，154，156，159，175

财富　73，113，117，118，168—175，195，198，199，201，207，210，232，288，299，300，339，341，348，350，351，353，355，357，358，361，363，367，371，380，418，421，423，426，434—436，451，466，475，476，480，511，528，529，552—556，558，563，565，566，568，569，575，576，583—585，587，589，623，662，663，669，670，677，703—706，709，710，714，716，724，743—745，748，750，760，761，783，797，800，804，826，827，834，835，839，843，844，871，880，883，889，924，927，939，941，945，947，948，950，955，958，989，990，1007，1071，1089，1095，1096，1105，1107，1145，1154，1155，1158—1162，1164，1169—1171，1174，1184，1199，1208，1209，1215，1216，1257—1259，1283，1286

产品市场的卖方垄断　216，437，536，537，742，761，826，848，855，857，863，951

臣民文化　916，919，1054，1093—1095，1114，1116—1127，1129—1131，1157，1163，1173，1179，1181，1189，1194，1214

成本　412，413，670，723—730，735，737，738，752—756，767，768，770，775，792，793，795，796，813，873，886，900，986，1012

成本定律　725—727，729，755，796，813

程序公正与实体公正 303

抽签 113, 830, 1089, 1206—1216, 1281

创造性潜能的实现 365, 370, 373, 401, 403, 514

道德价值 246, 310—315, 433, 485, 561, 562, 595, 716, 717, 786, 809, 813

道德目的 6, 300, 311—315, 473, 570, 571

道德权利义务 321—324

道德善 300, 301, 314

德道律 553, 571

德福律 553, 560

德富律 553, 555, 556, 558, 560

德识律 553, 566

等害交换 198, 199, 299—302, 314, 315, 720, 831, 833

等级制 157, 159, 529, 531, 545—549, 557, 567, 572, 573, 584, 593, 658, 844, 851, 858, 916, 921, 922, 962, 1047, 1051, 1074, 1075, 1092—1094, 1099, 1101, 1115, 1116, 1124—1127, 1136—1139, 1148, 1149, 1169, 1178, 1179, 1181, 1183, 1194, 1214, 1215, 1260

等价交换 199, 200, 203, 208, 210, 211, 216, 417, 437, 536, 674—676, 700, 720—723, 725, 726, 730, 731, 742, 743, 749, 758, 759, 761—768, 770, 795, 826, 848, 849, 853—855, 861—863, 951, 982, 984, 1156

等利交换 198, 199, 299—302, 314, 315, 326, 347, 359, 364, 720, 738, 831—833, 848, 864

多数暴政 133, 230, 464, 508, 519, 654—656, 659, 1223

多数裁定 71, 73, 81, 109, 111, 123—127, 131, 132, 137, 229, 230, 398, 445, 633, 654—659, 664, 961, 1179, 1202, 1219—1221, 1269

多数制 113, 130, 139, 1217—1224, 1248, 1249, 1251—1254

恶劣道德 571, 575

发展潜能的机会平等 353, 529

法 2, 3, 5—7, 9, 13, 14, 16, 19—25, 29, 30, 35, 38, 44, 45, 50, 51, 53—58, 60, 62—64, 66, 67, 69—74, 76—82, 84, 86, 88, 90, 92—97, 99, 101, 102, 104, 107—109, 111, 113—116, 118, 120, 124—127, 129, 131—137, 139—141, 143, 150, 153, 156, 158—160, 162, 164, 166, 169, 170, 175, 176, 178, 183, 186, 188, 190, 191, 195, 200, 203, 213, 215, 220, 227, 230, 232, 233, 236, 243, 245—248, 259, 265, 266, 269, 271—273, 290, 293, 296—298, 302—311, 313, 314, 317, 320—328, 330, 332, 333, 335, 337, 343, 353, 354,

索 引 1311

358, 360, 366, 375, 378—380, 382, 391, 394, 398—400, 402, 409—412, 414,
417, 421, 423—425, 432, 433, 442, 443, 445, 446, 454—458, 461, 463—466,
468, 469, 476, 478, 482, 488, 489, 495, 497—500, 513, 518, 521, 526, 527,
530—532, 534, 540, 541, 543, 544, 546, 548, 550, 552, 556, 562, 567—570,
576—578, 586—589, 598—601, 613, 614, 616—622, 624—627, 630, 631,
635, 637, 639, 647, 649—661, 663, 664, 670, 671, 673, 678, 681, 685, 688,
694, 698, 710, 714—717, 720—723, 732, 734, 736, 750, 759—762, 764, 765,
770, 788, 789, 792, 793, 795, 797, 806, 817, 819, 827, 830, 832, 834, 837,
847, 848, 859, 866, 874, 884, 911, 915, 917, 919, 935, 948, 962—973,
977—981, 985, 987, 995, 997, 999, 1000, 1002, 1004, 1007, 1011—1018,
1022, 1023, 1025, 1026, 1028, 1029, 1032, 1038, 1039, 1042, 1044, 1045,
1050, 1058, 1062, 1064, 1073—1080, 1082—1088, 1090, 1091, 1094—1096,
1101, 1103, 1105, 1106, 1117, 1119—1121, 1128, 1130, 1131, 1135, 1139—
1141, 1144—1148, 1150, 1151, 1156, 1158, 1164, 1168, 1169, 1175, 1183,
1186, 1188—1192, 1195, 1196, 1198—1204, 1206, 1207, 1209—1211, 1213—
1222, 1224, 1226, 1227, 1232, 1235—1241, 1243, 1246, 1249, 1252, 1254,
1257—1259, 1261—1263, 1265—1278, 1280, 1281, 1283, 1285, 1286, 1288—
1290, 1295—1297, 1299

法定权利义务 321—324

法律 21, 29, 30, 32, 34, 36, 44, 56—64, 67, 86, 93, 119, 131, 133—136,
139, 140, 156, 162, 203, 214, 215, 218, 224, 230, 231, 244—246, 248,
275, 276, 280, 292, 298, 303—306, 308, 309, 311, 317, 319—322, 325—
331, 343, 366, 378, 379, 381, 382, 384, 397, 399—401, 404, 407, 413,
414, 417, 421—423, 425, 443, 461—464, 477, 481, 485, 488, 489, 496,
505, 507, 521, 569, 586, 587, 600, 602, 624, 637, 654, 663, 670, 716,
717, 720, 760, 827, 835, 860, 870, 893, 906, 914, 917, 977, 978, 981,
983—985, 987, 989, 991, 1006, 1024, 1025, 1027, 1028, 1039, 1041, 1042,
1082, 1086, 1088, 1096, 1107, 1110, 1113, 1140, 1142, 1149, 1195, 1202,
1209, 1215, 1216, 1235, 1240, 1248, 1259, 1266, 1268, 1280, 1282, 1285,
1288—1290, 1292, 1294

法治 309, 361, 399—401, 403, 419, 422, 445—448, 462, 464, 481, 482, 506

非经济交换 56

非经济强制 436—438, 448, 481, 829

非民主政府 661, 662, 1175, 1188, 1255, 1260—1264, 1276

非民主制的绝对普世负价值　601
非人道　180, 228, 235, 373, 374, 420, 490, 515, 516, 519, 572, 669, 827, 871, 880, 921, 933, 934, 1033, 1034, 1056, 1164
非人类存在物的权利义务　324
分配公正　205, 302, 303, 982, 984
分权　129, 131, 134, 136, 137, 162, 165, 465, 513, 600, 652, 659, 1071, 1082—1091, 1189, 1214, 1262—1265, 1271—1274, 1276, 1277, 1279
分权的政府制度　1082, 1087—1089, 1172, 1175, 1176, 1223, 1262, 1272, 1273, 1276, 1277
分权君主制　95, 98—100, 138—140, 144, 228, 495
封建　88, 95, 99, 140, 146, 148, 150, 160—168, 174, 175, 239, 375, 531, 599, 607—609, 835, 836, 847, 852, 860, 865—867, 889, 908, 931, 962, 963, 968, 1006, 1009, 1051—1053, 1111, 1143, 1148—1152, 1169—1171, 1178, 1285
封建社会　98, 99, 112, 146—151, 160—167, 216, 375, 409, 436, 597, 599—601, 609, 841, 842, 858, 860, 861, 863—865, 871, 885, 887, 909, 1000, 1069, 1110, 1126, 1132, 1135, 1136, 1139, 1148—1150, 1152, 1155, 1164, 1169—1171, 1177, 1248, 1285, 1299
封建制　4, 7, 89, 147, 160—163, 165—167, 172, 174, 175, 177, 180, 220, 221, 239, 240, 762, 828, 833, 859, 861, 863, 865, 880, 883, 885—888, 891, 894, 906, 908—910, 927, 1110, 1148
封建制度　162, 860, 885, 1110, 1148
封建制经济形态　90, 145, 146, 172, 927
福利国家　272, 273, 937, 954, 976, 978—991, 994, 995, 1014, 1016, 1022, 1027—1030, 1032, 1033, 1039, 1044, 1045, 1057—1061, 1063, 1261, 1262, 1285
改良主义　1026, 1029, 1030, 1032, 1059—1061, 1063, 1064
公理化　8—10, 654
公民社会　79, 119, 120, 128, 856, 916, 919, 1054, 1069, 1091—1095, 1098, 1100—1102, 1124, 1125, 1127, 1157, 1162—1164, 1169, 1172—1174, 1182, 1189, 1194, 1195, 1286
公民文化　903, 916, 919, 920, 936, 1035, 1054, 1069, 1094, 1114, 1116—1127, 1129, 1130, 1157, 1159, 1160, 1162—1164, 1166, 1169, 1172—1174, 1189, 1194, 1214, 1286

索　引　1313

公平　68，206，297，308，325，326，340—342，353—356，358，413，548，555，556，563，565，569，575，576，579，580，593，711，717，719，720，722，737—743，763，876，903，920，924，936，995，997，1004，1035，1037，1055，1058，1059，1076，1215，1221

公平价格　411，412，556，711，717—719，722—724，729—731，734，735，737—741，984，1156

公平与效率　297，579，580，1286

公设　9，10

共产主义国家　146，193，217，220，221，223，228，229，231，232，238，239，249，596，608，669，828，878—880，883，885，887，888，891，893，894，904，937，993—995，1215

共产主义国家消亡论　217，219

共产主义经济形态　146，207，211，216，890

共产主义科学假设的标准　179

共产主义科学假设的依据　182

共产主义政党的身份特征　987，988

寡头垄断　123，731—734，739，740，1047，1207，1208，1214

官吏阶层　947，948，951，953—955，958，959，992，1193

官吏阶级　36，441，482，531，545—547，557，658，825，826，836，838，846，866，867，875，916，918，919，926，929，938，939，947，964，973，1047，1048，1052—1054，1056，1065，1093—1095，1098—1101，1115，1119，1122，1124—1127，1137—1141，1144，1147，1150，1157，1163—1165，1169，1170，1173—1175，1178—1180，1183，1185，1186，1193，1194，1202，1260

广义人道主义　372，467，468，470

广义人道总原则　374

国家　1—5，7，8，11，13—16，25—54，63—70，72，73，75—107，109，110，113—117，119，120，122，123，129，130，132，135，137—147，150，151，154，156，158，159，161，162，165，174—176，178—181，193，202，206，212，214，217—232，234，237—241，243—249，253，264，266—272，274—277，279，280，282，285，287，289，291，292，302，317，320，324，330，333，343—347，351，355，358，359，365，374—376，378，383，384，394，396—411，413，416，418—420，422，423，434，438—441，459，462，466—468，479—483，487，488，493，495—501，503—515，517—525，527—529，531，532，534—553，556—558，560—563，565—569，571—579，581—594，

596—602, 605, 606, 608—610, 612—618, 622—624, 627, 630, 632—643, 646—648, 650—653, 657, 661—663, 667, 669, 670, 775, 821, 825, 827, 828, 836, 841, 849, 856—858, 864—867, 870, 875, 878—895, 897, 899, 900, 904, 909, 912, 913, 915—917, 919, 921—926, 930, 935, 938, 939, 947, 957—963, 965, 967—970, 972, 974, 976, 980, 982—987, 989, 990, 1001, 1002, 1007—1016, 1021—1026, 1028, 1029, 1040, 1042—1045, 1047—1052, 1054, 1058, 1060, 1061, 1063, 1070—1074, 1076, 1078—1081, 1083—1085, 1087, 1089, 1091—1093, 1098, 1099, 1101, 1102, 1110, 1112—1124, 1126, 1127, 1129, 1135, 1136, 1138, 1140, 1142—1150, 1152, 1153, 1155, 1157, 1158, 1160—1172, 1175—1178, 1180, 1181, 1183—1189, 1192—1199, 1202, 1204, 1206—1216, 1218, 1220—1224, 1226, 1227, 1229—1232, 1234—1239, 1241—1243, 1247—1252, 1255—1257, 1260—1269, 1271, 1273, 1274, 1277, 1278, 1280, 1281, 1285, 1286, 1289, 1292, 1294, 1299, 1300

国家的现代主流定义 36—38, 41, 43, 46, 219

国家的直接的外在的起源 39, 75

国家繁荣进步与停滞落后的根本原因 582

国家分类的科学依据 87, 138, 139, 239, 249

国家类型 7, 8, 81, 85, 87, 90, 91, 93, 100, 107, 137, 139, 144, 145, 166, 177, 221, 239, 240, 245, 495, 499

国家目的 6, 7, 220, 243, 264, 266—274, 1036

国家起源 7, 8, 39, 42—44, 46, 50—53, 67, 69, 70, 75—77, 80, 82—84, 267, 268, 960

国家起源理论 75, 77

国家消亡 48, 217, 219

国家学 1, 2, 4—10, 85, 88, 291, 292, 667, 1013

国家学对象 6, 7

国家学公理 8, 9

国家学界说 1

国家学性质 8

国家原初契约 66, 67

国家政权的本性 1008, 1040, 1049

国家直接根源 54

国家制度 1—8, 10, 139, 177—179, 181, 194, 220, 221, 243, 246—249, 253, 254, 264, 266, 272, 274, 276—285, 287—292, 314, 317, 333, 338, 343, 347,

351，358，365，375，376，397—399，401，403，408，423，434，435，461，465—467，474，479，481—483，489，490，493，495—498，500—503，505，506，514，515，518，520，521，523，526，540—545，547—549，551，552，571—573，575—578，583，586，589—591，596，597，605—608，610，627—629，633，634，657，664，667，669，825，827，828，877，878，893，894，899，900，922，928，963，981，982，984，987，990，996，1025，1036—1039，1109，1111，1113，1114，1176，1219，1249，1252，1261

国家制度根本价值标准 7，133，178，249，296，502，519，578，586，590，606，628，629，662，664，922，1113，1219

国家制度价值标准 6—8，72，133，137，177—183，194，212，215—217，221—223，226，228—233，235—240，243，249，253，266，289—291，389，416，417，420，479，483，489，501，556，561，562，606，609，622，629，669，670，827，828，854，865，866，871，872，879，880，904，921，932—937，984，994—996，1004，1018，1034，1037—1040，1055—1057，1060—1063，1164，1166，1187，1247，1261

国家制度价值标准体系 7，8，137，179，243，251，267，434，479，899，1219，1247

国家制度终极价值标准 7，133，179，243，249，253，275，277—279，290—292，479，483，502，540，586，590，606，628，629，664，996，1057，1219

国家制度最高价值标准 7，133，178，249，365，372，374，375，396，397，502，581，586，590，606，628，629，633，634，662，664，923，1219

国家终极起源 40

国民品德状况与道德制度的内在联系 553，569，571

国民品德状况与经济制度的内在联系 553

国民品德状况与精神财富制度的内在联系 566

国民品德状况与政治制度的内在联系 553，558

国体 85—89，91，92，100，139，141，142，221，474

好国家 249，624，637

混合政体 85，94，134，139—143，600，610，616，917

机会平等原则 343，351，353，356，358，480，543，573，1075

基本权利 135，136，247，296，313，334—339，341—344，346，349，351—358，363，364，480，483，488，519，523，528，529，533，534，578，626，641，922，982—984，986，1062，1096

价值 2，4—8，10，17，19，25，59，62，70，72—75，86，88，92，121，132，

145，149，150，164，166，169—172，178，179，198，200，201，204，205，208—211，213，216，217，221，229，236，237，241，243—249，253—255，257—266，274，276，277，279—285，287—292，301，305，306，308—310，312，314，335，340，343，347，348，351，359，365—376，379，380，382，389，391—393，396，397，401，410，412，413，421，423，426，433，434，436，437，455，456，458，460，461，465—468，470—474，479—481，483—485，490，491，493，495，496，498—503，505，506，510，514，516，520—523，528，533，536，540—544，546—549，551，566，568，574，581，584，589—597，605—615，626—629，631，632，634，636，637，654，655，664，667，669—691，693，696—702，704—710，712—717，719—730，735，742—745，748—811，813—828，848，853—855，861—864，875，876，893—895，899，900，903，904，916，920，923，932，936，951，959—962，969，971，981，982，986，990，994—996，1014，1019—1021，1031，1032，1035—1037，1039，1051，1053，1058，1059，1070，1091，1095，1096，1099，1104—1109，1112，1113，1122，1132，1156，1159，1160，1184，1187，1201，1209，1210，1212，1213，1219，1220，1234，1235，1244—1246，1248，1280，1287，1292，1293，1297，1300

价值悖论 678—680，686，690，699，729，730，797，816—818，820，822

价值标准 5，70—72，74，177—179，181，194，243—249，253，254，261，263—266，274—277，282，283，288—292，295，306，312，314，317，333，338，351，358，365，368，375，376，389，396—398，405—407，423，434，435，467，479，481—486，489，490，500—502，533，542—545，547—551，578，590，606，627，628，633，634，657，664，828，920，922，960，983，990，995，996，999，1004，1020，1021，1036—1038，1057，1062，1063，1113，1187，1261，1262

价值反论 688，690，698，699，707，708，771，779，783，796—804，808，816，817，820—823

价值推导公式 4—9，243，265，266

价值之谜 690，691

建党自由 1069，1071，1076，1078，1081，1082，1088—1090，1157，1162，1169，1172，1182，1189，1200，1203，1204，1222，1262

建党自由的政党制度 1081，1082，1089，1172，1223

交换 39，55—69，75，80，170，172，173，188，198—200，203，204，207—211，215，217，223，259，264，268，275，296—303，310—315，318，326，331，332，334，347—349，359，408—410，412，416，419，435，479，481，487，538，579，

索　引　1317

672—679，682—690，692，693，699，700，702，708，711—717，719—723，726，730，731，734，744，748—750，756—760，762—768，770，772，774，776，779，785，787—789，795，797—802，807，808，816，817，820，821，823，824，831—833，846—848，851，853，854，861，862，864，865，871，880，882，883，889，891，906，927，932，959，960，984，1006，1077，1126，1140，1141，1143，1148，1156，1232，1257，1292

交换价值　170，172，198—201，208，209，259，264，347，348，351，409，480，672，673，675，677—679，681—691，698—702，707，708，711—714，722，723，729，730，743，748—753，763，766，771—781，783，784，787—790，796—803，807—809，816—818，820—823，927，1127，1156

交换价值的源泉和实体　200，672，673，707，708，771，773，777，779，783，784，799—803，810，813，822，823

交换价值规律　698

阶层　158，352，515，534，592，833，843—845，852，937，938，942—944，946—951，954—956，958，968，990—992，1018，1022，1023，1031，1043，1150，1182，1184，1193，1248—1254

阶层分类　947

阶级　13，15，26，36—38，42—50，75，76，87，102，104，147，156—159，162—164，167，174—176，179—181，201，202，206，215，217—220，229，231，232，236，270—272，274，376，417，441，463，474，475，477，532，538，545—552，557，574，584，586，592—594，596，597，600—602，605，606，608，649，650，653，658，762，796，802—804，825，826，828，829，833—854，857—861，863—872，874—881，883，887，891，899，903，904，908，910，913—916，918—922，925，926，929，932，933，935—959，962，964，965，967，970，973，979，981，985，989，992—995，1003—1005，1007—1013，1016—1018，1020—1027，1032，1033，1035，1037，1038，1040—1050，1052—1059，1063—1065，1093，1094，1098，1099，1111，1127，1133—1135，1137，1139，1140，1142，1150，1151，1157，1159，1162—1166，1169，1170，1174，1175，1178—1186，1193，1194，1248—1254，1282，1284，1286，1287，1289，1290，1296，1298

经济平等总原则　351

经济权力垄断　117，180，201，202，217，437，438，441，448，482，536—539，825，842，843，845，846，848，853，855—857，859—861，863，864，867，872，873，879，899，903，910，919，920，926，933，936，947，982，985，1027，

1034，1035，1053，1057—1060，1064，1136，1165，1166

经济权利　204，247，322，335，342，347—351，414，417，418，480，483，486，487，527，528，534，545，547，557，584，922，978，984，1028，1029，1047，1057，1115，1138，1178，1179，1183

经济异化　180，201，202，217，231，435—438，441，442，445，448，451，456，457，476，481，482，774，872，899，933，1165

经济异化起因　448，452，481

精英主义　612，613，615，616，626，628—632，636，638，642，648，653，665，1072，1114—1116，1118，1124

竞争权利的机会平等　353，529

竞争性政党制度　1076，1079—1082，1087，1239—1242，1245，1270—1272，1276，1277，1279

聚合民主　113，122，126

绝对普世价值　595，596

君主政体　91，93，94，110，134，139，156，229，440，562，598，617，632，638，1134，1231，1234，1273

君主专制　71，85，88，89，95，96，98，100，110，134，138，139，141，143，144，165，228，269，387，403，404，440，495，514，543，548，557，561，562，588，589，597—600，602，614，617，618，620，622—624，632—634，636，638，661，663，888，889，921，1047，1074，1115，1118，1146，1147，1150，1151，1169—1171，1198，1202，1209

君主专制的封建社会　138

科学社会主义　7，8，194，195，360，952，970，998，1001—1005，1008，1010—1018，1021，1026，1027，1029，1030，1033，1037—1040，1046，1048，1050，1055—1058，1062，1063，1065，1282，1291

客体　5，174，254—266，276，429，430，676，677，681，683，684，743，765，785，786，813—815

跨越资本主义卡夫丁峡谷　878

劳动　36，118—120，146，153，159，160，162，167，171，173—175，181，193，195，196，199—204，206—209，216，221，232，271—274，347—349，351，409，418，426—428，430，431，433，435—438，442，447，475，476，480，486，487，517，527，536，537，556，573，578—581，586，588，639，669—671，673—683，688，689，702—710，724，725，727，728，739，742—794，796—804，806，813，814，822，823，826—830，832，833，835，836，838—

840,843,845—848,852—857,859—863,865,871—874,876,877,880—883,886,909,913,922,927,932,934,939—942,944—946,948,950—952,954,956—959,963,966,975—977,979,980,982,985,986,991,992,994,1004,1009—1012,1017,1022—1024,1027,1028,1030,1033,1034,1036,1037,1040,1044—1046,1049,1050,1055—1058,1061,1092,1107—1109,1126,1133,1142,1145,1149,1155,1158,1180,1182—1184

劳动的价值与价格 8,671,742

劳动价格 216,348,437,536,670,742,756,759—761,804,826,840,848,855,862,863,951

劳动价值 216,437,536,670,671,677,686,722,723,742,749—751,758,761,762,769,772,773,776,790,793,794,800,804,826,848,855,863,951,1289

劳动价值论 8,673,679,680,682,707,708,771—776,778,780,782,783,785—787,789—793,796,797,799,800,802—804,814,815,823,824,1055,1288,1289

劳动价值论证明 803

劳动力 172,173,207,348,703,728,742—748,750—758,762—764,767—770,783,784,803,835,855,889,940,949,957,985,986

劳动市场的买方垄断 216,348,437,536,537,742,761,767,769,826,848,855,857,863,951,981

劳动异化 430,435,436,438

利益不相冲突条件下的国家制度价值终极标准 284

利益冲突条件下的国家制度价值终极标准 277

联邦制 113,129,130,161,162,164—166,1264—1267,1273,1274

两党制 88,113,130,1078,1080—1082,1200,1214,1223,1224,1236—1238,1241—1249,1251—1255,1271

两种封建概念 159,164,166

垄断 35,36,44,96—98,100,117,180,202,216,414,417,437,441,482,515,536—538,545,547,548,552,556,649,650,653,658,711,716—718,721,731—733,736—742,760—762,767—770,795,804,825,826,828,835—867,872,875,876,878,886,913,916,918,919,929,938,939,942,946,947,949—951,957,958,964,973,976,977,982,1011,1027,1043,1047—1049,1052,1054,1056,1057,1060,1079,1100,1101,1115,1125,1126,1138,1139,1150,1163—1165,1169,1173,1174,1178,1180,1190,

1193—1195，1209，1210，1212—1214，1229，1239，1240，1251，1260，1268，1271

垄断竞争　718，719，731—733，735—737，739，740

垄断竞争价格　735—738

马克思主义国家目的理论　270，272

没有政府指挥的市场经济　177，211—213，215，216，231，232，237—239，410，416，556—558，879，904，922，924，925，927，930，937，974，993—995，1060，1166，1189

民主的传统定义　109，110

民主的价值　496，498，499，548，613，626

民主的价值标准　500，501，627，628

民主的社会条件　1054，1091，1157，1163，1172，1177，1189

民主的文化条件　1054，1103，1163

民主的选举制度条件　1071

民主的政党制度条件　1071，1076

民主的政府制度条件　1071，1082

民主化的主观条件　1176—1178，1186

民主化过程　1186

民主社会主义　119，937，970—972，977，978，981，985，987，989，994，996—998，1000—1002，1013—1033，1035，1036，1039，1040，1049，1050，1053，1056—1065，1282，1283，1289—1291，1297

民主选举类型　1201

民主与非民主制的价值　501，502，506，513，519，526，532，540，543，552，553，558，563，569，577，628，629

民主政府　133，230，244，465，508，515，552，581，655，656，660—663，924，1086，1087，1121，1189，1255，1257，1260—1264，1271，1273—1277，1279—1281

民主制的绝对普世正价值　601

名义民主而实为专制　85，142，143，240，917

内阁制　88，129，131，132，1086，1087，1228，1229，1264，1267—1272，1274—1278，1281，1291

内在价值　305，306，309，310，392，501，591，606

内在善　392，1199，1209，1258

农民阶级　835，837，838，841，842，849，863，865，866，938，939，1010，

索 引

1040，1048，1175，1179—1182，1185，1186
奴隶制　4，7，36，94，146，147，159，160，167，172，174，175，177，180，
220，221，239，240，293，294，588，607，746，762，828，833，844，847，
858，859，861—863，865，870，880，883—888，890，891，894，906，908—
910，913，915，918—920，927，1041，1047，1059，1146，1165，1286
奴隶制国家　86—90，146，174，175，221，239，249，596，608，669，825，828，
865，867，878，884，885，888，891，893，894，1010，1040，1049
奴隶制经济形态　90，145，146，172，927
帕累托标准　253，287，288
帕累托最优状态　287
平等　7，24，48，70—72，78，79，81，83—85，99，100，104，114，117—119，
121，123—127，130—133，137，138，155—159，163，177—181，194—196，
202—206，208，212，214，219，221，226，228—230，232，236—238，243，
246—249，270，290，291，296，298，299，302，303，309，313，332，333，
336—339，341—343，345—358，362，363，380，383，399—401，403，404，
407，413—415，422，425，437，439，440，442，460—464，476，480—487，
489—491，495，498，500—503，505，506，513，519—534，543，544，546—
549，556—558，561，562，567，568，572，573，578—581，584，586—588，
590，595，597，598，606，617，626—629，641，652，657，659，662，664，
669，670，675，719，721，722，736，742，760，761，804，826，827，831，843，
844，847—849，851，852，854，857，862，866，879，921—923，926，937，
939，947，951，960，969，970，978，981—984，987，989—991，994—996，
1004，1005，1010，1012，1015，1018—1023，1026，1027，1031，1032，1036—
1040，1050，1053，1055，1057，1060，1062，1063，1065，1074—1076，1083—
1086，1092，1094，1096，1099，1101，1113，1115，1116，1125—1127，1133，
1134，1136—1139，1142—1144，1148，1150，1151，1155—1157，1166，1167，
1169，1179，1180，1182，1183，1202—1205，1207—1209，1211，1213，1215，
1219—1221，1232，1247，1260，1278—1281，1289—1292，1300
平等原则　105，106，194，196，197，296，313，334，338，342—344，346—348，
351，364，408，414，418，480，481，484—489，520，641，647，1181，1183，
1205，1208
平等主义　232，352，358，363，364，572，573，575，626，629，630，664，
996，997
平等总原则　334，343，344，349，480

普世　591—597, 600, 605—611, 629, 665, 776, 878, 893—895, 899, 900, 981, 982, 986, 1053, 1129, 1178, 1248
普世价值类型　595
普选制民主　112, 113, 180, 269, 270, 274, 439, 440, 825, 836, 837, 841, 850, 866, 879, 925, 954, 970, 994, 1001, 1013, 1016, 1023, 1024, 1026, 1043, 1044, 1046—1052, 1063, 1175, 1183—1185, 1204, 1206
启蒙运动　613, 630, 1120, 1124, 1127—1131
契约概念　54, 63
契约论证明　362, 363
契约自由　70, 71, 74, 718, 719, 960—962, 1187
酋邦　44, 152, 153, 155, 157—159, 597, 598, 839, 850—852, 858, 1132—1135, 1137, 1139, 1283
酋邦国家　156, 159, 175
权力　15—37, 39, 40, 42—44, 47, 49, 50, 53, 54, 57, 64, 66, 67, 69, 72, 77—81, 83, 93, 96—100, 108, 110, 114, 115, 117—119, 128, 129, 131—137, 140, 150, 154, 157, 162, 176, 180, 202, 213, 218, 220, 224—227, 229, 230, 245, 268, 275, 318—320, 324, 331, 334, 339, 344, 348, 351, 353, 355, 357, 358, 397, 402, 404, 405, 410, 421, 426, 429, 457, 461, 463—465, 475, 476, 480, 485, 487, 503, 508—513, 515, 518, 519, 522, 528, 529, 531, 536—538, 544, 546, 550—552, 561, 562, 566, 588, 598—600, 610, 614, 615, 623, 626, 632, 635, 638, 641, 643, 644, 649, 651, 652, 655, 656, 663, 676, 760, 761, 825, 826, 832, 835, 838—853, 855—867, 872, 875, 878, 886, 913, 916—919, 926, 929, 938—959, 962—964, 973, 976—978, 981, 991, 994, 1007, 1011, 1022, 1025, 1027, 1028, 1039, 1043, 1048, 1049, 1052, 1054, 1056, 1057, 1060, 1071, 1073, 1082—1088, 1090, 1094, 1098, 1100, 1101, 1124—1127, 1134, 1135, 1137, 1139, 1144—1146, 1149, 1150, 1154, 1156—1158, 1163, 1164, 1168, 1169, 1173, 1174, 1182, 1184, 1186—1190, 1192—1196, 1200, 1212, 1216, 1225, 1228—1230, 1232, 1240, 1247, 1256—1260, 1262—1264, 1268—1270, 1272, 1273, 1275—1277, 1280, 1281, 1292, 1300
权力的合法性　21, 80, 82
权利　20, 33, 39, 56—59, 61, 64—66, 69, 71, 75, 77, 80, 81, 101—104, 106, 107, 110, 111, 114, 118, 120, 124—127, 132, 135—138, 143, 148, 158, 162—164, 183, 195—198, 203—206, 211, 235, 247, 268, 270, 275, 296, 301—303, 305, 308, 309, 313, 318—344, 346, 347, 349—351, 354—

361，363，364，378—382，400，404，405，407，408，422—425，447，463，465，476，479，480，482—484，486—488，498，502，503，513，519，520，522—525，527—529，531，533—535，543—547，549，567，573，574，586，587，614，640—642，647，648，659，857，860，861，959，960，964，965，968，973，977，980，982，983，985，987，991，996，1020，1023，1028—1030，1038，1047，1051，1062，1091，1092，1115，1116，1136，1138，1149，1178，1179，1183，1189，1195，1205—1207，1215，1226，1257，1260，1268，1274，1292，1295，1300

权利平等 196，204—206，343，347，351，364，408，519，533，534，1115，1208
权威 17，24，25，27，30，32，37，62，78，79，133，139，157，158，220，229，230，462，464，465，505，508，515，522，655，656，852，1007，1085，1089，1092，1094，1095，1099，1116，1134，1194，1257，1265，1267，1292
全民党 937，992—995
全球国家 49，52，54，193，220—223，226—228，231，232，238，239，879，904，930，937，974，993—995，1061，1166—1168，1215，1262，1274
全球化 221—228，879，932，952，1127，1162，1165，1167—1169，1215，1262，1287，1292
全权垄断 97，98，100，875—877，883，887，903，913，915，916，918—920，929，930，936，938，964，965，973，1027，1035，1038，1052—1058，1063—1065，1126，1127，1139，1150，1163—1166，1170，1173，1190，1193—1195
人道 7，71，133，177—181，194，197，201，202，204，205，212，221，230，232，235—238，243，247—249，270，290，291，338，365—367，372—376，396—403，407，408，416—420，422，423，435，467，468，481—485，489—491，498，501，502，513—516，519，544，548，549，553，563—566，568，571—573，581，584，586，590，593，595，606，628，629，657，659，662，664，669，670，719，854，871，879，880，923，937，984，988，990，994—996，1004，1005，1018—1021，1031，1033，1037—1040，1055，1057，1060，1062，1113，1166，1219，1247，1261，1292

人道负面根本原则 481
人道社会 375，403，407，422，468
人道正面根本原则 481
人道主义 166，178，181，365—376，391，393，396，397，425—429，435，451，457，459，465—470，474，514，572，573，575，626，629，630，632，664，996，997，1021，1282，1283，1287，1292

人道总原则　365，376，435，481
人民　1，2，13，16，19，23，24，28—30，35—38，40，42，43，46，48，49，55，58，59，66—68，78，81，87，91，93—95，98，99，101，102，107—109，114—116，119，121，123，125—129，132，133，136，139，140，143，146—148，153—157，160，161，167，170—174，176，180—182，188，194—196，199，200，203，204，206—209，212，218—220，222，223，230，232，234，235，244，248，255，257，258，261，264，267，271—274，298，299，301，312，316，322，337，339，343，349，356，359，360，368，369，373，378，380，390，392，406，408，409，419—421，423，426，427，429—431，436，437，441，449，452—454，456，463—466，476，477，486，488，497，499，500，504，508，510—512，514，515，517，518，528，532，535，536，538，544—547，550，551，566，567，576—578，581，586—589，597，598，601，607，609，610，612，614—617，621，623，624，626，631，636—640，642—654，656，659，660，663，670，671，673，675，677—679，681，682，684—689，694，703，704，713，714，720—722，725—728，732，734，737，739，740，744—746，753，760，763，766，787—789，791，792，794，798，799，803，806，809，815，828—831，833—837，841，847，852，853，859—861，864，870—874，877，878，880—882，886，889—891，894，895，905—908，912，915，917，921，924—929，931，932，939—941，943，949，952—954，956，958，959，961—969，971—973，975，976，978—980，985，986，988，989，991—994，1000，1002—1012，1014，1017，1019，1022—1025，1027，1031—1033，1036，1037，1040，1044—1046，1049—1051，1054—1059，1064，1065，1070—1078，1082—1094，1097—1099，1102，1104，1107，1108，1110，1111，1114，1116，1119，1121，1124，1125，1127，1129，1130，1133—1137，1140—1147，1152，1155—1157，1166，1168，1173，1176，1177，1181，1182，1187，1188，1194，1196—1198，1200，1202，1204，1208，1210，1213，1214，1216，1217，1219，1221—1223，1227，1228，1231，1232，1234，1237，1238，1247，1249，1252，1263，1265—1271，1273，1274，1277，1278，1280—1300
人民主权原则　344，408，641，1208，1210，1213，1214
人权　36，105，136，137，203，225，230，235，270，296，320—322，324，330，331，336—346，350，356—358，363，400，407，408，417，418，420，422，423，425，445—448，463—465，480，482，486，498，503，508，509，513，517，519，520，523，528，529，532—536，544，546，547，549，551，562，568，573，587，640，641，656，871，880，996，1014，1018—1020，1026，1129，1135，1138，1179，1195，1205，1260，1262，1295，1300

索 引　1325

人权的神圣性　342

人权原则　270，338，343，447，544，1206

人性　177，178，182—184，188—194，197，210，227，232，264，299，316，326，328，337，363，367，369，370，376，390，397，435，467，469，544，570，594，595，630，632，636，640，646，934，1021，1034，1036—1038，1061，1195，1197，1198，1209，1254，1261，1283，1292

任人唯才　346

任人唯德　346

任人唯贤　346，486，1235

儒家　109，190，499，532，572，574，613，614，616—621，624，626，1119，1130，1131，1139，1151，1296

三权分立　125，131，132，136，652，653，659，664，1084—1086，1200，1277，1279

善　3，5，6，39，52，61，71—75，112，137，166，178，179，182，183，192，194，198，199，202，206，213，214，221，229，231，234—238，243，244，247，248，254，258，262，263，265，266，268，279，290，292，293，295，297，299，300，302，307，312—314，316，317，321，326，330，331，333，334，367—375，381，385，392，393，395，397，399，401—403，413—416，433，443，454，461，466，467，473，481—483，485，486，489，491，497，500—502，514，518，532，533，538，544，545，553，556，559—564，569，570，572，574，581，586，590，593，595，606，614，615，619，625—629，633—635，644，651，657，664，693，694，711，718，719，731，737，740，741，809，827，831，833，858，868—871，876，879，888，894，904，915，920，923，930，932，934—936，956，960—962，965，969，974，981—986，990，993，994，997，1012，1017，1028，1031，1033，1051，1056，1058，1059，1061，1072，1090，1106，1129，1187，1198，1200，1205，1209—1215，1225，1235，1258，1259，1261，1262，1275，1295

商品　8，57，78，120，170，172—174，182，184，199，200，203，207—211，223，234，259，264，348，412，415，419，669—702，706—709，711—736，738—740，742，745—758，760，762—768，770—777，779，781，783—790，792—801，803，805—816，821—824，826，848，851，854—856，861，862，865，882—884，982，1001，1008，1036—1038，1092，1140，1141，1143，1148，1156，1287

商品价格　8，417，556，684，687，711，715—717，720—722，727，736，738，

739，741，742，756，775，793—796，826，984
商品价值递减定律 698，701，702
商品价值分类 683
商品交换价值 259，672，683—685，689，699—701，712，713，742，748，749，772，797，798，807，808
商品经济 172—175，183，194，207—212，214—216，221，409，413，416，589，669，731—733，871，880，883，884，886，887，890，927，934，1001，1034，1126，1141，1155，1156，1183，1292
少数裁定 111，124，656—658，664，1219
社会 1，4，13—16，18—34，36—58，61，64—69，71—84，86—88，92，96，97，99，101—107，110，112，118—120，125，132，134—139，145—166，171—173，176—184，191—222，224，226—228，231—238，244—249，256，267，268，270—272，275，276，280，287—289，293，294，296，297，300—304，311—326，328，329，332—343，345—349，351—358，360—363，366—369，371，373—376，378，380—382，386，387，389，392—411，413，415—424，427，429，433，434，436—439，441—448，451，453—466，468—470，472—489，497—499，501，502，504—509，511，512，514，522，524，526，528—538，540—549，551，554—556，559，560，566—569，571—575，577，579—582，585，590—600，602—609，611，614，615，617，618，620，622—625，627—629，631—636，638，646，649—651，653—657，659—665，670，674—676，679，681，683，684，687—691，702—704，707，709，710，712，721，735，738，739，744—746，748，750，753，756，761—763，765，768，773—778，781，782，784，785，787，791—793，795，797，799，802—805，809，810，813—815，822，827—829，832—835，837—883，885—888，890—895，899，900，903—916，918，919，921，923—926，929—941，943，944，946—951，953—963，965，967—973，975，977—980，982，983，985，987—991，993—997，999—1011，1013—1040，1044，1050，1052—1056，1060—1062，1069—1072，1075，1086，1091—1101，1104—1107，1109，1110，1112，1115—1118，1120，1121，1124—1127，1129，1131—1137，1139—1147，1149—1160，1162—1167，1169—1173，1175—1182，1184—1187，1189，1194—1201，1203，1205，1206，1211，1216，1225—1227，1229，1231，1234，1235，1243，1246—1253，1256—1260，1262，1266，1273，1274，1276，1277，1279，1281—1284，1286—1300
社会权力 35，97，98，100，588，856，867，950，953，1054，1056，1126，1144，1150，1163，1164，1169，1173，1174，1193—1195，1260，1293

社会根本公正　359，479
社会公正　198，201，202，247，296，300，302，303，317，332—334，358—361，363，364，480，482，982，995，996，1020，1029，1235
社会公正理论　358，361，363，364
社会化　394，429，443，446，451，931—934，952，953，1006，1008，1016，1026，1030，1033，1062，1233
社会民主　66，113，114，117—122，137，236，237，272，273，474，476，477，518，802，926，937，954，962，965，966，968—979，981，982，987—996，1000，1002，1013—1032，1044，1045，1050，1051，1056，1057，1062，1066，1081，1092，1242—1244，1282—1284，1291—1293
社会平等　236
社会契约　20，58，67，73，77，80—82，362
社会契约论　20，53，55，57，59，63，65，67，73，75—84，336，399，614，1207，1210，1213，1215，1256，1293，1296
社会异化　435，441—448，451，456，457，482
社会异化的标准表现　443
社会异化的典型表现　442，443
社会异化的基本表现　442
社会异化的起因　446，448
社会原初契约　66，67
社会主义　1，4，7，89，97，146，149，172，173，177，178，181—184，194，195，203，207，208，211，212，232—240，272—274，360，361，363，367，374—376，458，459，466，474—478，597，600，610，611，669，670，674，675，802，825，827，841，842，867，870，872，875—883，887，888，891—894，900，901，903—905，909—921，925—931，934—939，947，950—956，958，959，962—976，987—996，998—1008，1013—1021，1023—1026，1028—1040，1045—1047，1049—1057，1059—1066，1090，1126，1132，1152，1153，1155，1162—1166，1168—1170，1179，1180，1193，1247，1282，1284，1287，1293，1299
社会主义的必然性与应然性　1002，1033，1062
社会主义的价值标准和指导原则　1033
社会主义国家　87—89，143，146，174，217，221，232，237—240，249，273，594，596，600，608，825—828，867，875，878，879，883，885，887—889，891，893，894，904，910，915，929，937，962—964，970，993，1001，1011，

1022，1027，1040，1045—1047，1052—1054，1056，1065，1152，1163，1165，1188，1194

社会主义基本价值　236，991，995，1016，1017，1020，1021，1027，1031—1033，1039，1057，1060，1062

社会主义经济形态　146，867

社会主义与和平社会主义　998

社会主义政党的身份特征　975，976，1061

社 会 资 本　　933，952，982，1033，1091，1092，1095—1102，1124，1125，1293，1300

社会最大化　39，51，53，54，75—77，267

生产力不发达的社会主义　478，875，911，915—919，928，929，1163，1164，1166

生产力高度发达的社会主义　919，928，934，1166，1168

剩余价值　158，159，167，171，200—202，216，348，437，536，671，704，727—729，742，743，758，759，761—770，783，791—793，795，796，826，827，845—848，852，855，856，861—863，946，951，985，1003，1004，1007，1036—1038，1055

实 体　　5—8，13，26，34—38，41，42，44，46—49，102，121，199—201，218，219，222，243，255—257，259，261，263—266，304—306，308，309，311，312，314，347，348，449，450，453，454，673，681，688—690，699—708，713，722，729，748，749，763，764，766，771—777，779，784，786，787，792，793，796—802，807—809，811，812，815—817，821—823，1036，1144，1230

实现社会主义的必要条件　611，903，905，910，911，920，921，925，929，931，974—976，985，988，1035，1165

实现社会主义和共产主义的客观条件　903，938

实现社会主义和共产主义的主观条件　937，938，959

实现社会主义途径　959，1002，1008，1049，1063

实行市场经济的社会主义模式　917

使用价值　170，172，200，208，209，259，264，672，673，675，677，679，681—691，693—695，697—708，711—713，722，723，729，744，745，748—752，764，766，768，769，771—773，777，779，783，787—790，797—803，806—808，810，812，813，816—818，820—823

使用价值的源泉和实体　673，702，707，771，774，802，823

使用价值规律　691，694

索　引

氏族　26，43，45，154—157，176，181，232，597，598，851，858，882，1098，1133—1135，1200

世界政府　193，220—223，226—228，231，232，238，239，879，904，930，937，974，993—995，1061，1166—1168，1215，1262

市场经济　119，173，175，177，183，184，194，207，212—217，221，223，224，227，232，235，236，238，409—411，413—420，476，556—558，584，587，669，670，871，872，880，883，903，904，909，915，918，919，921，927—929，933，934，982—984，1001，1016，1027，1029，1030，1032—1034，1036—1039，1056—1058，1061，1063，1092，1124—1127，1155—1157，1162，1164，1166，1167，1169—1171，1173，1182，1183，1195，1261

事实　2，4—8，11，13，30，45，48，51，54，68，76，104，121，125，140，150，177，180，190，194—197，201，204—206，222，224，243，248，257，262，263，265—267，272，273，308，311—313，330，331，333，363，369，371，379，394，405，406，411，431，448，459，465，473，477，498，509，513，519，524，550，570，598，600，601，615，621，630，639，640，649，650，653，655，676，678—680，682，690，691，706，719，720，747，761，765，773—776，780，785，786，788，799—802，806，808，810—812，814—817，821，822，840，868，883，887，909，910，912，914，931，932，937，957，961，970，983，989，993，1004—1006，1012，1016，1018，1022，1027，1033，1036—1038，1042，1044，1050，1055，1057，1062，1065，1072，1074，1080，1085，1087，1112，1140—1142，1162，1165，1170，1171，1184，1191，1206，1219，1239—1241，1251，1268

事实判断　1036

事实属性　5，6，257，258，261—266，702，748，765，784—786，811—816，1036

手段善　392，1259

庶民　108，109，112—114，119，123，128，139—141，400，440，441，503，504，514，515，520，531，535，545，546，549—551，599，612，642，643，645—650，657，658，836，913，939，947，948，992，1071，1091，1094，1098，1100，1116，1125，1126，1159，1163，1174，1179，1180，1193，1196，1197，1201—1203，1222，1223，1263

庶民阶级　36，441，482，531，825，826，836，844，846，866，867，875，913，916，918，919，926，929，938，939，947，964，1027，1048，1052—1054，1056，1065，1069，1093—1095，1098—1101，1115，1119，1121，1124—1127，1138，1155，1157—1160，1162—1165，1169，1172—1175，1178—1181，1183，1193，

1194，1260

双务契约 59，60，62

私有制 8，88，89，117，145，147，149，151，158，159，173—175，179—181，193，201，207，212，217，231，233，238，270—272，274，347，348，351，437，438，448，475，476，480，482，538，539，586，667，669，742，760—762，772，775—777，804，826，840，841，849，850，852，853，867，872—877，880，881，887，899，903—905，908—911，913，914，918—920，925，928—930，933—936，938，951—956，958，959，971—976，981，982，985，988，991，992，994，995，999，1000，1008，1026，1027，1029—1031，1033—1036，1045，1053，1056—1064，1140—1144，1151，1164—1166，1169，1262

思想自由 229，379，383，398，403，420—423，425，461，463，464，466，474，481，506，507，510—514，533，535，536，543，566—568，573，576，577，582，584，585，589，643，662，867，923，924，1159，1163，1195，1199，1262，1294

四权结合 652，653

索取 56，58，318，319，321，330，334，359，832

天赋人权 336，337

投票 93，94，103，106，113，126，128，136，488，510，520，654，655，732，968，1073，1077，1201，1202，1206—1208，1210—1216，1222，1232，1245，1249—1254，1270，1281，1294

完全竞争 411—413，417，721，731—737，739，740，759，761，795，813，856

完全竞争价格 734

完全君主制 95，96，100

完全垄断 717，731—733，738—740，875

完全平等 70，72，78，105，111，119，120，124，132，180，204，229，269，274，296，313，334—336，338，339，341—347，349—351，354，356—358，363，364，401，408，412，414，418，480，486—488，516，519—523，525—529，531，533—535，537，538，548，549，557，561，562，566，567，574，578，584，586，612，627，641，648，650，656，657，734，759，760，825，841，849—851，857，862，866，867，875，916，919，922，926，960，963，981，982，984，1024，1060，1074，1075，1086，1092，1114，1115，1136，1149，1156，1183，1205—1208，1219，1220，1260，1269，1281

为己利他 71，314—316，572，574，575，716，719

唯一符合国家制度价值标准的经济形态 212，215，235，420

委员会制 113，132，1264，1269，1274，1281

文化　14，24，40，44，49，97，104，120，150，153—155，157，222，224，226，227，268，276，369，375，376，421，423，449—451，453，455，499，532，534，563，565，566，568—570，575，576，583—585，587，592，598，602，605，607，609，611，621，866，870，916，919，922，924，948—950，986，987，1017，1021，1025，1029，1054，1069—1072，1092，1095，1096，1098，1103—1118，1120—1128，1130，1131，1134，1136，1153—1155，1157，1159，1160，1162，1164，1167—1169，1171—1173，1175—1177，1181，1184，1189，1190，1194，1199，1204，1209，1214，1227，1248，1253，1254，1257—1260，1262，1279，1283，1284，1288，1292，1295，1297，1298

文化权力　97，98，100，588，867，1054，1056，1126，1144，1150，1163，1164，1169，1173，1174，1193—1195，1260

文明　44，48，88，94，143，156—158，168，169，173，179，223，367，402，409，453，454，598，631，649，828，865，887，905，926，931，1006，1007，1073，1103—1107，1114，1129，1134，1135，1142，1146，1198，1294

无产阶级　174，203，272—274，475，477，803，836—838，841，842，844，849，861—866，881，907，914，920，926，927，929，931，933，934，937—944，946—948，951—959，962—966，968，970，975，976，979，985，988，991—994，1003，1005—1013，1016—1018，1021—1026，1032，1033，1040，1044—1048，1050，1052，1053，1056，1057，1063，1127，1157，1162，1169，1175，1180，1182—1186，1188

无产阶级专政　930，962，970，1003，1008，1010—1014，1016，1021—1026，1032，1038，1040，1046，1047，1049，1050，1053—1055，1063，1295

无党制　1238，1239，1244，1245，1255，1276

无害一人地增进利益总量　277，284—288，295，483，543，544，548—550，572

无私利他　187，191—193，314—316，472，473，572，574，575

无限君主制　95，96，98—100，138，140，165，228，495

无约因单务契约　61

无约因契约　61

五种社会形态　145—152，165—167，909

西方专制主义　622，635

狭义人道主义　372，467—470

狭义人道总原则　374，376

现代化　304，306，309，579，1069，1070，1132，1151—1155，1158—1160，1162—1174，1177，1195，1238，1282，1283，1291，1296，1298

限选制民主　113，439，850，1048，1183，1204，1206
宪政　114，133—137，457，465，466，488，513，625，1262，1296
宪政民主　113，114，125，132—137，228，230—232，238，239，386，460，464—466，474，478，510，513，518，585—587，616，659，664，879，904，930，937，974，990，994，995，1060，1061，1166，1200，1214，1215
宪政民主政府　663
相对普世价值　595，596
消除社会异化的客观条件　447，448
消除社会异化的主观条件　448
消极自由　376，381—385，387—389
效　率　231，235，272，297，354，409，412，413，417，419，420，538，556，578—581，586，588，623，653，654，660—663，669，711，735，737—741，781，782，871，873—877，880，883，887，903，911—913，915，916，918—923，925，928—930，933，934，936，972，973，984—987，1022，1027，1033—1035，1038，1039，1053，1056—1059，1063—1065，1097，1105，1121，1127，1164—1166，1190，1246，1247，1291
协商民主　113，122，123，125—133，137，616，659，664，1296，1297
协商民主政府　129—132
协　议　57—59，62，65，118，341，715—717，977，1028，1057，1076，1077，1175，1188，1190，1203，1231，1232
休谟法则　4，265
休谟难题　4，5，264，265，785，1036
需要与欲望递减定律　691
选　举　71，93—95，99，102，106，115，116，126，129，130，136，141，143，335，338，343，398，488，503，529，530，599，616，640，642—644，646，647，650—653，662，917，961，963，966—968，981，1023，1071，1073—1078，1081，1089，1090，1158，1176，1182，1186，1187，1189—1191，1196，1201—1218，1220—1222，1227，1228，1231—1235，1242，1244，1249，1250，1252—1255，1268，1269，1281，1286
选举方式　1206，1208，1212，1213，1252
选举制度　113，129，130，1071，1074—1076，1148，1206，1215—1220，1222，1224，1244，1249—1255，1279，1282，1296
亚细亚生产方式　98，147，148，151，587，609，762，875，929，930，938，1054，1139—1148，1150，1151，1169—1171，1173，1178，1193

索　引　1333

言论自由　136，384，407，421，424，488，507，509，1032，1071，1076，1088—1090，1157，1163，1182，1189，1200，1203，1204，1214，1262
言论自由的选举制度　1089，1172，1223
言论自由的选举制度和建党自由的政党制度　1082，1088，1089，1157，1175，1176，1262
一党制　88，97，1078—1080，1224，1236—1244，1247，1255
一人独裁　94，111，124，131，132，656—658，664，1022，1219
义务　17，39，56—59，61，62，64—66，69，74，75，80，103，106，162—164，195，236，247，268，275，292，295，296，301—303，313，318，320—326，328—334，338，347，356，358，359，375，415，479，482，486，490，547，557，572—575，584，647，922，959，960，980，995，996，1019，1020，1031，1092，1116，1149，1179，1183，1206
议会道路　938，959，961，965，969，970，972，974—976，993，1010，1022
异化　181，247，270，425—438，441—445，447，448，450—452，481，483，524，544，568，572，573，634，827，863，988，989
异化价值　433
异化经济　435
异化劳动　427，428，431，435，437
应该　1—8，16，21，25，39，48—52，54，57，70—75，77，81—83，85，103—106，112，113，115—117，121，122，125，128，130，138，139，164，166，168，172，177—179，181，183，184，190，194—198，200—202，204—206，211，212，214—217，219—221，229，233，235，241，243—248，253，254，258，262—266，268—270，272，275，277—291，293—296，298，304，305，307—309，311，313，314，318—351，353—359，363，367，369—371，373，375，376，380，381，383，389，391，394，395，397，400，402，403，405—408，412—423，433，435，447，455，456，458，459，461—463，467，471，474，475，478—491，497，498，501—503，505，506，520—524，526—529，531，533，534，541，543，544，547—550，555—557，560—563，567，568，570，572—574，584，590，591，593—595，605，606，608—612，614—629，631，633，634，636—642，644，646—648，653—655，657，661—664，670，680，690，691，695，696，700，706，715—722，726，727，729，730，735，745，749，750，752，763，766，773—775，777，790，803，813，827，833，836，838，864，868，870，876，885，888，894，895，899，900，903，904，919，920，930，933，935，936，938，941，959—963，966，967，969，971，

975，976，981—983，986，991—993，996，999，1002—1004，1012，1014，1015，1018，1024—1026，1031，1033，1035—1039，1042，1050—1053，1056，1058—1063，1071，1074，1075，1078—1080，1084，1096，1099，1106，1109，1112—1118，1126，1127，1129，1132，1135—1137，1139，1147，1150，1155，1157，1161，1169，1175，1176，1179—1181，1186—1188，1192，1195，1203，1205，1206，1208—1215，1219—1221，1233—1238，1241，1244—1246，1258，1260，1263

影响 2，16—25，44，45，77，103，118，121，127，128，197，210，225，282，287，299，350，355，384，497，513，531，552，577，586，601，631，646，651，653，691，726，732，733，736，776，793，830，843，884，887，888，931，977，978，992，1006，1019，1023，1028，1106，1133，1139，1158，1160，1168，1189，1192，1200，1221，1224，1227，1229，1236，1237，1247，1249，1254，1261，1271，1272，1278

用人如器 479

优良道德 310，570，571，575，576，924

优良的道德规范 570

游群国家 152，154，159，175

有限君主制 4，7，85，95，98—100，110，138，140，142，143，165，228，239，249，440，495，496，502，505，514，520，521，525，535，548，557，561，590，598—600，603，606，628，664，850，921，1047

原始公有制经济形态 146

原始国家 47，67，146，152，159，160，175，220，239，249，878，884—888，890，891，893，894

原始社会 33，40—47，49，66，141，146—148，152，165，176，216，218—220，350，409，436，498，579，580，585，597，598，600，609，650，776，850—854，858，870，878，883—887，890，894，906，909，1120，1132—1144，1150，1151，1169—1171，1177，1200，1248

原始状态 84

约因 59—63

责任 2，117，128，295，320，329，425，497，517，577，645，647，873，987，1025，1133，1160，1184，1215，1268，1270，1271，1280

这就是善或价值的推导方法 6，266

政党 111，130，236，272—274，380，457，466，468，615，650，651，891，925，927，937，949，954，956，958，959，963—972，974—976，979，988—996，

索引　1335

1013，1014，1017，1022—1026，1029，1032，1040，1044，1045，1050，1051，
1056，1060，1061，1064，1076—1082，1086，1087，1101，1121，1157，1176，
1184，1203，1204，1207，1217，1218，1223—1246，1248—1254，1262，1270—
1272，1276，1277，1282，1286，1296—1299

政党价值　1231，1235

政党数量计数规则　1235，1240

政党制度　113，129，130，1071，1076—1081，1088，1217，1218，1222，1228，
1229，1232，1235—1239，1241—1255，1279，1296—1299

政党制度成因　1247，1248，1254

政府　13，27—31，34—39，41，43，44，46，49，52—54，67，68，71，73，81，
83，85—92，94，97，106，108，114，115，117，119，120，122，125，127—137，
156，158，161，165，177，183，211—219，221，224，226—228，230，235，244，
245，271—275，280，282，284，343，353，356—358，384，399，400，402，407，
410，411，413—420，423，445，461—466，475，476，480，481，487，496，497，
503，508—510，512，513，515，516，526，528，529，541，552，556—558，567，
568，576，578，581，584，586，587，600，610，614，615，620，623，631，635，
647，651，655，656，659—663，669，711，713，716，718，741，846，852，867，
871，872，875，876，880，913，915，918—921，924，927—929，931，933，934，
947，948，954，961，964—968，971，972，978—980，983—985，987，989，991，
1006—1008，1016，1022，1024—1030，1033，1034，1038，1044，1052，1056，
1057，1059，1077，1078，1080，1082，1083，1085—1095，1100，1113，1121，
1126，1127，1133，1144，1146，1156，1157，1163，1166，1175，1176，1182，
1183，1185，1187—1190，1192，1194，1202，1204，1206，1207，1209，1212，
1214，1216，1217，1219—1223，1225，1227，1231—1235，1237，1238，1241，
1244，1247—1249，1255—1257，1260—1274，1276—1282，1284，1285，1290，
1297，1298

政府制度　113，131，161，162，496，968，1071，1082，1086—1089，1264—1270，
1272—1276，1279，1281

政权　13，27，30，34—38，86，94—96，98，99，102，114，117，129，130，132，
136，174，212，218，227，230，271，343，410，465，502，513，547，568，
600—602，640，642，653，659，829，874，916，917，919，925，928，959，
961—965，969，970，972，974，976，1001，1002，1008—1012，1014—1017，
1021—1026，1037，1039—1045，1047—1057，1063，1079—1081，1084，1086—
1088，1095，1133，1147，1157，1158，1163，1164，1175—1177，1186—1194，

1209，1213，1229，1230，1237—1241，1244—1246，1256，1266，1268—1272，1274—1277，1281

政体 3，4，8，85—87，89，91—99，102，107，109，110，112，113，116，117，121，123，125，126，132—135，137—142，144，156，161，162，164，165，174—176，180，221，228—230，239，240，248，249，267，269，270，383，406，409，439—441，445，464，474，478，493，495，496，499，500，504，506，512，516，534，543，549，561，562，568，576，586，589，597—606，608，613—617，622—624，626，627，629，633，635，637，638，650，651，658—660，664，721，837，841，850，851，888，889，899，900，917，927，963，1040—1042，1047，1051，1071—1076，1078，1084，1089—1091，1112，1115，1119，1129，1134，1135，1144，1146—1148，1151，1158，1170，1171，1178，1179，1186—1191，1197，1202，1219，1221，1228，1231，1232，1234，1244，1246—1249，1255，1263，1269，1273，1274，1284，1286，1295，1296

政治 1—3，7，8，13，16，18，19，21，24，25，27，28，30—32，34—38，40—44，46—49，52，53，68，70—73，76—78，81—83，85—95，97，101—108，113—115，117，119—122，125—127，131—134，136—139，141，146，148，153—160，162，163，170，172，174—176，178，180，208，218—220，222—224，226—229，233，244—248，267，268，275，276，287，292，296，317，319，320，322，334，335，343—347，351，352，358，359，370，375，382，392，395，397—400，403—409，422，425，438—441，447，451，456，457，459，461，463—469，476，480，481，487，488，497—499，502—504，506—509，511，513，515，517—526，528—532，534—538，541，543，545—547，550，551，553，560—563，565，567，569，570，573，575—577，581，583—587，594，596—598，601，602，605，609，612—615，621，624—627，630，632，635—638，640—650，653，654，657，659—663，670，673，678—680，682，683，686，687，691，706，707，712，713，721，724，727，743，744，746，753—755，762，764，772，787，789，797，809，836—839，841，845，846，850—853，855—859，864，866，870，872—876，880，891，900，903，907，911，916—920，923，924，926，928，929，936，947，950，952，954—956，958，960，961，965，969，973，989，991，996，999，1002，1004，1005，1007，1009—1011，1014，1016，1017，1020，1022，1023，1025—1027，1030，1032，1035，1039，1041，1042，1048，1049，1053，1054，1059，1062，1063，1069—1072，1074—1079，1081，1084，1085，1088，1090—1092，1095，1105，1106，1109—1124，1126，1130—1139，1143—1147，1151，1153—1157，1160—1169，1171—1173，1175—1177，1182，1184—1217，

1219，1222—1225，1227—1235，1237，1239，1245—1251，1255—1260，1262，
1263，1265—1270，1272—1275，1279—1287，1290，1292，1296—1300

政治不自由　180，379，406，407，507，561，663，721

政治动物　4，106，646，1205，1211，1214

政治民主　113，114，117—122，137，476，575，576，924，976，1121

政治目的　397

政治奴役　379，406，407，439，504—506，512

政治平等原则　253，270，343，346，347，480，487，488，1074

政治平等总原则　347

政治权力　35—37，41，78，81，95，97，98，100，102，110，117，136，138，
139，180，229，270，271，343，404，405，439—441，482，502，503，515，
536—538，545，547—549，557，558，562，584，588，632，640，649，650，
653，657，658，825，826，829，835，836，838—842，845，846，849—852，
856—858，863—867，875，878，903，913，916，918—920，922，926，929，
936，938，939，947，949，955，956，964，973，1008，1009，1024，1027，1035，
1043，1048，1052，1054，1056，1060，1072，1084，1100，1115，1126，1127，
1138，1144—1146，1150，1157，1163，1164，1166，1169，1173，1174，1178，
1180，1183，1188，1190，1193—1197，1209—1212，1214，1227—1229，1231，
1239，1240，1251，1255，1256，1260，1263—1265，1298

政治权力垄断　96，180，229，441，448，482，514—516，536—538，545—549，
557，584，658，825，836，839，842，843，845，846，850，851，853，856—
858，864，866，867，875，879，919，922，926，929，939，947，973，1047，
1053，1054，1059，1060，1115，1138，1163，1178，1180，1182，1183，1193

政治权利　101—106，138，139，247，322，335，343，344，347，359，408，483，
502，510，519—523，528，533—535，545，547，637，640，641，983，1028，
1047，1074，1114，1115，1138，1178，1179，1183，1205

政治权利比例平等原则　346，1208

政治权利完全平等原则　105，344

政治人权原则　344，408

政治异化　180，435，438—442，445，448，451，456，457，482

政治职务权利　102，138，344，346，519，523，525，612，640—642，648，1208

政治自由　72，102，228—230，270，343，344，346，347，379，383，403—409，
438—441，463，464，466，474，480，482，498，502—514，519—521，534—536，
543，561，562，573，582，627，640，641，657，662，721，867，923，947，

1075, 1114, 1115, 1157, 1159, 1160, 1182, 1184

政治自由权利　102, 105, 138, 344, 439, 487, 503, 519—523, 525, 533—536, 612, 640—642, 647, 648, 963, 964, 1051, 1114, 1208

政治自由原则　253, 270, 398, 403, 408, 423, 461, 463, 481, 486—489

知识阶层　838, 947—949, 951, 955, 956, 958, 959, 992, 1175, 1184—1186

直接民主　113—116, 121, 122, 128, 616, 650, 651, 1072—1074, 1231, 1234

制度　1—4, 6—9, 94, 98, 109, 118, 119, 121, 125, 127—131, 134, 136, 139, 140, 149, 152, 156, 157, 160—164, 167, 171—175, 177—184, 194, 201, 207, 211, 213—215, 221, 223—226, 232—237, 239, 243, 248, 266, 267, 272—274, 280, 290, 294, 303, 309, 311, 317, 376, 385, 406, 411, 413—417, 421, 426, 437, 449, 463, 465, 466, 468, 477, 489, 495, 497—500, 504—508, 511—514, 516, 518—520, 523—528, 530—532, 540, 541, 544, 546—553, 556—558, 560, 561, 563, 567, 569—578, 583—589, 596, 598, 605, 608—610, 613, 615, 621, 626, 627, 631, 650, 651, 655, 660, 662, 669, 670, 825—828, 840, 844, 847, 848, 851, 852, 855, 858—861, 863, 865, 867—872, 876—878, 880—886, 891, 893, 894, 899, 900, 904, 913—915, 921, 922, 924, 925, 927—930, 932—934, 937, 945, 954, 958, 964, 970, 972, 973, 976—991, 994—997, 999—1001, 1007, 1008, 1010, 1012, 1014, 1019—1022, 1024—1039, 1042, 1044, 1045, 1048, 1054—1064, 1070, 1071, 1074, 1076, 1079—1081, 1087, 1090, 1092, 1093, 1100—1102, 1109—1114, 1118—1124, 1129, 1131, 1133, 1134, 1136—1140, 1142, 1146—1151, 1154, 1155, 1158, 1164—1167, 1175, 1176, 1183, 1184, 1189, 1192—1194, 1198—1201, 1205, 1209, 1212, 1214—1219, 1235, 1238—1242, 1245, 1247—1250, 1252—1254, 1261, 1262, 1266—1270, 1274—1276, 1286, 1288, 1289, 1292, 1299, 1300

制度公正　300, 303

制度与治理　496, 498

中国专制主义　616, 621, 622

中间阶级　838, 841, 842, 844, 938, 939, 943—948, 951—953, 955—959, 992, 1127, 1175, 1180, 1184—1186, 1188, 1293

众人意志　442, 443, 445—447

主权　13, 28, 29, 32—34, 40, 41, 44, 45, 47, 49, 54, 65, 71, 78, 93, 94, 115, 131, 132, 153, 154, 161, 165, 221—223, 225—228, 231, 232, 238, 239, 440, 486, 505, 567, 586, 614, 639, 652, 879, 904, 930, 937, 974, 989, 993—995, 1061, 1076, 1082, 1083, 1085—1087, 1089, 1142, 1166—

1168，1196，1207，1209，1213，1215，1222，1223，1235，1256，1257，1262—1267，1274，1277—1279，1292

主体　5，6，59，113，123，174，214，226，244，254—266，302，304，330，377，383，413，415，428—430，651，675—677，683，684，688，689，743，785，786，806，809—816，948，1036，1060，1156，1160，1176，1182，1202，1278

属性　1—6，145，150，183，209，255—257，260—263，265，266，276，305，327，450，594，675，680，681，687—689，702，718，765，784—786，798，810—812，814—816，843，844，895，906，908—910，947，1007，1036，1074，1206，1217，1260，1261

专制　4，7，36，71，72，74，85，95—100，109，110，123，133，137，138，140—144，147，156，157，165，175，176，228，239，248，249，253，269，344，375，383，384，386，387，396，399，440，441，443，448，478，488，495，496，498，500，502，505—507，509—538，540—548，552，557，558，561—563，567—569，572—579，581—585，587—591，597—610，613，614，617—619，621—629，632—636，643，654，655，657，658，661—664，721，825，826，850，851，857，867，875，883，887—889，899，915—920，922—925，927，929，947，954，962—964，972，973，993，1009，1011，1022，1024，1040，1047，1048，1051—1054，1059，1061，1065，1074，1075，1082，1083，1088，1089，1094，1095，1100—1102，1111，1114，1118—1120，1125，1129，1134—1142，1144—1148，1150—1153，1155，1160，1162—1165，1169—1173，1175，1176，1178—1180，1182，1183，1185，1187—1189，1191，1193—1199，1202，1206，1210—1214，1219，1234，1238，1245—1248，1257，1260，1261，1263—1265，1274，1290

专制主义　8，96，98，109，136，147，458，499，544，545，572—575，607，608，612—626，628—638，642，648，665，962，996，1022，1025，1051—1053，1106，1114—1116，1118，1119，1124，1127—1131，1139，1140，1146，1151，1157，1296

专制主义类型　616，622

庄园制度　1139，1148—1151，1169—1171

资本　36，120，146，147，149，151，167—175，193，199—202，207，208，215—217，221，261，264，271，273，347—349，417，426，429—431，437，438，452，463，536，587，669，670，673，675，679，681，684，687—691，702—710，712，721，724—729，742，744—746，748—750，753—769，771，773—778，780，781，783—785，787，788，790—799，802—804，813，814，822，823，826—828，

834, 836, 838, 843, 852, 855, 860—863, 871, 872, 875, 880, 883, 913, 914, 926, 927, 934, 939—946, 948—953, 955, 957, 976, 977, 980, 981, 985, 987, 994, 998, 1007, 1009, 1011, 1012, 1027, 1034, 1045, 1054, 1057, 1059, 1065, 1092, 1095—1099, 1109, 1110, 1140, 1141, 1144, 1147, 1152, 1155, 1180, 1182, 1184, 1283, 1290, 1299

资本主义剥削　217, 272, 437, 742, 762, 764, 769, 802, 804, 826, 827, 833, 856, 861, 863, 869, 937, 940, 951, 978, 980, 985, 986, 994, 1028, 1044, 1055, 1057, 1058

资本主义剥削之秘密　758

资本主义国家　87—89, 91, 98, 146, 167, 174, 175, 220, 221, 223, 239, 249, 273, 274, 596, 600, 608, 669—671, 825—828, 837, 865—867, 876, 878, 880, 883—885, 887—891, 893, 894, 912, 915, 925, 937, 947, 954, 956, 957, 961—963, 965, 966, 970, 993, 1009—1011, 1013, 1022, 1023, 1040, 1043—1047, 1049—1052, 1155, 1162, 1169, 1170

资本主义经济形态　146

资产阶级　104, 146, 148, 173, 174, 178, 181, 203, 204, 206, 207, 223, 271—274, 361, 370, 375, 376, 397, 407, 422, 425, 463, 467, 469, 475, 477, 503, 587, 593, 600, 630, 632, 836—838, 841, 842, 844, 845, 849, 861—866, 872, 880, 881, 907, 908, 915, 920, 921, 929, 931—934, 938, 939, 941—948, 951—959, 966, 968, 973, 980, 986, 988, 989, 991—994, 1003, 1006—1013, 1016, 1021—1026, 1033, 1040, 1044—1053, 1063, 1111, 1127, 1151, 1157, 1159, 1162, 1164, 1169, 1174, 1175, 1180, 1182—1185, 1228, 1229, 1234, 1283, 1299, 1300

资产阶级法权　195, 202—204, 206

资源配置效率最佳状态　213, 411, 412, 556, 669, 711, 735, 740, 741, 921, 927, 933, 934, 984, 1034, 1056, 1156, 1164, 1174

自律　626

自然法　79, 322, 323, 721

自然权利　323, 324, 337, 350

自然权利义务　321, 323, 324

自然状态　71, 72, 77—84, 322, 336, 618, 623, 1106

自我实现　150, 166, 247, 365, 370—374, 376, 389, 391, 393—396, 433—435, 446—448, 460, 466, 467, 469—472, 481—483, 514, 553, 554, 574, 575, 581, 582, 923, 1158—1160, 1164, 1174, 1184

索　引　1341

自我实现的人道主义　372，466，468
自由的悖论　74
自由的法治原则　361，398，399，461，462，465，474
自由的内在价值　396
自由的平等原则　398—400，461，462，466，474
自由的人道主义　468
自由的外在价值　396
自由的限度原则　398，401，402，418，461，462，466，474
自由定义　385
自由价格　411，412，556，711，718，719，731，734—736，738，740，741，984，1156
自由价值　389，392，396，401，419，460，465
自由价值标准　406，581
自由竞争　213，216，217，411，413，414，417，437，536，550，556，700，711，721，725，726，729，731—733，736，737，740—742，753，759—761，766，767，769，770，790，793—795，804，813，826，849，855，862，863，871，951，982，984，1079，1080，1156，1157，1182，1239，1241
自由社会　394，395，398，400，407，457—459，461，464—466，504，506，508，513
自由主义　103，122，134—136，232，236，361，367，392，397，400，402，419，423，457—475，477，478，486—489，513，566，572，573，575，585—587，613，622，626，629—632，664，983，984，987，988，996，997，1021，1102，1139，1260，1262，1291，1300
自治　29，31，40，119，120，227，406，1083，1091，1092，1094，1101，1125，1152，1266
宗教　157，158，322，375，423，427，429，449—457，464，587，591—593，810，844，949，997，1020，1109，1128—1130，1134，1143，1205，1248，1300
宗教和宗教异化的起因　455
宗教消除四原则　456
宗教异化　435，448，451，452，454—456，482
总统制　88，113，114，131，132，650，1086，1087，1264，1267—1270，1272，1274—1281
最大利益净余额　253，277—286，288，289，291，293—295，479，483，490，491
最高权力　4，7，13，15，27—41，45，47，49—54，64—66，69—72，74，75，77，

79—85，87—89，91—96，98—100，102，103，105，109—117，119—127，130—141，143，154，156—159，161，163—166，180，217—221，225，226，228—230，239，240，267—270，274，275，344—347，383，404—408，439—441，445，464，465，480，482，487，488，495，496，498，503—508，510，511，513—516，519—525，527，528，531，534—538，543，544，547—550，557，561，562，566，567，572—574，584，594，597—603，608，610，612，614—617，622，627，633—644，646—653，655—657，659，663，825，836，837，841，850，851，856，857，866，867，875，888，916，917，919，921，922，926，939，947，959—964，1011，1024，1040，1041，1043，1044，1046—1049，1051，1053，1060，1070—1075，1082—1092，1101，1112，1114—1116，1119，1129，1134—1139，1149—1151，1157，1165，1166，1169，1175，1176，1178—1181，1183，1186—1188，1193，1195—1200，1202，1204，1206—1212，1214，1219—1221，1229，1231，1234，1244—1246，1248，1256，1260，1262—1266，1268，1272—1274，1277—1279，1281

最高权力分立模式　1264

最高权力契约　39，63—67，69—75，79，80，919，960—962，964，1051，1187

爱有差等　177，184，188—194，197，210，934，1034，1038

按贡献分配　313，335，336，358，359，363，484

按需分配　177，182—184，194—198，201，202，204—207，210，211，235，349—351，360，361，363，480，484，904，1001，1030，1037，1038，1060，1061

半党制　1243，1244

邦联制　165，1264，1267，1273，1274

必要恶　538，556，634，711，718，737，740，741，868—872，876，877，903，920，936，962，969，973，986，1035，1051，1059，1064，1072，1166，1199，1209，1213，1235，1259，1260，1262

剥削　36，42，43，48，76，146，158，160，162，180，181，186，201，202，216—220，229，231—233，236，270—272，274，426，436，451，456，470，476，515，536—538，547—549，558，584，586，596，657，658，670，718，729，738，739，742，743，755，758—760，762—764，767—770，774，796，802—804，825—833，836，838，840—842，845—849，852—872，874—881，883，887，899，903，904，908，910，913—915，918—920，922，925，926，929，933—936，944，946，951—955，958，963—965，973，975—981，985，986，988，991，992，994，1000，1007—1012，1021—1024，1026，1027，1032，1034，1035，1037，1039—1041，1043，1045，1049，1052—1061，1063—1065，

1093，1148，1165，1166，1183，1184

不公正　58，70，112，135，180，183，194，196—199，201，202，205—207，211，
　　217，235，248，270，290，293，297—299，303，305—310，312，313，316，317，
　　332，333，348，360，361，414，417，420，476，484，486，489，491，524，534，
　　535，538，539，543，544，547，557，558，567，568，572，573，578，579，584，
　　586，588，669，723，759，827，829—833，846—848，853，854，864，869，877，
　　921—923，933，934，980，986，991，994，1021，1033，1034，1038，1056，
　　1164，1179，1183，1221，1262

参与共决　118，976—981，989—991，1022，1028，1033，1057—1059

出版自由　136，335，407，421—424，463，464，488，507，509，511，512，566—
　　568，575，584，585，587，589，924，1075，1076，1163，1199，1203，1204，
　　1209，1260，1289

创造性潜能　232，270，365，367，370，371，373，380，400，419，434，460，
　　485，514，524，544，568，573，581，582，586，588，662，923，924，
　　1159，1184

代议民主　113—115，121，122，127，128，651—653，659，661，1073，1074，
　　1087，1088，1206，1231—1236

单务契约　59—63

单一制　113，130，161，162，164—166，1264—1267，1273，1274

队群　33，40，41，45，152—155，597，598，600，1132，1136

多党制　88，113，129，130，518，1078，1080—1082，1200，1214，1224，1236—
　　1238，1241—1249，1251—1255，1271

二元君主制　95，98，99

非极权主义　95，96，100

非正义　290，292—295，362，486，489—491，830

分配之谜　670，708，749，769，804

个人主义　232，233，470—474，572，574，999

个人自由　135，136，178，230，378，391，396，460，462，464，466，467，471，
　　472，507—510，512，517，551，631，656，983，1021

根本公正　300，302，359，479

工资　18，118，119，174，216，273，319，330，348，431，437，452，476，536，
　　670，709，739，742，752，756—764，766—770，775，796，802，804，826，855，
　　861—863，865，914，932，941，945，951，956，971，977—979，989，990，
　　1017，1028，1033，1045，1057，1058

公道　297，579

公共意志　20，362，398，399，445，446，486

公理　8—10，280，359，655，677

公民定义　101，104，106，107，138

公民身份　101—104，106，107，138，1092，1116，1286

公民资格　101，103—106，138，440，1205，1211

公有制　4，7，8，88，89，117，145—149，153，159，173，175，177，180—182，194，199，201，202，207，211，212，216，217，221，227，231—235，237—239，249，272，348，351，374，458，475，476，480，538，594，596，608，667，669，772—775，805，825，841，849，850，867，872—876，879—881，887，899，903—905，908，910，911，913，916，918—920，925，926，928，929，933—936，938，953，954，963，964，969—973，975，992，993，998—1001，1016，1026，1027，1029—1035，1037—1039，1044，1052—1054，1056—1064，1132，1136，1140—1143，1162—1166，1169，1170，1193，1247，1262

公正原则的确立和证明　310

功利主义　259，276，280，292—295，470，471，490，572—575，626，629，630，664，996，997，1286，1294

共产主义　4，7，8，48，49，97，145，146，148—150，165，166，177，178，180—184，191—195，197—200，202，206—208，210—212，217—222，228，231—240，316，360，363，438，458，610，669，670，674，774，775，805，841，854，870，871，876—879，881，883，888，890，891，894，899—901，904，906，908—910，926，927，930，934—939，952，955，956，959，963，973—976，988，991—996，998，1000—1002，1004，1007，1010，1013，1024，1030—1032，1035—1038，1058—1065，1132，1141，1160，1162，1165—1170，1191，1247，1262，1293

共同体　14，15，19，26，35，50，53，66，67，71—73，81，119，126，136，147，157，225，327，328，408，410，441，614，1025，1092，1096，1097，1116，1137，1140，1141，1144，1173，1226

贡献原则　334，359，479

古典的古代生产方式　1139，1150，1151

寡头共和　71，72，85，88，89，94，95，97，100，110，112，113，137，139，140，142，144，165，176，228，239，249，269，270，440，495，496，502，505，514，520，521，525，535，548，557，561，590，598—600，603，606，615，628，633，664，850，888，889，921，1047，1148

索 引 1345

寡头统治的铁律　651，653
贵族共和　4，7，95，100，112，113，138，143，228，440，495，505，520，598，615
好公民　103，106
核心知识分子　1175，1188
坏国家　249
混合制　113，130，1217—1220，1224，1248，1249，1251，1252，1254，1255，1269，1280
积极自由　376，381—385，387—389
极权主义　95—98，100，409，458，478，588，589，1025，1065，1139，1146，1170，1171，1193，1194，1264
计划经济　177，182，184，207，212—215，234，235，409，410，415—420，669，856，871，880，904，915，918，921，928，929，932—934，984，1001，1016，1026，1027，1029，1030，1032—1034，1037—1039，1056，1057，1060，1061，1063，1126，1127，1164
价格的规范与规律　720
价格界说　711
结社自由　507，1070，1078，1101，1157，1163，1189，1195，1203，1204，1214
经济公正　177，180，194，217，229，414，535，536，538，539，556—558，584，774，872，899，922，981—984，1027，1028，1057，1058，1183
经济民主　113，114，117—122，137，273，937，954，976—981，987—989，991，994，995，1016，1027—1030，1032，1033，1039，1045，1057—1061，1063
经济强制　167，217，436—438，448，476，482，829，849，860，861，863，872，885，899，909，910
经济人　349，350，411，414，417，418，486，487，688，734，760，809，862，983，1261
经济形态　4，8，85，88—92，145，146，152，160，162，164，171—175，177，212，215—217，220，235，237，239，240，249，270，409，416，420，596，597，600，608，669，731—733，736，738，825，827，828，871，872，878，880—883，885—891，893—895，899，900，905，927，934，1003，1034，1038，1132，1152，1169，1247，1248
经济自由　177，180，194，212—217，229，290，383，403，407—410，414—420，423，464，466，474—476，487，506，507，509—514，533，535，536，543，556—558，573，575—577，582，584，586，589，662，871，872，899，922—924，

933，934，983，984，1034，1038，1056，1156，1159，1164，1183，1199，1209，1260—1262

经济自由原则　177，215，235，398，403，408，414，416，417，420，423，461，463，475，476，481，486，487，871，880，983，984，1038

君主立宪　71，72，88，89，95，99，143，176，269，440，600，617，633，888，889

卡夫丁峡谷　881，882

看不见的手　213，411，413，556，711，740，741

科举制度　529—531，866

宽恕　199，247，312—317，831，833

民主悖论　653—655

民主的巩固　1087，1176，1276，1277

民主的经济条件　1054，1069，1131，1132，1139，1151，1162—1164，1166，1168，1169，1171—1174，1176，1177，1189，1279

民主的精确定义　110，112

民主的客观条件　609，611，1162，1169，1176，1177

民主的运作　1176，1201，1224，1255

民主共和　4，7，72，85，88，89，94，95，100，109，110，137，139—142，144，165，228，239，240，249，441，495，508，598—600，603，615，623，633，888，889，900，926，963，964，1009，1011，1012，1120

民主化　138，228，395，465，498，499，513，582，601，602，610，857，923，1026，1030，1076，1093，1101，1122，1127，1132，1152，1153，1155，1160—1162，1165，1169—1172，1175—1180，1182，1184—1186，1188—1195，1198，1291

民主类型　113，114，122，123，132，1046

民主实现的主观条件　1070，1175—1179

民主制的弊端　653，654，661，664

民主主义　8，109，367，476，498，499，608，612—616，626，628—631，638，642，664，926，927，937，969，971，972，979，982，987，988，991，994，995，1000，1002，1013—1015，1017，1018，1024，1026，1029，1030，1062，1114—1116，1118，1119，1124，1127，1157，1159，1282—1284，1291，1293

生产价格　728，729，791—793